ÉCONOMIE DE LA RÉVOLUTION VERTE

Environnement

Collection créée par Maryvonne Bodiguel

Ouvrir une collection Environnement en sciences sociales est un défi dans la mesure où chacun met sous ce vocable un contenu différent. Il existe pourtant un droit de l'environnement et des programmes de recherches qui s'adressent à des économistes, des sociologues, des politiques, des historiens, des ethnologues.
Ce champ de réflexion traverse en fait l'ensemble des disciplines de sciences et fédère des objectifs plutôt qu'il ne fonde un nouvel objet. Cette situation engendre une grande dispersion des travaux et freine leur diffusion.
Cette collection voudrait y pallier par la publication d'une part de dossiers présentant des recherches approfondies, d'autre part d'ouvrages de portée plus générale destinés à un plus large public.

Dernières parutions

Jean-Yves CLAVREUL, *Prendre soin des hommes et de la planète. Eau, terre, arbres et nutrition au Sud,* 2024.
André VIOLA, *Eau pour tous, tous pour l'eau*, 2024.
Mohamed GHARBI, *101 entrées pour l'entomologie médico-vétérinaire*, 2023.
Rahma BENTIROU MATHLOUTHI, Adélie POMADE (dir.), *Vulnérabilité(s) environnementale(s), Perspectives pluridisciplinaires*, 2023.
João Pedro GALHANO ALVES, *Coexistence des sociétés humaines et des écosystèmes. Les terres communautaires, leur élimination et ses conséquences*, 2023.
Kalthoum JEMAÏL, *L'homme et l'oiseau, un lien éternel*, 2023.
Jacques GASQUEZ, avec la participation de Michel Dron et Marc Délos, *Histoire de la gestion des plantes adventices en grandes cultures, De la première herbe arrachée au rappel à la nature*, 2022.
PAVÉ Alain et PAVÉ Marc, *Petit traité d'écologie opérationnelle, De l'idéalisation à l'action,* 2022.
Élisabeth DUMONT, *Histoire d'une feuille d'arbre*, 2021.
Fumi YAMADA, *La gestion des déchets ménagers d'Antananarivo. La dichotomie entre la haute ville et les bas quartiers*, 2020.

Philippe Jurgensen

ÉCONOMIE DE LA RÉVOLUTION VERTE

L'Harmattan

Du même auteur :

- *Le Trésor et la politique financière*. Ed. Monchrestien, 1988.
- *Ecu, naissance d'une monnaie*, Ed. Lattès, 1991. Prix Turgot du meilleur livre d'économie financière, 1992 ; Prix de l'Académie des Sciences Morales et Politiques (Fond. Limantour).
- *L'Euro pour tous*, Ed. Odile Jacob, 1998.
- *Le Guide de l'Euro pour tous*, Ed. Odile Jacob, 2001.
- *L'Erreur de l'Occident face à la Mondialisation*, Ed. Odile Jacob, 2004.
- *L'Économie Verte*, Ed. Odile Jacob, 2009 ; Prix de la Fondation Veolia Environnement ; prix de l'Académie des Sciences morales et politiques (Fond. Bonnefous).

5-7, rue de l'École Polytechnique, 75005 Paris
http://www.editions-harmattan.fr
ISBN : 978-2-336-50460-5
EAN : 9782336504605

Incipit : « Nous n'héritons pas de notre Terre – nous l'empruntons à nos enfants »
Saint Exupéry

INTRODUCTION

L'écologie est aujourd'hui très présente dans l'esprit de tous - notamment les plus jeunes, qui basculent parfois dans le « no future » - comme dans les programmes politiques. On en parle beaucoup, on agit moins...

Si la plupart de nos concitoyens a fini par admettre les immenses dangers du changement climatique et la nécessité d'agir vite et fort contre le réchauffement en limitant les émissions de gaz à effet de serre, on omet ou on minore d'autres risques tout aussi préoccupants, pour la planète comme pour notre santé : la pollution galopante de tout notre environnement ; l'incapacité à traiter nos déchets en allant vers une « économie circulaire » ; la mauvaise gestion de l'eau et la désertification progressive de régions entières ; le gaspillage des ressources minérales rares ; plus grave encore, la destruction de la biodiversité, avec l'extinction de plus en plus rapide de tant d'espèces vivantes.

L'effet cumulatif de ces problèmes est tel que la vie sur notre planète en est bouleversée, au point que, pour certains savants nous sommes entrés dans une nouvelle ère géologique, « l'anthropocène », qui voit notre Terre devenir peu à peu inhabitable.

Remédier à ces problèmes si longtemps négligés ne se fera pas sans effort – sans une véritable révolution dans le fonctionnement de nos économies comme dans le mode de vie de tous. Il faut arrêter les discours berceurs qui promettent pour les uns de réussir par degrés, de façon presque insensible et sans rien changer de substantiel au fonctionnement de nos économies, et pour les autres de demander tous les efforts aux entreprises et aux « nantis » - qu'il s'agisse des pays ou des classes sociales les plus riches. La réalité est que l'effort colossal qui doit être consenti nécessite à la fois de changer les règles de nos économies et de demander un effort à chacun dans son domaine, fût-il modeste.

Le but de cet ouvrage est de tracer l'ampleur de l'effort à consentir et les politiques financières, économiques et sociales à déployer pour réussir cette révolution verte. Ces solutions concernent au premier chef les États, mais aussi les entreprises et les particuliers. On tentera ici de montrer les façons les plus efficaces – et, partant, les moins pénibles – de consentir cet effort et de réussir à sauver durablement notre planète.

CHAPITRE I : POURQUOI IL FAUT AGIR SANS ATTENDRE

Chacun connaît le mot très juste, mais suivi de peu d'effets, de Jacques Chirac : « Notre maison brûle et nous regardons ailleurs ». Bien que l'effet de serre ait été analysé et décrit depuis longtemps, beaucoup, y compris parmi les scientifiques, ont, de fait, longtemps préféré regarder ailleurs ; même l'Académie des Sciences française s'est déchirée et n'a pas pu prendre de position claire.

Les sondages montrent cependant qu'une grande majorité du public de nos pays (c'est moins vrai dans les pays en développement) est prête à consentir des efforts pour protéger l'environnement – à condition du moins que ces efforts ne soient pas trop coûteux ! C'est s'illusionner ; oui, il faudra un effort de tous, et le plus vite possible.

Ces dernières années, les « climatosceptiques » ont fait profil bas, tant les preuves se sont accumulées au fil des épisodes de plus en plus intenses de canicule, de la fonte des glaciers et des pôles, de la montée du niveau des océans et de la multiplication des catastrophes naturelles : cyclones, inondations, ou au contraire sécheresses prolongées favorisant la désertification et incendies catastrophiques. Cependant on assiste depuis quelque temps à une sorte de « fatigue » de l'opinion sur ces sujets et à un regain du scepticisme, dopé par les réseaux sociaux et alimentant des choix électoraux populistes, comme nous le verrons plus loin.

Les conséquences du changement climatique, que tous peuvent ressentir dans leur vie quotidienne, sont pourtant confortées par les analyses scientifiques, notamment les rapports successifs du GIEC.

L'ACCUMULATION DES PÉRILS

Les menaces écologiques sont nombreuses ; souvent convergentes (par exemple, le réchauffement du climat est une des grandes causes de perte de biodiversité), elles vont, que nous le voulions ou non, nous obliger à changer de mode de vie.

Le changement climatique est aujourd'hui un problème incontournable

Le premier constat qui s'impose est que le réchauffement climatique est en cours, et même déjà assez avancé, puisque la température du globe s'est, selon le rapport de synthèse du GIEC publié en mars 2023, accrue de 1,1°

sur l'ensemble de la décennie 2011-2020 par rapport au 19ème siècle[1]. Le réchauffement a même atteint, selon les évaluations de l'Organisation météorologique mondiale (OMM), 1,26° en 2022 et 1,45 degré[2] en 2023. Nous avons donc presque déjà atteint le plafond de 1,5° maximum de réchauffement que se sont fixé nos pays, lors de l'accord de Paris, en 2015... Ce réchauffement s'accélère, puisqu'il n'était encore que de 0,9° il y a dix ans.

Les quarante dernières années ont été les plus chaudes sur Terre depuis 1400 ans, et la dernière décennie fut la plus brûlante de l'histoire mondiale. À l'échelle européenne, les étés 2022, 2023 et 2024 ont battu les records de chaleur en se situant entre + 3,5 et +4 degrés par rapport à l'ancienne période de référence 1960-1990. L'année 2023 a été la plus torride jamais enregistrée dans le monde ; le nombre de jours où la température dépasse 35° a été multiplié par dix dans le Midi, où le climat du Languedoc tend à rejoindre celui du Maghreb. Ce record de chaleur au niveau mondial sera sans doute encore dépassé en 2024, selon les prévisions de l'Observatoire Copernicus publiées en décembre de cette année.

Loin de se calmer, ce phénomène risque de s'accélérer, puisque les modèles du GIEC montrent qu'en l'absence d'une action résolue et efficace de tous les pays, la température moyenne du globe pourrait dépasser celle de l'ère pré-industrielle de quatre degrés, voire plus, à la fin de ce siècle. Les années actuellement les plus chaudes feront partie des plus froides dans quarante ans, annonce le rapport de 2023. Parcourant cinq scénarios, du plus optimiste au plus pessimiste, le GIEC indique que la hausse des températures au XXIème siècle ne restera contenue à 2° ou un peu moins que si les émissions futures sont faibles ou très faibles. Pour des émissions futures fortes ou très fortes, les 4° risquent d'être dépassés et les cinq degrés approchés3 ; de plus, même pour un scénario intermédiaire, la hausse des températures se poursuivra après 2100.

---

[1] La référence retenue par le GIEC est la période 1850-1900, les données disponibles pour les périodes précédentes étant moins fiables. Mais si l'on se réfère à l'ère pré-industrielle, jusqu'au 18ème siècle, la hausse des températures moyennes sur Terre est encore plus marquée : 0,3 à 0,4 degrés de plus.

[2] La température mondiale mesurée par l'OMM en 2023 est effectivement de 1,45° au-dessus de la moyenne de la période 1850-1900 ; l'automne 2023 a été le plus chaud jamais enregistré en France ; l'hiver 2022-23 dépassait déjà la normale de 0,8°. Et l'année 20254 semble avoir été encore plus chaude.

[3] Les hausses de température projetées par le GIEC comparent les projections pour la période 2081-2100 aux températures de surface constatées entre 1986 et 2005 pour l'ensemble du globe, qui étaient déjà supérieures d'un demi-degré à l'ère pré-industrielle ; elles minorent donc le résultat d'autant.

Qui l'établit ?

La grande majorité des scientifiques considèrent désormais le réchauffement climatique comme un fait établi. L'organisme de référence dans ce domaine est le GIEC (Groupe d'experts intergouvernemental sur l'évolution du climat, IPCC en anglais). Ce réseau scientifique coordonné, qui réunit quatre à cinq mille savants dans de nombreux groupes de travail, met en œuvre plus d'une centaine de modèles statistiques et écologiques et publie des rapports de synthèse périodiques très détaillés sur l'état de la planète. Créé en 1988 par des organisations du système des Nations-Unies (OMM et PNUE), il a reçu le Prix Nobel de la Paix 2007, avec Al Gore.

Ce n'est toutefois pas le GIEC lui-même, mais la Convention-cadre des Nations-Unies sur les changements climatiques (CNUCC) créée à la suite du Sommet de la Terre de Rio de Janeiro en 1992, qui réunit les « grand 'messes » périodiques de l'environnement, les COP (Conference of the parties) : la 28ème a eu lieu à Doha, au Qatar, en novembre 2023. On y décide par consensus, mais les très actives ONG (organisations non-gouvernementales) présentes en marge et un public nombreux (90 000 personnes à Doha) exercent une réelle pression psychologique sur les décideurs.

Le GIEC affine ses modèles et ses hypothèses en se fondant sur les données et études scientifiques les plus récentes, et prend soin d'évaluer la vraisemblance de ses résultats et de ses prévisions en utilisant un langage prudent. Ainsi, « vraisemblable » indique une probabilité inférieure à 50 % ; « aussi probable qu'improbable » situe cette probabilité entre 33 et 66 % ; le résultat est « probable » de 66 à 90 %, « très probable » de 91 à 99 %, et « pratiquement certain » lorsque la probabilité est de plus de 99 %. Le degré de confiance à accorder aux conclusions est coté sur une échelle analogue.

Le GIEC a publié en mars 2003 son sixième rapport de synthèse, accompagné d'un résumé pour les décideurs politiques. Ce texte a été précédé en 2021 et 2022 de trois rapports sur les éléments scientifiques, les stratégies d'atténuation et celles d'adaptation.

Bien d'autres organismes spécialisés interviennent, comme le PNUE (Programme des Nations-Unies pour l'environnement), dont les experts anticipent une hausse des températures sur la planète comprise entre +2,4 et plus 2,9° à la fin du siècle, ou l'Agence européenne de l'environnement (AEE) et de très nombreuses ONG[4].

---

[4] Parmi lesquelles on peut citer Les Amis de la Terre, Worldwatch, le World Wildlife Fund, Oxfam Greenpeace, Ecologie sans frontières, la Fondation européenne pour le climat, France

Quelles sont les causes du changement climatique ?

Il y a aujourd'hui un large consensus des scientifiques - pour le GIEC, c'est « sans équivoque » - sur le fait que le réchauffement du climat de notre planète est provoqué par nos activités humaines.

Il provient des gaz à effet de serre (GES), qui retiennent près de la surface les rayonnements infrarouges solaires. L'effet de serre est utile, car, sans lui, la température moyenne à la surface de la Terre serait de -19° au lieu de + 14° en moyenne ! Mais il devient nocif passé un certain seuil ; c'est de son fait que notre planète-sœur Vénus connaît une température moyenne infernale de plus de 450 degrés...

Les gaz à effet de serre sont nombreux, mais le plus important est le gaz carbonique ou CO_2. Il représente à lui seul plus des trois quarts des GES ; voir tableau ci-dessous. C'est pourquoi on a tendance à se concentrer sur ses effets, au point de mesurer la plupart du temps les émissions en « équivalents-CO_2 » ; mais cela se fait souvent en oubliant d'autres émissions nocives, notamment le méthane (de composition chimique CH_4), qui représente en principe environ 15 % du total, mais dont le rôle est réévalué si on tient compte des émissions naturelles des marais, tourbières et autres zones humides : sa part irait alors jusqu'à 30 %.

Il faut aussi compter avec le protoxyde d'azote (N_2O), l'ozone (O_3), les gaz fluorés ou soufrés (HFC, PFC, SF_6) et bien d'autres ; ces gaz ont en général un pouvoir réchauffant très supérieur[5] à celui du CO2, mais sont heureusement moins abondants : l'atmosphère terrestre contenait en 2022, selon l'OMM, 1,93 ppm (particules par million) de méthane et 0,34 ppm de protoxyde d'azote contre 1930 ppm de CO_2. La vapeur d'eau joue également un rôle important, mais ambigu, car d'une part elle augmente l'effet de serre, mais d'autre part les nuages reflètent, et renvoient donc vers l'espace, une partie des rayonnements solaires.

---

nature environnement, ou des réseaux (voir note 20). Liste très partielle, car il en existe plus de quarante mille, spécialisées ou non.

[5] Le méthane est 80 fois plus polluant que le $C0_2$ à horizon court (dix à vingt ans), même s'il tend à se dissiper plus rapidement : en cumul sur cent ans, il n'est plus que 25 fois plus polluant que le gaz carbonique ; le protoxyde d'azote est, lui, trois cent fois plus réchauffant. Les sources du méthane se répartissent par tiers entre combustibles fossiles (qui en émettent 150 MT/an), agriculture/élevage, et déchets pour les activités humaines ; mais celles-ci ne représentent que 60% des émissions, les 40% restants provenant des zones humides.

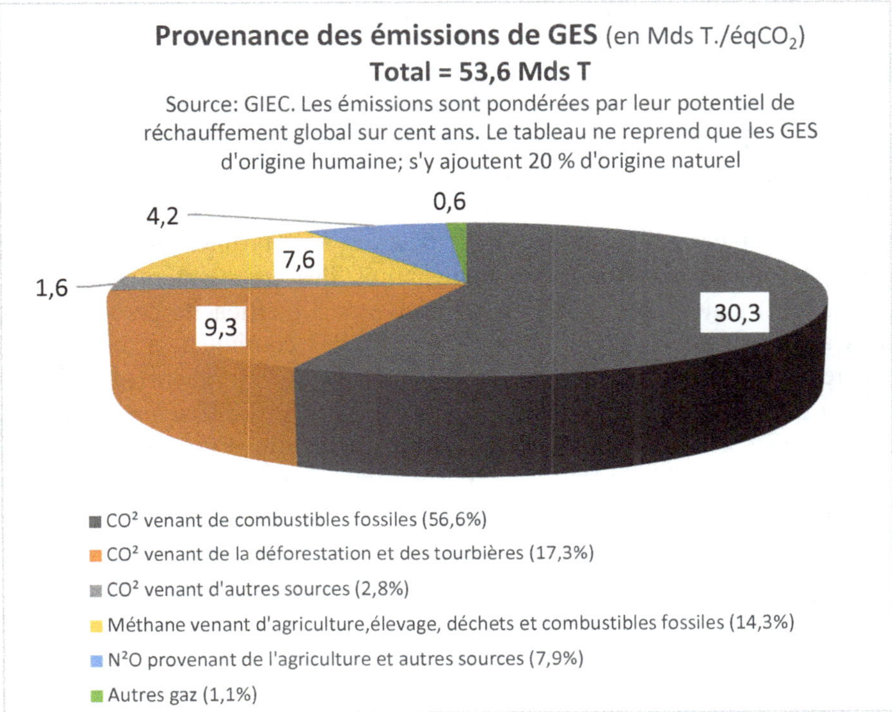

Les émissions cumulées de CO_2 d'origine humaine se sont élevées à 2100 milliards de tonnes (Mds T.) depuis 1850 ; 70 % de ces émissions nouvelles sont intervenues depuis 1960 et un tiers depuis l'an 2000 ; autrement dit, nous avons en une seule génération créé le tiers de notre problème actuel… Or, comme le souligne le GIEC, « pour chaque trillion (millier de milliards) de tonnes de CO_2 émises par l'activité humaine, la température à la surface du globe augmente de 0,45° ».

Ce CO_2 accumulé, additionné aux autres gaz, correspond à 800 milliards de tonnes de carbone pur en suspension. S'ajoutant aux quantités déjà en place historiquement, il a porté le total des GES en suspension dans l'atmosphère à 2600 MdsT. d'équivalent-carbone (TEC, une TEC correspondant à 3,7 T. d'équivalent-CO_2).

Au total, les émissions annuelles nouvelles de GES d'origine humaine s'élèvent à 54 milliards de tonnes d'équivalent-CO_2 (éq.-CO_2), dont les deux tiers sont d'origine énergétique, comme le montre le tableau ci-dessus[6]. Il faut y ajouter 20 % d'émissions de GES d'origine naturelle, portant le total mondial des rejets entre 62 et 67 MT. d'éq-CO_2 par an. Un quart seulement

[6] Les chiffres publiés par le PNUE donnent un volume annuel d'émissions encore supérieur : 57,4 milliards de tonnes d'équivalent-CO^2. L'AIE indique pour sa part un chiffre de 37,4 Mds T. de CO_2 *d'origine énergétique* en 2023.

de ces émissions nouvelles est absorbé par les « puits de carbone » comme les forêts et les océans.

La concentration actuelle de gaz carbonique dans notre atmosphère (419 ppm en 2023, selon le Global Carbon Project) est supérieure de moitié à celle de l'ère pré-industrielle, puisqu'elle n'était que de 280 ppm en 1750. Elle dépasse largement tous les niveaux atteints pendant les deux derniers millions d'années[7]. L'accumulation se poursuit à un rythme rapide : + 2 à 3 ppm par an, les émissions supplémentaires des pays émergents (Chine notamment) s'ajoutant à une baisse relative de l'« efficacité carbone » des pays avancés ; pour l'ensemble du monde, elles continuent à augmenter : encore + 1,1 % en 2023[8]. Les modèles du GIEC indiquent que si l'on poursuit les tendances présentes sans nouveaux infléchissements, le gaz carbonique accumulé augmenterait encore de moitié d'ici 2050, soit 575 ppm, et jusqu'à 900 ppm en 2100, chiffre confirmé par l'OCDE. Sa concentration atmosphérique aurait alors été multipliée par 3,5 en trois siècles.

Si les émissions de GES augmentent tant, c'est à cause de nos activités en tout genre :

- minières et industrielles, les combustibles fossiles étant utilisés tant pour produire de la chaleur que comme base, notamment de la pétrochimie et de la chimie en général, qui rejettent du CO_2 et du méthane ;

- mais aussi agricoles (engrais notamment, les nitrates émettant du N_2O, rizières exhalant du méthane), ou d'élevage (les ruminants rejettent du méthane), de la déforestation (qui libère du CO_2 et diminue l'absorption végétale), du changement d'usage des sols (assèchement des tourbières et marais) qui libère CO_2 et méthane ;

- ou relevant de notre vie quotidienne : chauffage ou climatisation de nos maisons, moteurs thermiques et gaz d'échappement de nos voitures en particulier (rejets de CO_2 et de N_2O), déchets ménagers émetteurs de méthane.

[7] Le GIEC accorde une « très grande confiance » à cette estimation. Il précise aussi que les études sur 800 000 ans de carottes glaciaires antarctiques montent une variation pré-historique du CO_2 de 172 à 300 ppm seulement.

[8] Selon le rapport du Global Carbon Project, les émissions mondiales de $C0_2$ liées aux énergies fossiles (90% du total) se sont élevées à 36,8 Mds T. en 2023, en hausse de 1,1% sur l'année précédente ; elles ne se situent cependant qu'à 1,4 % au-dessus du niveau de 2019.

Quelles en sont les conséquences ?

Le réchauffement général du climat, passé à « l'ère de l'ébullition » selon le secrétaire général de l'ONU, A.Guttieres, et « menace existentielle » selon le président américain J. Biden, a de multiples conséquences, déjà bien visibles à travers la multiplication des catastrophes naturelles :

Les conséquences du réchauffement climatique

- Canicules multipliées et rendues plus sévères, entraînant une surmortalité dans les régions touchées et des dégâts économiques ; celle de 2022 aurait causé entre 15 000 et cent mille morts en Europe, et dix mille en France. L'été 2023 a de nouveau battu des records. À l'été 2023, le mercure est monté jusqu'à 52° en Chine, et à plus de 50° aux États-Unis et au Mexique ;
- Maladies tropicales dont la diffusion est facilitée par le réchauffement ;
- Sécheresses : des épisodes graves se succèdent, avec leur cortège de désertification. Ainsi, l'Australie a connu entre 2005 et 2010 sa pire sécheresse depuis mille ans ; cela n'a pas empêché le retour du phénomène en 2023. L'Europe a subi en 2022 sa pire sécheresse depuis cinq cents ans ;
- Incendies géants, facilités par la sécheresse et d'autant plus dangereux qu'outre les dégâts humains et sur les forêts – donc, sur la biodiversité - et les cultures, ces feux dégagent de l'oxyde de carbone (CO), du CO_2 et des poussières toxiques ;
- Tempêtes plus fréquentes et plus violentes, tournant aux ouragans. Le phénomène semble plus marqué en Atlantique Nord ;
- Inondations imprévues et catastrophiques au Pakistan, au Bangladesh, en Libye, en Chine… Même la corne de l'Afrique, si sèche, a connu des crues dévastatrices en novembre 2023. L'Europe n'est pas épargnée : Allemagne et Angleterre en 2022-23, est européen, France et Espagne en 2024.

Le réchauffement entraîne un accroissement de l'humidité globale[9], mais cette pluviosité accrue est mal répartie : les pluies reculent en zones tropicales ou semi-arides et se renforcent dans les zones tempérées déjà bien arrosées.

D'autres conséquences du changement climatique sont moins spectaculaires, mais tout aussi graves :

---

[9] Un degré supplémentaire de température, c'est 7% de vapeur d'eau en plus dans l'atmosphère ; elle retombera ensuite sous forme de pluies.

- Il provoque une fonte massive des glaciers comme des calottes polaires. Le recul des glaciers est bien visible : ceux des Alpes ont déjà rétréci des deux tiers et auront peut-être disparu d'ici quelques décennies ; c'est tout aussi vrai dans le Caucase, les Andes, l'Himalaya et jusqu'au Kilimandjaro. Quant aux calottes glaciaires des pôles et au Groenland, leur déstabilisation se confirme de jour en jour. Le climat semble d'ailleurs se radoucir trois fois plus vite au pôle Nord et deux fois plus vite dans l'Antarctique que sur le reste de la planète, et la banquise arctique, qui rétrécit, pourrait disparaître totalement l'été d'ici deux ou trois décennies[10], ce qui conduit déjà à envisager de mettre en place une route maritime Europe-Asie orientale plus courte passant par le Nord.
- Il entraîne, tant du fait de la fonte des glaces que par gonflement thermique[11], une montée continue du niveau de la mer, menaçant d'engloutir les zones côtières, les ports, voire des pays entiers. La surface des océans s'est réchauffée d'un demi-degré depuis 1950 ; leur température moyenne a battu ses records en 2023 et de nouveau en 2024, dépassant 21°. Il en résultera de nombreux « réfugiés climatiques ».
- Il cause une acidification des océans, d'où une moindre absorption de CO_2, une destruction massive des coraux et une baisse des ressources alimentaires. De plus, il fait varier la salinité des mers, entraînant des conséquences imprévisibles sur les courants marins, dont le Gulf-Stream qui tempère notre climat (cf chapitre 9).
- Il met en danger la survie de multiples espèces, pour la flore comme pour la faune, et déplace leurs zones d'activité, avec des conséquences majeures sur des activités économiques telles que l'agriculture et la pêche- cf chapitre 8.

Les émissions de GES sont, comme le changement climatique lui-même, très inégalement réparties. L'Europe est assez mal lotie : on estime que le réchauffement y sera en moyenne supérieur de 60 % à celui de la planète, c'est-à-dire qu'à + 2° pour le globe correspondraient 3,2° pour nous[12]. C'est pourquoi notre pays retient, dans le Plan national d'adaptation climatique présenté en octobre 2024, une hausse de température moyenne probable de 4 degrés au cours de ce siècle. Les pays en développement des régions

[10] L'épaisseur de la banquise arctique a été divisée par deux en trente ans; le Groenland perd plus de 200 Mds T/an de glaces. La surface totale de glaces sur Terre a décru de 3,5 à 4 % sur chacune des deux dernières décennies. L'enneigement continu s'est raccourci d'un mois en un siècle dans les Alpes

[11] Les eaux chaudes occupent un volume plus important que les eaux plus froides, ce qui fait monter le niveau des océans. Selon le GIEC, les océans absorberaient 93% de la chaleur supplémentaire, le réchauffement des terres ne comptant que pour 3% et celui des glaces 3%, l'atmosphère 1%.

[12] En France, le réchauffement par rapport à l'époque pré-industrielle est déjà de 1,7° au lieu de 1,15 pour la moyenne mondiale. De ce fait, les canicules comme celles de 2022 et 2023 reviendraient au moins une fois tous les cinq ans.

tropicales et équatoriales seront très affectés, les deux pays les plus touchés étant l'Inde et le Nigeria ; au total, le GIEC estime que plus de trois milliards de personnes (entre 3,3 et 3,6 milliards) vivent dans « un environnement très vulnérable au changement climatique ». En revanche, selon la revue Nature Sustainability, le respect de l'Accord de Paris sur le climat ramènerait le nombre de victimes de cette situation à 400 millions (voir plus loin).

Un risque sérieux d'emballement, aggravé par l'inertie des phénomènes climatiques

Le réchauffement climatique s'auto-alimente en partie, risquant de déclencher une spirale incontrôlable ; voir tableau ci-dessous. Selon certaines analyses, ce cercle vicieux deviendrait incontrôlable au-delà de 3° de réchauffement.

Les risques d'emballement du réchauffement

- ✓ Par accumulation de vapeur d'eau dans les nuages, due à l'évaporation, et l'effet de serre en résultant ;
- ✓ Par dégel du permafrost (ou pergélisol), en Sibérie ou au Canada par exemple, qui libère du méthane accumulé au cours des millénaires dans des sols glacés ;
- ✓ Par dessèchement des tourbières – 450 Mds T. de carbone y seraient ensevelies - et changement d'usage des terres (défrichage des forêts, prairies mises en culture) ;
- ✓ Par fonte des hydrates de méthane gelés au fond des océans ;
- ✓ Par dégradation du « cycle du carbone » (moindre absorption par les forêts et les océans) ;
- ✓ Par chute de l'albedo (blancheur) : Les surfaces sombres découvertes par le dégel absorbent l'énergie solaire, alors que les surfaces blanches la reflètent, la renvoyant vers l'espace ; de ce fait, la glace réfléchit 80 % du rayonnement, l'océan après fonte 10 % seulement.

Les entreprises d'assurance supportent déjà l'accroissement d'année en année du coût de ces catastrophes naturelles ; atteignant déjà 150 Mds$/an, il doublerait tous les dix ans. Mais ce n'est là qu'une petite partie du coût global de ces perturbations, qui devrait atteindre 5 500 Mds $/an d'ici la fin de ce siècle en cas d'inaction prolongée (cf chapitre 2).

Même si l'on arrêtait immédiatement toutes les émissions nouvelles de GES, ceux qui se sont déjà accumulés dans notre atmosphère continueraient leurs effets pendant de longues années : ainsi, 100 grammes de CO_2 émis aujourd'hui mettront un siècle pour diminuer de moitié ; dans mille ans, il en restera encore 13 % à éliminer, et il faudra plusieurs millénaires pour revenir au niveau de l'ère préindustrielle !

Or, il n'est pas possible de tout arrêter instantanément ; et même si nous parvenions par miracle à stopper immédiatement toute installation nouvelle émettrice de GES, le réchauffement continuerait à monter (de 0,7° supplémentaires, selon les études), du fait de la longévité des pollueurs existants : avions, centrales électriques, appareils de chauffage en place, parc actuel de véhicules à moteur thermique…

La difficulté est pire si l'on considère le réchauffement des océans ; en effet, les eaux marines continueront à monter inexorablement pendant des siècles[13], selon le dernier rapport du GIEC : 2 à 3 mètres supplémentaires si le réchauffement reste limité à 1,5°, mais jusqu'à six mètres s'il atteint 2° ; au-dessus, les calottes glaciaires du Groenland et de l'Antarctique occidental disparaîtraient, entraînant « une hausse supplémentaire de plusieurs mètres ».

Il faut agir vite !

Le plus récent rapport du GIEC, en 2023, souligne l'urgence mondiale d'une action pour contenir le réchauffement climatique le plus près possible de la cible de 1,5° par rapport à la période de référence[14]. Or celle-ci est déjà presque atteinte, comme nous l'avons vu, puisque le réchauffement déjà acquis atteint 1,15°, voire 1,4° selon les évaluations pour 2023. L'espoir d'en rester à ce niveau est donc des plus fragiles et nécessite un sursaut immédiat.

La Convention des Nations-Unies sur le climat (CNUCC), maison-mère du GIEC, indique dans son rapport de novembre 2023, selon une approche différente, mais convergente, que l'humanité ne dispose plus que d'un « budget » de 500 milliards de tonnes de CO_2 pour rester dans les limites d'une hausse de température globale d'un degré et demi. Or, au rythme actuel, 87 % de ce total auront été utilisés d'ici 2030 et il ne resterait plus que 70 Mds T, soit moins deux ans d'émissions. D'où la nécessité d'agir sans délai pour ramener les émissions nouvelles à 0 (en termes nets) d'ici 2050. « Si nous agissons maintenant nous pouvons encore garantir un avenir durable et vivable pour tous », affirme son président.

---

[13] Des scientifiques soulignent, dans un texte publié en novembre 2023, qu'« en raison de l'inertie thermique considérable de l'océan, la majeure partie du réchauffement d'équilibre (atteint avec la quantité de GES présents aujourd'hui dans l'air) se produira au cours des deux prochains siècles » .

[14] Il s'agit de la période 1850-1900. On considère que la révolution industrielle, alors à ses débuts, n'avait pas encore provoqué de réchauffement d'origine anthropique.

Le GIEC souligne qu'au-dessus d'un réchauffement global de 2°, la probabilité de dommages importants et potentiellement irréversibles augmenterait fortement. De plus, les conséquences de cette situation pèsent très inégalement sur les pays.

Le réchauffement climatique n'est que l'un des enjeux du développement durable

Les objectifs environnementaux qui sont à la base de la nécessaire « révolution verte » correspondent à la notion de développement durable (sustainable development), apparue il y a trente ans dans le débat mondial et popularisée par le rapport Brundtland de 1987. Il s'agit de l'idée, d'apparence simple, selon laquelle chaque génération devrait « s'efforcer de répondre aux besoins du présent sans compromettre la capacité des générations futures à satisfaire les leurs ». Autrement dit, il faut parvenir à croître sans ajouter à la pollution et au réchauffement climatique ni retirer à la biodiversité. Un jugement récent (avril 2024) de la Cour européenne des Droits de l'Homme a d'ailleurs confirmé qu'un Etat peut être tenu pour responsable d'avoir manqué à son devoir de protection de ses citoyens quant aux conséquences du changement climatique

L'économie verte que l'on cherche à établir sera une économie sobre, fondée sur de nouveaux modes de consommation et de production, et pas seulement décarbonée. Cela comprend notamment :

- Un programme international de frugalité énergétique et de progression des énergies renouvelables (cf chapitre 4) ;
- Des politiques de sobriété et de renouvellement soutenues à long terme dans les domaines de l'habitat et des transports (cf chapitres 5 et 6) ;
- Une lutte constante contre les pollutions, notamment industrielles, et pour des procédés durables de traitement des déchets (cf chapitre 7) ;
- la promotion d'une agriculture raisonnée et d'une alimentation saine pour tous, ainsi que des mesures fortes pour protéger les forêts et stopper la perte de biodiversité (cf chapitre 8) ;
- La réduction drastique du nombre de personnes privées d'un accès à une eau propre et à l'assainissement (cf chapitre 9) ;
- un cadre juridique instituant la responsabilité écologique des entreprises, affirmant le « principe de précaution » et promouvant la protection des écosystèmes.

Il ne sera pas possible d'y parvenir sans mobiliser l'ensemble des acteurs, publics et privés - sachant toutefois que ceux qui opèrent dans les pays du Sud ont désormais le principal rôle pour déterminer un avenir durable. Il leur faudra utiliser tous les moyens de soutien et d'incitation que nous décrirons au chapitre 3 : les lois de l'économie doivent jouer pour l'écologie et non contre elle.

L'attention prioritaire portée à la lutte contre le réchauffement climatique se comprend, compte tenu tant des enjeux propres au réchauffement que de ses conséquences sur la production alimentaire, la nature, l'approvisionnement en eau, la santé humaine, et nos économies en général. Pour autant, elle ne doit pas détourner l'attention d'autres enjeux écologiques essentiels, qui ont leurs propres impératifs.

On peut résumer la tendance à focaliser l'attention et les politiques écologiques sur une partie restreinte du sujet – à savoir, les émissions de CO_2 d'origine énergétique - par le graphique suivant, en forme d'entonnoir :

Le sablier du développement durable

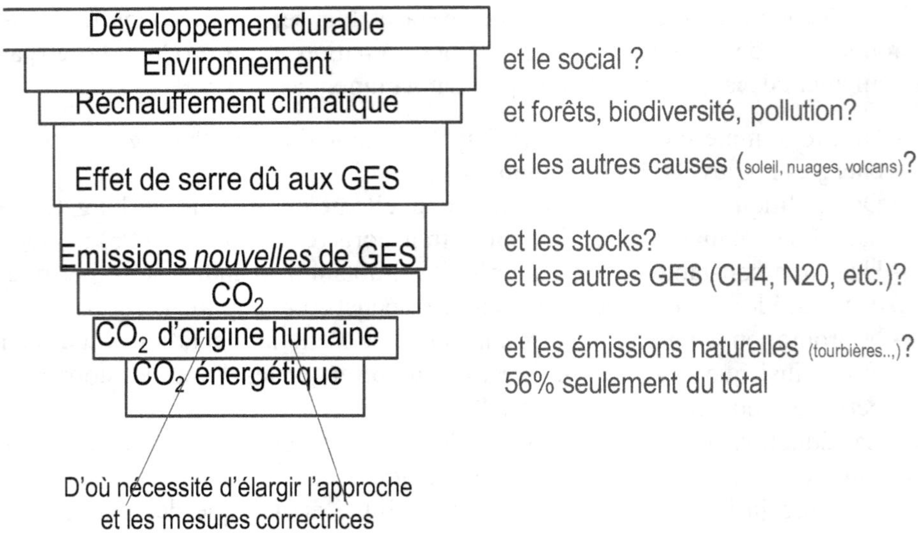

Au rebours de cette approche focalisée sur une vision de plus en plus étroite du sujet, la révolution verte doit couvrir l'ensemble des besoins du développement durable.

LES OPPOSANTS

Si l'urgence écologique est en général mieux admise aujourd'hui, la mise en œuvre des mesures indispensables se heurte encore à trop de mauvaises volontés. Même dans les pays avancés, les efforts de protection de l'environnement rencontrent de vives résistances des producteurs, relayées par certains gouvernements. Le combat mené par de nombreuses ONG[15] et par les Verts, qui participent depuis une trentaine d'années à de nombreux gouvernements[16], est donc loin d'être gagné, en dépit des engagements pris, comme on le verra plus loin, lors des grandes conférences mondiales.

Les prises de position sceptiques de certains, compréhensibles sur le plan du doute scientifique, ne facilitent pas la mobilisation. Mais à l'opposé, les excès de défenseurs affichés de l'environnement qui paraissent parfois plus préoccupés de faire progresser la révolution sociale, ou de dénoncer les abus de la mondialisation, que d'une action écologique vraiment efficace nuisent aussi à leur cause.

De plus, une inflexion récente de l'opinion à travers le monde tend à renverser le courant pro-environnement et à mettre en selle des dirigeants climato-sceptiques, voire franchement hostiles à toute action écologique efficace. Les manifestations en sont nombreuses et peuvent faire douter de la possibilité réelle d'atteindre les objectifs ambitieux que se fixe la collectivité internationale.

Qui sont les sceptiques parmi les « sachants » ?

Malgré l'opinion majoritaire et la convergence d'éléments allant dans le sens d'un réchauffement significatif et récent du climat sur notre planète, des scientifiques sérieux ont mis en doute une telle évolution. Pour eux, il s'agit surtout d'une nouvelle forme de craintes ancestrales, alors que rien ne prouverait l'origine humaine des variations actuelles.

Parmi eux, on compte des savants comme H. von Storch, pour qui les « scénarios apocalyptiques » sont fondés sur des hypothèses simplistes et non démontrées, Richard Lindzen, pour qui les GES ne contribuent qu'au tiers du réchauffement climatique, ou Istvan Marko, qui fustige

[15] Certaines ONG pro-environnementales forment des coalitions, comme l'Alliance pour la planète, le Climate Action Network, Climate Action Tracker ou Climate Justice Now.

[16] La participation aux gouvernements est un fait en France, avec des éclipses, depuis 1997 ; en Allemagne, les Verts participent actuellement au gouvernement d'O.Scholz, (ils étaient déjà présents entre 1998 et 2005) ; il en est de même dans trois autres pays de l'U.E. (Autriche, Belgique, Irlande), dans six des seize Länder allemands, et hors d'Europe, notamment au Brésil.

« l'obscurantisme »[17]. Un statisticien et écologiste patenté comme Björn Lomborg, ancien militant de Greenpeace, est allé jusqu'à considérer les scénarios produits par le GIEC comme une « manipulation » destinée à inquiéter indûment l'opinion et à fléchir les décideurs. Il a, depuis, nuancé cette thèse.

Leurs vues ont été reprises par le romancier à succès M. Crichton et par un épistémologue comme S.Galam, qui perçoit le retour d'une mentalité magique. Certains économistes ont aussi dénoncé les « amateurs de catastrophes », qui pousseraient à engloutir dans des actions inefficaces des ressources qui seraient plus utilement consacrées à résoudre les problèmes de santé et d'accès à l'eau des pays pauvres.

Un savant de renom et politicien comme C. Allègre a soutenu pendant des années que le réchauffement constaté et prévu n'était pas avéré, ou pas dû aux activités humaines ; dans son livre Ma vérité sur la planète, il contestait le scénario du réchauffement global et, sans s'opposer à une « écologie réparatrice », mettait en garde contre une approche trop émotionnelle du sujet.

Les trois lignes de défense successives des climatosceptiques :

- *Négation de la hausse globale des températures*, qui ne serait pas avérée, ou mal mesurée, ou due à des fluctuations cycliques. De fait, notre globe a déjà connu des époques nettement plus chaudes qu'aujourd'hui, et de fortes concentrations de GES, sans évidemment que cela puisse être attribué aux activités humaines[18]. Il est démontré que des phases de glaciation et de réchauffement se sont succédé à de nombreuses reprises dans le passé de notre planète ; mais il faut remonter à des millions d'années, à l'échelle des temps géologiques, pour trouver de telles concentrations ; surtout, les fluctuations climatiques du passé ont toujours été lentes - ce qui est nouveau et dangereux, c'est l'extraordinaire rapidité du changement.
- *Négation du lien GES/changement climatique*. Ce changement est alors attribué à l'oscillation « El Nino » - un déplacement vers l'est des eaux chaudes du Pacifique Sud, qui a des répercussions à l'échelle mondiale[19]. Par ailleurs, l'aggravation des cyclones serait à mettre au compte de la variation des vents, ou de cycles naturels, plus que du réchauffement de la surface des océans. Cependant, le lien paraît évident, car un cyclone ne

[17] Le livre de M Crichton, pour qui « les nouveaux prophètes…nous demandent d'apaiser le courroux des forces de la nature par des sacrifices… est *Etat d'urgence* ; celui d'I. Marko, *Climat, 15 vérités qui dérangent*. Voir bibliographie.

[18] L'existence d'un « petit âge glaciaire » au Moyen-Age, du XVème au XIXè siècles pourrait aussi fausser les comparaisons en abaissant excessivement les températures de référence.

[19] Certains savants, suivis par le GIEC, estiment toutefois au contraire que le réchauffement est lui-même la cause d'une intensification du phénomène El Nino depuis trente ans.

peut se déclencher qu'à partir d'une chaleur des eaux tropicales supérieure à 26° sur une surface et une durée suffisantes. On invoque aussi d'autres causes expliquant les oscillations de température : les variations de l'orbite de la Terre autour du Soleil, les cycles liés aux taches solaires (les études les plus sérieuses ont démontré que cette thèse ne tient pas), les champs magnétiques, les poussières rejetées par les éruptions volcaniques... Mais globalement, le lien avec les GES est amplement prouvé, non seulement par l'étude scientifique de l'effet de serre et de ses causes, mais aussi par le parallélisme strict des courbes des émissions et du réchauffement.

- *Négation de l'origine « anthropique »* (humaine) de la hausse des émissions de GES. Il est vrai qu'il y a des causes naturelles à certaines émissions, mais les analyses développées plus haut montrent que leur part n'excède pas environ un quart du total, le reste étant bien dû à nos multiples activités industrielles, agricoles, d'élevage, et aux déchets qu'elles produisent.

Un certain nombre d'arguments techniques alimentent cependant la poursuite des discussions :

- *Le recul dont nous disposons est court* : les températures ne sont enregistrées de façon suivie, dans le monde développé, que depuis 1860 environ, et la salinité des mers ou le niveau de l'éclairement solaire ne sont surveillés que depuis quelques décennies. Or les évolutions climatiques doivent être jugées sur longue période. Ce problème est réel, mais les relevés plus récents ne contredisent pas les tendances déjà relevées.
- *Les données sont lacunaires ou se contredisent :* on manque particulièrement d'éléments sur l'hémisphère Sud.
- *Les extrapolations faites à partir de ces données seraient fausses* : le Canadien S. McIntyre, par exemple, a vivement contesté la courbe exponentielle d'augmentation des températures sur laquelle se fonde le GIEC : la célèbre « courbe de Mann » reflèterait des biais méthodologiques. Les données actuelles en confirment pourtant la validité.
- *Les phénomènes climatiques globaux restent extrêmement complexes et difficiles à modéliser*, notamment le rôle majeur du cycle de l'eau (évaporation, nuages, précipitations). C'est ainsi que le risque de disparition du Gulf Stream, mis en avant par certains experts, est contesté par d'autres ; le GIEC reste prudent sur ce sujet[20]. Toutefois, les nouveaux satellites météo améliorent progressivement la précision des données.
- *Des facteurs agissant en sens contraire à l'effet de serre* freinent le réchauffement. Les nitrates, les suies et les poussières en suspension dans l'air du fait de la pollution industrielle, notamment les aérosols sulfatés,

[20] Il conclut que « la circulation thermohaline de l'Océan atlantique (le Gulf Stream) ralentira *très probablement* au cours du 21ème siècle, mais les températures dans l'Atlantique et en Europe devraient néanmoins augmenter ».

absorbent une part des rayons solaires estimée à 10 à 15 %, et causent un refroidissement local du sol : plus il y a de pollution, plus le réchauffement est freiné ! Mais cet effet reste limité. Plus important est le rôle des nuages : du fait de précipitations plus abondantes, ils arrêteront davantage les rayons solaires et limiteront le réchauffement... Mais les modèles du GIEC intègrent bien ces deux effets de freinage, même si l'évaluation est particulièrement difficile dans le cas des nuages.

- Prenant des responsabilités plus périlleuses, certains scientifiques *nient même l'ampleur des risques entraînés pour la santé par les polluants* chimiques, privilégiant le facteur génétique ; il est effectivement important, mais quasiment toutes les études récentes montrent de façon convaincante le rôle des facteurs environnementaux dans les cancers et les maladies pulmonaires ou cardio-vasculaires ; voir chapitre 7.

Malgré leur multiplicité, ces thèses sont restées très minoritaires parmi les savants. Surtout, l'évolution de la planète a démenti la plupart des arguments des climatosceptiques et confirmé les thèses écologistes.

Un pari inacceptable

Le fait est que les événements des dernières années confirment entièrement, voire dépassent, les prédictions des modèles climatiques : la réalité constatée se situe dans la partie haute de la fourchette des prévisions, tant pour le réchauffement que pour la concentration atmosphérique des GES et les pollutions. D'ailleurs, la plupart des scientifiques tentés par le « denialisme » ont ensuite modéré leurs critiques[21].

Au surplus, même s'il faut admettre que la prévision en ce domaine est loin d'être une science exacte, nous n'avons guère de temps devant nous pour vérifier la validité des hypothèses. L'un des arguments les plus forts des écologistes est justement que, là où les phases de réchauffement passées semblent s'être étalées sur des millénaires, la phase actuelle est rapide et s'accélère... Dans cette version moderne du pari pascalien, nous nous trouvons : d'un côté face au risque mortel d'un emballement irréversible, transformant notre planète en désert chaud et contaminé, si nous n'agissons pas ; et de l'autre devant la nécessité d'efforts certes considérables, mais à notre portée. Peut-on hésiter longtemps devant un tel choix ?

---

[21] Pour Claude Allègre par exemple, «la planète est-elle menacée de réchauffement ? Oui, de deux ou trois degrés dans un siècle... Le CO_2est-il une menace ? L'excès de CO_2, évidemment. Et cet excès doit être combattu, car, par exemple, il acidifie l'océan et, de toute manière, il est de bonne pratique d'économiser les énergies fossiles ».

Climato-scepticisme et populisme : un mélange des genres dangereux

Les polémiques scientifiques cèdent aujourd'hui le pas à des obstacles politiques : malgré l'évolution des esprits et une bien meilleure connaissance générale des enjeux écologiques, des courants de pensée importants continuent à s'opposer à une politique environnementale ambitieuse.

Ces dernières années, l'opinion publique, influencée par des réseaux sociaux[22] diffusant des théories complotistes et de fausses nouvelles, semble même, dans nombre de pays, revenir en arrière. Des enquêtes montrent une majorité de Français découragés d'avance, pensant que « la civilisation telle que nous la connaissons va s'effondrer » ; selon un sondage IPSOS, 37 % des Français étaient climatosceptiques en 2022 ; pour l'OCDE, la même année, 43 % de nos concitoyens estimaient la contribution humaine au réchauffement climatique nulle ou non déterminante.

Cette désaffection se poursuit : en France, une synthèse de plusieurs enquêtes, dont le « baromètre » annuel de l'ADEME, publiée en octobre 2024 par l'ONG Parlons climat, situe la part actuelle des sceptiques dans l'opinion entre 35 et 43 %, soit quinze points de plus qu'en 2020. Même si certains sondages placent encore la protection de l'environnement à un bon rang dans les préoccupations de nos compatriotes, l'impression dominante reste celle d'un reflux.

Ce qui est vrai dans le cas français l'est presque partout ailleurs en Europe : en Allemagne par exemple, selon l'institut Kantar, seuls 34 % des sondés en 2023 soutiennent la protection de l'environnement, contre 68 % de réponses favorables à la même question deux ans plus tôt.

Les succès électoraux de partis combinant des thèses d'extrême droite ou ultra-libérales et une attitude défavorable à l'écologie se sont dès lors multipliés dans les années récentes. Instrumentalisant le ressentiment des populations contre les législations « vertes » (notamment tout ce qui touche à la voiture et au chauffage) et, lorsqu'ils ne se déclarent pas officiellement climato-sceptiques, rejetant en détail toutes les mesures d'atténuation prises, ils sont en première ou seconde position dans presque toute l'Europe comme en France : Allemagne, Autriche, Pologne, Belgique…

Certains de ces partis, souvent en même temps hostiles à l'immigration et souverainistes, sont même parvenus au pouvoir et l'ont exercé pendant

---

[22] Une étude du CNRS publiée en février 2023 recensait plus de dix mille comptes climato-sceptiques actifs sur Twitter (devenu « X ») ; certains de ces comptes en général anonymes, qui sont souvent en même temps anti-vaccins et/ou pro-russes, atteignent 300 000 « followers ». L'étude estime à 30% la part d'utilisateurs d'X climato-sceptiques au niveau mondial.

tout un mandat : ce fut le cas de D.Trump (qui a retiré son pays de l'accord de Paris et nommé des climato-sceptiques à la tête des institutions chargées de l'écologie) aux États-Unis, de J. Bolsonaro au Brésil, de Javier Milei en Argentine. En Europe, V. Orban est au pouvoir depuis 2010 en Hongrie ; d'autres participent à des coalitions, comme G. Meloni depuis 2022 en Italie, mais aussi en Tchéquie, en Finlande, en Roumanie, en Suède. En 2023, ce mouvement a semblé s'accélérer, avec les victoires électorales marquantes de R. Fico en Slovaquie et de G. Wilders aux Pays-Bas[23].

La Russie de Poutine qui, sans rejeter totalement l'impératif écologique, cherche toute occasion de déstabiliser, alimente souvent ces mouvements, ouvertement ou en sous-main.

Ailleurs, face à ce danger populiste, des gouvernements simplement conservateurs, voulant l'apaiser et préoccupés par ailleurs avant tout de préserver croissance et emplois, hésitent, freinent les dispositifs écologiques, voire reviennent en arrière. Cela s'est produit en Australie et au Canada - pays sous-peuplés, disposant de vastes espaces libres et de ressources minérales importantes, et figurant parmi ceux dont les émissions polluantes dérapent le plus -, mais aussi en Europe :

Florilège des reculs sur les politiques environnementales en Europe

- L'Allemagne, bien que les Verts participent au gouvernement, retarde la mise en veille de ses centrales au lignite, milite pour des exceptions à l'interdiction des moteurs thermiques et a renoncé à imposer une nouvelle norme d'efficacité énergétique pour les bâtiments, pourtant inscrite dans le contrat de coalition. Cependant le pays conserve son objectif de neutralité carbone en 2045, soit 5 ans plus tôt que l'ensemble de l'U.E.
- La Suède, naguère très engagée dans la lutte pour l'environnement, voit ses émissions de GES augmenter de nouveau depuis deux ans et multiplie les mesures négatives : subventions aux énergies fossiles augmentées, réduction des obligations d'incorporation de biocarburants, élimination du bonus favorisant les véhicules propres et des subventions pour l'éolien offshore, etc.
- En Espagne, les zones urbaines à faibles émissions sont remises en cause.
- Aux Pays-Bas, le Mouvement agriculteur-citoyen a prospéré en contestant les mesures européennes de limitation des émissions d'azote et de réduction du cheptel.

[23] G. Wilders a obtenu aux élections de novembre 2023, avec son Parti pour la liberté (PVV), le quart des sièges de l'Assemblée néerlandaise. Il milite pour la suppression des règles communautaires sur l'agriculture et la pêche, veut extraire davantage de pétrole et de gaz et maintenir ouvertes les centrales électriques au charbon.

- La Pologne a attaqué six lois du « Pacte Vert » de l'Union européenne, notamment celles qui visent la fin des moteurs thermiques et la réforme du marché du carbone, devant la Cour de Justice européenne.
- En Italie, le gouvernement de G. Meloni demande que les fonds européens financent le réseau de gazoducs et renonce aux 6 Mds € prévus pour l'efficacité énergétique des communes.
- Hors U.E., en Grande-Bretagne, le gouvernement conservateur de R. Sunak a freiné l'ambitieuse politique écologique de ses prédécesseurs : il a repoussé de 2030 à 2035 le basculement au tout-électrique pour les voitures neuves et l'interdiction des chaudières à gaz ou au fioul, autorisé de nouveaux champs pétroliers ; les travaillistes qui lui succèdent depuis l'été 2024 ne font guère mieux à ce jour.
- Hors U.E. aussi, la Norvège multiplie les nouveaux permis d'exploitation pétrolière et gazière, sous prétexte d'assurer la sécurité d'approvisionnement.

Les pouvoirs publics sont, de plus, souvent influencés par les lobbies industriels, miniers, agricoles, ou pétroliers ; ces groupes d'intérêts sont accusés de propager sciemment fausses nouvelles et informations sceptiques pour faire douter de la réalité du réchauffement climatique ou nier les conséquences de l'abus de combustibles fossiles[24]. Par exemple, les liens étroits des présidents américains G.W.Bush, puis Trump avec les milieux pétroliers et charbonniers, s'ajoutant à une longue tradition d'abondance énergétique, expliquent en partie la difficulté d'adoption de mesures écologiques efficaces aux États Unis au niveau fédéral.

Bien naturellement, chaque secteur potentiellement touché par les mesures de protection de l'environnement - chasseurs, pêcheurs, agriculteurs productivistes, industriels de la chimie, de la métallurgie ou de la construction automobile, transporteurs routiers - s'efforce de s'en préserver en manifestant, voire en bloquant routes et ports.

Les fortes manifestations d'agriculteurs, d'abord aux Pays-Bas, puis en Pologne, en Roumanie, en Allemagne, en France, en 2023 et 2024, bien relayées dans l'opinion publique, ont récemment contraint les gouvernements à de nombreux reculs : maintien de l'exonération fiscale du « gazole non-routier », abandon de fait de règles du « Pacte vert » européen sur la protection de la biodiversité (voir chapitre 8). Certains vont jusqu'à constituer des groupes politiques visant explicitement à défendre leurs

[24] L'Union of Concerned Scientists, ONG américaine, a révélé qu'ExxonMobil aurait distribué, entre 1998 et 2005, 16 M.de $ de subventions à des sites diffusant des informations tronquées ou falsifiées. Des chercheurs climato-sceptiques auraient ainsi partie liée avec de grands pétroliers.

pratiques favorites. Reconnaissons qu'il faut une volonté peu commune pour résister à tant de pressions !

Au reste, tout gouvernement est sensible à la difficulté de l'arbitrage entre des projets (nouvelles infrastructures, usines, urbanisation ou, au Brésil ou en Afrique, défrichage de terres nouvelles...), qui paraissent dans l'immédiat plus créateurs d'emplois et de croissance, et la protection à plus long terme des intérêts de la planète. C'est pourquoi il est difficile politiquement d'imposer la préservation des générations futures – qui ne votent pas encore... - et de « biens publics mondiaux » partagés par tous. Cela montre en tous cas toute l'importance d'une nouvelle approche, plus économique, du sujet, comme nous le verrons aux chapitres 2 et 3.

Les collectivités locales, enfin, hésitent devant le coût des mesures nécessaires pour traiter les ordures ménagères, installer des équipements économes d'eau et d'énergie, adopter des transports en commun non polluants, etc. Malgré des efforts louables, il reste souvent à les convaincre que c'est la volonté de leurs électeurs. En France, reflétant ces hésitations, le président de la région Rhône-Alpes, L. Wauquiez, refuse les zones « zéro artificialisation nette » et l'ancien Premier ministre E. Philippe appelle à repousser le calendrier sur les « passoires thermiques » dans le bâtiment.

Les Verts ont pourtant pris le contrôle municipalités importantes - Lyon, Bordeaux, Strasbourg, Besançon ont rejoint en 2020 Grenoble – et sont influents dans d'autres, comme à Paris ; mais leurs efforts pour freiner la circulation automobile, aménager des voies cyclables et piétonnières, végétaliser le paysage urbain, etc., se heurtent souvent à de vives oppositions.

Le rejet des mesures écologiques peut parfois être plus violent. Il s'est manifesté en France dans deux épisodes successifs : la mobilisation des « bonnets rouges » bretons, en 2014, a conduit à l'abandon du système de péage pour les camions, déjà à demi installé. Surtout, les manifestations violentes et quasi insurrectionnelles des « gilets jaunes », en 2018, ont stoppé net l'augmentation programmée de la taxe carbone incorporée dans le prix des carburants.

Ajoutons que les mouvements qui devraient soutenir le plus la révolution verte sont eux-mêmes parfois hésitants, et divisés sur des questions importantes : la principale est l'enjeu de la décroissance, prônée par certains, jugée irréaliste par d'autres, comme nous le verrons au chapitre 3. Une autre question sensible est celle du nucléaire, historiquement honni par les Verts[25] et pourtant indispensable à une transition énergétique réussie – cf. chapitre 4.

Il y en a bien d'autres, comme celles des OGM, de la place à donner à l'approche réglementaire ou au marché, ou du rôle du progrès technologique. À gauche, par exemple, le parti communiste a attendu l'automne 2023 pour se rallier à l'objectif d'une France « zéro carbone » et soutient la consommation de viande.

Une querelle importante aussi est celle de la place que doit prendre le combat pour la justice sociale dans l'action politique : pour bien des responsables des Verts, elle tend, aux côtés de la dénonciation des abus de la mondialisation, à prendre une place dominante au détriment du combat pour l'écologie. Plus largement, une partie de la gauche radicale, officiellement pro-écologie, se retrouve dans le slogan « la fin du mois passe avant la fin du monde ».

Comment lutter contre les causes profondes d'un rejet qui se répand ?

Comme le relève le GIEC, les obstacles à la lutte contre le changement climatique et aux autres politiques écologiques sont donc nombreux : à la limitation et à la mobilisation insuffisante des moyens financiers s'ajoutent un « manque d'engagement du secteur privé et des citoyens » et, plus généralement, « un faible sentiment d'urgence ».

La leçon à tirer de ces mouvements d'opinion et ces crises semble au total être la suivante :

- Il est fondamental de bien *communiquer* : expliquer à l'avance l'intérêt de la mesure prise et son incidence sur le climat, la pollution, la préservation de la nature, par exemple, pour susciter l'adhésion ; cela implique aussi de favoriser la diffusion des connaissances et de lutter contre les « fake news » ;
- La mesure appliquée ne doit pas être brutale, mais *progressive*, avec un calendrier aussi précis que possible, annoncé longtemps à l'avance et largement diffusé ;
- Lorsqu'une taxe est prélevée ou un prix d'accès imposé, *l'affectation* des recettes correspondantes à des actions écologiques bénéficiant à la collectivité doit être explicitée et concrétisée sur le plan budgétaire ;

[25]Il y a cependant des écologistes favorables au nucléaire, comme J-M Jancovici, le responsable du « Shift project » ; du côté des socialistes, le scénario retenu début 2024 mise sur un effort de sobriété et un développement massif des énergies renouvelables, mais admet la nécessité d'une part de nucléaire pour atteindre l'objectif de décarbonation.

- Enfin, des *mesures sociales* particulières visant à compenser les dommages subis par les plus démunis (ou les plus touchés par la mesure, qui ne sont pas toujours les mêmes) doivent être mises en place parallèlement, sans délais et de manière visible et compréhensible par tous.

C'est le manque de certains de ces éléments qui explique le rejet parfois violent de politiques environnementales pourtant indispensables. À l'inverse, leur présence pourrait permettre des progrès à venir, malgré les obstacles que nous venons de retracer.

LES EFFORTS DE LUTTE POUR LE CLIMAT

La mobilisation indispensable de la communauté internationale autour du thème du développement durable est ancienne ; il fait partie du patrimoine intellectuel commun de l'humanité depuis les grands « Sommets de la Terre » de Rio, en 1992, et de Johannesburg en 2002 et était intégré dans les « Objectifs du Millénaire » de l'ONU. Ses principes ont été développés par des conférences internationales qui se succèdent depuis trente ans, et l'Assemblée générale des Nations-Unies a proclamé, en juillet 2022, le droit humain à vivre dans un environnement propre, sain et durable ».

L'efficacité d'une action en commun a été démontrée par les succès obtenus dans deux grands dossiers environnementaux : un terme a été mis grâce au Protocole de Montréal (1987) à la destruction de la couche d'ozone, qui nous protège des rayons ultraviolets les plus cancérigènes[26] ; et la multiplication des « pluies acides », qui proviennent des rejets de soufre dans l'atmosphère[27], a été freinée. Il s'agit d'agir de même, ensemble, contre le changement climatique.

En effet, si, comme nous l'avons vu plus haut, la lutte pour sauver la planète d'une catastrophe climatique est loin d'être le seul enjeu du développement durable, elle n'en tient pas moins une place centrale dans les préoccupations tant des opinions publiques que des dirigeants.

---

[26] La couche protectrice d'ozone (0_3) était attaquée par les CFC (chlorofluorocarbones), gaz de refroidissement, utilisés aussi dans les sprays ; ils ont été interdits par le Protocole de Montréal, de même par la suite que leurs premiers successeurs, les HCFC. Cette interdiction, largement appliquée, a réussi : un rapport scientifique publié en janvier 2023 sous l'égide de l'ONU estime que la couche d'ozone a de bonnes chances de se reconstruire totalement d'ici quatre décennies.

[27] Le soufre, provenant des centrales au charbon et de diverses usines chimiques, se combine avec l'eau dans l'atmosphère pour former le redoutable acide sulfurique ($S0_4H_2$), qui retombe en pluies.

Depuis la prise de conscience initiale lors de la conférence de Stockholm sur l'environnement (1972), puis du premier Sommet de la Terre à Rio (1992), qui a créé la CNUCC et posé le principe d'une stabilisation des émissions de GES, puis les premiers engagements chiffrés pris dans le protocole de Kyoto en décembre 1997, de réels progrès ont été accomplis. Ils restent cependant très insuffisants. Deux notions importantes éclairent ces débats : le choix entre atténuation du changement climatique ou adaptation à celui-ci ; et la situation particulière des pays en développement.

Atténuation ou adaptation ?

Le dilemme est le suivant : l'atténuation (mitigation, en anglais), c'est-à-dire la lutte contre les causes du changement climatique, est indispensable, car c'est la seule façon de rétablir durablement la situation. À l'inverse, l'adaptation vise à neutraliser le plus possible les conséquences des dérapages écologiques pour les populations et l'économie. Cette seconde stratégie est nécessaire pour remédier aux dégâts déjà en cours ou annoncés : ainsi, pour le GIEC, l'absence d'action conduirait à des coûts d'adaptation atteignant à eux seuls 5 à 10 % du PIB mondial en 2100 !

On peut citer, parmi les adaptations possibles au changement climatique : le passage de cultures à des espèces plus résistantes, mais à moindre rendement ; des précautions de santé publique ; le changement des comportements alimentaires et récréatifs ; la construction de digues et protections côtières ; la réparation des dégâts aux industries et bâtiments ; la restriction de la construction en zones menacées ; l'extension des systèmes d'irrigation contre le dessèchement.

La stratégie d'adaptation, pour laquelle des financements internationaux commencent à se mobiliser (voir chapitre 2), peut être efficace à court terme. En même temps, elle est dangereuse, car elle ne résout rien à long terme - elle revient souvent à « casser le thermomètre » au lieu de traiter les causes de la fièvre - et risque de retarder les efforts indispensables. Au demeurant, elle rencontre assez vite des obstacles :

- Un coût malgré tout élevé, et souvent stérile, car la nécessité de réinvestir se manifeste au bout d'une certaine période ;
- Le risque d'effets négatifs sur la lutte contre le réchauffement ; par exemple, la multiplication des climatiseurs est nuisible à cet égard ;
- La loi des rendements décroissants : par exemple, la surélévation des digues (qui, de plus, aggravent l'érosion et dégradent les écosystèmes naturels) trouve ses limites face à une hausse constante du niveau des eaux ou des risques d'inondation ;
- Une charge très inégale selon les pays, les plus pauvres étant les plus touchés ;

- Enfin, la flore et la faune ne supportent qu'une certaine quantité et une certaine vitesse de changement et ne peuvent donc s'adapter.

C'est pourquoi le GIEC, qui prône de grands efforts dans ce domaine, reconnaît lui-même que « les options d'adaptation qui sont réalisables et efficaces aujourd'hui deviendront limitées et moins efficaces à mesure que le réchauffement climatique s'accentuera ». ; il y a des niveaux de température auxquels on ne pourra plus s'adapter, prévient-il

La querelle des Pays en développement (PVD)

Le changement climatique suscite des inégalités de grande ampleur : ainsi, les 10 % des ménages dont les émissions par habitant sont les plus élevées contribuent à hauteur de 40 % environ aux émissions mondiales, tandis que les 50 % les moins bien lotis ne contribuent à ce total qu'à hauteur de 14 %. Le GIEC rappelle que « les communautés, qui ont historiquement le moins contribué au changement climatique actuel, sont touchées de manière disproportionnée ».

Un rapport récent de l'ONG Oxfam accuse le trait : les 1 % les plus riches de la planète seraient responsables, à travers leurs modes de consommation, de 16 % des émissions de GES, soit une proportion équivalente à celle des deux tiers les plus pauvres - non moins de cinq milliards d'humains.

Une bonne partie des problèmes rencontrés par les conférences internationales sur la lutte contre le changement climatique vient dès lors des perceptions très différentes quant aux responsabilités de chacun. Les pays du Nord considèrent les émissions nouvelles de GES et constatent que celles des pays émergents sont plus élevées au total : la forte industrialisation de la Chine en fait de loin le premier émetteur, en termes globaux.

En pourcentage du total mondial, la liste des dix premiers pollueurs est la suivante (en 2022), selon l'ONG Global Carbon Project : Chine 30,7 % ; États-Unis 13,6 % ; Inde 7,6 % ; Russie 4,5 % ; Japon, 2,8 % ; Indonésie 2 % ; Iran 1,9 % ; Allemagne 1,8 % ; Arabie Saoudite 1,8 % ; Corée du Sud 1,6 %. On remarquera qu'un seul pays d'Europe y figure (la France est à 0,8 %). Voir ci-dessous le tableau en volume.

L'augmentation des émissions anthropiques de GES depuis 1990 (en Mds T. CO_2-éq.) **et sa répartition par régions** (en % - échelle de droite), changement d'usage des terres inclus

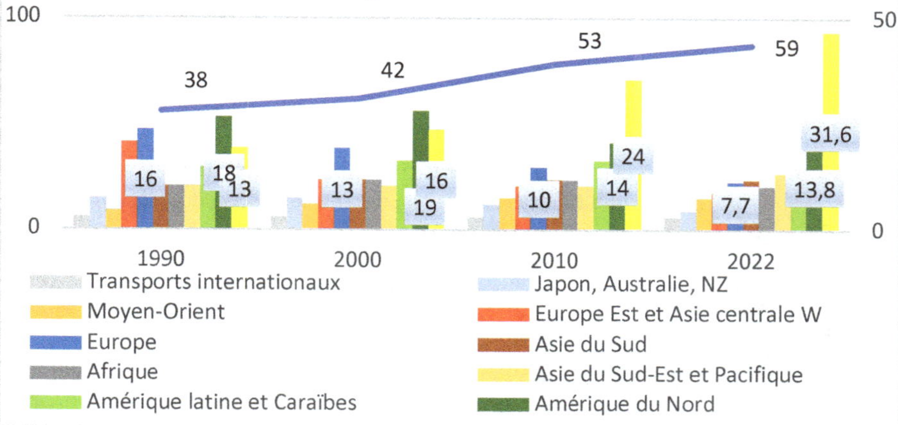

Au total, les pays en développement et émergents causent aujourd'hui 60 % des émissions de GES ; c'est donc chez eux, devenus largement majoritaires, que se situera le gros des efforts à accomplir. Les pays avancés ajoutent que leurs propres émissions tendent à diminuer - c'est vrai pour l'Europe, avec une baisse de 30 % en 2023 par rapport à 1990, et pour les États-Unis (-8 % seulement par rapport à 2010), pas pour le Canada ou l'Australie – alors que celles des pays en développement continuent à croître.

Mais les rejets *par tête d'habitant* des pays avancés restent élevés : le rapport est d'un à huit entre les régions les plus émettrices (Amérique Nord, avec 19 T. par habitant) et les moins émettrices (Asie du Sud, qui reste autour de 2T/habitant). Avec la Chine, en revanche, qui a plus que triplé ses émissions globales de GES depuis 1990, l'écart a presque disparu : ses 9,6 T. de rejets par habitant sont supérieurs à la moyenne de l'U.E. (7,6 T.) et doubles de la moyenne mondiale[28].

En tout état de cause, les pays en développement considèrent la responsabilité historique des pays industrialisés et refusent de payer la facture à leur place. Le GIEC continue d'ailleurs à dénoncer la « consommation ostentatoire » des pays riches. Et il est vrai que si on considère le *cumul* historique des émissions de CO_2 depuis 1850, l'Amérique

[28] Les émissions chinoises d'origine énergétique par habitant sont maintenant supérieures à celles de la France, qui coïncident avec la moyenne mondiale (4,4T.) ; mais elles restent très inférieures à celles des Etats-Unis (17,6T.) ; celles de l'Inde ne sont encore que de 1,7 T. par habitant. Le Japon est à 14T/habitant/an, le Moyen-Orient à 13, l'Amérique Latine à 9.

du Nord vient en tête, tandis que l'Afrique et l'Asie sont loin derrière, comme le montre le tableau qui suit ; globalement, la part cumulée des pays en développement reste faible, même si l'Asie de l'Est prend désormais une part significative - due à la forte croissance des émissions de la Chine, malgré ses réels efforts.

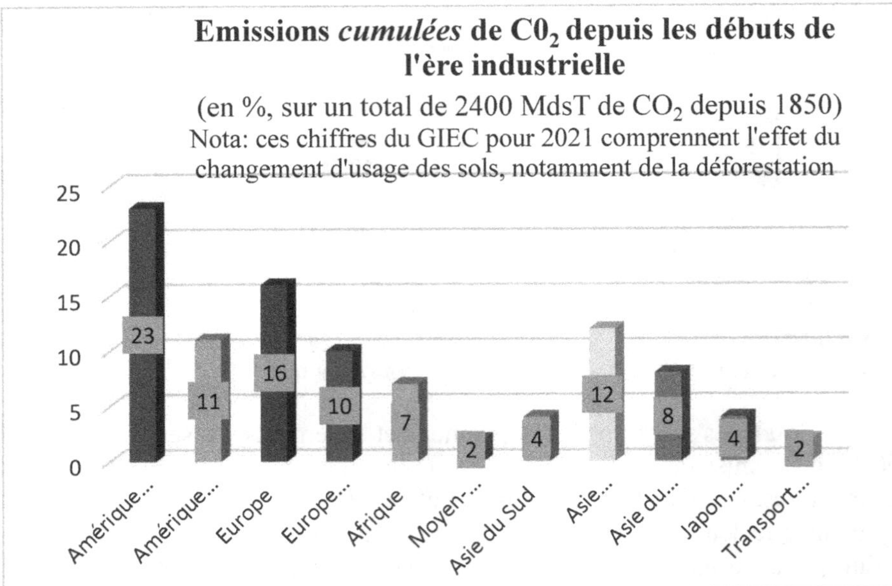

C'est pourquoi, invoquant le principe de justice climatique, l'Inde, devenue le troisième pollueur mondial avec 7,6 % du total (mais loin derrière par tête d'habitant) après avoir doublé ses rejets depuis 1990, réclame le droit de continuer à émettre des GES : selon les termes, réitérés à la COP 28 (voir ci-après, page 56) de son Premier ministre, N. Modi[29] - les pays en développement doivent bénéficier d'une « juste part » du budget carbone mondial, c'est-à-dire « le peu de carbone que nous pouvons encore brûler en toute sécurité »[30].

Cette approche est suivie par la grande majorité des pays du Sud, qui ont obtenu une différenciation en leur faveur dans les engagements pris (voir page suivante) et une aide financière considérable pour financer la transition énergétique (voir chapitre 2).

---

[29] L'Inde s'est cependant engagée, à la COP 21 de 2015, à réduire l'intensité carbone de son économie d'un tiers d'ici 2030, à condition d'avoir accès aux technologies propres et à des financements internationaux.

[30] Nous avons vu que ce « budget carbone » est de 500 Mds T. éq-CO_2 avant que le réchauffement n'atteigne 1,5°, soit au maximum dix ans d'émissions au rythme actuel ; il serait de et de 1150 Mds T. pour rester au-dessous de 2°.

émissions de GES, mais faire en sorte que celles qui subsisteraient soient totalement compensées par des actions de capture et stockage du carbone ou d'absorption par des « puits de carbone « (océans, forêts, tourbières, zones humides) pour parvenir à 0 émissions nettes[35].

Le cœur de l'accord est l'établissement de « contributions nationales » (Nationally determined contributions ou NDCs) visant la réduction à moyen terme des émissions de GES et l'adaptation au changement ; l'addition de ces objectifs nationaux détermine une situation de départ certes peu satisfaisante, mais qu'on espère améliorer, car des révisions périodiques, au moins tous les cinq ans, sont prévues. Les signataires ont, malgré certaines défaillances – en particulier, les États-Unis de Trump sont sortis de l'accord, avant d'y rentrer sous la présidence Biden - globalement respecté les engagements de clarté sur leurs stratégies ; une vingtaine de pays communiquent même leurs chiffres tous les ans et l'accord couvre maintenant 80 % des émissions mondiales.

La « COP 26 » de Glasgow, fin 2021, a demandé aux signataires de revoir leurs objectifs à la hausse sans délai ; certains l'ont fait ; pourtant, le rapport d'étape publié en novembre 2023 par la CNUCC montre qu'on est encore loin du but.

En effet, l'addition des engagements nationaux les plus récents conduirait à des émissions de 51,6 milliards de tonnes d'équivalent-CO_2, hors effets du changement d'usage des terres, contre 53,6 Mds T. en 2022 (dont 40,6 Mds T. pour le seul CO_2)[36]. En outre, cette légère diminution (-4 %, alors que l'objectif est de -43 % en 2030), si elle apporte la satisfaction d'un « pic » atteint avant 2030, n'apparaît que par rapport aux émissions enregistrées en 2019 ; si l'on se réfère aux chiffres de 1990, référence internationale reconnue de l'accord de Kyoto, le niveau prévu pour 2030 est en hausse de 50,5 %...

Le tableau ci-dessous montre l'ampleur considérable de la hausse des émissions actuelles comparées à diverses dates de référence ; cependant, il témoigne aussi d'un certain progrès, puisque l'addition des engagements pris aurait dépassé de 70 % le niveau atteint en 1990 si on s'en était tenu à ceux enregistrés en 2016. Un progrès donc, mais encore timide.

---

[35] Comme le relève le rapport du GIEC, certaines activités émettrices de GES comme l'agriculture, l'aviation, le transport maritime et certains processus industriels ne pourront pas offrir des émissions *brutes* nulles en 2050 ; il sera donc nécessaire de compenser ces émissions résiduelles.

[36] Le PNUE retient, dans son « Emissions gap report » d'octobre 2024, un chiffre plus récent et un peu plus élevé : 57,1 Mds T. d'équivalent-CO_2 en 2023 (en augmentation de 1,3% par rapport à 2022).

Certains membres de l'accord ont effectivement accentué leurs efforts. Ainsi, les États-Unis, forts du « Green New Deal » et de l'IRA, ont annoncé vouloir réduire de moitié leurs émissions, mais par rapport à 2005 (et non 1990), référence moins exigeante[37] retenue également par d'autres pays comme l'Australie ou le Canada - qui n'arrive d'ailleurs pas à la respecter[38]. La Chine, dont le poids est déterminant, consent des efforts considérables pour développer les énergies nouvelles et les véhicules électriques (voir chapitres 4 et 6), mais continue en même temps à multiplier les nouvelles centrales au charbon, ce qui fait douter de sa capacité à atteindre ses objectifs, qui sont un pic d'émissions avant 2030 et la neutralité carbone en 2060 (et non 2050).

Engagements des pays dans le cadre de l'accord de Paris, par rapport à diverses dates de référence

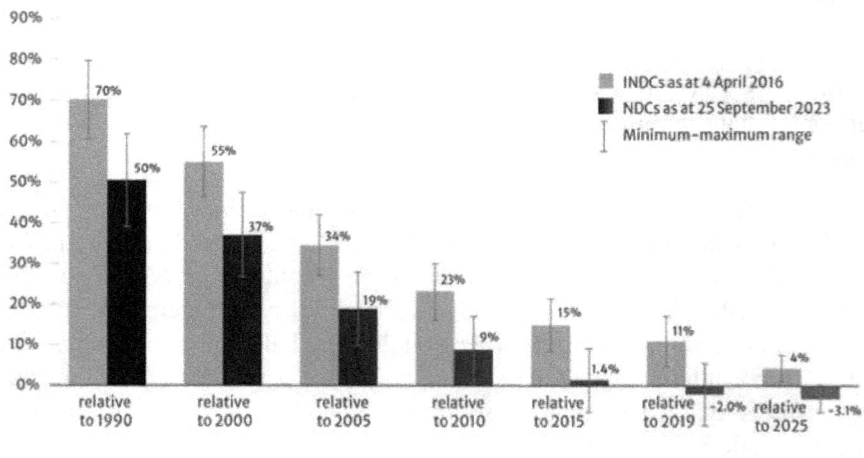

Source : UN Climate Change

Dans l'ensemble, ces efforts sont fort loin de suffire puisque, pour limiter la hausse des températures à 1,5° d'ici la fin du siècle, les émissions de GES devraient être réduites de 43 % d'ici 2030 et de 60 % d'ici 2035[39],

[37] Les émissions mondiales de 2005 étaient supérieures de 15% environ à celles de 1990, base du protocole de Kyoto. Cela diminue d'autant l'effort à accomplir. Ainsi, l'engagement des USA de réduire leurs émissions de moitié en 2030 par rapport à 2015 tombe à 30% par rapport à 1990.

[38] Du fait de la forte extraction de combustibles fossiles – les schistes bitumineux de l'Alberta – le Canada est le pays le plus en retard du G7 ; ses émissions de GES n'ont baissé que de 8% depuis 2005 et sont en hausse de 10% par rapport à 1990.

[39] L'objectif de +1,5 ° maximum en 2100 tolère des dépassements limités de ce chiffre pendant les décennies 2030-2090. Dans les scénarios moins ambitieux visant à limiter la hausse des températures à deux degrés, le taux d'effort est inférieur de 15 points environ : la

ce qui suppose de ramener les combustibles fossiles à un « usage minimal » et de multiplier les solutions vertes en repensant les villes, en favorisant une agriculture durable, en consommant de manière plus sobre, etc.

Or les émissions prévues avec le plus récent ensemble d'engagements des États dépassent encore l'objectif d'un réchauffement limité à 2° de près de 12 milliards de tonnes annuelles de CO_2 ; le résultat de ces politiques insuffisantes serait un réchauffement de 2 degrés et demi (fourchette de 2,1 à 2,8°), ce qui serait tout de même un moindre mal par rapport au chiffre de +3,2° d'ici 2100 figurant dans le 6ème rapport du GIEC, sur la base des engagements tels qu'ils étaient deux ans plus tôt (octobre 2021).

Les prévisions à long terme communiquées par la moitié environ des pays participants conduisent à des émissions inférieures de 64 % en 2050 à leur niveau de 2019, soit 2,3 tonnes d'équivalent-CO_2 par habitant. Cela serait une amélioration significative, mais encore éloignée de l'objectif de 0 émissions nettes à cette date ; il en résulterait un réchauffement climatique supérieur non seulement à l'objectif optimal de 1,5°, mais aussi à l'objectif de 2°.

Le tableau suivant, mis au point par le « Shift Project », une ONG française malgré son nom, montre la dérive qui résulterait de la poursuite des politiques actuelles et l'ampleur considérable des efforts qui restent à accomplir.

Volume des émissions de GES selon les politiques nationales actuelles et décroissance à obtenir pour tenir les objectifs de l'accord de Paris

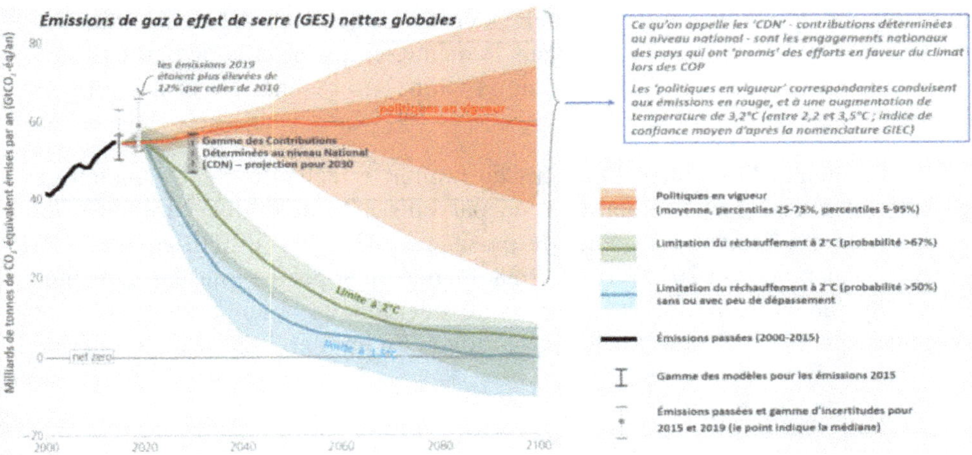

---

baisse des émissions à obtenir en 2030 n'est plus « que » de 28% au lieu de 43% et l'objectif pour 2035 est ramené à 37% au lieu de 60%, toujours par rapport au niveau de 2019.

Encore faut-il que ces engagements nationaux soient effectivement tenus. Or un « écart de mise en œuvre », selon les termes utilisés par le GIEC, demeure entre les promesses et la réalité ; de ce fait, seuls 18 pays ont réussi à maintenir la baisse de leurs émissions pendant plus de dix ans. Si les engagements actuels, qui mettent le monde sur une trajectoire déjà mauvaise, ne sont pas tenus et que les émissions se poursuivent au rythme actuel d'au moins 1 % par an, malgré tous les engagements pris[40], le réchauffement atteindra au moins 3,2°, voire un catastrophique +4,4° dans un scénario très émetteur – ce qui donnerait +6 degrés pour la France !

À ce jour 107 pays, représentant 82 % des émissions mondiales de GES, se sont engagés à parvenir à l'objectif de zéro émissions nettes, à des dates variables (2050 pour l'U.E., 2060 pour la Chine, 2070 pour l'Inde…). Mais cela ne peut suffire : le PNUE, dans son rapport d'octobre 2024, table, avec les contributions actuelles, sur un réchauffement de 3,1° d'ici la fin du siècle si les engagements des États ne sont pas renforcés drastiquement ; ce chiffre ne serait ramené à 2,5° que si les engagements conditionnés à des aides aux pays en développement étaient concrétisés. Même dans un scénario très optimiste d'efforts supplémentaires, la probabilité de limiter le réchauffement à 1,5° est devenue très faible. Il en déduit la nécessité d'« une transformation radicale de nos économies et de nos sociétés ».

Les COP 28 de Dubaï et 29 de Bakou

Les deux dernières en date des COP, en décembre 2023 puis novembre 2024, se sont tenus dans des pays pétroliers : Emirats arabes Unis et Azerbaïjan. Un paradoxe qui interpelle, puisque les Emirats sont, avec le Qatar, au premier rang mondial pour les émissions de GES par tête d'habitant. Le voisin séoudien, dans le même temps, promet de parvenir aux 0 émissions nettes en 2060, comme la Chine, mais sans arrêter ses forages pétroliers.

Rappelant fermement l'objectif de limiter le réchauffement planétaire à 1,5° (et non 2°) et l'importance de parvenir à la neutralité carbone d'ici 2050, en confirmant les points de passage à -43 % d'ici 2030 et -60 % en 2035 (par rapport à 2019), la COP 28 a lancé un appel à tripler les capacités renouvelables et à doubler l'efficacité énergétique d'ici à 2030 – deux engagements confirmés par les pays du « G7 » en mai 2024. Elle a entériné

[40] Selon le rapport publié en décembre 2023 par le Global Carbon Project, cette hausse s'est poursuivie en 2023 : +1,1%, après +0,9% en 2022 ; l' « Emissions gap report » 2024 du PNUE donne, lui, un chiffre de +1,3% en 2023- en tous cas, encore loin du retournement attendu.

le « Global Stocktake » qui recense les engagements des États en matière de limitation de leurs émissions.

Elle a confirmé la mise en place du fonds « pertes et dommages », qui doit en principe mobiliser 100 milliards de dollars par an pour la transition climatique des pays en développement[41] (voir chapitre 2, page 57). La COP 29 de Bakou devait finaliser un nouvel « objectif collectif quantifié » sur la finance climatique, mais n'est parvenue, à grand-peine, qu'à annoncer un chiffre de 300 milliards de $ d'apports par an aux pays en développement (soit moins du quart de leur demande), mais à terme éloigné (2035) et sans préciser les moyens d'atteindre ce montant.

Enfin, la communauté internationale commence aussi à se préoccuper de réduire les émissions de méthane : elle a complété l'engagement pris, à la COP 26 de Glasgow (en 2021), par les 155 pays signataires de réduire leurs émissions de ce gaz de 30 % d'ici 2030, par une promesse des compagnies pétrolières et gazières de rendre les fuites de méthane des leurs installations « proches de zéro » en 2030. La Chine, premier émetteur au monde, a inclus ce gaz dans son plan quinquennal et s'est engagée, en novembre 2023, à prendre des mesures. Il s'agit d'équiper les émetteurs, de détecter à temps les fuites dans les conduites, d'instaurer des normes ou surtout de fixer un prix à cette pollution, comme nous le verrons au chapitre 3.

La grande lacune de ces deux COP est de ne pas être parvenue à un consensus clair sur la sortie de l'usage des énergies fossiles, à commencer par le charbon[42], qui est la plus polluante de toutes. Cependant, c'est la première fois que l'accord final de la COP 28 l'évoque, dans des termes certes prudents : « effectuer une transition hors (« transition away ») des énergies fossiles ». Ce progrès a été largement salué, bien qu'on puisse regretter la place faite au gaz, reconnu comme carburant admissible pendant la période de transition (de durée non définie) et l'évocation comme solution des techniques de capture et stockage du carbone (CSC), qui sont encore loin d'être au point.

Poussant un peu plus loin les pays du « G7 » se sont engagés, en avril 2024, à fermer leurs centrales au charbon (sauf celles adossées à des dispositifs de CSC) « au cours de la première moitié des années 2030 ». Les États-Unis prévoient cette sortie pour 2035. La COP 29 a été plus en recul, ne parvenant même pas à mentionner l'objectif d'une sortie des combustibles fossiles.

---

[41] Il est complété par le lancement par le Qatar et Blackrock d'un nouveau fonds de 30 milliards de $ au départ, qui vise à mobiliser 250 Mds $ de financements privés d'ici 2030.

[42] Il aurait fallu au minimum interdire à un terme proche la construction de nouvelles centrales électriques au charbon – la Chine en ouvre une à deux par semaine -, comme l'avait envisagé le G20.

La Chine a pour sa part réitéré sa promesse de parvenir à la neutralité carbone en 2060 – ce qui est bien trop éloigné pour un pays qui émet à lui seul 31 % du total mondial - et d'atteindre un pic de ses émissions avant 2030, alors qu'elles ont encore augmenté de 4 % en 2023, comme nous l'avons vu plus haut. Elle fait toutefois un effort majeur pour développer les énergies renouvelables et les véhicules électriques, avançant, dans son quatorzième plan quinquennal (2021-25), le concept de « civilisation écologique » et confirmant l'objectif d'une réduction de 40 % de l'intensité énergétique de sa production [43].

L'Inde, qui se donne les justifications rappelées plus haut, retient un objectif de neutralité carbone encore plus lointain (2070) et fuit tout engagement contraignant[44], malgré la forte hausse de ses émissions, due surtout au charbon. Le président brésilien Lula, en revanche, a confirmé l'objectif de neutralité carbone en 2050 et celui de mettre un terme à la déforestation d'ici 2030, mais tout en approuvant la mise aux enchères de six cents nouveaux sites d'exploration du pétrole, y compris en Amazonie....

Pour l'Union européenne, une stratégie allante, mais désormais freinée

L'Union européenne (U.E.) a toujours été en pointe sur les engagements climatiques, allant en général au-delà des efforts demandés par les accords internationaux. Elle a inscrit le principe de précaution dans le Traité de Maastricht en 1992, multiplié les règles antipollution comme les normes d'émission pour les voitures ou la surveillance des produits chimiques (cf chapitre 6), créé en 2005 un marché du carbone (voir chapitre 3), voté des paquets successifs « énergie-climat », créé en 2010 une Agence européenne de l'environnement, « verdi » la politique agricole commune (cf chapitre 8)...

La présence d'un groupe de députés Verts assez nombreux et actifs au Parlement européen y contribuait, ainsi que l'engagement personnel de membres de la Commission européenne comme M. Timmermans. Un accord a donc été conclu en 2019 pour viser une économie neutre en carbone et une loi européenne sur le climat adoptée en 2021 ; ses objectifs ont été rendus encore plus ambitieux par la suite :

---

[43] Cependant, la baisse des émissions chinoises de CO_2 par unité de PIB, traduisant l'efficacité énergétique du pays, est bien plus lente que prévu : -0,8% en 2022 alors que le plan quinquennal prévoit -13% en cinq ans.

[44] L'Inde s'engage seulement à réduire son « intensité carbone » (volume des émissions rapporté au PIB) de 35% d'ici à 2030 et à porter la part des énergies renouvelables à 40% à la même date, mais tout en continuant à brûler de plus en plus de charbon (volume doublé en une décennie).

Baisser les émissions de GES de 55 % en 2030 par rapport à 1990 (au lieu de 40 % dans la version précédente), comme le veut le protocole de Kyoto ; c'est le paquet législatif « fit for 55 ». Toutefois, 1990 est une référence moins exigeante dans le cas de l'U.E., dont les émissions ont déjà baissé depuis lors - les pays dont les émissions ont continué à augmenter préfèrent, eux, des dates comme 2005 ou 2019.

- Atteindre la *neutralité carbone en 2050* – objectif adopté aussi par des pays européens non membres, mais proches de l'UE comme la Suisse, la Norvège et le Royaume-Uni, qui l'a conservé malgré le Brexit[45] ;
- Élargir le marché européen du carbone et le conforter par un prélèvement aux frontières ;
- Cesser toute vente de voitures neuves à moteur thermique dès 2035 ;
- Faire la rénovation thermique de 15 % des logements d'ici 2027 ;
- Réduire de 9 % la consommation finale d'énergie ;
- Développer les « puits de carbone » (changement d'usage des sols) pour qu'ils absorbent 200 MT de CO_2 d'ici 2030.

L'U.E. a, parallèlement, mis en place un plan de relance (« Next Generation E .U. ») de 750 milliards d'€ financé par un emprunt commun et un « Pacte vert » (« Green Deal ») ambitieux afin de parvenir à ces objectifs, qui comprennent une baisse de moitié de l'usage des pesticides et l'interdiction dès 2024 de l'importation de produits issus de la déforestation. Elle a introduit une « Loi pour une industrie neutre en carbone » (Net zero industry Act) et créé un « Fonds social pour le climat » afin d'aider les 20 % les plus pauvres des citoyens européens. Elle a aussi adopté, en novembre 2023, une loi, la première du genre, visant à réduire les émissions de méthane de 30 %, conformément à l'accord donné à la COP 26.

La réduction très importante des émissions de GES attendue en 2030, ainsi que leur répartition par source émettrice, dépend de diverses combinaisons de politiques : elles reviendraient de 4700 MT d'équivalent CO_2 en 2005 à moins de 2500 MT dans la plupart des cas, et à 2300 MT dans l'hypothèse la plus favorable. Un effort supplémentaire est nécessaire, puisque la pente actuelle ne conduirait, d'après une analyse récente (janvier 2024) du Conseil Consultatif européen sur le climat à partir des « plans nationaux », qu'à une baisse de 49 % en 2030 au lieu de 55 ; mais un pays comme l'Allemagne dépasse déjà 50 % de réduction par rapport à 1990 (tout

[45] Le Royaume-Uni avait même largement dépassé les ambitions de l'U.E. en retenant un objectif de réduction de 68% de ses émissions nationales de GES (par rapport au niveau de 1990) d'ici à 2030. Il est désormais douteux que cet objectif soit tenu.

en émettant encore près du double de la France[46]) et veut atteindre la neutralité carbone dès 2045.

Les progrès faits jusqu'ici permettent cependant de programmer un taux d'effort inférieur à celui qui reste à accomplir par les États-Unis, comme le montre le tableau ci-après :

Émissions comparées de pays européens et des USA *par tête d'habitant*

En T. d'éq-CO_2 par habitant	Émissions 1990	Émissions 2019	projection 2030	Hausse annuelle moyenne 2019-2030
U.E.	11,1	7,5	4,6	-4,3 %
France	9,2	6,4	3,4	-5,5 %
Allemagne	16	9,4	6,8	-2,9 %
Royaume-Uni	14,2	6,7	3,7	-5,2 %
États-Unis	22,4	17,8	9,1	-5,9 %

Source : France-Stratégie

L'U.E. a aussi pris une décision importante en faveur des énergies renouvelables, dans le cadre d'un plan « Repower E.U. » adopté lors de la crise énergétique de 2022, en vue de quasiment doubler leur part dans le « mix énergétique » européen : elle passerait de 22 % actuellement à 42,5 % en 2030.

En revanche, l'U.E. n'a, malgré de nombreuses demandes, toujours pas retenu, malgré le ralliement de l'Allemagne, l'objectif de « zéro combustibles fossiles », du fait de l'opposition de pays comme la Pologne la Hongrie et l'Italie, où le charbon et le gaz jouent encore un rôle significatif : même la fin des subventions à ces combustibles n'a pu être programmée ; elle interviendra « aussi vite que possible ».

Des reculs se manifestent ou s'annoncent sur d'autres points : ainsi, la Commission européenne semble hésiter à maintenir l'interdiction des moteurs thermiques en 2035 qu'elle a édictée - voir chapitre 6 ; elle vient de prolonger pour dix ans l'autorisation du glyphosate ; et elle s'est abstenue de préciser concrètement les moyens de parvenir à l'objectif de baisse de 90 % des émissions à l'horizon 2040 qu'elle a annoncé en février 2024, avançant des hypothèses hasardeuses sur les progrès possibles du stockage du carbone et de carburants de synthèse écologiques.

[46] L'Office fédéral de l'environnement a annoncé une réduction des émissions du pays de 10,1% en 2023 par rapport à l'année précédente, à 674 MT éq-CO_2 Cette baisse est due tant à la récession industrielle en cours qu'à la baisse de 20% des émissions du secteur énergétique.

Les gouvernements renchérissent : nous avons vu plus haut les reculs constatés en Allemagne, aux Pays-Bas, en Pologne, en Italie entre autres ; les pays scandinaves étaient seuls à s'engager en sens inverse[47]. Les appels à une « pause réglementaire » se multiplient, y compris de la part d'E. Macron et du Premier ministre belge, relayés en juin 2023 par huit chefs de gouvernement ; ceux-ci soutenaient une déclaration du PPE, premier parti du Parlement européen, qui appelait à revoir le Pacte vert pour « tenir compte des nouvelles réalités économiques et sociales ».

La présidente de la Commission Européenne, U. von der Leyen, a dès lors amorcé un freinage, s'engageant à « protéger l'industrie » et à réduire l'effet des exigences climatiques sur « le travail et le revenu des agriculteurs ». La révision du règlement Reach sur les produits chimiques a été reportée, comme les textes sur le bien-être animal ou les systèmes alimentaires durables ; en septembre 2024, c'est la loi anti-déforestation qui a été repoussée d'un an ; et le règlement imposant la fin des ventes de voitures à moteur thermique en 2035 est très menacé.

Au Parlement européen, naguère très allant, la loi sur la restauration de la nature s'est trouvée vidée de sa substance, le texte prévoyant la réduction de moitié du recours aux pesticides d'ici 2030 a été rejeté, et le durcissement des normes antipollution pour les voitures (Euro7) écarté.

Et la France ?

Notre pays a pris des mesures très tôt (années 70) avec les économies d'énergie et le principe « pollueur payeur » ; une agence spécialisée, l'ADEME, a été créée dès 1990, puis un ministère ad hoc à partir de 2007 ; le « principe de précaution » est devenu constitutionnel en 2005, et de multiples lois ont été regroupées dans un Code de l'environnement après la conférence de Grenelle, dès 2007.

Depuis 2015, notre pays s'est doté d'une « Stratégie nationale bas carbone ». Révisée en 2019, cette feuille de route prévoyait de réduire les émissions françaises (hors changements d'usage des sols) de 45 % en 2030 par rapport au niveau de 1990. Ces objectifs ont été atteints, puisque nos

[47] L'objectif de neutralité carbone est avancé à 2035 pour la Finlande et 2045 pour l'Allemagne et pour la Suède, qui avait adopté un plan « zéro fossile » et maintient cette date malgré les nombreux reculs récents (cf page 34 ci-dessus) qui la rendent difficile à tenir. Le Danemark a décidé, en décembre 2022, de les rejoindre en 2046 ; dès 2030, les émissions danoises de $C0_2$ devront avoir baissé de 70%.

émissions totales étaient, en 2023, en baisse de 29 % depuis 1990 (- 5,8 % sur la dernière année[48]) et inférieures à la trajectoire pluriannuelle prévue.

La troisième version de cette stratégie, présentée fin avril 2024, est plus ambitieuse : elle vise une réduction d'encore un tiers par rapport au niveau actuel, conforme à l'objectif européen de -55 % par rapport à 1990[49]. Cela suppose une diminution de nos émissions d'au moins 5 % par an d'ici là.

L'activité législative récente a été significative :

- la loi « Climat et résilience » d'août 2021 vise l'objectif de zéro artificialisation nette en 2050 (cf chapitre 5, p. 152) ;
- une loi sur l'accélération des énergies renouvelables a été votée en février 23 ;
- un plan pour la protection de la biodiversité a été présenté à l'automne 2023 ;
- le Plan national d'adaptation au changement climatique, dont la troisième version, plusieurs fois retardée, a été publiée en octobre 2024, prévoit les moyens de réagir à un réchauffement allant jusqu'à 4 degrés (correspondant à un réchauffement mondial de 3°).

Malgré cela, la France est le seul pays de l'U.E. à ne pas avoir atteint ses objectifs pour les énergies renouvelables (avec une part de 21 % en 2022 au lieu des 24 % prévus par les directives européennes) et pour la dépollution de l'air et des rivières.

Et, après l'abandon de la hausse programmée de la taxe carbone début 2019, de nouveaux reculs menacent : la loi de programmation énergie-climat qui devait, selon un texte de 2019, être adoptée en juillet 2023, a été vidée de ses objectifs climatiques chiffrés, puis subordonnée à un nouveau débat public ; l'interdiction à la location de certaines « passoires thermiques » a été atténuée ; la France n'a pas soutenu l'interdiction du glyphosate et a renoncé au relèvement prévu de la taxe sur les pesticides comme à introduire une consigne sur les bouteilles en plastique et à augmenter la taxe sur les billets d'avion.

Après la Convention citoyenne pour le climat de 2019-20, les changements institutionnels ont pourtant visé à donner plus de visibilité et de

---

[48] Chiffrage du CITEPA, officiellement mandaté pour réaliser cet inventaire ; la diminution des rejets est nettement supérieure en 2023 à celle de 2022 (-2,7%). Au total, nos émissions s'élèvent à 385 MT d'éq-CO_2 en 2023, hors importations et puits de carbone, contre 539 MT en 1990. La moyenne 2019 -23 s'établit à 405 MT, contre 422 MT prévues sur cette période.

[49] Les objectifs européens nets par pays, détaillés dans le plan « Fit for 55 », intègrent le rôle des puits de carbone ; en brut, cela revient à -50%. La baisse nette de 54% prévue pour la France est légèrement inférieure à la moyenne européenne, car notre pays émet déjà moins par habitant que d'autres, grâce notamment au nucléaire.

poids aux préoccupations environnementales : un Secrétariat général à la planification écologique a été créé ; il coordonne l'action d'un vaste Ministère de la transition écologique. Un Conseil national de la planification écologique et un Haut Conseil pour le Climat ont aussi été créés.

Les collectivités locales et les entreprises sont associées ; notamment, des objectifs de réduction des émissions de GES par secteur d'activités ont été fixés à l'horizon 2050, avec un point de passage en 2030. En revanche, la proposition de loi déposée en février 2023 pour créer un Défenseur de l'environnement, comme la Convention citoyenne pour le climat l'avait souhaité en 2020, a été écartée, de même que celle d'une Loi de programme climatique pluriannuelle.

Le Président Macron, lors du Conseil de planification écologique d'octobre 2023, a déclaré que nous devons aller « deux fois et demie plus vite » dans la baisse de ses émissions de GES[50], à travers des incitations.

Les apports prévus sont toutefois incomplets, même si les plans France relance et France 2030 ont inclus un volet important de crédits environnementaux : sur les 66 milliards d'investissements supplémentaires annuels jugés nécessaires (voir chapitre 2, page 58), seuls les sept milliards d'euros d'argent public inscrits au budget 2024 étaient assurés. Depuis, la crise de la dette et le programme d'économies soumis au Parlement par le gouvernement Barnier pour redresser les comptes publics ont rendu les perspectives très incertaines[51].

L'opinion publique et le paysage politique demeurent, il est vrai, très divisés : la droite conteste les énergies renouvelables, notamment les éoliennes terrestres ; la France insoumise et même certains Verts contestent les parcs éoliens et solaires, au nom des surfaces agricoles et de la biodiversité, comme le fait le Rassemblement national ; les Verts restent majoritairement anti-nucléaires, malgré une évolution récente, tandis que les communistes et la droite classique soutiennent cette forme d'énergie.

Le « zéro artificialisation nette » des sols est vilipendé par des présidents de région, tandis qu'une partie de la gauche réclame avec insistance, au nom de la « fracture territoriale », la suspension du déploiement des « zones à faibles émissions (voir chapitre 6).

---

[50] Selon le Haut Conseil pour le Climat, le rythme de réduction des émissions d'origine énergétique doit passer à 5,5% par an, mais si l'on y ajoute les changements d'usage des sols l'objectif recherché est bien d'aller deux fois et demie plus vite. Le rapport Pisani-Mahfouz de mars 2023, base de bien des décisions publiques, analyse les moyens pour y parvenir.

[51] Le programme de soixante milliards d'€ d'économies et d'impôts nouveaux adopté par le gouvernement en place depuis septembre 2024 inclut des coupes sévères sur divers chapitres écologiques, dont -1 Md € sur le budget Ma Prime Rénov', une réduction du bonus pour l'achat de voitures électriques, etc.

Lors des COP de Dubaï et de Bakou, la France a cependant soutenu le triplement de la part des énergies nouvelles – en y ajoutant le nucléaire - dans le monde, ainsi que la sortie des énergies fossiles et surtout du charbon, amorcée par la fin des investissements privés dans ce secteur. Elle y a joint l'augmentation de l'aide développement - mais les économies budgétaires proposées en 2024 incluent au contraire une baisse de l'aide

*

Au total, on peut constater que des efforts substantiels ont été faits par certains pays - moins par d'autres. Globalement, est-ce, comme certains l'ont dit : « trop peu, trop tard » ? La communauté internationale, l'Union européenne, la France peuvent encore atteindre les objectifs de la lutte contre le changement climatique et des autres grands sujets environnementaux. Mais les buts visés ne seront pas atteints sans un sursaut de grande ampleur.

CHAPITRE II : DES BESOINS COLOSSAUX… MAIS MALGRÉ TOUT GÉRABLES

La révolution verte présente des besoins colossaux – de financement certes, mais aussi efforts de chacun dans sa vie quotidienne et de tous les secteurs économiques dans leur processus de production et le traitement de leurs déchets. Ils nécessitent déjà, et vont nécessiter plus encore dans l'avenir, des changements profonds dans notre économie comme dans nos modes de vie.

Besoins colossaux donc, mais pas insurmontables. Nous nous concentrerons dans ce chapitre sur les investissements nécessaires pour lutter contre le changement climatique, la perte de biodiversité et les pollutions en tout genre, ainsi que leurs conséquences.

UNE « FACTURE » MONDIALE CONSIDÉRABLE… ET MAL REPARTIE

À l'échelle de la planète, l'approche la plus construite et cohérente a été celle du « rapport Stern » d'octobre 2006. L'économiste Sir N. Stern avait alors, en s'appuyant sur des réflexions poussées de nombreux groupes de travail, évalué l'effort à consentir.

Le coût de l'inaction

Tout en soulignant les incertitudes liées au fait que le réchauffement climatique attendu « dépassera de loin tout ce que notre civilisation a pu connaître », ce rapport soulignait que le coût de la négligence dont nous avons fait preuve en matière d'environnement ne cesse de s'élever, et deviendra insupportable si nous n'agissons pas à temps. La facture de l'inaction atteignait déjà la somme colossale de 5500 milliards d'euros en dix ans, soit un choc comparable à celui de la crise de 1929 ou d'une guerre mondiale ; à moyen terme, elle atteindrait 5 % du PIB mondial.

Les experts du GIEC estiment de leur côté que « les pertes moyennes globales pourraient être de l'ordre de 1,5 à 5 % du PIB (mondial), pour un réchauffement de 4° » ; mais cette évaluation, centrée sur le réchauffement climatique, ne tient pas compte des actions indispensables pour lutter contre les autres formes de pollution et protéger la biodiversité. La Convention pour la défense de la biodiversité (CDB) estime en effet à 2 trillions (milliers de milliards) de dollars par an à elles seules les pertes dues à l'érosion de la biodiversité, en y incluant les coûts non monétisés.

La Commission européenne estime le coût supplémentaire supporté dans l'UE d'ici le milieu de ce siècle à 2400 milliards d'euros si le réchauffement climatique n'est pas limité à 1,5°. Pour la France, l'ADEME va bien plus loin, estimant que les dommages climatiques pourraient coûter plus de dix points de PIB par an[52] vers 2100, dans l'hypothèse d'un réchauffement fort (3,5°).

Tous les travaux scientifiques mettent en évidence, outre l'ampleur de ce choc économique, les problèmes d'équité entre générations et entre nations – ceux qui polluent n'étant généralement pas ceux qui en supportent, et supporteront, les conséquences les plus lourdes…

Le coût de l'inaction serait donc considérable, et surtout croissant. L'action à mener doit être à la hauteur de ce défi. Quels moyens faut-il y consacrer ?

Des montants à investir élevés et en augmentation

La facture estimée de la lutte contre le changement climatique n'a cessé d'augmenter – au fur et à mesure que l'inaction aggravait les problèmes.

Il y a dix ans, l'OCDE et l'AIE parlaient de consacrer au changement de paradigme énergétique 1 % au moins du PIB mondial, tandis que le PNUE demandait, en 2011, d'investir 2 % du PIB dans le verdissement de dix secteurs cruciaux de l'économie. En revanche, le Conseil d'Analyse économique français parlait déjà à l'époque d'un effort atteignant 5 % du PIB mondial à l'horizon 2050 pour ramener les émissions de GES à la moitié de leur niveau.

Le GIEC, dans son rapport de mars 2023, note que dans les meilleurs scénarios, qui limitent le réchauffement climatique à 1,5 ou 2 degrés au cours de ce siècle, les besoins d'investissement annuels moyens pour atténuer les émissions de GES sont « de trois à six fois supérieurs au niveau actuel ».

Selon l'AIE (Agence internationale de l'énergie), le monde devrait mettre deux fois et demie plus d'argent dans le secteur énergétique, passant de 1800 à 4500 Mds $ annuels, soit une augmentation de 2700 Mds $ (2,7 %

[52] Dont 6 dus aux conséquences des catastrophes naturelles se produisant dans le monde, 3 à la chute des rendements agricoles, 1 à la montée du niveau de la mer et aux catastrophes en France même.

du PIB mondial actuel), pour parvenir au triplement nécessaire de la production d'énergies renouvelables d'ici au début des années 2030. Une étude récente et précise du cabinet Bloomberg donne même un chiffre de 6500 milliards de $ par an d'investissements nécessaires pour la seule transition énergétique, soit plus du triple du montant investi en 2021, afin d'atteindre l'objectif d'émissions nettes de carbone nulles en 2050[53].

Il faut de plus ajouter au coût des mesures de freinage du changement climatique (« mitigation ») celui de l'adaptation aux conséquences de ce changement - voir chapitre précédent, pages 30 & 31. La Banque Mondiale estime que la seule adaptation des investissements courants au changement climatique coûtera 40 Mds$ par an, plus autant de dépenses collatérales, aux pays industrialisés. Mais ce sera beaucoup plus lourd pour les pays du Sud : le PNUE juge, dans un récent rapport, que les besoins de financement à ce seul titre et pour les seuls pays en développement les plus touchés sont compris entre 285 et 387 Milliards de $ par an, soit environ 0,3 % du PIB mondial.

Tant les rapports récents du GIEC que les évaluations d'organisations écologiques tendent donc désormais vers un coût global proche de 5 % du PIB mondial, soit environ 5 000 milliards de $ par an, si l'on ajoute les dépenses à faire contre les autres pollutions et pour la biodiversité. Il est cependant probable que ces évaluations sous-estiment les rétroactions positives de certaines politiques – par exemple, l'effet sur les comportements spontanés des agents économiques d'un accent beaucoup plus marqué sur les priorités écologiques.

Au total on peut donc estimer que la charge totale des politiques nécessaires pour réussir la « révolution verte » devrait, pour être efficace, atteindre d'ici 2030 *4 % du PIB mondial, soit* ***quatre mille milliards de dollars par an***. C'est beaucoup, certes ; mais le coût économique de l'inaction serait très supérieur à celui d'investissements « verts » - avec de fortes variations entre pays, car il serait plus élevé notamment pour les pays émergents. Ce volume n'a rien d'inatteignable si l'on considère que les investissements annuels actuels des compagnies pétrolières et gazières dépassent largement ce chiffre de 4 trillions de $ par an : il s'agit donc d'investir ailleurs, pas forcément de dépenser davantage.

---

[53] Au total, les investissements à réaliser d'ici cette date s'élèveraient à 200 trillions de $, dont 110 pour transformer nos modes de consommation (pompes à chaleur, véhicules électriques, recyclage durable) et 90 trillions consacrés aux infrastructures productrices d'énergie et à la captation du carbone.

Quel prix de référence du carbone pour ces investissements ?

Des travaux ont été conduits par le GIEC pour estimer le « coût social du carbone » - il serait de 43 $ la tonne de CO_2 - et évaluer le prix de revient de diverses approches pour lutter contre les émissions de GES : le prix de revient de la tonne de gaz carbonique économisée serait ainsi de 20 à 80 $; mais ce montant se réduirait avec le temps en suivant la « courbe d'apprentissage » et serait ramené à 5 à 65 $/T par le progrès technologique. Une évaluation concernant la France confirme ces ordres de grandeur : ainsi, le coût moyen des projets lauréats du Fonds de décarbonation de l'industrie ressort à 26 € par T. d'équivalent-CO_2.

L'ampleur de la fourchette s'explique par le fait que les coûts sont extrêmement variables selon les lieux et les secteurs concernés[54]. Ainsi, arrêter la déforestation dans les huit pays les plus touchés (70 % du total) ne coûterait que 5 à 10 Mds $, soit 1 à 2 $/T de gaz carbonique, mais l'arrêter partout présenterait un coût marginal de 30 $/T CO_2 ; réduire les émissions de méthane et d'oxydes d'azote de l'élevage et de la riziculture coûterait 20 $ par tonne d'équivalent-CO_2 non émis ; traiter tous les déchets, apportant une économie de 700 MT annuelles de CO_2, aurait un coût inférieur à 5 $/T ; investir sur des équipements innovants à bas taux d'émission de carbone présenterait un coût moyen de 5 à 10 $/T CO_2. 4 Mds de $/an suffiraient pour donner accès à un mode de cuisson propre aux familles africaines d'ici à 2030, atteignant un double objectif de santé et de baisse des émissions de GES[55].

Le coût peut parfois même être négatif (gain) ; cela peut être le cas des économies d'énergie dans le bâtiment ou l'industrie, de la récupération des « gaz fatals » émis à la sortie des puits de pétrole ou de gaz - l'AIE précise, par exemple, que 40 % des rejets de méthane des installations pétrolières et gazières pourraient être évitées à un coût net nul grâce à la valorisation du gaz récupéré - de la méthanisation des déchets (biogaz), etc. Un quart des émissions totales de GES pourraient ainsi être éliminées à coût nul ou négatif. Ce point important est confirmé par une enquête mondiale du Boston Consulting Group portant sur 2000 grandes entreprises : un quart

---

[54] L'ampleur des fourchettes s'explique aussi par les hypothèses faites sur le rythme plus ou moins rapide du progrès technique et sur l'efficacité des politiques incitatrices.

[55] Les fumées toxiques dues à l'usage de modes de cuisson traditionnels (bois, paille, fumier animal) causent 500 000 décès prématurés de femmes et d'enfants en Afrique, et sans doute autant dans le sous-continent indien. Les remplacer par des réchauds à gaz ou solaires éviterait ces décès, tout en réduisant les émissions de GES d'une quantité égale à celle générés par les transports maritimes et aériens réunis, selon l'AIE.

d'entre elles ont déclaré que la décarbonation leur a apporté des bénéfices annuels de plus de 7 % de leurs revenus[56].

Le coût est, en revanche, élevé dans d'autres secteurs ; et il l'est d'autant plus que le démarrage des efforts est plus tardif. Or nous avons déjà beaucoup tardé. En outre, les ressources publiques ne pouvant suffire à couvrir tous les investissements nécessaires, il est crucial de mettre en place un prix de référence la tonne économisée lisible et applicable par tous – cf chapitre suivant. Il est aujourd'hui largement reconnu que ce prix de référence doit se situer autour de ***100 dollars par tonne d'équivalent-CO_2***.

Ce prix semble par exemple être celui qui permettrait de rentabiliser à terme des installations de capture et stockage du carbone (CSC) ; mais les actions les plus efficaces seraient les énergies nouvelles et la réduction de la déforestation. Le GIEC estime, dans son rapport de mars 2023, que des investissements d'un coût inférieur à ce prix de référence mondial de 100 $ dans tous les secteurs concernés (énergie, mais aussi bâtiments, transports, agriculture, forêts…) permettraient d'économiser la moitié des émissions de GES prévues à l'horizon 2030.

L'effort indispensable a heureusement déjà commencé, même s'il est encore insuffisant : ainsi, le total mondial des investissements consacrés aux énergies renouvelables a, en 2022, dépassé mille milliards d'euros pour la première fois (+31 % en un an), répartis à parts à peu près égales entre les énergies renouvelables et l'électrisation des transports ; selon l'institut I4CE, la France a pour la première fois atteint, la même année, la barre des 100 Mds € d'investissements publics et privés pour la transition climatique.

Des plans massifs en faveur des technologies propres ont été lancés un peu partout : aux États-Unis, il s'agit de l'Inflation Reduction Act, qui apportera 369 milliards de $ aux industries de la transition climatique – mais à condition que leurs produits soient fabriqués en Amérique ! L'Europe, la Chine, l'Inde, le Japon, le Canada, ont aussi lancé des programmes considérables.

Cet effort devra être prolongé sur plusieurs décennies, mais il importe de souligner que la charge s'atténuera peu à peu grâce aux économies apportées par ces actions : par exemple, diminution des achats de combustibles fossiles, des dépenses de traitement des rejets, de protection contre les inondations, etc. Il y a en somme une « bosse » à franchir dans les prochaines années, ce qui imposera une forte réorientation des politiques

[56] Enquête publiée en septembre 2024 et portant sur les entreprises de plus de mille salariés réalisant un chiffre d'affaires supérieur à 100 M de $, dans 26 pays différents. Le bénéfice moyen obtenu serait de 200 M$, tant par la baisse des coûts de production que par la cession de crédits carbone.

publiques vers la préservation de l'environnement, mais aussi, pour les pays avancés, des transferts massifs vers les pays en développement, sur qui va reposer la plus grande partie de l'effort.

Pour les pays en développement, une charge insupportable ?

Le rapport Stern précité soulignait déjà que « ce sont les plus démunis qui sont les plus susceptibles de supporter la charge la plus lourde du changement climatique ». Les rapports successifs du GIEC et, par la suite, ceux des grandes institutions financières mondiales - FMI (Fonds monétaire international) et Banque Mondiale - ont aussi mis l'accent sur ce fait, qui s'est trouvé peu à peu placé, comme nous l'avons vu, au centre des négociations internationales sur le climat comme sur la biodiversité.

Le FMI estime à 2400 milliards de $ le besoin de financement annuel des pays du Sud pour soutenir l'action climatique (« mitigation » du changement climatique + adaptation + protection de la biodiversité, etc.) ; ce chiffre[57] est cohérent avec l'évaluation de l'AIE (Agence internationale de l'énergie), pour qui les fonds nécessaires dans les pays en développement pour la seule réduction des émissions de GES s'élèvent entre 2200 et 2800 milliards de $ annuels d'ici 2030. Un autre rapport, commandé par le G20, à l'été 2023, estime les besoins de financement supplémentaires totaux en matière de climat et de rattrapage pour les pays en développement à revenu bas et moyen à 3000 milliards de dollars annuels.

Certes, une partie de cet effort pourra être couverte par les ressources propres de ces pays - en particulier la Chine, dont les émissions représentent à elles seules, nous l'avons vu, 31 % du total mondial, mais qui a réalisé en 2022 près de la moitié des investissements mondiaux dans la transition verte. Cependant, 60 % des pays en développement sont déjà surendettés ou à haut risque de surendettement, souligne le FMI, et ils ont d'autres priorités urgentes : santé, éducation, construction d'infrastructures… Ils ne pourront donc pas faire face seuls à cette marée d'investissements.

De plus, ils estiment subir des « pertes et dommages » considérables - du fait des conséquences économiques des émissions passées des pays du Nord et du retard dans la mise en place des mesures climatiques. Ces pertes sont évaluées par les scientifiques entre 290 et 580 milliards de $ par an

[57] Le montant de 2400 Mds de $ d'investissements annuels nécessaires d'ici 2030 pour la transition climatique, soit un *quadruplement* du chiffre actuel, figure aussi dans le rapport remis en décembre 2023 par le groupe d'experts sur la finance climatique piloté par Sir N. Stern ; mais ce chiffre n'inclut pas la Chine, dont les investissements nécessaires représentent plus de mille Mds$ supplémentaires.

jusqu'en 2030, et bien plus au-delà, puisque la facture pourrait monter jusqu'à 1700 milliards en 2050

Si ce problème a bien été perçu, et très débattu, lors des conférences climatiques successives, les efforts réellement consentis sont très insuffisants :

Dès la « COP 15 » de Copenhague, en 2009, les pays développés se sont engagés à apporter cent milliards de $ d'aides annuelles aux politiques climatiques du Sud, à l'horizon 2020. Ce chiffre, pourtant encore loin des besoins réels, n'a été enfin atteint qu'en 2022[58]. Il est obtenu notamment tant par des aides directes que par des dotations à des fonds multilatéraux comme le « Fonds vert pour le climat » et le Fonds pour l'environnement mondial. Mais le Fonds Climat reste encore loin à ce jour de l'objectif annoncé de 50 milliards en 2030.

La COP 29 de Bakou devait finaliser un nouvel « objectif collectif quantifié » sur la finance climatique, mais n'est parvenue, à grand-peine, qu'à annoncer un chiffre de 300 milliards de $ d'apports par an pour l'ensemble de l'aide aux pays en développement (soit moins du quart de leur demande), mais à terme éloigné (2035) et sans préciser les moyens d'atteindre ce montant. En outre, les efforts supplémentaires seraient largement consacrés à l'atténuation du changement climatique plutôt qu'à la lutte directe contre celui-ci.

Quant aux « pertes et dommages », les pays avancés admettent l'existence de besoins supplémentaires à ce titre. Le fonds ad hoc, annoncé à la « COP 27 » de 2022, a été créé dans l'enthousiasme par la COP 28 de Dubaï en décembre 2023 ; il sera hébergé pendant les quatre premières années par la Banque Mondiale. Mais les contributions continueront à se faire sur une base volontaire et restent limitées (660 millions de $ promis au total à Dubaï). De même, le Fonds pour l'adaptation, pour lequel les pays avancés avaient promis à la COP 26 de 2021, de doubler les financements pour atteindre 40 milliards de $, se remplit très lentement. ; l'Arabie Saoudite a toutefois promis, à la COP28, 50 milliards de $ d'aide à l'adaptation aux PVD.

La Banque Mondiale et les autres banques multilatérales de développement comme les Banques asiatique et africaine, la BERD, l'AIB, ont réorienté leurs concours (à hauteur d'environ un quart, pour la Banque Mondiale, soit environ 30 mds de $ par an) vers une plus grande part de financements « verts », mais le total reste loin du compte. La réunion du G20, en septembre 2023, a appelé ces grandes institutions à prendre plus de

[58] Selon l'OCDE, le montant apporté en 2022 a été de 116 milliards de dollars ; les 50 Mds de $ annuels avaient été dépassés dès 2013, mais la progression a été lente.

risques pour dégager 200 milliards de $ de prêts supplémentaires. Le FMI lui-même apportera une enveloppe de plus de 100 Mds $ sous forme de droits de tirage spéciaux.

Tout l'enjeu reste cependant de convaincre une opinion publique mal préparée à cet effort à la fois d'investissement et d'aide aux pays en développement et, comme nous l'avons vu, de plus en plus rétive.

UN DÉFI QUE L'U.E. S'EFFORCE DE RELEVER

L'Union européenne avait évalué les besoins d'investissements dans les systèmes énergétiques à 2,5 points de PIB (soit 1,5 point supplémentaire par rapport à un niveau actuel de 1 %) dans son scénario de référence initial, permettant une réduction de 40 % des émissions de gaz à effet de serre en 2030. Pour respecter le « Pacte Vert » et atteindre son nouvel objectif de -55 % en 2030, la Commission Européenne estime maintenant qu'il faudrait investir 620 milliards d'euros par an, c'est-à-dire près de 4 % du PIB de l'Union, donc 3 points de plus qu'aujourd'hui ; un pic devrait être atteint en 2030, pour revenir à environ un point de moins en 2050.

Le graphique ci-dessous illustre les investissements nécessaires pour le seul secteur énergétique, qui représente à peu près les deux tiers du total.

Le coût des investissements énergétiques nécessaires pour atteindre les objectifs européens (en % du PIB)

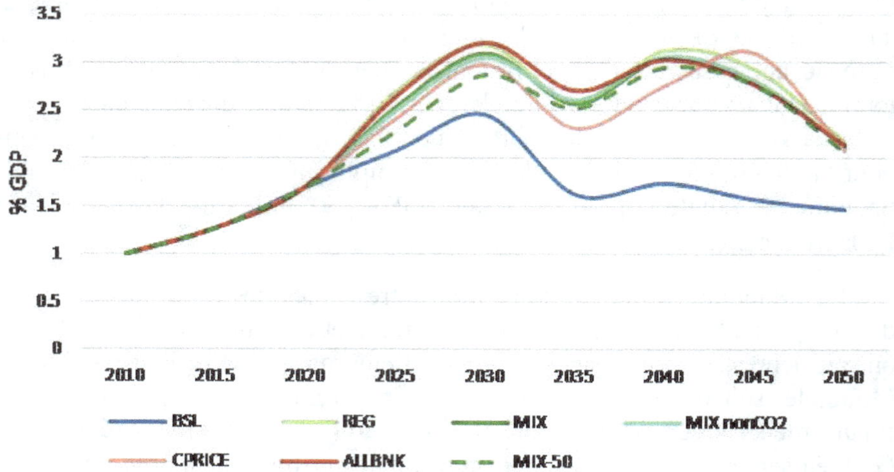

Source : Commission européenne, rapport *Stepping up Europe's 2030 Climate Ambition* (2020).

Nota : *Les courbes retracées ci-dessus sont des estimations de l'effort à consentir selon les différentes combinaisons de politiques suivies (réglementaires ou sur les marchés du carbone, « BSL » correspondant à la poursuite sans changement des politiques actuelles). Les investissements annuels nécessaires dans l'énergie, secteur des transports inclus, s'accroîtraient de 326 milliards d'euros par rapport à la décennie 2011-2020 dans un scénario reposant surtout sur les prix du carbone (courbe « CPRICE » dans le graphique ci-dessus) et de 377 Mds € dans un scénario reposant surtout sur des interventions réglementaires (courbe REG ci-dessus) ; nous reviendrons sur ces différentes approches au chapitre 3.*

Encore faut-il ajouter à ces montants ce qui devra être investi dans les autres politiques écologiques... Dans son document de février 2024 visant une baisse de 90 % des émissions de GES en 2040, la Commission Européenne donne des chiffres beaucoup plus élevés, évaluant les financements nécessaires pour financer la transition climatique en Europe à 1500 Mds € par an, soit 9 % du PIB. Une étude de le BCE va encore plus haut, en septembre 2023 : dans un scénario de transition accélérée permettant de respecter l'objectif d'un réchauffement climatique limité à 1,5°, les investissements totaux européens devraient encore doubler pour atteindre la somme de 3200 Mds € annuels d'ici 2030.

Une illustration des coûts élevés encourus si l'on veut à la fois passer à des sources d'énergie durables et préserver la compétitivité de nos entreprises est offerte par le cas allemand. Très attachés à sa puissante industrie, certains dirigeants de ce pays – y compris parmi les Verts, bien que cela aille à l'encontre de l'objectif de sobriété énergétique - estiment qu'il faudra subventionner les secteurs les plus consommateurs d'énergie, souvent dits « électro-intensifs » (chimie, sidérurgie, verre, céramique, papier...) pour qu'ils résistent à la concurrence. Cela seul coûterait 25 à 30 milliards d'euros par an, isolés dans un Fonds spécial climat.

Pour faire face à tous ces besoins, l'Union européenne a mis en place un Pacte vert (« Green Deal ») ambitieux, largement financé par le plan de relance « Next generation E.U. » de 2021[59], qui prévoit que 40 % de ses montants soient consacrés à la transition écologique[60]. Mais ces fonds du Plan de relance seront consommés d'ici 2025 ; en outre, ses procédures sont lourdes et ses décaissements lents : ils ne dépassent pas, actuellement, 50

[59] Il s'agit surtout de 250 milliards d'euros de ce plan créé pendant la crise du COVID, réorientés vers le fonds « Repower E.U. », lancé en 2022 pour faire face à la crise d'approvisionnement en gaz à la suite de la guerre en Ukraine. La gestion des fonds du programme est pour l'essentiel déléguée aux 27 Etats-membres ; chacun d'entre eux a dû présenter un plan national de relance, mais dans la pratique ils se préoccupent plus de faire rentrer les crédits que de répondre aux priorités écologiques.

[60] Dans le cas de la France par exemple, l'U.E. apporte 40 milliards d'€ de subventions sur un total de cent milliards (le reste étant composé de prêts) ; 46% de ces subventions européennes doivent aller à la « transition écologique et énergétique ».

Mds € par an. L'U.E. s'est pourtant engagée à consacrer à l'avenir au moins 30 % de son budget, soit 87 Mds €/an, à l'action climatique ; mais, selon la Cour des comptes européenne (dans un rapport de juin 2023), cela ne représentera encore que 10 % des investissements nécessaires, qu'elle estime donc à plus de 800 milliards € par an.

Le reste devra venir d'efforts nationaux et privés. C'est pourquoi la réglementation européenne a évolué en 2023 avec la loi de mars 2023 « pour une industrie à zéro émission nette ». Elle facilite (jusqu'en 2025 seulement) les aides d'État aux projets visant la décarbonation, permet les crédits d'impôt aux entreprises qui réalisent des investissements verts et autorise les Etats à proposer les mêmes avantages financiers et fiscaux que ceux offerts par les pays tiers pour des projets d'ENR ou de pompes à chaleur.

Cet effort est complété par celui de la Banque européenne d'Investissement. Transformée en Banque du Climat de l'U.E., elle consacre désormais 35 % de ses financements à la transition climatique. Par ailleurs, le président Macron, reprenant les propositions d'un groupe d'économistes et d'ONG, a souhaité que la Banque Centrale européenne pratique un taux d'intérêt plus bas en faveur des investissements verts ; c'est possible en principe, puisque la BCE a déjà pratiqué des taux d'intérêt différenciés en faveur des PME, mais cette idée intéressante reste à concrétiser.

ET LA FRANCE ?

À l'échelle de la seule France, le coût des dommages climatiques, certes difficile à évaluer, va s'accroître rapidement ; il faudrait y ajouter l'impact sur la santé et la vie humaine, qui approcherait 20 Milliards d'€ par an. Selon l'ADEME, le maintien des politiques existantes conduirait la France à plus de mille milliards d'euros d'« actifs échoués », c'est à dire ayant perdu toute valeur en raison de la transition climatique ainsi qu'à une perte de PIB de 1,5 point en 2030 et 5 points en 2050.

Quant aux dépenses d'adaptation, visant à se protéger des conséquences du changement climatique, elles ont été évaluées par l'institut de l'économie pour le climat à 2,3 Mds € par an en première approche. Mais, là aussi, elles s'accroîtront rapidement dans l'avenir. À cet égard, il importe de privilégier les mesures « sans regret », c'est-à-dire celles dont l'effet restera positif même dans un avenir plus lointain : par exemple, protéger un littoral de l'érosion marine serait une mesure sans regret ; en revanche, installer des canons à neige dans une station de moyenne montagne est une mesure non-durable, alors qu'il faudrait privilégier la diversification des activités proposées aux touristes.

Une consultation publique a été lancée, en mai 2023, sur les mesures à prendre pour se préparer à un réchauffement climatique de 4°, bien supérieur aux 1,5 à 2° prévus par l'accord de Paris (voir chapitre 1) – hypothèse pessimiste,[61] mais pas invraisemblable, vu les retards qui s'accumulent dans la mise en place des politiques d'atténuation. C'est sur cette base que repose le Plan national d'adaptation au changement climatique publié en octobre 2024 ; on estime que 15 à 20 % des moyens alloués à la « révolution verte » devraient aller à l'adaptation, ce qui alourdit d'autant la facture.

Le supplément d'investissements nécessaire pour faire face au changement climatique s'élèverait au total, selon le rapport Pisani-Mahfouz de juin 2023, à 2,3 % du PIB, soit 66 milliards d'euros par an – dont, il est vrai, 60 % proviendraient du secteur privé, car les charges se répartiraient entre les entreprises pour la moitié, les pouvoirs publics directement pour un quart, et les particuliers, eux-mêmes aidés par l'État, pour un autre quart. Ce chiffrage a été repris par le ministre de l'économie français, qui a estimé à « 60 à 70 milliards d'euros supplémentaires par an » le coût de l'effort nécessaire pour réussir la seule transition énergétique.

L'objectif de réduire les émissions de CO_2 de 5 % par an d'ici 2030[62], soit -30 % (-120 MT. d'éq-CO_2) par rapport au niveau actuel, puis de parvenir à la neutralité climatique en 2050 suppose en effet :

- la construction de nouvelles capacités énergétiques – éoliennes, panneaux solaires, mais aussi barrages, centrales nucléaires, capacités géothermiques, réseaux de transport de l'électricité, comme on le verra au chapitre 4. Le coût en serait de 8 Mds € annuels, selon le rapport ; mais le chiffre réel pourrait être nettement plus élevé : ainsi le président d'EDF estime les investissements nécessaires pour entretenir l'outil et construire de nouvelles centrales éoliennes, solaires et nucléaires à 25 milliards d'€ par an, soit 10 de plus que le flux actuel ;

- une rénovation plus ou moins complète de la quasi-totalité de nos logements privés et bâtiments publics pour mieux les isoler, comme on le verra au chapitre 5. Il s'agit là de la partie la plus lourde de la facture : environ 49 milliards d'€ par an (22 pour le logement et 27 pour les bâtiments publics et le secteur tertiaire - commerces, bureaux, garages, etc. ;

---

[61] En fait, cette hypothèse correspond à un réchauffement de 3° seulement à l'échelle du globe (qui est celui prévu par le PNUE sur la base des politiques actuelles), car l'Europe verra sa température augmenter davantage que la moyenne mondiale.

[62] Pour mémoire, ce niveau est déjà 29% plus bas que la référence, plus ancienne (1990), de l'objectif européen de -55% ; voir chapitre 1, page 43.

- le remplacement progressif de l'ensemble du parc automobile par des véhicules électriques (pour un investissement supplémentaire de 3 milliards d'€ annuels) et d'une bonne part des avions et des navires par des engins moins polluants, comme on le verra au chapitre 6 ;
- la décarbonation des sites de production industrielle les plus émetteurs – cf chapitre 7.

Il faut bien comprendre qu'il ne s'agit là que des investissements *supplémentaires*, car une bonne partie des actions nécessaires à la transition énergétique consistera à « verdir » des investissements qui auraient eu lieu de toute façon : par exemple, remplacer une chaudière à gaz ou au fioul en fin de vie ou une voiture usagée ; en revanche le surcoût d'une pompe à chaleur ou d'une voiture électrique par rapport au renouvellement à l'identique est un investissement supplémentaire, de même que, pour l'essentiel, la rénovation thermique des logements énergivores.

Les calculs précités ne concernent que la seule lutte contre le réchauffement climatique[63]. Il faudrait y ajouter le coût de la lutte contre la perte de biodiversité, de la protection des espaces naturels et des « puits de carbone », de la préservation de nos ressources en eau, de la lutte contre les pollutions de toute nature.

Il faudra construire de nouveaux moyens de traitement des déchets, d'assainissement des eaux, de recyclage, et rénover l'appareil de production pour aller vers l'éco-conception et l'économie circulaire ; et il faut, dans chacune de ces lignes d'action, que de sérieuses mesures sociales d'accompagnement soient prises. Enfin, la sécurisation indispensable de nos approvisionnements en nouveaux matériaux obligera, paradoxalement, à ouvrir des mines en Europe même. Ces aspects seront traités dans les chapitres 7 à 9.

On peut estimer grossièrement le coût de ces autres actions à au moins 1 % du PIB national, s'ajoutant à la facture précitée et portant le coût total de la « révolution verte » française à un chiffre d'au moins **80 milliards d'euros par an (3,1 % de notre produit national)**. Ce montant est supérieur au budget total de l'Éducation nationale ou de la Défense[64] - sans inclure l'aide à apporter aux pays en développement.

---

[63] En outre, ils ne comprennent ni les investissements nécessaires pour produire les appareils nécessaires - batteries et voitures électriques ou pompes à chaleur – ni les transports aériens et maritimes.

[64] Dans le budget 2024, l'éducation représente 64 milliards d'€ (l'enseignement supérieur et la recherche coûtent 31, 6 Mds € de plus), la Défense nationale 47 Mds et le service de la dette 52 Mds €.

L'Institut de l'économie pour le climat (I4CE) estime de son côté le montant brut des investissements des ménages, des administrations et des entreprises pour le climat à 100 milliards d'€ en 2022, soit une hausse de 80 % en dix ans (sans inclure la conversion de l'agriculture et de l'industrie ni les coûts d'adaptation) et indique qu'il faudra dépenser 58 Milliards d'€ de plus par an d'ici 2030 pour garder le cap.

Cf tableau :

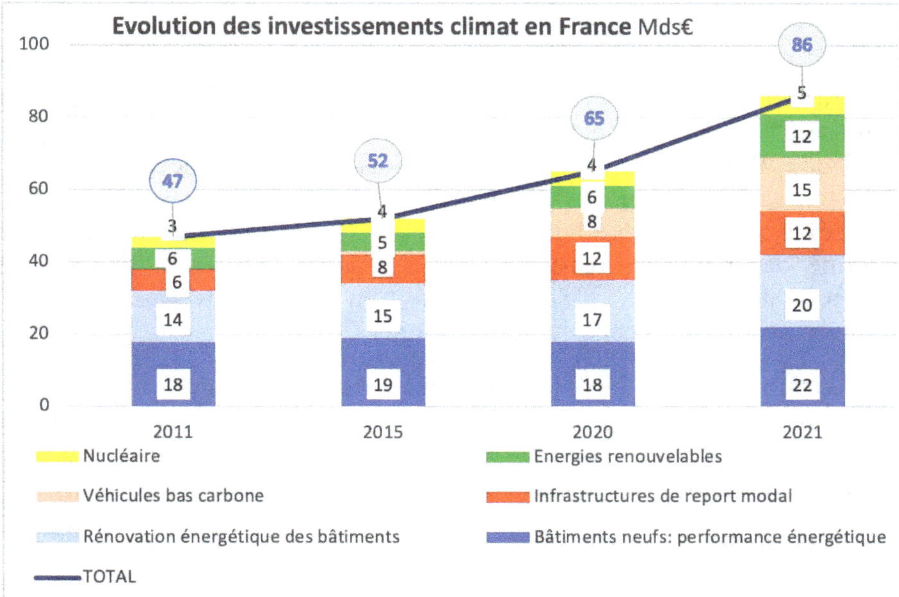

Source : I4CE La courbe bleu foncé représente le totale des différentes catégories d'investissement climat

Les mesures en faveur de l'écologie peuvent certes être financées en partie par redéploiement, mais il ne sera guère évitable d'apporter aussi des ressources supplémentaires.

Le gouvernement a en tous cas annoncé que 40 milliards d'euros bruts provenant du secteur public - l'Etat investira 7 Mds d'€ supplémentaires[65] - et complétés par des financements privés seront alloués pour financer la « planification écologique » en 2024. Cet effort budgétaire est d'autant plus nécessaire que, comme le dit le rapport Pisani-Mahfouz, « il va falloir faire en dix ans ce que nous avons eu de la peine à faire en trente ans ».

[65] Il faudrait aussi un doublement des investissements des collectivités locales, à 12 Mds €/an, contre 5,5 aujourd'hui, pour lequel les financements risquent de manquer. La Caisse des Dépôts apportera une contribution.

Un rapport de France-Stratégie publié en novembre 2022 confirme que le montant des investissements additionnels nécessaires devrait croître, avec une première « bosse » en 2027, pour atteindre un maximum vers 2035 et décroître progressivement pour revenir à une quarantaine de milliards par an (financements privés compris) vers 2050. Mais le plus important est que les économies sur les coûts d'exploitation, d'abord négligeables et encore limitées en 2030 (environ 20 Mds €) deviendront considérables et finiront, à partir de 2040, par dépasser le montant des investissements additionnels exigés par l'économie verte.

Cet effort initial est-il impossible à consentir ? Non en théorie, car on peut rappeler en sens inverse que le budget national de la Sécurité sociale dépasse 600 milliards d'euros en 2024, ou que la charge des retraites pèse 14 % du PIB, en augmentation de deux points sur les vingt dernières années. Mais on sait à quel point les Français sont attachés à notre État social avancé, et quelle mobilisation très forte et prolongée a suscité en 2022-23 la réforme des retraites. Aussi certains espèrent-ils qu'il sera possible de dégager des marges de manœuvre en diminuant les dépenses administratives ; mais celles-ci restent limitées.

Plus largement, l'impasse des discussions au Parlement sur le budget 2025 montre l'extrême difficulté qu'il y a à faire accepter toute mesure d'économie, notamment sur les dépenses jugées « sociales ». Il faudra donc dégager d'autres ressources, par exemple en canalisant vers les investissements « verts » une partie de l'épargne accumulée des Français (3 200 Mds d'€)[66].

Une solution par l'endettement ou par un impôt général ?

Y a-t-il un remède miracle pour dégager ces sommes ? Pas vraiment. Le rapport Pisany-Mahfouz suggère de couvrir par l'emprunt 80 % des besoins, en acceptant une hausse de 20 points de PIB de notre dette ; il est rejoint par le député P. Cazeneuve qui suggère d'isoler une « dette climatique » du reste de la dette financière.

Mais un effort supplémentaire important d'investissement est compliqué à réaliser pour un pays déjà surendetté, à hauteur de plus de 3200 milliards d'euros (112 % du PIB fin 2024) : le service de cette dette pèse déjà actuellement 52 milliards d'€ sur le budget français, et il s'accroîtra inexorablement dans les prochaines années - malgré le retour de la BCE et

[66] Selon l'ancien Ministre de l'économie, B. Le Maire, il serait imaginable de mobiliser chaque année 5% de cette épargne accumulée (en partie du fait de la crise du COVID), soit 160 Mds €.

des autres banques centrales à une politique de taux bas -, atteignant près de 70 milliards en 2027, soit à peu près la somme qu'il faudrait pouvoir consacrer à la « révolution verte ».

De plus, les dérapages budgétaires conduisant à un déficit prévisionnel de 6,1 % du PIB en 2024, avant le plan d'économies du gouvernement Barnier, causaient déjà une hausse spontanée de la dette publique de 2 points de PIB par an.

Certes, des emprunts supplémentaires massifs seraient justifiés, outre l'enjeu d'intérêt général, par le fait que ces investissements dégageront des ressources supplémentaires, notamment grâce à la diminution de nos achats de combustibles fossiles.

Mais ceci n'est vrai que sur le long terme - le temps que ces investissements soient faits, mis en marche, et produisent des économies récurrentes -, et les marchés sont court-termistes : la signature de la France est déjà surveillée sur les marchés[67] ; une enveloppe importante d'emprunts additionnels, même placée hors budget et consacrée exclusivement à des investissements écologiques, dégraderait cette signature et conduirait notre pays à emprunter encore plus cher.

L'autre approche, souvent mise en avant, consisterait à recourir à l'impôt. Les propositions en ce sens se sont multipliées, notamment dans les discussions budgétaires à l'automne 2024. Mais la France détient déjà un record de taxation, puisqu'elle se situe au deuxième rang dans le monde, selon un rapport de l'OCDE (atteignant 47 % du PIB, tandis que la dépense publique totale culmine, elle, à 57 % du PIB) ; augmenter les prélèvements généraux comme les impôts sur le revenu et sur les sociétés ou la TVA risque de décourager l'activité.

De plus, la baisse du rendement des taxes frappant les énergies fossiles (leur apport budgétaire total est estimé à 35 Mds d'€), qui traduira leur succès écologique, imposera déjà la mise en place de nouveaux impôts généraux de remplacement.

Plus féconde en principes est la voie d'un impôt qui ne frapperait qu'une petite minorité, les plus riches ou les « ultra-riches ». Il pourrait s'agir :

- *pour les particuliers*, d'un « ISF vert » frappant les patrimoines, par exemple au taux de 0,5 %[68], ou d'un relèvement des droits de succession,

[67] On sait que les agences de notation financière, Fitch en avril 2023, puis Standard and Poors en mai 2024, ont déjà dégradé la note de la dette française, et que Moody's l'a maintenue mais avec une « perspective négative » en octobre 2024.

[68] Le rapport déposé en septembre 2023 par le président du groupe MODEM, J-P Mattei et par le député NUPES N. Sansu sur la révision de la fiscalité du patrimoine propose de mettre

ou de tranches plus élevées de l'impôt sur le revenu, ou d'un relèvement de la « flat tax » (actuellement de 30 % en France) sur les dividendes et autres produits financiers. Ce prélèvement est en général présenté comme non récurrent[69] ou temporaire – mais on sait que le temporaire a tendance à durer… En outre, il y a de grandes disparités dans la définition de ceux qu'on considère comme les plus riches : 10 % de la population pour les uns, moins de 1 % voire un sur mille, pour les autres !

-*pour les entreprises*, d'une taxe exceptionnelle frappant les super-profits. Quelques exemples flagrants comme les compagnies pétrolières et gazières en période de flambée des cours (ainsi en 2022, avec le déclenchement de la guerre en Ukraine et les embargos qui ont suivi) en ont montré la possibilité en cas de crise.

Mais seule une « contribution temporaire de solidarité », limitée aux superprofits des raffineries, a été imposée en France en 2023 et 2024 ; son rendement est très faible (63 M € seulement en 2023 !)[70] ; une « contribution sur les rentes inframarginales » des producteurs d'électricité, qui a rapporté 2,8 Mds € en 2023, la complète ; le programme de rigueur présenté à l'automne 2024 renforçait ces deux prélèvements. Il est aussi proposé de taxer les rachats d'actions, stériles puisqu'ils se substituent à des investissements.

Cependant, en temps habituel, comment définir ce qui dépasse un niveau « normal » de profit ? Surtout, l'inconvénient est, dans un cas comme dans l'autre, d'encourager les fuites de capitaux : il est facile pour ceux-ci de s'échapper[71] pour se dissimuler, notamment dans un des nombreux paradis fiscaux que nos pays continuent à tolérer – certains d'entre eux étant même situés en Europe ou protégés par des pays européens : il existe, selon l'Observatoire européen de la fiscalité, non moins de vingt-huit régimes fiscaux dérogatoires pour attirer les capitaux étrangers dans des pays de l'Union européenne.

---

en place un « ISF climatique à l'échelon européen », assis sur « l'actif financier net des 10% les mieux dotés » ; ces prélèvements, qui rapporteraient 150 Mds €, seraient « exceptionnels et explicitement temporaires ».

[69] Le rapport Pisani-Mahfouz précité propose un prélèvement appliqué une seule fois sur le patrimoine financier 2023 des ménages, ce qui s'éloignerait d'un ISF vert « pourvu que l'engagement à un prélèvement non-récurrent soit crédible »… Mais qui croira vraiment à un tel engagement ?

[70] Plus audacieuse, l'Espagne a imposé depuis 2023 une taxe sur les surprofits des banques et des énergéticiens, qui rapporte 3 Mds €/an

[71] Des économistes comme Gilbert Cette et Elie Cohen soulignent « l'effet Laffer » : au-dessus d'un certain niveau (or la France est déjà, selon eux, le pays qui taxe le plus les capitaux), plus de taxe réduit le rendement fiscal. Une étude (mars 2023) de l'OCDE montre en revanche que la taxation actuelle des dividendes est inférieure à celle des salaires pour les différents niveaux de revenus.

Le risque est donc grand si la mesure était prise à l'échelle d'un seul pays ; il reste élevé même pour une mesure européenne, en l'absence de mesures analogues dans le reste du monde.

Une action vraiment efficace pour financer les investissements verts se situerait dès lors au niveau mondial, comme l'a proposé le secrétaire général des Nations-Unies.

COMMENT DÉGAGER UN FINANCEMENT AU NIVEAU MONDIAL ?

Un grand succès a été obtenu avec l'accord conclu à l'OCDE en octobre 2021 sur une taxation minimum de 15 % des résultats des sociétés, s'appliquant en principe, à partir de 2024, dans tous les pays[72]. Mais de trop nombreuses exceptions ont été admises et ce niveau, bien inférieur à celui en vigueur chez nous, ne changera guère la situation réelle. De plus, nombre de pays refusent encore d'adhérer à cet accord, pourtant signé par 136 d'entre eux ; la Chine et les États-Unis ne l'ont pas mis en place ; on n'en attend, en France, qu'un milliard d'euros de recettes à partir de… 2026.

C'est dire la difficulté de suivre ce chemin. Enfin, les pays du Sud, s'estimant lésés, poussent un processus parallèle : l'Assemblée générale de l'ONU a voté, en novembre 2023, une résolution demandant la mise en place d'une nouvelle convention-cadre des Nations Unies sur la coopération fiscale.

Le G20, puis la COP 20 de Bakou, ont en tous cas échoué, en novembre 2024, à mettre en place un financement international pour le climat basé sur cette taxation commune.

On peut aussi penser à une taxe internationale sur les transactions financières (« taxe Tobin »), frappant celles -ci à un taux faible, mais avec une vaste assiette. Déjà en place dans des pays comme le Royaume-Uni, la Corée du Sud, la Suisse et la France (où elle produit 2 milliards d'€ par an), elle pourrait, au niveau mondial, rapporter 150 à 250 milliards d'€ annuels. Des personnalités internationales, dont L. Tubiana et le Prix Nobel d'économie J. Stiglitz, ont lancé un appel en ce sens en juin 2023. Le

[72] Chaque pays garde la possibilité de fixer son propre taux, mais la différence avec un taux de 15% pourra être encaissée par l'Etat lésé par ces pratiques de « dumping fiscal ». Cette nouvelle règle internationale complète l'obligation d'échange automatique d'informations, instaurée depuis 2017 pour limiter l'évasion fiscale. Néanmoins, un rapport publié en octobre 2023 par l'Observatoire européen de la fiscalité estime que plus d'un tiers des profits réalisés à l'étranger par les grandes entreprises mondialisées (mille Mds de $ sur un total de 2 800 Mds) échappent toujours à l'impôt…

premier Sommet africain sur le climat, tenu à Nairobi en septembre 2023, a également appelé à l'instauration d'une telle taxe pour « investir dans des projets climatiques à grande échelle ». Mais les tentatives dans ce domaine, honnies des marchés financiers, ont toujours échoué jusqu'à présent.

On peut encore envisager de taxer les transports internationaux maritimes ou aériens, le commerce des combustibles fossiles, le baril de pétrole, etc.[73]. Outre la difficulté d'obtenir un consensus international, le risque est aussi de freiner les échanges et l'activité économique.

Un mouvement s'est développé parmi une petite minorité des plus riches eux-mêmes, qui constatent le fort accroissement des inégalités entre les particuliers et clament « tax me now ! ». L'Observatoire européen de la fiscalité défend cette approche, avançant qu'un impôt annuel de 2 % sur les 2756 milliardaires de la planète rapporterait 250 milliards de dollars par an – à condition qu'on sache le prélever[74]... Des propositions ont aussi été présentées pour taxer au niveau mondial les biens de luxe, les transports coûteux en émissions (croisières, jets privés, sièges business), les services financiers... Pour le moment, tout ceci reste au stade des vœux pieux.

Faute de ces remèdes-miracle, il faudra en passer par des économies sur d'autres types de dépenses, dans le budget des ménages comme dans celui de l'État.

*

On voit qu'il faudra une forte dose d'abnégation à nos concitoyens, et une forte dose de courage politique à nos dirigeants de tous bords, pour mobiliser les moyens nécessaires. Or des mouvements sociaux répétés, couronnés par celui des « gilets jaunes », ont montré que l'opinion admet mal les efforts, vite qualifiés d'« écologie punitive » ; et les responsables politiques se sont montrés particulièrement timorés, y compris chez les Verts, quand il s'est agi de passer de déclarations ambitieuses, mais vagues à des mesures concrètes susceptibles de mobiliser des protestataires.

---

[73] Un groupe de travail a été lancé sur ces sujets après le Sommet pour un nouveau pacte financier mondial tenu à Paris en juin 2023. Le Sommet africain a aussi réclamé, outre une taxe carbone sur le commerce des combustibles fossiles, une taxe sur le transport maritime et l'aviation pour financer les « pertes et dommages ».

[74] Les économistes E. Duflo et G. Zucman proposent pour leur part de couvrir la dette climatique des pays industrialisés, estimée à 485 Mds d'€, en relevant de deux à trois points le taux de la taxe minimale décidée par l'OCDE et en y adjoignant une taxation de 2% des 3000 plus grandes fortunes mondiales. L'ONG Oxfam vise plus large, en proposant de mettre en place une taxe de 5% sur le patrimoine des 1% sur les plus riches au niveau de la planète.

La sérieuse difficulté devant laquelle nous nous trouvons pour financer la « révolution verte » peut cependant être atténuée si l'on prend en compte la possibilité de mobiliser plus largement des financements privés en combinant des instruments divers, qui ne supposent pas tous un apport de fonds publics. C'est ce que nous allons examiner dans le chapitre suivant.

CHAPITRE III : LES TROIS INSTRUMENTS PRINCIPAUX DE L'ÉCONOMIE VERTE

FAUT-IL CASSER LA CROISSANCE OU LA RÉINVENTER ?

« Halte à la croissance ! » (The limits of growth) ; tel était le slogan avancé, il y a un demi-siècle (1972) par le Club de Rome. Depuis, l'idée que la recherche de la croissance économique à tout prix était néfaste a fait florès. Des travaux très intéressants, notamment ceux conduits par le prix Nobel A. Sen, ont proposé de remplacer le critère du produit national ou intérieur brut (PIB) par un index du « bonheur national brut ». L'économiste R. Easterlin a montré que l'augmentation générale des revenus n'augmente pas le bonheur de chacun[75], d'où l'idée de promouvoir une « sobriété heureuse ».

Il est indéniable que le critère du PIB est réducteur, ne tenant pas ou mal compte de biens non consommables comme la santé, l'art, le sport, le niveau d'éducation, les inégalités... et du coût écologique de la croissance. Des indicateurs comme l'indice de développement humain (IDH) sont souvent plus pertinents. Dans plusieurs pays européens, dont la Grande-Bretagne, l'Allemagne, et la France depuis 2015, le gouvernement doit d'ailleurs accompagner ses projections économiques d'indicateurs sur l'environnement.

Faut-il pour autant viser la « décroissance », comme le prônent une fraction des écologistes ? Non, car nous avons tous besoin de la croissance, sous sa forme la plus concrète. Si l'utopie malthusienne de la décroissance peut à la rigueur se comprendre dans les pays avancés – et même chez nous, le vif attachement à la défense du pouvoir d'achat est incompatible avec une décroissance -, on ne peut réellement penser vaincre la pauvreté persistante de la grande majorité des populations du globe en l'absence de croissance.

Le rattrapage Sud/Nord l'impose, de même que la nécessité de biens matériels : croit-on vraiment stopper la sous-alimentation chronique de deux milliards d'humains sans accroître la production agricole, sans apporter les moyens physiques nécessaires pour stocker les aliments et les transporter là où sont les besoins ? Croit-on pouvoir fournir une eau propre et des réseaux

[75] Il semble qu'en fait le bonheur éprouvé par chacun soit davantage lié à la perception d'une meilleure situation *relative* par rapport aux autres ou par rapport au passé vécu ou à l'avenir anticipé. Le bonheur, notion très subjective, est mesuré par des enquêtes internationales d'auto-évaluation. Il existe même depuis 2012, sur cette base, un *World Happiness Report*, et un *Better Life Index* publié par l'OCDE.

d'assainissement adaptés à trois milliards d'humains dépourvus sans poser des kilomètres de tuyaux et mettre en place des stations de traitement ?

On peut ajouter que toute société a besoin d'un élan vital, qui suppose la recherche de progrès et se trouve difficilement compatible avec des objectifs de repli économique.

Il faut donc résolument écarter les utopies de la « non-économie », d'un avenir tourné vers le remplacement de l'économie de marché par une économie du troc, reposant sur l'illusion de la bonne volonté de tous. Il s'agit de rechercher non pas une moindre croissance, mais une meilleure croissance. Le tout récent rapport du PNUE sur les perspectives globales indique d'ailleurs qu'à long terme (2060), on peut à la fois augmenter le PIB mondial et l'indice de développement humain.

En revanche, il nous faut admettre que l'effort urgent - et considérable, comme nous venons de le voir – appelé par la révolution verte aura, au moins pendant un temps, un coût en termes de moindre croissance : il y aura un freinage de l'expansion économique, mais il peut rester limité. Le GIEC estime le ralentissement de la croissance dû aux politiques écologiques indispensables à environ un quart de point de PIB par an ; ce chiffre rejoint l'estimation donnée en 2023 par le rapport Pisani-Mahfouz d'une baisse de productivité d'un quart de point par an pendant la période principale de l'effort écologique.

Une partie des efforts nécessaires peut sans doute être réalisée par l'engagement spontané de chacun, du fait de ses convictions écologiques et/ou altruistes. Ainsi, les campagnes d'information sur les enjeux énergétiques et climatiques, sur la lutte contre les pollutions et la préservation de la biodiversité, apportent certainement une contribution aux efforts de sobriété souhaitables. Mais pour l'essentiel, il s'agira de faire jouer les ressorts économiques en faveur du développement durable.

LES CRITÈRES ÉCONOMIQUES DE CHOIX

Nous avons vu au chapitre 1 que les politiques environnementales reposent sur une analyse coûts/avantages de l'inaction ou de l'action en faveur d'une plus grande sobriété dans la consommation d'énergie, mais aussi de toutes les ressources naturelles – terres, eau, minerais, etc. – et dans la réduction de toutes les pollutions. Il importe, dans cette optique de savoir comment valoriser les investissements écologiques.

Par nature, le développement durable s'inscrit dans le long terme, du fait de la lenteur du changement des modes de consommation et des délais de mise en production des investissements correcteurs. Les effets d'accumulation et l'inertie des phénomènes naturels renforcent ce besoin de vision à long terme ; on peut l'illustrer par la montée des eaux (car le réchauffement déjà en cours des océans se prolongera sur des siècles), par la pollution des airs du fait de l'accumulation de rejets et de déchets ou par la destruction de la biodiversité, qui intervient d'abord à bas bruit avant de devenir explosive.

Pour inciter à l'action, il est donc essentiel que l'on puisse disposer d'une valorisation transparente et stable à long terme du rendement écologique des biens consommés ou épargnés, y compris les « biens publics » à la disposition de tous, comme une eau propre et un air pur. Par exemple, il faut pouvoir valoriser la tonne de carbone non-émise ou absorbée, ou l'hectare de forêt préservé. Cette valorisation à partir de prévisions fiables et de prix stables sur la durée est la base sur laquelle les agents économiques pourront se lancer dans les investissements lourds qui sont indispensables.

Comment apprécier, dans notre économie de marché, le retour d'un investissement sur longue période ? Deux instruments sont utilisables :

- le taux de rentabilité interne (TRI), c'est-à-dire la somme actualisée des revenus procurés par l'investissement, de la première année à la dernière année de service ; il peut s'agir aussi bien d'un produit vendable ou échangeable sur les marchés que des économies apportées dans le processus de production. Si ce TRI est plus élevé que le coût d'emprunt des fonds investis, l'investissement est rentable.

- la durée de récupération : au bout de combien de temps un investissement aura-t-il permis de « récupérer la mise » initiale ? Il s'agit alors de calculer l'année où le revenu actualisé apporté par l'investissement dépassera le montant dépensé.

Dans les deux cas, tout dépend du taux d'actualisation retenu, qui reflète le coût d'immobilisation des capitaux[76] ou, plus simplement, l'inflation. Ce taux a fait l'objet d'études savantes, qui le situent souvent entre 3 et 5 % ; l'enjeu est sérieux, car si le taux d'actualisation est faible, les investissements écologiques deviennent beaucoup plus vite rentables que s'il est élevé. C'est pourquoi il importe, d'un point de vue écologique encore plus que pour l'économie en général, que les taux d'intérêt soient aussi bas que possible.

---

[76] Dans le cas d'un investissement financé par emprunt, ce taux d'actualisation est tout simplement le taux d'intérêt annuel payé sur ce capital emprunté

Cependant, on sait que les décisions en la matière ne sont pas entre les mains des gouvernements, puisque le pilotage des taux du marché, à court comme à long terme, est assuré par les banques centrales, dont le mandat est principalement de lutter contre l'inflation[77], en élevant s'il le faut les taux d'intérêt.

Faute de pouvoir agir directement sur ces taux, les pouvoirs publics disposent cependant de nombreux moyens d'action pour orienter les décisions des investisseurs et des consommateurs. On peut les ranger en trois catégories : l'imposition de règles et normes environnementales s'appliquant à tous, sans passer par les marchés ; l'introduction de taxes écologiques, qui visent à renchérir les consommations polluantes et les mauvais investissements, favorisant par différence les choix écologiques – ou, à l'inverse, mais dans le même esprit, de subventions publiques favorisant directement les bons choix ; et l'action sur les prix, indicateur essentiel pour les producteurs comme pour les acheteurs, avec éventuellement la création de marchés d'échange.

Avant de présenter ces trois approches principales, une première comparaison proposée par O. Godard permet déjà de discerner l'avantage des formules les plus souples, laissant une certaine liberté de choix aux agents économiques, sans pour autant que cet avantage soit toujours décisif.

[77] La garantie de prix stables par la lutte contre l'inflation est le mandat unique de la BCE. D'autres banques centrales, comme le Federal Reserve System américain (« la FED ») ont aussi pour mandat de préserver la croissance et l'emploi ; mais leur pratique ne diffère guère de celle de la BCE : ainsi, les taux à long terme (dix ans) sont passés brutalement en un an (2022-23) de 0 à plus de 5% aux U.S.A.

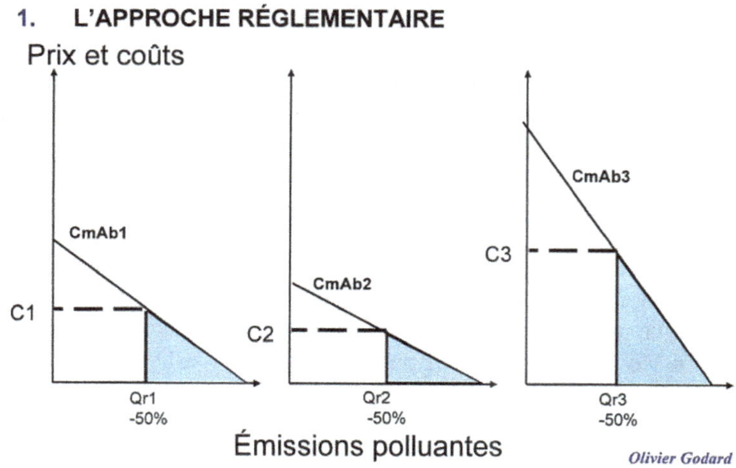

Les critères économiques de choix entre instruments

Légende : Les prix et coûts sont en ordonnée, les quantités émises en abscisse. L'hypothèse de base est une obligation légale imposée à l'entreprise de réduire de moitié ses émissions polluantes.

CmAb1 : coût marginal d'abattement de la pollution de l'usine 1, CmAb2 : idem, pour l'usine 2, CmAb3 : idem pour l'usine 3. C1 : coût *marginal* imposé à l'usine 1 par l'obligation de réduire ses émissions de moitié ; C2 : idem pour l'usine 2, C3 : idem pour l'usine 3, Qr1 : restrictions quantitatives imposées par la réglementation à l'usine 1, Qr2 et Qr3 : idem, respectivement pour les usines 2 et 3. La surface en bleu correspond au coût *global* pour l'entreprise de l'effort écologique qui lui est imposé.

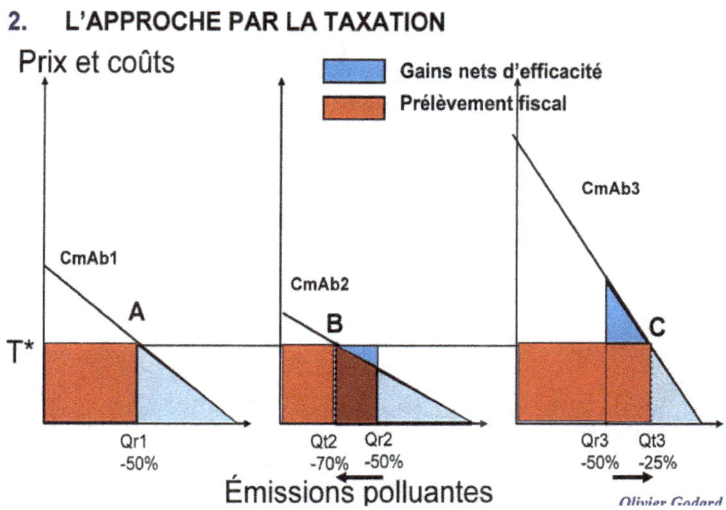

Légende : CmAb1 : coût marginal d'abattement de la pollution de l'usine 1, CmAb2 : idem, pour l'usine 2, CmAb3 : idem pour l'usine 3. Qr1 : niveau de réduction des émissions incité par la taxation à l'usine 1, Qr2 et Qr3 : niveau de réduction identique respectivement pour les usines 2 et 3 ; pour comparaison, Qt2 et Qt3 donnent la situation réelle de ces usines si elles optimisent leur rendement.

La surface en bleu clair correspond au coût global pour l'entreprise de l'effort écologique qu'elle choisit, la surface en rouge à la taxe payée, en violet à la taxe économisée (mais compensée par le coût de l'investissement), en bleu foncé au gain économique net. T* = taux de la taxe carbone (prélèvement fixe pour chaque unité de pollution émise).

3. L'APPROCHE PAR LES QUOTAS TRANSFÉRABLES

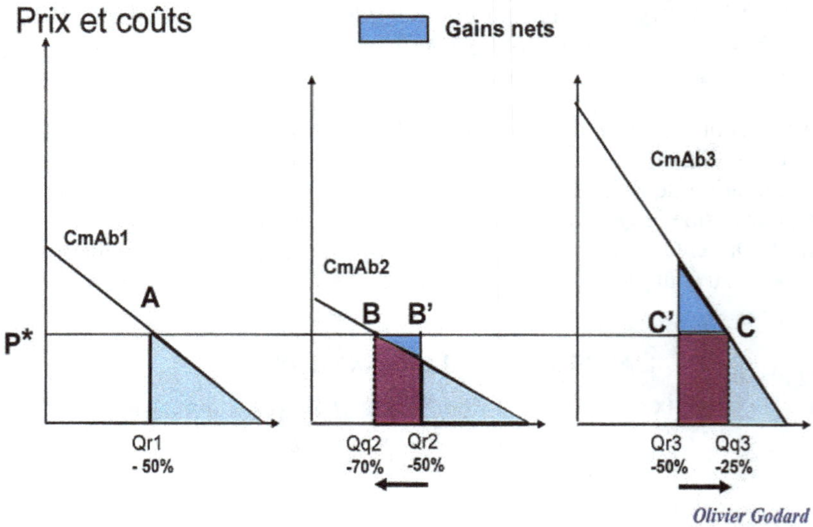

Légende : CmAb1 : coût marginal d'abattement de la pollution de l'usine 1, CmAb2 : idem, pour l'usine 2, CmAb3 : idem pour l'usine 3, Qr1 : niveau de réduction des émissions incité par le prix de marché P*, Qr2 et Qr3 : niveau de réduction identique, respectivement pour les usines 2 et 3 ; pour comparaison,

Qq2 et Qq3 donnent la situation réelle de ces usines si elles optimisent leur rendement.

La surface en bleu clair correspond au coût global pour l'entreprise de l'effort écologique qu'elle choisit, la surface en rouge au quota vendu ou acheté, la surface en bleu foncé en gain économique réalisé par l'entreprise. P* = prix de marché de la tonne de carbone échangée ; l'usine 2 ne consomme pas tout son quota et est vendeuse ; l'usine 3 dépasse son quota et est acheteuse.

LES INTERVENTIONS PUBLIQUES DIRECTES : RÉGULATIONS ET NORMES

L'utilisation de règles imposées « d'en haut » par la puissance publique est un recours lorsque les signaux de marché ne suffisent pas. C'est un moyen d'action qui peut paraître simple, direct et d'effet rapide, une fois les obstacles politiques surmontés et le poids des lobbies écarté. Mais il a l'inconvénient de la rigidité et est souvent mal accepté ; c'est ainsi qu'en France les pouvoirs publics ont choisi, après avoir envisagé d'interdire l'installation de nouvelles chaudières à gaz, de renoncer à la contrainte et de préférer le recours à des subventions incitatives. Ce choix de l'incitation plutôt que de la contrainte caractériserait, selon le Président Macron, une « écologie à la française ». On peut néanmoins citer de nombreux exemples d'action réglementaire :

Les règles et normes écologiques en France et ailleurs

- L'interdiction ou la limitation de produits chimiques dangereux tels que les chloro-fluoro-carbones (CFC) qui détruisent la couche d'ozone a permis la restauration progressive de celle-ci, un des grands succès de l'écologie ;
- La proscription ou la limitation des polluants organiques persistants (POP) ou des produits « cancérigènes, mutagènes et reprotoxiques » (CMR) qui menacent la santé est l'objet du règlement européen REACH : il oblige à vérifier la nocivité potentielle de tous les produits, comme nous le verrons au chapitre 7 ;
- L'interdiction d'usage de certains produits vétérinaires et phytosanitaires dangereux, ainsi que des OGM en Europe, a permis certains progrès, mis à part le célèbre dossier du glyphosate, qui n'est toujours pas traité (voir chapitre 7) ;
- En France, les règlements de sécurité imposés aux entreprises comme les normes « Seveso » contre les pollutions chimiques ou l'intervention d'autorités de sûreté nucléaire ont indéniablement amélioré la situation (cf aussi chapitre 7) ;

- La limitation de la vitesse maximale des véhicules vise tant des objectifs de sécurité routière que de réduction de la pollution et d'économie d'énergie. On sait cependant à quel point la baisse de la limite à 80 km/h sur les routes, décidée en 2018 en France, a été contestée, et partiellement levée depuis ;
- La fin de la vente de voitures à moteur thermique décrétée par l'Union européenne pour 2035 est un élément décisif pour pousser nos industries automobiles à basculer rapidement vers le tout-électrique (cf chapitre 6) ;
- La Chine impose aux constructeurs automobiles, depuis 2019, des quotas de véhicules électriques dans leur production ; Shanghaï et d'autres métropoles réservent aux voitures électriques des plaques vertes qui échappent au système d'enchères en vigueur pour obtenir une immatriculation ;
- L'incorporation obligatoire d'une part de combustibles non fossiles dans l'alimentation des voitures et des avions est un soutien pour les biocarburants - voir chapitre 6 ;
- Les plafonds absolus fixés aux émissions polluantes des véhicules - gaz à effet de serre, oxydes d'azote, ozone, particules fines - selon des normes européennes, qui (« euro 6 » et bientôt « euro 7 ») ont été un succès, la moyenne des émissions des voitures neuves ayant fortement baissé ; (cf chapitre 6) ;
- L'interdiction progressive de louer des logements trop consommateurs d'énergie (cf chapitre 5) ;
- L'interdiction par voie autoritaire des décharges publiques et l'obligation pour les incinérateurs d'ordures de réduire considérablement leurs émissions nocives ont provoqué une réduction de 98 % des émissions de dioxines ;
- Les règlementations européennes sur la qualité des eaux fluviales et lacustres ont nettement amélioré la propreté de nos rivières, même si celle-ci reste insuffisante, notamment du fait de la présence de nitrates (cf chapitre 9) ;
- Le retrait de la vente des ampoules à incandescence classiques a permis de réduire notablement la facture énergétique[78]. Il y a là un cas typique d'arbitrage entre l'intérêt à long terme du consommateur, qui voit ses factures d'électricité baisser et aura moins souvent à remplacer son matériel, et le coût d'achat immédiat de nouvelles ampoules plus chères :

[78] 5% seulement de la puissance et consommation électrique des ampoules classiques sont transformés en lumière, le reste se disperse en chaleur. Les ampoules LED offrent une consommation électrique six fois inférieure à celle des ampoules classiques et une très longue durée de vie ; elles étaient certes au moins trois fois plus chères au départ, mais le progrès technique a peu à peu réduit ce fort surcoût. Les ampoules halogènes, qui ne réduisaient la consommation électrique que de 30 à 40% mais à prix moins élevé, ont assuré la transition avant de disparaître progressivement à leur tour.

la règlementation publique a poussé à accélérer un choix écologique souhaitable, mais pas encore mûr économiquement ;

- L'obligation d'éteindre bureaux, bâtiments publics et magasins la nuit est largement appliquée ; un décret d'octobre 2022 l'étend aux publicités lumineuses ;
- La loi de 2023 sur les énergies nouvelles impose d'installer des panneaux solaires dans tous les parkings extérieurs de plus de 1500 m² ;
- L'interdiction des produits jetables en plastique a été introduite en France en 2016 pour les sacs de caisse. Elle n'est que partiellement respectée ;
- Des arrêtés visant à limiter la pollution lumineuse interdisent les éclairages tournés vers le ciel.
- Une loi du 10 mars 2023 impose à chaque commune française de définir des zones de production d'ENR. Il n'est pas possible de prévoir des zones d'exclusion de ces installations sans prévoir en même temps des zones « d'accélération ».

On pourrait multiplier ces exemples. Cependant, la régulation par voie autoritaire peut être ressentie comme arbitraire, surtout si elle est mal ou trop peu expliquée. Il importe donc de prévoir les mesures d'accompagnement nécessaires, et d'éviter une application trop brutale, en ménageant des périodes de transition.

Un autre inconvénient des normes légales et réglementaires est le risque de contournement : par exemple, le remplacement d'un produit interdit par des produits de substitution non couverts par les normes actuelles. C'est ainsi qu'un pesticide interdit comme le DDT a d'abord été remplacé par des produits non couverts par la réglementation, qui se sont révélés eux aussi dangereux pour la santé ; et il en a été de même par la suite pour leurs successeurs (voir chapitre 8).

On a vu une autre illustration de ces réglementations qui « courent après » les réalités économiques dans l'affaire de la lutte contre la disparition de la couche d'ozone : les CFC, proscrits par le protocole de Montréal en 1987, ont été remplacés par les HCFC, qui détruisaient eux aussi la couche d'ozone, avant que la communauté internationale ne demande leur remplacement par les HFC[79], non nocifs pour la couche d'ozone, mais à fort effet de serre, d'où le décision prise à Kigali en 2016 de les remplacer eux-mêmes progressivement…

[79] Les CFC sont les chlorofluorocarbures, gaz réfrigérants dérivés des alcanes ; les HCFC qui leur ont succédé sont encore préoccupants. L'effet destructeur de ces gaz a culminé au milieu des années 90, avant de baisser nettement depuis. Les Hydrofluorocarbures (HFC), qui ne contiennent plus de chlore et n'attaquent pas la couche d'ozone, tendent à les remplacer. Mais ce sont des gaz à puissant effet de serre ; le protocole signé à Kigali en 2016 prévoit donc leur quasi-élimination (-85%) sur trente ans.

Ce problème nécessite de mettre en place des systèmes de contrôle lourds et/ou coûteux, dont l'intervention tend souvent à être trop tardive. En outre, on peut reprocher à l'approche réglementaire son absence de souplesse : l'impossibilité d'échanger entre ceux qui ont du mal à respecter la norme et ceux qui ont de la marge est une gêne sérieuse pour les opérateurs, alors que les approches alternatives des taxes écologiques et de l'action par les prix permettent l'une comme l'autre un gain économique.

LES TAXES ÉCOLOGIQUES ET LEUR IMPACT

Il s'agit, selon le principe « pollueur payeur », de renchérir les produits et modes de production les plus néfastes écologiquement afin d'orienter les décisions des consommateurs pour le chauffage, les transports, les équipements ménagers, les achats alimentaires, et des producteurs (entreprises industrielles, de transport, de services, agriculteurs, etc.).

Globalement, les écotaxes permettent de dissuader ou de freiner les activités nuisibles, au lieu de les interdire comme c'était le cas avec les normes et régulations. Comme l'a montré l'économiste Pigou, le but est d'égaliser coût privé et coût social d'une unité de consommation en majorant celle-ci du coût marginal du dommage qu'elle entraîne. Une écotaxe est donc incitative si son taux est au moins égal au coût de la réparation du dommage causé et si son assiette est bien effectivement ciblée sur la source de pollution.

Il faut pour cela asseoir les impôts sur les nuisances écologiques (consommation d'énergie, destruction de la biodiversité, déchets…) plus que sur les salaires ou la valeur ajoutée. Or, en France, 60 % des prélèvements publics – impôts et cotisations sociales - pèsent sur les salaires, moins de 5 % seulement sur l'énergie - fait peu reconnu face au concert de critiques qui pèsent notamment sur la taxation des carburants.

La fiscalité verte recherche un double bénéfice : une modification des comportements dans un sens favorable à l'écologie ; mais aussi un rendement budgétaire, qui peut contribuer tant au financement des investissements publics nécessaires pour opérer ce tournant qu'aux redistributions pour compenser ses effets inégalitaires. Elle s'attache toutefois prioritairement à modifier les comportements, ce qui implique une assiette resserrée et un taux élevé, alors que la fiscalité ordinaire cherche d'abord le rendement financier, d'où en principe une base large et un taux modéré.

Cette recherche du double bénéfice est justement ce qui pousse les détracteurs des taxes écologiques à prétendre qu'elles manquent leur but :

soit la taxe dissuade la consommation, mais elle rapporte peu ; soit elle rapporte davantage, mais ne parvient pas à orienter les comportements. La vérité est évidemment à mi-chemin.

Quelles sont les écotaxes pratiquées ou envisagées en France ?

Elles peuvent être générales, comme la « contribution énergie-climat » ou la TGAP, ou sectorielles. Nous y reviendrons dans les chapitres suivants, mais en voici quelques exemples :

- La taxe générale sur les activités polluantes (TGAP), instituée en 2000, est proportionnelle au degré de pollution engendré par toute activité : déchets, lubrifiants, lessives, matériaux d'extraction, carburants fossiles, etc. D'un rendement faible (moins d'un milliard d'€ par an), elle paraît aussi peu efficace, illustrant le fait que des écotaxes à taux trop réduits ne parviennent pas à jouer leur rôle de signal-prix pour orienter les choix vers l'écologie.
- L'écotaxe kilométrique sur les poids lourds ou « eurovignette », introduite en juin 2011 pour les pays volontaires de l'U.E. (il y en a une dizaine actuellement, plus la Suisse), fait supporter aux camions les coûts de construction et d'entretien des routes, et ceux du bruit et de la pollution qu'ils génèrent. Son application en France avait été décidée, mais a dû être abandonnée en 2014 (cf ch. 6). Cependant, sa réintroduction partielle est prévue en Alsace en 2025.
- La TICPE[80] (ex-TIPP) est la principale taxe écologique, bien qu'elle ait été conçue d'abord dans un but de rendement fiscal ; en majorant notablement (de 44 à 61 centimes le litre) le coût des carburants, elle freine la consommation. Son produit est important (16,4 Mds € au budget 2024, mais 30 milliards en incluant la part qui va aux collectivités locales et à diverses Agences), bien qu'elle connaisse de nombreuses exceptions - toutes très contestables d'un point de vue écologique, mais difficiles à supprimer ou même à réduire ; voir ci-après, p.89.
- L'« écopastille » sur les grosses voitures (TVS, taxe sur les véhicules des sociétés), frappe depuis 2006 les véhicules de société à un taux croissant en fonction de leurs émissions de CO_2.

[80] Taxe intérieure de consommation sur les produits énergétiques. Elle frappe à des taux différents non seulement l'essence et le gazole, mais la plupart des autres carburants, comme le GNL ou même les biocarburants (à un taux réduit jusqu'en 2016 et de nouveau en 2022-23).

- Une taxe - temporaire, mais reconduite en 2024 - impose les superprofits des pétroliers et des producteurs d'électricité.
- Une taxe assise sur le poids excédentaire est appliquée aux voitures non électriques depuis 2022 : 10 à 20 € par kg de poids dépassant un seuil, abaissé à 1600 kgs en 2024 ; voir chapitre 6.
- La taxe destinée à financer la collecte, le recyclage et le traitement des déchets, de taux faible, apporte moins d'un milliard d'€ par an ; l'éco-participation finançant la collecte et la valorisation des déchets d'équipements électriques et électroniques est également peu contraignante en raison d'un taux faible.

On peut citer encore nombre d'écotaxes, comme la taxe intérieure sur la consommation finale (TICFE) ajoutée à la facture d'électricité des consommateurs pour compenser les obligations de service public d'EDF, ou la redevance sur les pollutions diffuses perçue sur les ventes de pesticides par les Agences de l'eau.

Une taxe carbone générale, la « Contribution climat-énergie (CCE) », assise sur les produits énergétiques polluants (carburants, charbon, gaz – et, paradoxalement, nucléaire) est intégrée depuis 2014 à la TICPE. Cette écotaxe, introduite, après plusieurs tentatives manquées, à 7 €/T de CO_2 en 2014 et relevée progressivement jusqu'à 44,6 €/T. en 2018 dans le cadre de la Stratégie nationale bas carbone, est payée par tous - automobilistes, ménages, entreprises -, mais partiellement compensée par un élargissement des tarifs sociaux du gaz et le maintien de nombreuses exonérations. Son produit est d'environ 9 milliards d'euros par an.

La CCE devait monter en charge jusqu'en 2030 pour atteindre à cette date un niveau équivalent à 100 euros par tonne de CO_2. Comme on sait, la hausse prévue a été abandonnée à la suite des violentes manifestations des « gilets jaunes » en 2018 ; elle est, depuis, gelée à 44,6 € par tonne de $C0_2$ - niveau qui reste relativement modéré. Elle a même été suspendue pendant la crise énergétique suivant l'invasion de l'Ukraine avant d'être (partiellement) rétablie en 2024.

On doit en retenir qu'une taxe carbone doit, pour réussir, prévoir dès le départ des compensations sociales rapides et clairement annoncées – qui peuvent être écologiquement compatibles, à condition de n'être surtout pas proportionnelles à la consommation ! C'est ainsi par exemple que, dans le domaine énergétique, la loi Brottes de 2013 (applicable à partir de 2016) compensait les taxes pesant sur l'électricité par un tarif préférentiel limité à un volume de base correspondant à une consommation raisonnable par foyer[81]. Le « chèque énergie » versé à près de six millions de ménages modestes, qui a remplacé ces tarifs sociaux, a même l'avantage d'être totalement déconnecté de la consommation, son montant étant forfaitaire.

Il paraît également indispensable que la destination écologique du produit d'une taxe carbone (ou au moins d'une part substantielle de celui-ci) soit clairement chiffrée, si l'on veut éviter de se trouver de nouveau à l'avenir devant un mur d'incompréhension. Le soutien aux activités « vertes » doit être identifié et précisé, même si l'on comprend le désir des autorités de se servir des écotaxes pour couvrir des dépenses sociales, réduire la dette ou baisser les charges pour améliorer notre compétitivité. Il faut probablement consentir une entorse aux règles sacro-saintes de l'universalité budgétaire[82] pour pouvoir affecter les recettes venant des écotaxes à des actions en faveur du climat et de la biodiversité, ou à la compensation en faveur des agents économiques les plus touchés par ces politiques.

Le Conseil national de la productivité (CNP) proposait dans cette ligne, en octobre 2023, d'introduire une contribution carbone générale basée sur la pollution émise par un objet lors de sa fabrication. Axée sur le prix de référence de 100 € la tonne de CO_2 que nous avons avancé plus haut (chapitre 2, p.50&51) cette contribution représenterait une taxation médiane de 4,8 % sur ces biens. Le CNP insiste sur la nécessité de redistribuer le produit attendu pour protéger les publics les plus fragiles, condition sine qua non de l'acceptation d'un tel système.

Une forme particulière d'écotaxe est le péage urbain, qui consiste à définir une zone (généralement en centre-ville) qui n'est accessible que moyennant le paiement d'une taxe à l'entrée, modulée selon le caractère plus ou moins polluant du véhicule. Ces péages, largement pratiqués en Europe, sont difficilement admis en France ; nous développerons cette question des « zones à faibles émissions » plus loin, chapitre 6.

Au total, la fiscalité écologique reste faible dans notre pays : selon Eurostat, la France n'arrive qu'au vingtième rang mondial pour sa part dans le PIB. Ainsi, les taxes environnementales représentent déjà 3 % du produit national européen contre 2,3 % seulement en France (41 Mds €), le maximum étant atteint au Danemark avec 6 % du PIB (viennent ensuite les

---

[81] Selon trois critères : composition du foyer ; zone géographique ; type de chauffage ; soit, pour un couple avec 2 enfants, une dizaine de MWh/an (10 000 KWh/an). Un « malus » était appliqué à partir du triple de ce volume de base, avec des tarifs plus élevés et croissants.

[82] La règle de l'universalité budgétaire, appliquée avec constance, veut que toutes les recettes du budget soient fongibles ; elle s'oppose donc à l'affectation d'une recette à une dépense donnée. Néanmoins, il existe des exceptions, comme les « comptes d'affectation spéciale », bien nommés.

Pays-Bas avec 4 % du PIB). Ce prélèvement équivaut à 5 % de nos recettes fiscales, alors que la part des taxes écologiques atteint 7 % des recettes budgétaires en Allemagne ou 10 % au Danemark.

L'expérience concrète des « taxes carbone » dans les autres pays

- La Scandinavie a eu un rôle pionnier dans ce domaine, introduisant dès les années 1980 des écotaxes de montant élevé (actuellement 108 euros la tonne de CO_2 en Suède et 100€/T. en Norvège). Bien que leur assiette soit réduite par d'assez nombreuses exceptions - cimenteries, pêche, navigation, hydroélectricité, pâte à papier...-, elles apportent un rendement proche de 2 % du PIB, et ont permis un découplage entre une croissance maintenue et des émissions de GES en baisse. Le Danemark et la Finlande appliquent aussi des écotaxes, plus réduites
- La Grande-Bretagne a introduit en 2012 une taxe restreinte (12 £/T de CO_2), sur 2700 entreprises utilisant électricité, gaz, ou fioul, soit 10 % des émissions ; son produit reste limité : autour de 500 M£/an.
- L'Allemagne applique une taxe sur les hydrocarbures, proche de notre TICPE, et, depuis 1999, une taxe sur l'électricité.
- Au total, 8 pays de l'UE ont déjà une taxe carbone.
- La Suisse applique depuis 2008 une taxe aux seuls combustibles fossiles utilisés pour produire de l'énergie
- Aux États-Unis, la Californie et vingt autres États taxent le pétrole à la source pour financer les carburants alternatifs, tandis que les avantages fiscaux précédemment accordés à l'industrie pétrolière ont été revus. Un projet de taxe carbone généralisée a été étudié, mais finalement écarté sous pression du Congrès. En revanche, une taxe sur le méthane émis a été instaurée en 2023, au taux de 800 $ par tonne ; ce montant progressera jusqu'à 1500$/t. en 2026, prix homogène avec celui de 100$/T. de CO_2
- Au Canada, une taxe carbone est imposée depuis 2019 à tous les combustibles fossiles, nationaux ou importés. Mais son instaurateur, J. Trudeau, l'a lui-même, en 2023 suspendue pour trois ans sur le mazout, tout en la majorant à 54 €/T.
- En Australie, une taxe de 19€/T devait s'appliquer à partir de 2012 pour les entreprises les plus polluantes, puis être relayée en 2015 par un marché d'échange des permis d'émission ; mais elle a été abandonnée en 2014.
- La Chine a décidé la mise en place d'une taxe carbone, limitée au départ aux industries les plus gourmandes en énergie, en 2015. Son introduction a été très progressive, avec un niveau de départ symbolique (10 yuans, soit 1,2 € par T. de CO_2), mais croissant vers 50 yuans actuellement - ce qui est encore trop faible pour être vraiment efficace.

Vers une taxe carbone européenne

Le projet d'une taxe carbone européenne existe depuis le début de ce siècle, mais a été plusieurs fois différé du fait de l'opposition de pays comme l'Allemagne, la Pologne, le Royaume-Uni. La taxe frapperait les émissions carbonées des secteurs non couverts par les quotas du marché d'échange des permis d'émission ETS (voir plus loin, p. 95 à 97) : logement, transports, agriculture, soit environ 55 % des émissions européennes de GES. Son niveau serait au minimum de 20 € par tonne de CO_2 et elle serait accompagnée d'un volet basé sur l'efficacité énergétique.

Comme on le verra plus loin, cette eurotaxe, toujours en discussion, sera couplée avec l'ouverture d'un second marché d'échanges de permis, calqué sur le marché ETS où les quotas d'émission gratuits seront progressivement supprimés. Ce second marché sera distinct, en vue de parvenir à des prix suffisants, mais moins élevés.

En outre la décision a été prise d'appliquer à partir de 2026 – une phase préparatoire de recensement débutant en octobre 2023[83] - un *« mécanisme d'ajustement carbone aux frontières »*. Cet euphémisme recouvre une taxe qui concernera les importations contribuant le plus au réchauffement : acier, engrais, aluminium, ciment, électricité, hydrogène ; elle montera en puissance jusqu'en 2034 et impose aux importateurs d'acquérir sur le marché du carbone européen des droits d'émission compensant le contenu des produits achetés[84]. Bien qu'il soit très contesté à l'étranger, ce mécanisme est indispensable pour protéger les entreprises de ces secteurs d'une concurrence ne respectant pas les impératifs écologiques.

Une faille demeure cependant pour les produits transformés : par exemple, une automobile ne sera pas taxée alors qu'elle contient de l'acier qui serait taxé s'il était importé sous sa forme brute ; il est prévu de traiter ce problème… plus tard (un an avant l'entrée en vigueur du mécanisme, en principe).

---

[83] Pendant la phase préparatoire, les importateurs devront obtenir des fournisseurs étrangers une évaluation du contenu en carbone des produits importés dans les secteurs de l'acier, de certains produits chimiques (ammoniac), du ciment et de l'hydrogène. Le champ couvert au départ ne représente que 6 Mds € d'importations et le rapport attendu de la taxe une fois entrée en vigueur est faible : 3 Mds € en 2030 ; il montera en puissance au fur et à mesure de l'élargissement de l'assiette à d'autres produits et atteindrait 14 Mds d'€ annuels en 2034.

[84] Si un prix du carbone existe déjà dans le pays d'origine (c'est le cas par exemple pour la Chine, mais il est faible), les importateurs ne paieront que la différence. La taxe alignera le prix des produits importés sur celui de l'U.E. ; une subvention sera versée, à l'export, sous forme de quotas gratuits.

Une taxe carbone mondiale est-elle envisageable ?

Au total, 49 pays ont mis en place une tarification du carbone, indique le FMI dans son rapport sur les finances publiques de novembre 2023 ; mais elle ne couvre qu'un quart des émissions mondiales de GES, et ce à un prix trop bas : 20 $ la tonne en moyenne. Il y a donc encore du chemin à faire, même si le Fonds souligne qu'un recours exclusif aux taxes carbones n'est pas envisageable, car il supposerait de porter leur niveau à 280 $ la tonne.

Peut-on imaginer néanmoins de généraliser le système à l'échelle planétaire ? Cette idée a été soutenue par le premier Sommet africain sur le climat, tenu en septembre 2023 : il a appelé à l'introduction d'une taxe mondiale sur les émissions de carbone, « incluant le commerce des énergies fossiles, le transport aérien et maritime ». Le peu d'enthousiasme des pays avancés et émergents, qui seraient les principaux payeurs, montre que cette idée a peu de chances d'aboutir.

Le principe d'une taxe carbone généralisée est pourtant fondamental : il s'agit d'inciter tous les émetteurs à réduire leurs émissions en réduisant leur consommation (sobriété), en utilisant l'énergie de récupération (chaleur, freinage), en utilisant des énergies alternatives ou en changeant de mode de production (dans l'élevage par exemple).

Une taxe globale pourrait porter sur le carbone contenu dans les émissions de GES de toutes les activités économiques. L'économiste C. de Perthuis propose ainsi de taxer à 50 € chaque tonne de CO_2 émise au-delà de la moyenne mondiale par habitant aux États-Unis, dans l'Union européenne et en Chine, ce qui apporterait 475 Mds € annuels ; une partie serait versée aux ménages sous forme de compensation forfaitaire et le reste consacré à l'agro-écologie et aux pays pauvres.

Le CO_2 n'est pas seul visé ; le méthane pourrait aussi être taxé en fonction du volume émis. Une expérimentation en ce sens sera menée dans quatre secteurs à partir de 2025. Au-delà de leur faisabilité politique douteuse, ces formules nécessiteraient des calculs parfois complexes ; on pourrait, plus simplement, taxer l'énergie.

Il reste à déterminer si une taxe sur l'énergie devrait s'appliquer aux seuls combustibles fossiles ou à toutes les sources, ce qui risquerait de décourager les énergies « vertes » (énergies renouvelables, économie hydrogène, etc.). Il faut aussi déterminer si elle devrait toucher toutes les activités économiques (producteurs d'énergie, industrie, services, agriculture, élevage, pêche) et s'étendre ou non aux ménages.

Quant à son niveau, le rapport Stern et le GIEC l'évaluaient à au moins 20 €/T CO_2 ; le rapport Quinet fixait pour la France un objectif de 45 €/T ;

mais la nécessité d'une action forte, et la réussite de taxes élevées dans les pays Scandinaves, devraient conduire à retenir un objectif plus élevé.

Les obstacles à la fiscalité carbone

Les lents progrès vers la mise en place de taxes carbone généralisées sont surtout dus à l'incompréhension de l'opinion, qui perçoit mal des enjeux souvent trop peu explicités et craint le risque de confiscation des recettes pour des dépenses improductives. Lorsque trop d'exceptions sont introduites ou si le produit est restitué aux contribuables « pour préserver le pouvoir d'achat », l'incompréhension grandit ; c'est pourquoi il faut que les mesures sociales d'accompagnement, indispensables comme nous l'avons dit, soient clairement ciblées sur la partie la plus pauvre de la population, ou la plus touchée par la taxe.

Mais si la restitution est indexée sur la consommation, c'est une politique de Gribouille ; il faut donc trouver des critères (tels que l'éloignement ou l'absence de ressources alternatives) qui soient objectifs et procéder à des allocations forfaitaires, non indexées sur la consommation réelle.

Par ailleurs, la complexité technique des calculs du CO_2 contenu dans un produit fini, comme celle de l'analyse des processus de production émetteurs de gaz à effet de serre, entrave la lisibilité de ces dispositifs et fait courir un danger d'arbitraire. La multiplication d'exceptions sectorielles et de régimes particuliers défavorise aussi la lisibilité souhaitable.

Enfin, le problème des distorsions de concurrence est redoutable : il s'agit d'ailleurs d'un problème général en écologie : celui de l'existence de « passagers clandestins » (« free riders »), qui tirent un avantage concurrentiel d'un effort pour le bien commun consenti par d'autres et dont ils n'ont pas supporté le coût.

Pour éviter d'accroître l'écart de compétitivité avec les pays moins-disants sociaux et environnementaux, il est préférable en principe d'agir plutôt au niveau européen – ce à quoi vise le « mécanisme d'ajustement aux frontières » décrit plus haut -, voire mondial ; mais plus le champ des participants s'élargit, plus la négociation est longue et difficile... De plus, les règles de l'Organisation mondiale du commerce (OMC) ne sont pas adaptées à la défense de l'environnement[85], facilement considérée comme

[85] La compatibilité avec les règles de l'OMC est contestée par certains, mais l'art. 26 du GATT, qui autorise les aides à l'investissement, peut sans doute être utilisé. L'accusation de protectionnisme est tout à fait infondée venant des Etats-Unis, qui taxent de nombreux produits européens ou chinois et subventionnent massivement leur industrie avec le

protectionniste, ce qui amène les pays concernés à menacer de mesures de rétorsion ; de leur côté, les pays en développement, qui disposent de clauses en leur faveur, protestent hautement contre les écotaxes[86]. Le risque est donc de devoir négocier de multiples compensations, sauf utilisation, toujours aléatoire, de clauses de sauvegarde.

Taxes ou subventions ?

Au lieu d'alourdir le coût des activités polluantes, on peut adopter l'approche, non moins efficace et évidemment plus populaire, consistant, à l'inverse, à réduire les taxes sur les produits « verts » ; ces réductions de taxes prennent souvent la forme, comme aux États-Unis, de crédits d'impôt (abattement à valoir sur les impôts dus dans l'avenir). On peut aussi choisir de subventionner directement certaines activités écologiques. L'inconvénient, et la limite pratique, de ces aides - outre le risque d'un effet d'accoutumance que les économistes rangeront parmi les « aléas moraux », rendant ces activités moins productives - est évidemment leur coût.

Ce procédé d'« écotaxe à l'envers » est fréquemment utilisé. Par exemple, les biocarburants sont largement détaxés, en France comme dans la plupart des pays d'Europe, pour leur donner un avantage comparatif par rapport aux combustibles fossiles. Le Japon pratique de son côté une détaxe totale des biocarburants. Bien des pays, dont la France, pratiquent des taux réduits de TVA pour les achats de biens écologiques comme les cellules photovoltaïques ou les pompes à chaleur. Des taux d'imposition réduits et des primes (dans le cadre du plan France Relance) sont aussi prévus pour les installations de toitures électriques ou pour les travaux d'isolation thermique des logements.

Rien n'interdit de pousser la logique de soutien à l'économie verte jusqu'à l'octroi de subventions budgétaires directes - un cas extrême, en quelque sorte, d'écotaxe inversée. Ce procédé, pesant sur des budgets déjà tendus, ne peut malheureusement être utilisé qu'avec parcimonie, dans des cas choisis.

Il peut s'agir d'aides budgétaires aux consommateurs : chèque énergie ; dispositif « Ma prime rénov' » pour aider la rénovation thermique des logements, éco-prêts à taux 0 pour les rénovations thermiques et subvention pour les pompes à chaleur (voir chapitre 5) ; bonus réparation pour les

---

programme IRA, ou de la Chine, où l'intervention de l'Etat est généralisée. Mais le cas des pays pauvres est plus délicat.

[86] Selon une étude de la London School of Economics, la taxe carbone pourrait réduire les exportations africaines vers l'Europe de 5,7% et faire perdre à ce continent près d'1% de son PIB.

appareils électriques (cf ch. 7, page 200) ; aide de 4000 € pour l'achat de véhicules électriques, prime à la conversion pour les voitures reconditionnées n'émettant pas de CO_2, bonus temporaire pour l'achat de vélos (voir chapitre 6)…

Il peut aussi s'agir de soutiens financiers directs aux entreprises, comme la prise en charge d'une partie du coût d'installation d'usines de batteries électriques, ou indirects comme la fourniture (souvent par les collectivités locales) de terrains, de zones aménagées ou d'installations à prix réduit. Ainsi, une enveloppe de 5 milliards d'euros a été consacrée dans le cadre du plan « France Relance » à la subvention des activités de décarbonation de nos industries, pour lesquelles un crédit d'impôt vient d'être instauré ; voir chapitre 7. On est là dans un domaine où les impératifs écologiques se confondent en général avec ceux de la compétitivité industrielle.

Les fonds publics sont très sollicités pour ces soutiens. En France le « budget vert » de l'État s'élèvera en 2024 à 39,6 milliards d'euros, dont 26 Mds seulement couverts par des taxes environnementales.

Nos voisins allemands ont mobilisé des moyens plus importants (60 Mds d'€) dans un fonds baptisé « climat et transformation ». Ce fonds devait financer des investissements publics, par exemple la modernisation des chemins de fer, ou privés comme le renouvellement des chaudières, et des grands projets industriels de décarbonation ; il devait aussi être mis à contribution pour réduire fortement le prix de l'électricité pour les industriels - voir plus loin, page 92.

La Cour Constitutionnelle a annulé le principe du fonds d'affectation, ce qui a obligé le gouvernement à réduire son budget 2024 de 17 Mds €, mais les crédits seront en partie maintenus ; ils sont complétés par un important programme de soutien à la transition énergétique de l'industrie lourde dans le cadre de contrats à quinze ans (cf chapitre 7).

Tel a été clairement l'objet aussi du grand programme « IRA » (Inflation Reduction Act) adopté par les États-Unis en 2022. D'un montant considérable (369 milliards de dollars), ce programme encourage, principalement sous forme de crédits d'impôt[87], les investissements « verts » et la décarbonation des processus de production. Il est donc vertueux d'un point de vue écologique : on constate qu'il a permis aux installations solaires

[87] Les crédits d'impôt représentent les trois quarts des montants alloués à l'IRA. Cette fiscalité favorable pourrait coûter 15% des recettes des impôts sur les sociétés sur la prochaine décennie, selon l'Observatoire européen de la fiscalité. Plus du tiers de ces fonds étaient déjà alloués fin 2023.

et éoliennes de devenir ultra-compétitives et d'attirer les investisseurs[88], d'où la forte croissance de ces énergies aux USA (cf chapitre 4, page 126) ; les montants investis dans les ENR doubleraient d'ici 2030. Hélas, l'IRA est aussi d'un protectionnisme avéré, puisqu'il réserve ses aides aux activités se déroulant sur le sol américain.

Il y a là un facteur de déstabilisation de l'économie internationale, les pays concurrents, en Europe par exemple, peinant à s'aligner ; ils ont certes depuis 2023 la possibilité d'accorder une aide équivalente, mais seuls ceux qui ont des marges budgétaires le pourront[89]. Quant aux apports du Plan de relance européen de 750 milliards €, dont 45 % doivent aller à l'économie verte, ils se mettent en place très lentement et ne sont composés que pour moitié de subventions.

Cependant, les États-Unis peuvent faire valoir, à bon droit, que la Chine subventionne pour sa part massivement et depuis longtemps la production de véhicules électriques et de composants, qui viennent ensuite envahir nos marchés. Ces subventions sont effectivement une cause de la baisse des ventes d'automobiles fabriquées en Europe, et surtout de la quasi-disparition de l'industrie européenne des panneaux solaires photovoltaïques et des batteries.

D'autres incitations financières peuvent être réservées aux agents économiques ayant un bon comportement écologique, en les proportionnant à ce comportement. On en voit l'exemple dans la possibilité de pratiquer des loyers majorés pour les logements ayant fait l'objet d'une rénovation thermique, ou d'obtenir des déductions fiscales pour la construction de logements locatifs de bonne qualité écologique, ou de pratiquer une déductibilité majorée des intérêts pour les emprunts contractés en vue d'investissements « verts ». L'Institut de la finance durable recommande d'encourager le secteur privé industriel en accélérant l'amortissement fiscal de ces travaux.

---

[88] Les multiples projets lancés aux USA grâce aux aides de l'IRA et d'autres programmes publics incluent des usines géantes de batteries, d'éoliennes et de panneaux solaires ; cela changera la configuration actuelle, où seulement la moitié des éoliennes et un tiers des panneaux solaires sont fabriqués sur place - la situation est pire en Europe, avec moins de 10% de fabrication locale et des aides plus faibles.

[89] Le nouveau régime européen autorisant ces aides d'Etat (« matching aid ») à titre dérogatoire reste relativement restrictif : il faut que le projet subventionné soit situé dans une région pauvre ou réalisé en commun par un groupe de trois pays ; mais si les montants allouables sont plus importants dans les régions les moins favorisées de l'U.E.(plafond de 350 millions d'€ au lieu de 150), l'Allemagne et la France ont engagé plus des trois quarts des aides d'Etat autorisées en Europe depuis 2019.

Haro sur les dépenses publiques « brunes » !

Il serait nécessaire, en revanche de supprimer ou limiter strictement les nombreuses « détaxes brunes », ces niches fiscales qui encouragent les activités polluantes. Leur liste est connue et leur montant important : détaxation du gazole en faveur des transporteurs routiers, des opérateurs de travaux publics, des industries minières, des taxis, du kérosène pour l'aviation et du fioul pour les agriculteurs et les pêcheurs, abattement de 70 % sur l'assiette des cotisations sociales et sur l'avantage en nature pour les voitures de sociétés, TVA réduite à 10 % pour l'installation d'une chaudière à gaz…

Mais on sait à quel point il est politiquement difficile de réduire ces niches fiscales anti-écologiques : ainsi, le gouvernement français a renoncé, dans le budget 2024, à la suppression envisagée de la réduction des taxes sur le gazole routier ; cet avantage coûte pourtant à lui seul 1,4 milliard d'€ par an, s'ajoutant à 2,4 Mds de détaxations pour le « gazole non-routier », également maintenues après les manifestations d'agriculteurs début 2024.

Le Ministère des Finances français donne un détail des « dépenses défavorables à l'environnement », budgétées à 13,1 Mds € en 2024, mais qui se sont en fait élevées à 33,6 Mds € en 2023, soit presque autant que les dépenses favorables à l'écologie, du fait des « boucliers tarifaires » gaz et électricité. Une partie seulement est clairement identifiée comme telle dans le budget[90].

Un autre exemple de dépense « brune » est le soutien financier apporté, au Canada, aux contribuables pour compenser la charge de la taxe carbone. Il n'y a pas grand sens, sauf électoral, à donner d'une main ce qu'on prend de l'autre…

Le système du bonus-malus

Une solution peut-être plus habile que les détaxations ou les subventions est le recours au système du bonus-malus. Il s'agit d'une version particulière de l'écotaxe, mise en pratique ici à la fois « à l'envers » et « « à l'endroit » : les consommations excessives sont taxées, les bonnes performances écologiques bénéficient d'une subvention. C'est ce qui se pratique à grande

[90] Les 33,6 Mds de dépenses « brunes » pour 2023 cités ici comprennent 9 milliards d'€ de bouclier tarifaire gaz, 8,9 Mds pour l'électricité et 4,7 Mds d'autres subventions de prix ; ces dépenses sont presque totalement supprimées dans le budget français pour 2024. Mais dans un rapport d'octobre 2023, la Cour des Comptes précisait que la prise en compte des niches fiscales anti-écologiques « aboutirait à une augmentation de plus de 85% des dépenses brunes ».

échelle pour les automobiles en France comme dans de nombreux pays, européens ou non, comme nous le verrons au chapitre 6.

Le grand avantage d'un tel système est qu'il peut être bâti de façon à atteindre l'équilibre financier, les taxes prélevées au titre du malus finançant les bonus distribués ; il est même possible de dégager un surplus financier, selon le paramétrage retenu.

La lisibilité d'une telle formule est forte, ce qui explique son succès en France, relayé en outre par les efforts propres des constructeurs qui choisissent de majorer le bonus pour des raisons commerciales ; ce succès a d'ailleurs abouti à déséquilibrer le dispositif (trop de bonus par rapport aux malus), ce qui conduit à le resserrer périodiquement en majorant les malus et en abaissant les seuils donnant droit au bonus. Cette évolution traduit cependant par elle-même un succès écologique, qui a déterminé une forte baisse des émissions de GES par kilomètre parcouru.

Il est évidemment possible d'appliquer le système du bonus-malus à bien d'autres secteurs : appareils ménagers, couverts jetables, ampoules, emballages… C'est ainsi que l'Etat avait projeté, en 2011, d'introduire une taxe de 0,2 cts par Kwh de consommation annuelle sur les réfrigérateurs et congélateurs (malus) rétrocédée en « chèque vert » (bonus) aux petits consommateurs. Cette proposition n'a finalement pas été retenue. Une nouvelle proposition de loi, présentée début 2024, appliquerait cette fois un malus aux produits textiles dits de « fast fashion », qui poussent à des consommations superflues - cf chapitre 7.

L'ORIENTATION PAR LES PRIX

L'économie de marché, décriée par certains, déifiée par d'autres, n'est pas spontanément faite pour le développement durable.

- en effet, son horizon peine à prendre pleinement en compte le long terme et les conséquences éloignées des choix économiques. Ce court-termisme est lié à la faiblesse de l'« altruisme intergénérationnel » et rend difficile de mobiliser des financements sur des projets à long terme.

- elle peine aussi à prendre dûment en compte les « externalités négatives » de nos décisions, c'est-à-dire leurs retombées défavorables pour d'autres acteurs économiques : en clair, le marché ne perçoit pas le coût pour la collectivité de certains modes de production ou de consommation. Par exemple, la surpêche (le prix du poisson n'intégrant pas le risque de disparition des espèces) ; les pollutions non traitées, qu'elles soient automobiles, minières, industrielles ou de la vie courante ; l'agriculture intensive, engrais et pesticides ayant des retombées négatives importantes sur la santé humaine et tout l'environnement ; etc.

- elle peine encore à cerner et évaluer les « biens publics mondiaux » comme un air de qualité, une eau propre, biens d'accès en principe gratuit et ouvert à tous, mais dont le manque pose à certains de redoutables problèmes[91].

- enfin, les anticipations des agents économiques sont souvent biaisées, du fait d'une mauvaise diffusion de l'information ou de la méconnaissance des problèmes économiques ; elles peuvent aussi être influencées par des éléments irrationnels tels que l'attachement à « la bagnole » ou au droit de chasse.

Ainsi, selon Sir N. Stern, le changement climatique constituerait « l'échec du marché le plus important et le plus étendu que l'on ait jamais connu ». Il est pourtant nécessaire de donner des signaux qui intègrent la vérité des prix ; *le marché peut aussi offrir la réponse à ces problèmes, à condition de se servir intelligemment de ses mécanismes.*

Quelles sont ces lois économiques qu'il s'agit de retourner en faveur du développement durable ? La loi de l'offre et de la demande, la plus basique de toutes, montre qu'on peut agir en modifiant les signaux donnés par les prix ; cf tableau ci-après. La libre concurrence, autre loi fondamentale d'une économie ouverte, peut favoriser le développement de multiples alternatives si les incitations appropriées sont fournies. De même, la recherche du profit peut être mise au service des objectifs de la révolution verte, s'il devient intéressant pour les entrepreneurs d'aller vers des investissements durables.

[91] Le rapport de P. SUKHDEV, commandité par l'Union Européenne à la CDB de Nagoya (octobre 2010), a cependant tenté de donner une valeur monétaire aux écosystèmes, afin de pouvoir valoriser les actions visant à les protéger.

Détermination de l'équilibre offre/demande sur un marché libre et ouvert

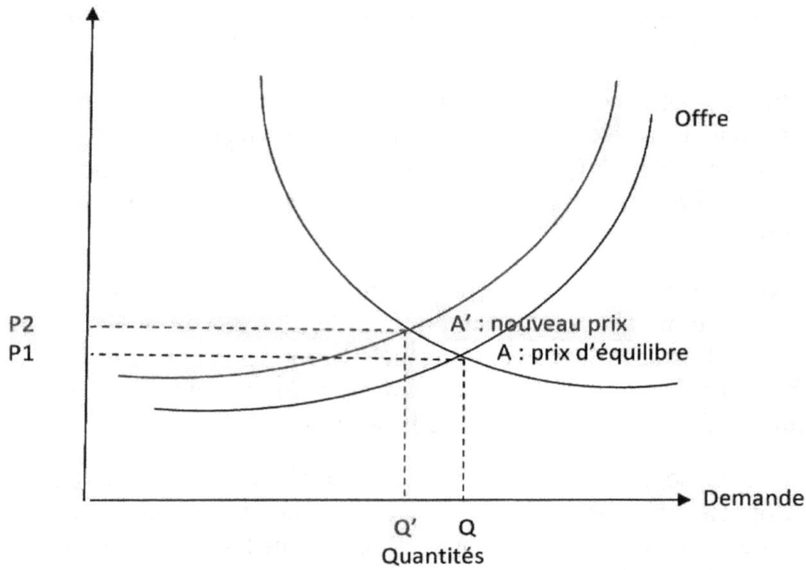

Simulation des effets d'une hausse des prix (due par exemple à une raréfaction de l'offre) : au nouveau prix P', la quantité Q' achetée par les consommateurs diminue.

Nota : L'équilibre classique décrit ici se situe en « concurrence pure et parfaite », c'est-à-dire dans l'hypothèse (hardie) de : libre entrée sur le marché ; absence d'« effet de domination » par des structures oligopolistiques ; homogénéité (comparabilité) et divisibilité des produits offerts (pas d'« effets de seuil ») ; information aisée et complète des acheteurs (pas d'« asymétries d'information »).

L'INSEE s'est efforcé de calculer précisément « l'élasticité-prix » de la consommation en France : elle serait de 0,4, c'est-à-dire qu'une hausse de prix de 10 % induirait une baisse de consommation de 4 % en moyenne. Il est vrai que cette flexibilité de la demande par rapport aux prix est inégale selon les secteurs : la demande de biens de premières nécessités comme l'alimentation de base, le chauffage, parfois même le carburant auto, est plus « rigide » (moins sensible au prix) que la moyenne, alors que la demande de services touristiques, de transport aérien ou de biens de luxe est très élastique.

Du côté de l'offre, les productions d'énergie et de matières premières sont assez rigides par rapport au prix, car un délai est nécessaire pour construire puits, raffineries et mines ; à l'inverse, dans les pays tempérés, l'offre de produits agricoles est élastique par rapport au prix, car les producteurs peuvent changer rapidement de spéculation.

Le fait que l'orientation par les prix est souvent la plus efficace, même pour l'énergie, est néanmoins démontré par le recul significatif de la demande intervenu lors des chocs successifs qui ont raréfié l'offre et fait monter les prix en flèche, notamment les chocs pétroliers de 1973, 1980 puis 2007, et le choc gazier et énergétique de 2022. Ainsi, en 2022-23 l'économie allemande a connu une stagnation et même plusieurs trimestres de recul du fait des fortes hausses de coût de l'énergie importée ; cependant, ces hausses ont été peu à peu absorbées, car ménages et entreprises se sont montrés plus sobres – comme c'était souhaitable d'un point de vue écologique - et l'industrie a trouvé des substitutions[92], réussissant à baisser ses importations totales de gaz de plus de moitié en dix-huit mois.

De même, la consommation de carburants – que d'aucuns croient incompressible – a baissé de 2,4 % en France et de 3 % aux États-Unis en 2008, quand le prix du baril a atteint son maximum de l'époque. Mieux, entre mi-2022 et mi-2023, la consommation de gaz et d'électricité a reculé de 12 % dans notre pays[93], 10 % en Allemagne et presque autant dans les pays voisins, en partie grâce à des efforts citoyens de sobriété, mais surtout du fait de l'explosion des prix (celui du gaz a été multiplié par près de douze sur les marchés de gros). La baisse de la consommation d'électricité s'est maintenue en 2023 entre 8 et 9 %, pour les particuliers comme pour les entreprises.

La Commission européenne s'est efforcée d'évaluer les émissions de gaz à effet de serre qui pourraient être évitées en fonction des niveaux de prix atteints. Par rapport à la situation résultant de mesures déjà prises, qui conduiraient à un volume de 590 MT en 2030 au lieu de 780 en 2015 (dont un peu plus de la moitié venant de l'agriculture et un quart de la production d'énergie), les émissions de GES prévues en 2030 sont d'autant plus faibles que le prix de la tonne de CO_2 est élevé : 530 MT pour un prix de 10 €/T. et 490 pour un prix de 55 €/T.

Malgré les limites que nous venons de rappeler, il paraît donc logique de laisser les prix jouer leur rôle pour réorienter la consommation : des carburants plus chers réduiront les achats et favoriseront les voitures électriques non-polluantes, une viande plus chère réorientera les habitudes

[92] Les importations totales de gaz en Allemagne sont tombées de plus de 5 000 gigawatts-heure début 2022 à 2 200 environ à l'automne 2023.
[93] Le prix du gaz avait dépassé 350 € le MWh (mégawatt-heure) mi -2022 ; il est revenu à environ 35 €/MWh depuis.

vers des menus plus végétaux, etc. Quelles sont les conditions à réunir pour y parvenir ?

D'abord, ne pas intervenir pour brider les hausses spontanées de prix des combustibles fossiles et de l'énergie !

Or les exemples contraires abondent. Il y a pourtant de la marge pour relever les prix : le baril de pétrole à près de cent dollars de 2023 est moins cher en valeur réelle que celui de 1980 ; et un litre d'essence ou de gazole aux nouveaux prix d'environ 2 € représente 10 minutes de travail au SMIC, contre 30 à 40 en 1970. Mais l'opinion ne s'en rend pas compte – d'autant qu'on ne le lui explique pas…

En France comme dans d'autres pays européens, cette erreur de vision a conduit à des efforts considérables pour freiner la hausse des prix du gaz et de l'électricité, aux dépens du contribuable et à contre-courant des signaux de prix souhaitables pour freiner la consommation.

Notre pays a connu toute la gamme des incitations possibles à la baisse ou des plafonnements des prix, toujours au nom du pouvoir d'achat. Ainsi, le « bouclier tarifaire » mis en place en 2022 a limité la hausse du prix de l'électricité à 4 %, soit un dixième de la hausse spontanée. On comprend certes le souhait de lisser, pour les consommateurs, la hausse brutale due à la guerre en Ukraine ; mais fallait-il viser aussi bas ?

En fait, les tarifs électriques ont, contrairement à ce qu'on croit souvent, baissé depuis 1990 en euros constants (corrigés de l'inflation). Le bouclier tarifaire a pourtant été prolongé, en laissant place, certes, à des hausses de tarifs plus importantes (+ 15 % puis +10 % en 2023, et finalement + 9 % en moyenne[94] en 2024).

Au plafonnement des prix de l'électricité s'est ajouté celui du gaz : fin 2021, les tarifs réglementés ont été gelés en faveur des consommateurs résidentiels individuels, puis des chauffages collectifs ; ce gel a été prolongé sur toute l'année 2022 ; le plafonnement du prix a été reconduit jusqu'en juin 2023, mais après une hausse de 15 %. Là encore, on comprend qu'il ait fallu lisser une pointe exceptionnelle, mais un gel pur et simple était excessif ; il aurait été plus pertinent de laisser place à une augmentation modérée des tarifs, donnant un signal-prix utile.

[94] 8,6 à 9,8% selon les catégories de tarifs ; 5,2% pour certaines entreprises. La TICFE retrouvera ainsi un niveau de 21€ par MWh, encore inférieur au niveau d'avant crise, qui était de 32,4 €/MWh.

Quant aux carburants, le gouvernement est intervenu de nouveau, fin 2023, pour demander aux distributeurs de pratiquer des marges nulles et a convaincu Total de plafonner le litre d'essence ou de gazole à 1,99 € en 2024, comme pendant une partie de l'année 2023.

Il en est de même ailleurs : en Europe, la plupart des pays sont régulièrement intervenus pour protéger leurs consommateurs et/ou leurs industries ; globalement, ils ont, selon l'Institut de Potsdam, dépensé non moins de 729 milliards d'€ en 2022 dans le but de protéger les consommateurs des effets de la crise énergétique. L'Union européenne a d'ailleurs adopté en mars 2022, juste après l'invasion de l'Ukraine, un « cadre temporaire » d'aides d'État permettant de soutenir les entreprises touchées par la crise, prorogé jusqu'au 30 juin 2024[95]. À l'échelle mondiale, l'AIE estime que 900 Mds de $ ont été dépensés dans la seule année 2022 pour préserver les consommateurs des hausses de prix.

Les mêmes comportements se retrouvent partout ; ainsi, aux États-Unis, le prix de l'essence n'est que la moitié du niveau européen et les réactions de l'opinion entravent pourtant tout effort pour le faire monter.

Un autre exemple est donné par les péages autoroutiers, dont le niveau est, en France, autorisé par le gouvernement : à plusieurs reprises, celui-ci est intervenu pour limiter strictement les hausses demandées par les compagnies concessionnaires, faussant ainsi un signal-prix apte à freiner la consommation automobile. Même si certains contestent les bénéfices jugés excessifs de ces concessionnaires, n'aurait-il pas été préférable de taxer ces profits ou, comme certains l'avaient proposé, d'obtenir des investissements « verts » en contrepartie ?

Ensuite, cesser le plus possible de subventionner ces mêmes prix

Il est frappant de constater que nombre de pays parmi les plus pauvres consacrent une part substantielle de leur budget à subventionner les prix de l'essence et du gaz (très utilisé non seulement pour le chauffage, mais aussi pour la cuisson quotidienne des aliments). Le budget consacré à de telles aides représente pour nombre de pays une part de 5 à 10 % du PIB ou plus du quart de leur budget, montant souvent supérieur à celui consacré à la santé ou à l'éducation, voire aux deux à la fois, comme on peut le constater dans le cas de l'Inde ou du Nigeria par exemple.

---

[95] 750 Mds € d'aides ont été attribuées, dont 48% par l'Allemagne, 22,5% par la France et 7,5% de l'Italie, la plupart des autres pays n'ayant guère les moyens budgétaires d'intervenir. Les montants réellement versés sont toutefois nettement inférieurs à ces attributions de principe.

Le FMI estime qu'au total les pays émergents et en développement consacrent plus de 800 milliards de dollars annuels à de telles aides, ce qui représente 0,8 % du PIB mondial96. C'est une erreur totale, car ce faisant non seulement ils grèvent leurs budgets et doivent renoncer à financer des politiques sociales indispensables, mais ils donnent un très mauvais signal sur le plan écologique. De plus, ces aides opèrent une « redistribution à l'envers », car les plus pauvres n'ont pas les moyens d'acquérir un véhicule et les carburants subventionnés bénéficient aux plus favorisés[97].

En incluant les pays avancés, ces subventions aux combustibles fossiles atteindraient mille milliards de dollars à l'échelle de la planète. Pourquoi est-il si difficile d'y renoncer ? Tout simplement parce que la survie des gouvernements en place en dépend souvent. On ne compte plus le nombre d'émeutes (par exemple, en Égypte, en Amérique Latine, en Iran…) déclenchées par des tentatives de diminuer les subventions aux carburants – souvent lancées dans le cadre de plans de redressement économique élaborés avec le FMI. Donc, on laisse pourrir la situation, arrivant à des cas comme celui du Nigeria où les carburants de contrebande subventionnés par le budget public inondent les pays voisins.

On a connu aussi le cas du gaz subventionné dans l'ancienne Union soviétique, qui ne coûtait presque rien, poussant certains à laisser leur réchaud allumé toute la journée pour rien plutôt que de se fatiguer à l'éteindre et le rallumer.

En France, on n'en est pas à ces extrêmes. Néanmoins, les pouvoirs publics n'ont cessé d'intervenir : ainsi, le « bouclier tarifaire » mis en place pour le gaz et l'électricité comme nous l'avons vu page 89, a engendré une charge très lourde pour compenser l'écart avec les prix de marché et une perte record pour EDF (18 milliards d'€) la première année. À cela s'est ajoutée la remise, financée par l'État, sur le prix des carburants, dont le coût est estimé par la Cour des comptes à 7,9 Mds € en 2022. Il a même été décidé, fin 2023, de verser une aide au carburant de 100 euros aux gros rouleurs les moins aisés.

Au total, le coût budgétaire brut de ces aides à la consommation, heureusement fortement réduites en 2024, auxquelles se sont encore ajoutées des aides directes aux entreprises énergivores, a atteint environ 72 milliards

---

[96] La moitié de ces subventions va au pétrole et un quart au gaz, selon une étude conjointe de l'AIE et de l'OCDE. L'AIE estime qu'un abandon progressif des subventions aux énergies fossiles d'ici à 2030 conduirait à une réduction de 200 millions de tonnes de la consommation de pétrole à cet horizon, induisant une baisse de 1,7 Mds de T./an des émissions planétaires de CO_2.

[97] Selon l'AIE, 8% seulement de ces aides vont aux 20% les plus pauvres de la population.

d'€ en trois ans[98]. Certes, ces subventions publiques ou privées soulagent le portefeuille des automobilistes, mais c'est un signal-prix néfaste du point de vue de l'écologie. On peut penser qu'une partie de ces fonds auraient été mieux utilisés à des investissements favorisant l'indépendance énergétique et l'économie verte.

Ces dérapages ne datent pas d'hier : la méthode, fort contestable, d'une « prime à la cuve », a été appliquée temporairement au début des années 2000. Même la fameuse TICPE, tant attaquée parce qu'elle renchérit le coût des carburants, a vu sa part dans le PIB diminuer fortement, ce qui a le même effet économique qu'une subvention aux énergies fossiles.

En Allemagne, le gouvernement d'O.Scholz a décidé, fin 2023, de subventionner temporairement les industries les plus gourmandes en énergie en maintenant un prix-plafond de l'électricité à 6 centimes du Kwh jusqu'en 2030. En outre, 45 Mds € sont logés dans un « Fonds anti-hausse des prix ». Ces mesures de soutien, ont été très controversées, les craintes d'une perte de compétitivité et d'une désindustrialisation du pays[99] poussant à une décision contraire aux incitations à la sobriété énergétique, par ailleurs si souhaitables.

Il est extrêmement difficile de revenir sur ces mesures anti-écologiques. Ainsi, la France et l'Allemagne ont fait l'expérience, pratiquement en même temps, début 2024, de fortes manifestations des agriculteurs s'élevant contre la suppression, pourtant progressive[100], des exonérations fiscales en faveur du gazole non-routier ; ils ont obtenu gain de cause.

Quelle peut être la réponse face à ce vif conflit entre l'impératif écologique et la protection du pouvoir d'achat ? La solution semble être, là encore, de mettre en place des mesures compensatoires sociales, mais neutres par rapport à la consommation. On peut y parvenir en distribuant des primes de pouvoir d'achat ou des aides sociales type RSA couvrant les ménages les plus pauvres.

---

[98] Coût brut, selon la Cour des Comptes (rapport de mars 2024) ; le coût net compte tenu des recettes supplémentaires (dont 20 Mds € de taxe sur les profits des énergéticiens) serait inférieur de moitié.

[99] Les entreprises grosses consommatrices d'énergie souffraient du brusque renchérissement du gaz. Certaines, notamment dans la chimie, ont dû réduire leur activité et la délocaliser en partie – d'où l'effort consenti. La réduction du prix de l'électricité coûtera 30 Mds d'€, la taxe sur le courant tombant à 0,05 centimes au lieu de 1,54 ; et des aides supplémentaires iront à 3500 grands groupes et aux 90 plus gros consommateurs.

[100] Les agriculteurs paient une taxe très réduite, de 3,8 cts par litre contre 60,7 cts pour le grand public ; cela coûte 1,4 Md € par an aux finances publiques. Le rattrapage négocié avec les syndicats agricoles était étalé sur sept ans et ne portait que sur un tiers de cet écart ; il a cependant fallu l'abandonner.

Un autre moyen efficace serait d'établir des tranches fixes à bas tarif en faveur des petits consommateurs d'énergie et d'eau, voire pour l'accès à Internet. C'est déjà le cas pour EDF, où un tarif « de 1ère nécessité » a été introduit dès 2010 ; pour le gaz, un tarif « de solidarité » a aussi été mis en place. Comme nous l'avons vu (page 76), la « loi Brottes » étendait, à partir de 2016, les tarifs sociaux du gaz et de l'électricité à 4 millions de foyers, avant d'être remplacée par un « chèque énergie » forfaitaire[101]; une « tarification sociale de l'eau » a aussi été expérimentée. Le député D. Amiel a proposé en juin 23 une réforme des tarifs de l'électricité avec tarifs progressifs au-dessus d'un certain seuil de consommation.

Cela ne suffit pas à traiter le problème. La voie à explorer est alors celle de soutiens financiers réservés aux ménages des catégories populaires et moyennes vivant en milieu rural ou en grande banlieue, qui n'ont guère d'alternatives de transport en commun. Le montant de ces soutiens serait fixe et non pas proportionnel à leur consommation - la difficulté étant de différencier de façon fine les situations concrètes dans lesquelles peuvent se trouver ces ménages.

D'autres mesures peuvent aller dans le bon sens : la diminution du coût des transports en commun, voire leur gratuité ; les incitations au co-voiturage ; le développement des réseaux de chauffage urbain ; autant d'exemples permettant de compenser les inconvénients sociaux d'une incitation par les prix.

En sens inverse, il faut laisser jouer les indicateurs de prix lorsqu'ils sont orientés dans le bon sens sans trop pénaliser les plus démunis. Par exemple, il a été décidé en France de relever (à 20 % au lieu de 12 %) la « surprime » sur les contrats d'assurance habitation qui finance le régime des catastrophes naturelles, devenues plus nombreuses avec le dérèglement du climat, en pénalisant particulièrement les résidences secondaires en zone à risques. De même, le relèvement des tarifs autoroutiers est un signal-prix qui peut freiner les déplacements inutiles sans avoir de conséquences sociales injustes.

Utiliser lorsqu'on le peut les tarifs de rachat privilégiés

Une autre manière d'orienter par les prix est d'encourager les énergies nouvelles naissantes par des tarifs publics d'achat plus favorables. Largement pratiqué pour toutes les énergies renouvelables, ce système permet aux entreprises produisant de l'électricité dans leurs installations

---

[101] Ce chèque énergie, de 150 € par an en moyenne, est versé à 5,8 millions de ménages modestes selon le revenu et la composition du foyer. Il a l'avantage de ne pas être indexé sur la consommation.

d'énergie éolienne et solaire et aux particuliers[102] de céder leur production énergétique excédentaire à un tarif élevé, fixé à l'avance et (en principe) stable sur la durée.

Ces avantages sont financés par un surprix facturé aux consommateurs, qui peut être assez élevé. En France, il prend la forme de la Contribution climat-énergie (voir ci-dessus, page 76) qui, passant par le budget de l'État, permet de garantir aux producteurs que leur courant sera acheté au prix stable convenu.

Ce système, naguère très coûteux (6 Mds € d'aides en 2020), a changé de visage avec la flambée des prix de l'énergie consécutive à la guerre en Ukraine, en 2022 ; conjuguée avec la baisse tendancielle des prix de revient des producteurs, elle a eu un effet quasi-miraculeux, inversant la situation : c'est maintenant l'Etat qui bénéficie d'une soulte substantielle, à hauteur de près de 14 milliards d'€ en 2023, puisque les prix du marché sont devenus largement supérieurs au prix fixe convenu dans les contrats[103].

Les autres pays d'Europe, notamment l'Allemagne et l'Espagne, pratiquent des systèmes analogues de prix de rachat garantis financés par une surtaxe - ce qui, malgré la baisse progressive des prix garantis aux producteurs, entraîne une vive contestation des fortes hausses tarifaires pour les ménages et encore plus pour les entreprises, qui se jugent atteintes dans leur compétitivité.

Enfin, mettre en place des marchés d'échange des droits d'émission

La logique de tels systèmes, dits « cap and trade », est d'organiser, sur la base de permis d'émission fixés à l'avance – par exemple, la quantité de CO_2 émise par une activité – la possibilité, pour ceux qui investissent afin d'améliorer leur processus de production ou leur mode de consommation en émettant moins, de vendre les quotas économisés. Ils le font sur un marché spécialisé où ceux qui, faute d'investissements suffisants, sont en dépassement pourront les leur racheter.

Cela revient à créer une « rente de rareté » artificielle pour peser sur les choix économiques ; les effets sont proches de ceux d'une taxe carbone,

---

102 Le tarif de rachat aux particuliers dans un contrat sur vingt ans avec EDF pour les petites installations jusqu'à 3 kilowatts était de 13 cts le KWh début 2024. Ajustable annuellement, il a naguère atteint un record de 58 cts/KWh, soit 8 fois le prix de l'électricité au détail à l'époque.

103 Pour l'électricité éolienne par exemple le coût moyen de production a été de 8 cts le KWh en 2022, alors que les prix de gros atteignaient 40 cts /KWh ; l'Etat a donc reçu une soulte d'1,7 Md € dans le cadre des « contrats pour la différence ».

mais, à la différence d'une norme invariable, les quotas donnent de la souplesse en permettant aux acteurs économiques d'échanger surplus et déficits sans dépasser le montant global d'émissions fixé à priori. Grâce à ces échanges fructueux, un bénéfice économique d'ensemble est obtenu - voir plus haut, tableau p. 70).

Tout dépend alors de l'ampleur de ces marchés, c'est-à-dire la part des activités économiques qui y est soumise, et bien sûr du niveau de prix qui y est atteint : un prix trop élevé risque de décourager l'activité, tandis qu'un prix trop bas n'aura pas l'effet incitatif attendu.

On s'accorde en général pour situer le prix souhaitable sur ces marchés pour la tonne d'équivalent CO_2 émise ou non-utilisée autour de 100 $ - cf chapitre 2, page 51. Une étude publiée en novembre 2022 par J. Pisani-Ferry et S. Mahfouz montre qu'avec un prix du carbone nul, la production électrique par des centrales à charbon reste plus compétitive qu'avec la plus avantageuse des ENR, le solaire, alors qu'avec un prix de marché de 90 € la tonne d'éq-CO_2 toutes les ENR sont plus compétitives[104].

Le marché européen du carbone ETS (European trading scheme)

Créé en 2005, le marché européen du carbone n'est pas le plus ancien, puisqu'un marché d'échange des crédits d'émission de SO_2 (oxydes de soufre) existait à Chicago dès 1990 pour lutter, avec succès, contre les pluies acides ; mais il est de loin le plus important actuellement, et a servi de modèle à beaucoup d'autres. Voici son mode de fonctionnement :

- des quotas (permis d'émission) de CO_2 sont imposés aux entreprises de l'Union européenne[105] relevant de secteurs (notamment production d'énergie, ciment, raffineries, sidérurgie, verre, papier...) qui représentent près de 45 % de la production européenne ; il y en a 18 000, dont 1 300 en France. Par la suite, une extension, encore modeste, des secteurs couverts, a été introduite : pétrochimie, ammoniac, aluminium...

---

[104] Pour un prix du carbone nul, le KWh produit par une centrale à charbon coûte un peu moins de 5cts et le solaire un peu plus, l'éolien environ 7 cts dans cette étude (actuellement, -) et le nucléaire un peu moins de 8. En revanche, avec un prix de 90 € la T. d'éq-CO^2, le coût des ENR et du nucléaire est inchangé alors que celui des centrales à charbon passe à 12cts/KWh (10 cts pour les centrales à gaz)

[105] En fait, le marché ETS couvre 30 Etats, la Norvège et l'Islande s'y étant joints et le Royaume-Uni, désormais hors UE, ayant introduit l'exact homologue chez lui ; il a été le premier à rendre les quotas partiellement payants. Les quotas (129 MT pour la France) sont distribués par les Etats dans le cadre de Plans nationaux d'allocation. L'énergie en représente 65%, le ciment 11%, la sidérurgie 9 %...

- une lourde amende (100 €/T) est facturée en cas de dépassement[27] ; mais les entreprises en manque ont la possibilité de racheter les droits d'émission d'autres opérateurs sur le marché ETS ;

- un durcissement progressif a été introduit, non sans mal : gratuits et larges (2 milliards de T. de CO_2 au départ), les quotas ont été progressivement réduits et rendus payants à travers un système de vente aux enchères ; les quotas gratuits subsistants seront peu à peu supprimés à partir de 2026 ; toutefois, les secteurs industriels hors énergie, craignant la concurrence de pays non-couverts, ont obtenu un étalement jusqu'en 2034, concomitant à la mise en place de la taxe d'égalisation aux frontières évoquée plus haut, page 78, qui vise à les protéger[106].

- le système des quotas a été étendu à d'autres GES (N_2O et PFC, mais pas le méthane) et sa couverture complétée, puisqu'il doit s'appliquer en 2024, après de multiples reports, à l'aviation (pour les vols intra-européens) et au transport maritime ; l'objectif est de diminuer les émissions de l'ensemble des secteurs concernés de 62 % d'ici 2030, par rapport au niveau de référence de 2005. La question est posée d'étendre ces quotas, plus tard, aux produits transformés.

- surtout, l'Union européenne a décidé de déployer le système sur des activités jusque-là non couvertes (essentiellement le transport automobile et le chauffage des bâtiments), en créant un second marché « ETS 2 », calqué sur le marché ETS, mais séparé. Les fournisseurs de carburants, de gaz et de fioul de chauffage devront acheter des quotas, à un cours qui ne dépassera pas 45 € la tonne jusqu'en 2030, pour couvrir leurs émissions ; les ventes aux ménages ne seront concernées qu'à partir de 2027 ; l'intégralité des revenus de ce second marché devrait être consacrée à la « transition juste », alors que ce ne sera le cas que de la moitié des recettes du marché ETS principal. Cet élargissement important du système sera accompagné par la mise en place, à partir de 2026, d'un « Fonds social pour le climat » doté de 87 milliards d'€ et destiné à aider les ménages vulnérables et les micro-entreprises.

L'avantage du système des permis d'émission est de fournir aux entreprises un actif parfaitement fongible, sans frais de stockage, d'entretien, ni de division, alors que l'or, les matières premières ou l'électricité ne peuvent être conservés sans coûts.

---

[106] La réforme votée par le Parlement Européen en avril 2023 prévoit la disparition progressive, à partir de 2026 et jusqu'en 2034, des quotas gratuits, au même rythme que la mise en place du « mécanisme d'ajustement carbone aux frontières « . 62% des quotas gratuits devront avoir été supprimés d'ici 2030.

Le marché ETS s'est largement développé et a créé toutes sortes d'activités annexes : plates-formes boursières, courtiers, traders et produits diversifiés (terme, options, autres « produits dérivés ») ; de nombreux Fonds Carbone y investissent.

Le volume d'échanges est élevé : 20 à 30 millions de tonnes d'éq-CO_2 sont échangées chaque jour – près de 11 milliards de tonnes sur l'année 2021. En revanche, le prix de la tonne échangée a longtemps été trop bas, car les quotas avaient été calculés trop large au départ, dégageant de vastes surplus. De ce fait, le prix de la tonne, qui avait commencé autour de 20 €, est descendu très bas, jusqu'à moins de 5 € en 2013. Heureusement, ce prix a nettement remonté et oscille depuis 2021 près de 100 euros la tonne de CO_2, niveau considéré comme suffisant pour orienter les décisions des entreprises.

Cependant, celles-ci ont aussi besoin de stabilité, et les prix fluctuants du marché introduisent des incertitudes nuisibles à la visibilité à long terme. Rien n'est parfait !

Pire, on a constaté une spéculation et des fraudes massives (TVA, comptes truqués, manipulation sur les transactions, etc., pour un coût de plus de 6 milliards d'€) sur ce marché à ses débuts. Aussi une régulation a-t-elle été mise en place pour améliorer la sécurité et la traçabilité des transactions : registre unique européen, inclusion dans les instruments financiers ; elle semble avoir calmé le jeu.

Dans son rapport de 2020 sur l'ambition climatique, la Commission européenne estime que le marché du carbone pourrait rapporter jusqu'à 75 milliards d'euros annuels à son budget dans une stratégie mettant l'accent sur une approche par les prix, mais 17 Mds seulement dans une stratégie reposant davantage sur les normes.

Il existe désormais des marchés d'échange des permis d'émission dans la plupart des pays avancés ; mais ils ne couvrent encore que 24 % du total des émissions de gaz à effet de serre, selon les spécialistes de l'I4CE.

Les autres Bourses du carbone

- aux États-Unis : les propositions (Waxman – Markey, puis Obama) de marché du carbone fédéral ont été abandonnées. Mais de nombreuses initiatives régionales ont été prises sur base volontaire : le Chicago Climate Exchange réunit des États, des villes et des entreprises ; le RGGi (Regional Greenhouse Gas Initiative) est un marché « cap and trade » fédérant dix États de la Côte Est ; mais il ne couvre que les émissions des centrales électriques.

- au Canada, un marché du carbone fonctionne sur base volontaire à Montréal depuis 2013, traité sur une Bourse commune avec la Californie (où une partie des ventes de quotas est affectée au financement des énergies renouvelables) ;

- en Australie, pays gros émetteur, un marché du carbone devait être mis en place, mais a ensuite été rejeté par le Parlement ; sa relance est régulièrement évoquée, au gré des changements politiques. En revanche, un marché du carbone efficace fonctionne en Nouvelle-Zélande depuis 2008 ;

- un marché opère aussi au Japon, mais sur base d'engagements volontaires ;

- en Corée du Sud, une Bourse du carbone a été établie à partir de 2015 ; le système vise à couvrir 60 % des émissions du pays ;

- du côté des pays en développement, seule la Chine a mis en place de véritables marchés du carbone, mais sur base au départ volontaire. Depuis 2021, il y a un marché national unique, coté à la Bourse de Shanghaï ; il couvre d'abord l'activité des producteurs d'énergie, les sidérurgistes et la chimie et visera à terme 4,5 Mds de tonnes d'émissions annuelles, soit 40 % du total chinois ; 15 000 entreprises sont touchées. Mais les quotas sont très généreux et le prix de la tonne de CO_2 n'y dépasse guère 5 à 7 dollars, niveau très insuffisant pour avoir un véritable effet incitatif.

- au total, on compte 42 marchés nationaux du carbone dans le monde, plus une trentaine au niveau régional.

Les recettes apportées par ces marchés du carbone sont importantes : elles approchent la centaine de milliards de dollars (97 Mds en 2021, mais seulement 93 Mds en 2022) et ont été multipliées par dix[107] depuis 2015. Le marché européen du carbone représente à lui seul 44 % de ces « revenus CO_2 ».

Un cas particulier est le système mondial des « certificats de réduction d'émission ». En effet, afin d'aider les pays du Sud à financer leurs politiques de transition énergétique, le protocole de Kyoto a instauré un « mécanisme de développement propre » (MDP) : les pays ou les entreprises émettrices de gaz à effet de serre peuvent « se racheter » en finançant des projets réduisant les émissions dans un pays en développement. La

[107] Une étude de l'I4CE indique que l'éventail de prix de la tonne de CO_2 est très large : il va de 1 centime au Mexique jusqu'à 154 dollars en Uruguay, et plus de 70% des émissions traitées le sont à un prix inférieur à 20 $/T. Quant au taux de couverture (% des activités économiques couvertes par le marché d'échanges), il est faible le plus souvent, mais monte jusqu'à 89% en Norvège.

certification des projets est assurée par l'ONU, qui leur attribue des CER (certified emission reduction).

Ce mécanisme, contesté par nombre d'écologistes qui considèrent que la plupart des programmes de compensation dans les pays du Sud ne sont pas réellement additionnels, a permis néanmoins de financer des milliers de projets enregistrés, pour au moins 2 milliards de tonnes d'équivalent-CO_2, en Chine et en Inde surtout.

Le marché des CER a été pour partie lié à l'ETS (où ils sont valorisés à 2 ou 3 €/T au-dessous des prix courants), mais leur part dans la couverture des dépassements de quotas est plafonnée à 13 % et reste faible en pratique.

Vers une généralisation des systèmes « cap and trade » ?

On peut entreprendre d'élargir ce système d'échange de droits sur un marché à d'autres politiques écologiques, comme la protection de la biodiversité. C'est ainsi que la Caisse des Dépôts en France et les Mitigation Banks aux États-Unis opèrent pour la revente de « crédits de biodiversité » (actions de protection de la faune et de la flore) à des constructeurs d'autoroutes ou de grandes surfaces ; voir chapitre 8.

De même, une initiative pour les marchés du carbone en Afrique a été lancée en 2022 ; financée par l'Agence américaine d'aide au développement et par des fondations, elle vise à produire 300 millions de crédits-carbone annuels sur des marchés de compensation volontaire.

On peut aussi penser à des échanges en matière de gestion des déchets, ou de pollution chimique, ou d'énergie. Un exemple en est donné par le système des *certificats d'économie d'énergie (CEE),* appliqué en France et dans plusieurs pays européens, dont le Royaume-Uni et l'Italie. Cette obligation impose aux distributeurs d'énergie un quota d'économies à réaliser eux-mêmes ou à faire réaliser par leurs clients (les « non-obligés ») sur une période donnée. Elle concerne au premier chef les énergéticiens comme EDF et Engie, mais aussi les distributeurs de carburant auto. Leurs actions sont certifiées par l'État[108], et ces certificats peuvent ensuite être vendus à des entreprises sur le marché.

Le système se montre plutôt efficace, malgré des prix assez faibles et fluctuants. Il est d'ailleurs aussi en vigueur en Allemagne, mais l'État verse

---

[108] Un certificat représente un kilowatt-heure « cumac » (cumulé actualisé), c'est à dire économisé sur l'ensemble de la durée de vie du produit ; par exemple, chaque ampoule LED vendue rapporte 400 KWh « cumac ». Une pénalité de 20 € est facturée par MWh (mégawatt-heure) non économisé, mais les « obligés » peuvent racheter des CEE, qui se négocient sur le marché entre 6 et 7 €/MWh.

une compensation aux entreprises les plus émettrices, sous réserve d'une franchise qui a été elle-même supprimée dans le cadre des mesures de soutien à l'industrie décidées fin 2023. Bel exemple de dépense publique anti-écologique !

Et si on étendait le système des permis d'émission à tous les ménages ?

Certains imaginent d'instaurer des quotas-carbone individuels (par exemple, une demie-tonne d'équivalent-carbone, soit 0,5 TEC ou 2 tonnes d'équivalent-CO_2 par personne et par an), avec possibilité de vendre et acheter entre détenteurs. Des économistes ont même proposé de créer une monnaie carbone, allouée en parts égales à chacun, mais dont l'encours baisserait chaque année pour arriver à zéro en 2050.

L'idée paraît séduisante, notamment par son côté égalitaire. Cependant, elle présente de réels inconvénients : d'abord, un mode d'allocation discutable – le quota doit-il être le même pour tous ou tenir compte des différences d'habitudes et de niveau de vie ? La vérification du respect de quotas individuels supposerait en outre une intrusion trop grande dans la vie privée. La grande difficulté technique de la mesure des émissions faites ou évitées est aussi une gêne sérieuse : que vaut la comparaison avec la situation en l'absence de mesures (« business as usual », BAU), notamment dans un pays émergent ? ; enfin, le risque de fraudes - par exemple, la même compensation revendue plusieurs fois - est réel.

*

On peut tirer une leçon de toutes ces approches économiques, quelle que soit la modalité choisie - norme, taxe/subvention ou mécanisme de marché : c'est l'importance d'un prix de référence commun aussi stable et prévisible que possible pour encourager les projets de substitution.

Un autre constat, qui ressort notamment du rapport du FMI sur les finances publiques de novembre 2023, est qu'aucune méthode ne peut suffire à elle seule : l'action par les normes se heurte vite à la résistance des entreprises et des citoyens ; l'usage exclusif de la dépense publique pour subventionner les investissements et inciter aux bons comportements augmenterait de 45 à 50 % en moyenne les ratios de dette des États par rapport au PIB ; le recours exclusif aux taxes carbone impliquerait de porter celles-ci à des niveaux insoutenables ; les marchés du carbone permettent de mobiliser largement le secteur privé, mais ont aussi leurs limites. Seule la combinaison de ces différents instruments peut permettre d'aboutir.

Cela étant, si raisonnables que soient les calculs, demeurera toujours la question de la faisabilité politique. C'est cette question brûlante qui déterminera in fine la combinaison efficace et réalisable des grandes approches économiques que nous venons de parcourir.

CHAPITRE IV : LA RÉVOLUTION VERTE DE L'ÉNERGIE

Bien qu'elle soit loin d'être le seul thème de la nécessaire « révolution verte », la lutte contre le changement climatique y joue un rôle central, par ses répercussions multiples sur les autres politiques environnementales. Or combattre efficacement l'effet de serre, cause principale du réchauffement de la planète, suppose de mettre l'accent sur les stratégies en matière de consommation et de production d'énergie, puisque ces activités sont à l'origine de 80 % des émissions de GES d'origine humaine.

La stratégie la plus « vertueuse » écologiquement est bien entendu celle de la sobriété : consommer moins d'énergie, c'est polluer moins et en outre faire des économies, pour les particuliers comme pour les États importateurs qui souffrent de leur « facture pétrolière » et gazière. Mais, sauf à aller vers l'utopie de la « décroissance » (voir chapitre 3, pages 65 & 66), pour consommer moins il faut améliorer « l'efficacité énergétique » de nos économies. C'est possible et même déjà en cours, mais il y a encore beaucoup de chemin à parcourir.

Pour la quantité d'énergie dont la disponibilité demeurera en tous cas nécessaire, notamment dans les pays encore émergents ou en voie de développement, il faut donc compléter la sobriété par des modes de production plus durables. Les solutions sont là, mais la conversion de tout un vaste secteur économique nécessitera de lourds investissements et de fortes incitations pour que le secteur privé en prenne sa part, nécessairement majoritaire.

L'électricité jouera un rôle crucial dans cette conversion, car elle peut être produite avec peu de rejets polluants et constitue en elle-même un mode de transport d'énergie « propre ». Reste à savoir quelle est la place à donner, au sein de la révolution verte, aux différents types d'énergies nouvelles et renouvelables (ENR) et à l'énergie nucléaire.

COMMENT CONSOMMER MOINS D'ÉNERGIE ?

L'ampleur de l'effort à consentir pour agir en « gérants responsables » de la planète doit être pleinement mesuré. Ramener à zéro les émissions mondiales nettes de GES au milieu de ce siècle, objectif désormais reconnu de la communauté internationale impliquera une transformation profonde du mode de vie actuel des pays riches comme du schéma de développement des pays du Sud.

Cela est particulièrement vrai en matière d'énergie, où l'ampleur des besoins peut mettre à mal tous les espoirs de baisse des rejets de GES et impose un effort majeur de sobriété de tous.

Une forte croissance spontanée des besoins d'énergie

La production mondiale d'énergie a littéralement explosé, passant de 2,3 milliards de tonnes équivalent-pétrole (TEP) en 1950 – surtout du charbon – à 10 Mds en 2000, et 14,8 Mds en 2022, le pétrole désormais en tête ; voir tableau page suivante. La croissance de la consommation, restée proche de 3 % l'an dans la période récente, n'a ralenti que depuis peu : +1,3 % en 2022 et +1,7 % en 2023.

L'efficience énergétique progresse pourtant (moitié mieux depuis trente ans), mais sans compenser cette croissance globale[109] ; les émissions de GES d'origine énergétique continuent donc à progresser. Casser cette tendance pour la remplacer par une baisse, même faible, serait déjà un exploit, même pour les seuls pays avancés, dont la consommation énergétique croît encore.

La difficulté vient surtout des délais nécessaires pour la reconversion du parc existant d'usines et de centrales électriques trop « gourmandes », de logements mal isolés, de voitures aux normes anciennes, etc. Certes, des mesures tantôt incitatrices tantôt contraignantes promeuvent les nouvelles normes écologiques, mais il faudra des décennies pour y parvenir, notamment en matière de bâtiments.

Même si ce succès devait être rapidement acquis, les besoins considérables des pays émergents[110] poussent de toute façon fortement à un accroissement de la consommation énergétique mondiale. Dans leur cas, la progression qu'il s'agit de briser n'est pas de 1 ou 2 % comme chez nous, mais de près de 5 % par an. C'est dire à quel point il est difficile de parvenir à brève échéance à une croissance zéro de leur demande ; les trois quarts de la croissance des besoins d'ici 2030 seront dus à ces pays, et près de la moitié à la Chine et à l'Inde seules.

---

[109]L'intensité énergétique de la production mondiale (énergie consommée par unité de PIB) aurait, selon l'AIE, décru de moitié, mais la population a doublé dans le même temps, et son revenu par tête aussi, d'où le doublement des besoins globaux d'énergie. Les scénarios de l'AIE pour le futur prévoient une progression plus rapide de l'efficacité énergétique, notamment dans les pays en transition et en développement ; voir page 102.

[110] Dans le scénario de référence (STEPS) de l'AIE, la part des pays en développement dans la *consommation* totale finale d'énergie passerait de 51% en 2005 à 60% en 2030 ; leur part dans la *production* totale d'énergie primaire passerait de 41% aujourd'hui à 52% en 2030.

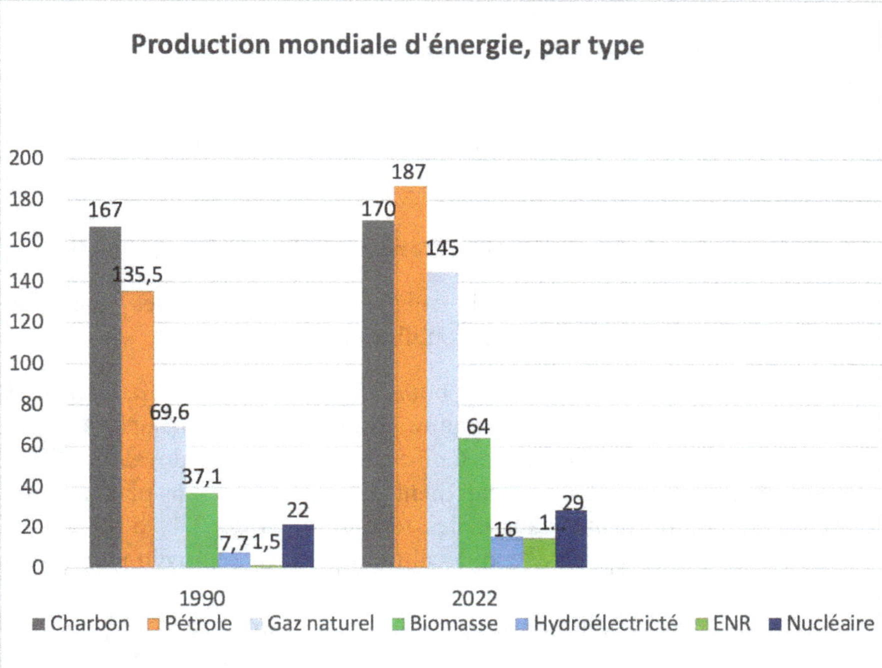

source : AIE, World Energy Report (en exajoules - ej).

Note : Le total a augmenté de 366 à 632 ej, soit +73 % en trente ans et + 2,7 % par an. 632 ej correspondent à 14,8 Milliards de TEP. La *consommation* finale d'énergie (442 ej) est nettement inférieure à la production totale, du fait de l'auto-consommation et des pertes.

À cet égard comme à d'autres, la négligence passée des nécessités des pays pauvres pèse lourd ; rappelons qu'un Indien consomme sept fois moins d'énergie qu'un Américain moyen et trois fois moins qu'un Européen (voir ch.1, p. 31) ; la Chine voit ses besoins d'énergie doubler tous les dix ans… Au total, la faible consommation énergétique des PVD - en moyenne, elle n'est encore, par tête, que le quart de celle des pays OCDE–, due à leur bas niveau de vie, est une anomalie ; sa correction rapide, qui est en cours, rend inéluctable un accroissement notable de la consommation d'énergie au Sud.

On imagine sans mal les conséquences inacceptables en termes de réchauffement climatique, si cet accroissement se faisait sans frein : loin de se stabiliser, les rejets de CO_2 dus à la production d'énergie, déjà très élevés (37,4 Mds T. d'équivalent CO_2 en 2023), augmenteraient parallèlement vers le milieu du siècle, atteignant 56 milliards de tonnes[111] –

[111] En 1990, année de base du protocole de Kyoto, les émissions de GES d'origine énergétique n'étaient encore que de 21,2 Mds de T. d'éq.-CO_2. La situation actuelle est déjà

c'est-à-dire que nous connaitrions, dans les pires des scénarios du GIEC, un réchauffement climatique atteignant quatre degrés et demi.

Des scénarios alternatifs existent heureusement, qui prennent en compte l'effet de nouvelles politiques favorisant l'efficience énergétique.

Les trois scénarios de l'Agence Internationale de l'énergie (AIE)

L'AIE présente à cet égard trois scénarios possibles dans ses perspectives énergétiques mondiales, publiées fin 2023 :

- Un scénario « au fil de l'eau » de *poursuite des politiques actuelles* : la consommation totale d'énergie primaire progresserait d'1,3 % par an (mais de plus de 3 % pour l'Inde et la Chine), soit un cumul de +9 % d'ici à 2030, et continuerait à croître lentement jusqu'en 2050 ; la planète serait alors sur la courbe d'une hausse des températures de 2,4° d'ici 2100 – chiffre nettement plus optimiste que celui du scénario « moyen » du GIEC, qui conduit à un réchauffement de 3 degrés.
- Un scénario intermédiaire, où les *politiques nouvelles* promises pour tenir les objectifs actuellement annoncés par les différents pays seraient introduites, d'où une quasi-stabilisation des besoins d'ici 2030 et une légère baisse ensuite.
- Dans le scénario le plus ambitieux, toutes les décisions nécessaires pour *tenir l'objectif de 0 émissions nettes de GES en 2050* seraient prises à temps ; l'efficience énergétique progresserait de 4 % par an au lieu de 2 % et la consommation totale d'énergie serait plus basse de 8 % en 2030 et de 22 % en 2050 ; il serait alors possible de limiter le réchauffement à 1,5°.

Il faudra une forte volonté politique pour rejoindre le scénario le plus volontariste - sachant que la part à laisser aux PVD au sein de l'objectif global[112] nécessiterait une baisse bien plus forte de la consommation dans les pays avancés. Compte tenu de la croissance espérée d'ici là dans nos pays, cela impliquerait une division par près de dix des émissions par unité de produit national. La tâche n'est pas impossible, puisque l'intensité énergétique de la production mondiale a déjà été réduite d'un tiers depuis 2015, mais il s'agira d'une véritable révolution plutôt que de la simple poursuite des efforts actuels.

---

une augmentation de plus de moitié ; en 2030, on en serait, dans ce scénario non-volontariste, à un doublement, avec 42,9 Mds de T. émises.

[112] Par exemple, la puissance électrique de tout le continent africain n'est, avec 260 GW en place, que 3% de la capacité mondiale. Un rattrapage même partiel imposera une forte croissance des investissements.

Les économies d'énergie devront jouer un rôle central dans cette action, car aucune autre solution n'est assez efficace à court terme pour qu'on puisse s'en dispenser : ni le développement accéléré des énergies renouvelables, ni la relance de l'énergie nucléaire, ni le progrès technologique vers l'« économie hydrogène » ou le stockage du carbone ne pourront suffire à inverser la tendance. Il est d'ailleurs globalement plus efficace de freiner la demande d'énergie que d'accroître l'offre d'« énergies propres », compte tenu des pertes en ligne - plus efficace, mais difficile, parce que cela requiert de changer le mode de vie des gens.

La promotion de la sobriété (réduire ses besoins) et de l'efficacité énergétique (produire en utilisant moins d'énergie) figure donc désormais dans les priorités officielles de tous les pays industriels, avec des dispositifs ambitieux. Notamment, l'engagement de doubler leur efficacité énergétique d'ici à 2030 a été pris par tous les pays à la COP 28 de décembre 2023 – et confirmé en mai 2024 par ceux du G7.

Comment rendre nos comportements moins énergivores ?

À l'échelle mondiale, les principaux secteurs émetteurs sont l'énergie, qui représente à elle seule un tiers du total, puis l'industrie, qui compte pour près d'un quart, l'agriculture/élevage/forêts pour 22 % des émissions (si on y inclut les changements d'usage des sols), puis les transports et le bâtiment. Voir tableau ci-après :

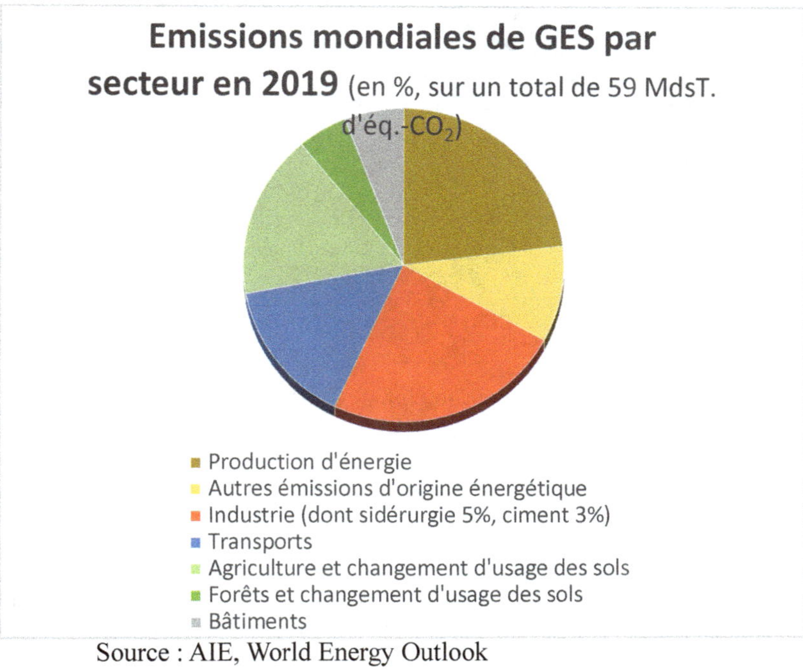

Source : AIE, World Energy Outlook

La situation en Europe diffère notablement de ce bilan mondial : près de 80 % des émissions européennes de GES sont issues de quatre secteurs seulement : la production d'électricité, qui représente à elle seule le quart du total, puis le transport et les industries (13 à 14 % chacun) et le résidentiel. Beaucoup dépend donc, effectivement, de nos modes de consommation ; or, d'après la publication la plus récente (décembre 2023) de la Commission Européenne, les secteurs bâtiment, transports et agriculture, actuellement hors du marché d'échanges ETS, ne baisseraient leurs émissions que de 34 % au lieu de 40 % attendus à l'horizon 2030.

La situation est encore différente en France : la part des producteurs d'énergie dans nos émissions de GES est plus faible qu'ailleurs, grâce au nucléaire. De ce fait, la pollution venant des secteurs des transports et du logement est particulièrement voyante : ils représentent déjà la moitié du total de nos émissions de GES et leur part dans le total augmente constamment - voir tableau ci-dessous. Notamment, les émissions du secteur des transports annulent en partie les efforts des autres secteurs - dont l'industrie, en réduction de moitié[113].

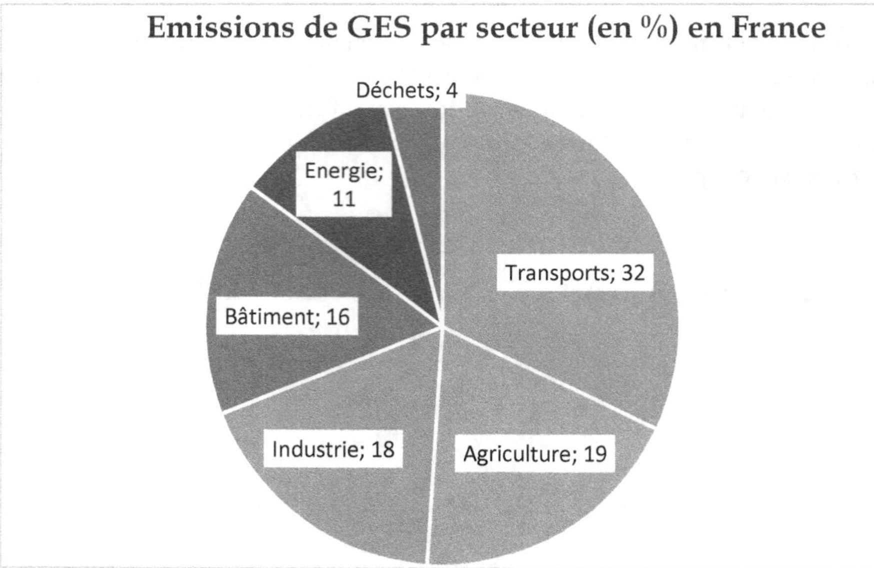

Sources : CITEPA et Haut Conseil pour le climat. Chiffres de 2022, sur un total de 404 MT. d'éq-CO_2, soit 25 % de moins qu'en 1990.

[113] Si, par rapport à 1990, les émissions de l'industrie sont en recul de moitié, celles des énergéticiens de 26%et celles des bâtiments de 31%, celles de l'agriculture n'ont baissé que de 12% et les rejets polluants des transports baissent très peu depuis trente ans (- 4% seulement).

Un effort particulier – trop partiel jusqu'ici – s'impose dans ce domaine et dans celui du bâtiment, alors que les ménages français consacrent près de la moitié de leur budget total aux postes transport, logement et équipement ménager[114]. Malgré les progrès de l'efficacité énergétique, nos logements sont aussi devenus plus grands ; les modèles récents de réfrigérateurs et de machines à laver sont moins gourmands en énergie, mais les ménages s'équipent parallèlement de nouveaux appareils – congélateurs, machines à café, ordinateurs... - qui relancent la demande.

Les gouvernements doivent donc intervenir. Depuis le premier choc pétrolier, en 1973, les initiatives se sont multipliées : limitation de la température des locaux et travaux de calorifugeage dans le bâtiment, plans « anti-gaspi », encouragement de la co-génération, passage à l'heure d'été... Leur succès est resté mitigé. Cependant, les trois quarts des Français interrogés par sondage (IPSOS pour RTE) déclarent avoir fait des efforts de sobriété dans l'hiver 2022-23.

La Stratégie nationale bas carbone précise la trajectoire future, visant un objectif, ambitieux, mais encore insuffisant, de *baisse de 40 % de la consommation d'énergie d'ici 2050*, et fixant des points d'étape (-17 % en 2030) ; 20 à 30 % de cette baisse seraient dus à des efforts de sobriété, le reste à une meilleure efficacité

Dans l'industrie, les investissements nouveaux permettent souvent d'améliorer l'efficacité énergétique, d'autant que c'est l'intérêt des firmes d'économiser ainsi des approvisionnements coûteux. L'intervention publique doit accroître cette incitation en jouant de tous les leviers économiques possibles – normes, taxes ou subventions, prix -, comme nous l'avons vu au chapitre 3. Il en est de même pour les activités comme l'agriculture, l'élevage ou la pêche, qui ont en outre une grande importance pour la limitation des émissions d'origine non-énergétique (le méthane par exemple) et pour la préservation des sols et de la biodiversité ; nous y reviendrons au chapitre 8.

Une part cruciale des efforts à accomplir repose cependant sur les particuliers. On trouvera des conseils pratiques sur la manière d'économiser l'énergie dans la vie quotidienne au chapitre 5 (pages 168 & 169)

Les énergéticiens s'efforcent de leur côté d'encourager la sobriété par de bonus ou des tarifs modulés (comme « Tempo » d'EDF), déjà largement pratiqués pour les entreprises ; on pourrait y ajouter des dispositifs

[114] Les « bilans carbone » de l'ADEME montrent que les émissions de GES des ménages français se partagent entre : pour moitié, les usages privés de l'énergie (transports 55%, chauffage 30%, eau chaude et électricité 15%), et pour l'autre moitié les usages indirects, à travers les produits manufacturés et alimentaires.

« d'effacement » temporaire visant à limiter l'accès à l'électricité, pour les particuliers comme pour les entreprises, dans certaines périodes de tension.

Jusqu'où pourront, finalement, aller ces économies d'énergie ? Il serait irréaliste de tout faire reposer sur l'option consistant à bloquer toute augmentation future de la consommation, un but qu'aucun pays avancé - et a fortiori aucun pays en développement - n'a atteint jusqu'à présent. Un objectif plus raisonnable serait de tenter de limiter la croissance mondiale de la demande d'énergie à 1 % l'an - c'est-à-dire un doublement en 70 ans, qui laisserait le temps aux énergies renouvelables et aux technologies propres de se développer.

Cet objectif suppose que les pays industrialisés parviennent vite à compenser la totalité des besoins supplémentaires par une amélioration de leur efficacité énergétique, permettant au moins de stabiliser la demande (ce qui correspond à l'objectif européen de réduction de 20 % par rapport à la tendance). Les pays émergents et en développement disposeraient d'un peu plus de marge, sans être dispensés d'efforts[115].

Tout en poursuivant vigoureusement l'effort de sobriété énergétique, de toute façon indispensable si l'on veut réduire significativement l'effet de serre, il faut maintenant nous intéresser à la manière dont sera produite cette énergie.

COMMENT ÉLIMINER PROGRESSIVEMENT LES COMBUSTIBLES FOSSILES ?

Malgré les efforts de sobriété, le besoin de produire de grandes quantités subsistera. L'objectif est dès lors de produire cette énergie de manière durable en remplaçant la consommation de ressources fossiles par des énergies « nouvelles et renouvelables » (ENR), c'est-à-dire inépuisables parce qu'elles se recréent au fur et à mesure.

Le problème est que celles-ci nécessitent en général un très gros investissement au départ avant d'obtenir un « retour » important (sous forme d'énergie bon marché), mais étalé dans le temps. La mobilisation des ressources nécessaires pour franchir cette « bosse » d'investissements est, comme nous l'avons vu au chapitre 2, complexe à obtenir : la COP 28 de Dubaï, en décembre 2023, appelle en effet les parties à contribuer « chacune à sa manière » à des efforts non pas pour la sortie (« phase out »), mais pour

[115]La Chine, par exemple, vise une baisse de 13,5% de l'intensité énergétique de son économie et de 18% de l'intensité carbone de sa production énergétique sur la période de son 14ème plan quinquennal (2021-25).

la « transition » hors des énergies fossiles ; cette transition risque d'être lente, et trop longue pour atteindre l'objectif de neutralité carbone en 2050.

De fait, toutes les études montrent que pour atteindre l'objectif climatique il faudrait inverser rapidement la courbe, jusqu'ici constamment croissante, de consommation d'hydrocarbures et cesser rapidement toute utilisation du charbon[116].

Notre monde en est loin, car il continue non seulement à exploiter les mines et puits existants, mais à en créer de nouveaux : les sites de pétrole, gaz et charbon exploités ou en projet représentent 3,5 fois le « budget carbone » à tenir pour limiter le réchauffement à 1,5°. Le tableau ci-dessous reprend les trois scénarios proposés par l'AIE (cf page 104) ; dans tous les cas, la consommation de combustibles fossiles doit baisser d'ici 2030 ; dans le plus ambitieux (« Net zéro »), il faudrait réduire cette consommation d'un quart d'ici 2030. L'AIE préconise aussi d'arrêter tout investissement dans de nouvelles installations (sauf capture et stockage du carbone – voir page 118 ci-après) et même d'abandonner de façon anticipée certains champs pétroliers ou gaziers.

[116] L'Union Européenne s'inscrit dans cette perspective dans son document de février 2024 visant une chute drastique de la consommation d'énergies fossiles (-80%) d'ici 2040.

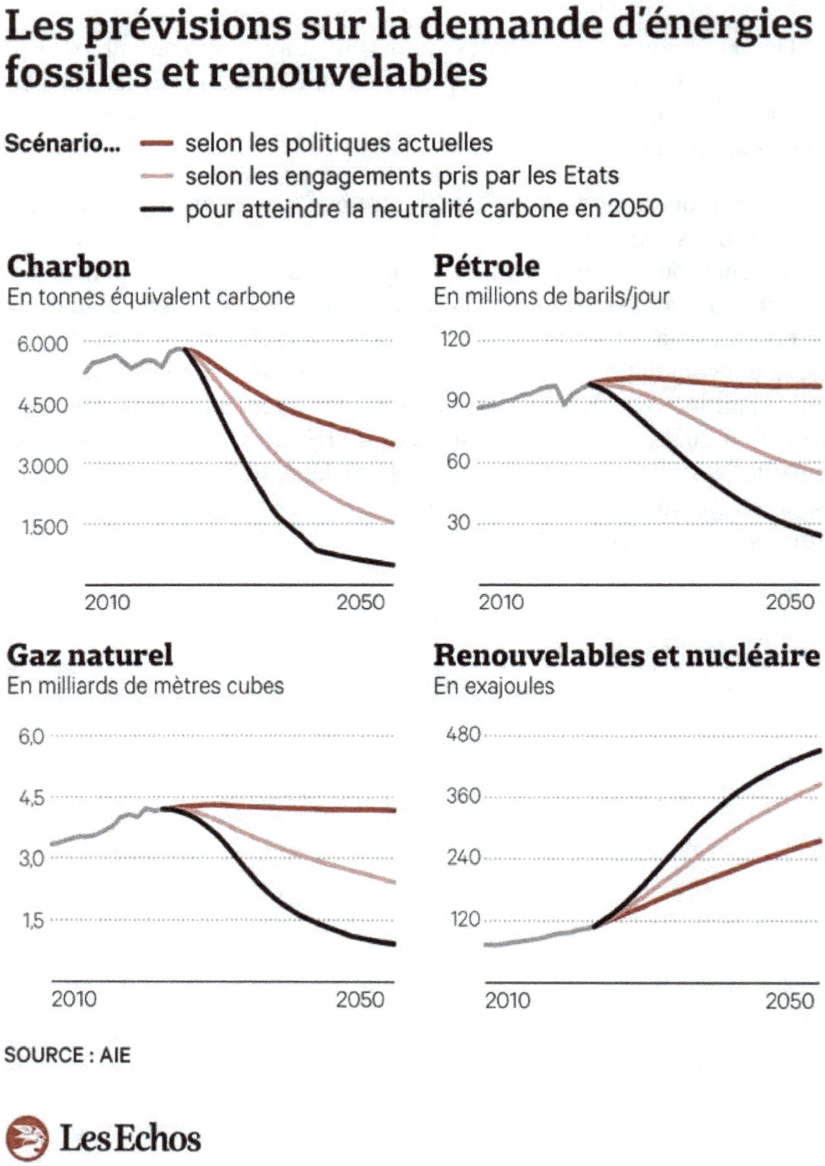

Pourquoi veut-on interdire les combustibles fossiles ?

Ces combustibles– le trio pétrole, gaz, charbon -, extraits des réserves accumulées dans le sous-sol de notre planète par la décomposition, puis la fossilisation de végétaux au cours des âges, et donc non-renouvelables, sont surtout extrêmement polluants : tous coûts de construction et de transport inclus, chaque TEP de charbon rejette 1123 kg de gaz carbonique, contre 830 kg pour le pétrole, 651 pour le gaz naturel, 316 pour le solaire photovoltaïque, 32 pour l'éolien et 19 pour le nucléaire. En outre, le secteur de l'énergie est responsable de 40 % des émissions de méthane d'origine humaine[117].

L'emploi excessif de ces combustibles présente d'autres graves inconvénients pour l'environnement et la santé, allant des marées noires aux émissions de soufre, cause des pluies acides et de maladies respiratoires, et aux produits cancérigènes ; selon une étude publiée en novembre 2023, la pollution de l'air qui leur est due causerait cinq millions de morts par an.

Ils restent hélas de loin aujourd'hui la principale source d'énergie utilisée dans le monde. Le recours abusif à ces sources, en particulier le charbon indien, américain et chinois provoque une baisse de l'« efficacité carbone » de la croissance mondiale ; les plus de trois milliards de tonnes de charbon brûlées par la Chine sont responsables à elles seules de 70 % des émissions de CO2 de ce pays, devenu en peu d'années le premier émetteur mondial de GES -. Le charbon assure encore plus du quart de la production énergétique mondiale, et sa part ne décline que lentement ; les hydrocarbures, pétrole et gaz naturel, comptent pour plus de la moitié du total (30 % et 23 % respectivement).

On voit qu'il reste peu de place – moins d'un cinquième - pour les autres sources d'énergie primaire[118] : la biomasse représentant 10 %, le nucléaire et l'hydroélectricité ne couvrent ensemble qu'un peu plus de 8 %, et les sources d'énergie nouvelles environ 1 %.

Si cette part de plus de 80 % de combustibles fossiles dans la production d'énergie ne diminuait pas, les rejets de GES progresseraient pratiquement au même rythme que la demande globale. L'objectif de stabilisation prochaine, puis de baisse des émissions suppose donc bien à la fois des économies d'énergie et un moindre recours aux combustibles fossiles ; c'est ce que prévoit l'AIE, espérant que leur part dans la consommation énergétique mondiale va enfin régresser, pour revenir au chiffre - encore très élevé - de 73 % en 2030.

---

[117] Le secteur de l'énergie a rejeté 135 M.T. de méthane en 2023, avec un pouvoir calorifique 28 fois supérieur à celui du CO_2 sur cent ans. Nous avons vu plus haut (chapitre 1, p.41) que le « Global Methane Pledge » souscrit à la COP 26 engage les signataires à réduire ces émissions de 30% d'ici 23030.

[118] L'énergie *primaire* est celle qui est produite à la base, à partir d'une source extérieure, par opposition à une énergie « secondaire » comme l'électricité, produite par conversion d'autres énergies. Un barrage est une source d'énergie (électrique) primaire, à la différence d'une centrale thermique, qui utilise la chaleur de la combustion de gaz ou de charbon pour faire tourner des turbines (avec une « perte en ligne » des deux tiers).

Les scientifiques ont démontré, notamment dans le cadre du GIEC, que limiter le réchauffement planétaire à 2° ou, mieux, à 1,5° (cf chapitre 1) implique forcément de sortir à terme proche des énergies fossiles et de laisser une partie des réserves dans le sol.

C'est pourquoi la réduction du recours à ces énergies est apparue dans les objectifs de la communauté internationale dès 1992 à la Conférence de Rio, acte fondateur de la CNUCC et du GIEC. Le texte reconnaissait toutefois les « difficultés spéciales » des pays producteurs face aux efforts à mener. Par la suite, la forte pression de ces pays et des lobbys est le plus souvent parvenue à éviter le sujet.

Cependant, la COP26 de Glasgow a pour la première fois encouragé les pays à « diminuer » l'utilisation du charbon. La COP 28 de Dubaï, en décembre 2023, a marqué un nouveau progrès partiel en évoquant, avec circonspection, l'objectif : « effectuer une transition hors » des énergies fossiles » ; la durée de cette transition n'est hélas pas précisée, pas plus que la sortie prioritaire de l'usage du charbon. La route à parcourir reste longue…

La persistance des énergies fossiles

À chaque crise internationale, le monde entier s'inquiète d'une possible pénurie de combustibles fossiles, alors qu'il faudrait s'en réjouir : nous en utilisons déjà beaucoup trop pour le bien commun. La prédominance des combustibles fossiles dans le monde reste vraie même en Europe, malgré nos progrès récents, puisqu'ils couvraient encore en 2021 entre les deux tiers et les trois quarts de la consommation, sauf en France, où ils représentent encore tout de même 47 %. Voir ci-après leur répartition en Europe :

Consommation totale d'énergie en Europe (2021) par type de ressources et par pays, en % (et total en TEP)

	Charbon	Pétrole	Gaz nat.	Nucléaire	Hydroélectr.	Biomasse	ENR	*TOTAL En TEP*
France	2,3 %	28,3 %	16,2 %	**42,5 %**	2,3 %	7,5 %	2,2 %	*217*
Allemagne	**15,8 %**	**34 %**	26,6 %	6 %	0,6 %	11,1	6 %	*276*
Italie	3,7 %	31,5 %	**42,6 %**	-	3 %	10,6 %	7,2 %	*137*
Espagne	2,2 %	**39,1 %**	26,1 %	13 %	2,1 %	6,5 %	**7,6 %**	*110*
Royaume-Uni	3,2 %	32,8 %	**40,7 %**	7,9 %	0,3 %	9,5 %	4,8 %	*152*
Pologne	**39,8 %**	28,2 %	16,6 %	-	-	**11,9 %**	1,7 %	*102*

Il est vrai que les années 2022 et 2023 ont connu une amélioration significative avec la progression des ENR ; le scénario de base de l'AIE prévoit d'ailleurs, par le simple prolongement des mesures actuelles, un basculement d'ici deux ou trois ans conduisant à une baisse de la demande. Mais pourquoi continuons-nous à donner à ce jour la première place à des modes de production d'énergie aussi nuisibles ?

Cette situation s'explique en ce qui concerne le charbon par l'ampleur des gisements et leur accessibilité facile à faible coût dans certains pays avancés, comme les États-Unis et l'Australie, ou émergents comme la Chine ou l'Afrique du Sud. Plus de six milliards de tonnes (= 4,3 Mds de TEP) sont utilisées chaque année, dont la moitié en Chine, de loin premier producteur et consommateur mondial – on y construit deux nouvelles centrales au charbon par semaine[119], alors que le GIEC et l'AIE demandent de ne plus en construire aucune !

C'est la prépondérance du charbon dans le bilan énergétique chinois[120] qui fait de ce pays le premier contributeur mondial à l'effet de serre. 35 % de l'électricité mondiale est encore aujourd'hui produite en brûlant du charbon, qui pèse pour 27 % dans la demande totale d'énergie et plus de 40 % des émissions mondiales de GES d'origine énergétique (contre un tiers pour les hydrocarbures).

[119] La Chine a produit en 2023 plus de la moitié des 6,1milliards de T. de charbon extraites dans le monde (+ 80% en 25 ans) et a consommé 56% du total mondial. Elle a ajouté 40 GW de capacités à ses centrales charbonnières au cours de chacune des cinq dernières années.

[120] Le charbon fournit les deux tiers de l'électricité - ce pays a dès lors le taux le plus fort de CO_2 par KWh produit - et près de la moitié de l'énergie primaire utilisée en Chine, record mondial ; son usage a encore augmenté de 4% en 2023. La combustion du charbon émet à elle seule 8,6 Mds T. de CO_2, soit 70% des émissions chinoises et un quart du total des émissions mondiales d'origine énergétique.

Le scénario « au fil de l'eau » de l'AIE prévoit certes une baisse à cinq milliards de T. en 2030. Elle sera très forte dans les pays avancés, les membres du G7 ayant promis, dès mai 2023, de ne plus construire de centrales au charbon chez eux, puis, un an plus tard de sortir complètement de ce combustible (sauf couplage avec un dispositif de CSC, cf chapitre 1, p. 39) avant 2035 - n'en déplaise aux producteurs, qui n'hésitent pas à poursuivre les États fédérés américains pour réclamer des indemnisations.

La Chine a aussi promis de diminuer le recours au charbon à partir de 2026. Mais ces efforts seront contrebattus par une nette hausse dans les autres pays du Sud - notamment l'Inde, dont la consommation de charbon dépasserait celle de la Chine avant 2030 ; si bien qu'en 2050 le monde resterait au chiffre inacceptable de 3,5 milliards de tonnes. On voit l'urgence d'efforts supplémentaires, décrits par les scénarios alternatifs.

En ce qui concerne les hydrocarbures, leur avantage vient de leur grande souplesse d'utilisation. Le pétrole, notamment, est facile à transporter et peut alimenter directement aussi bien les véhicules que les chauffages domestiques et les centrales thermiques, ou servir de matière première pour la pétrochimie. La consommation annuelle sur notre planète, en hausse constante[121] - pour les deux tiers du fait de la Chine - atteint 5 milliards de tonnes (103 millions de barils/jour) en 2023 ; selon le scénario au fil de l'eau, elle se maintiendrait à peu près au même niveau jusqu'en 2030 et ne baisserait que marginalement d'ici 2050, malgré la hausse constante des prix et leur instabilité.

Quant au gaz naturel, qui est nettement moins polluant que le pétrole – sauf lorsqu'il est extrait, comme souvent aux États-Unis, de la fracturation hydraulique de schistes -, mais beaucoup plus que les ENR, il a le vent en poupe, se substituant à d'autres sources dans beaucoup d'usages. La communauté internationale lui a d'ailleurs reconnu le rôle d'énergie de transition, pour remplacer en priorité le charbon. Notre monde en consomme un peu plus de quatre trillions de m3, soit 2,9 Milliards de TEP.

La progression de son usage se poursuivrait[122], au rythme d'un peu plus d'1 % par an, jusqu'en 2030 et ne baisserait que légèrement d'ici le milieu de ce siècle ; en effet, là encore, le ralentissement de la croissance chinoise et son basculement vers les ENR seraient compensés par une vive croissance

[121] La consommation mondiale a augmenté de 18 Mds de barils/jour (900 MT), soit de 21%, en vingt ans. En 2023, la Chine a consommé 800 MT. de pétrole, et l'Inde 280 MT.

[122] L'Allemagne par exemple, très « accro » au gaz jusqu'ici, a remplacé le gaz russe par du GNL (gaz liquéfié), souvent importé des Etats-Unis ou du Qatar, et va construire une cinquantaine de nouvelles centrales, en principe compatibles avec un futur « hydrogène vert ».

de la consommation des pays émergents et en développement – notamment l'Inde.

Les deux autres scénarios avancés par l'AIE sont certes bien meilleurs, puisqu'avec des politiques nouvelles, la consommation d'hydrocarbures baisserait de près de moitié d'ici le milieu du siècle (à 55 millions de barils/jour, soit 2,8 Mds de T., pour le pétrole), mais au prix de grands efforts supplémentaires de toutes les parties prenantes – États, entreprises industrielles et agricoles, particuliers. Or on ne peut que constater que l'investissement dans les énergies fossiles reste trop important ; voir page suivante.

Il est pourtant d'autant plus impératif de changer de rythme que l'exploitation de ces ressources provoque des dégâts écologiques croissants, car il faut aller les chercher de plus en plus loin (en « offshore » profond par exemple) ou dans des zones très isolées, avec des investissements toujours plus lourds. La quête acharnée des « réserves ultimes » d'hydrocarbures sera encore plus dangereuse pour l'environnement, s'agissant d'exploiter les schistes bitumineux aux USA, les huiles lourdes du Venezuela d'Iran, de Sibérie, les régions polaires ou les sables asphaltiques du Canada (très énergivores, car il faut chauffer le bitume).

On peut ajouter, bien que ce ne soit pas un problème spécifiquement écologique, que le recours excessif aux combustibles fossiles pèse lourdement sur la balance des paiements des pays importateurs et crée une situation de dépendance - à 60 % de ses besoins en énergie pour l'Europe, situation vécue douloureusement lors de la crise de 2022 à la suite de l'invasion de l'Ukraine.

Les réserves d'hydrocarbures sont en effet très inégalement réparties : les pays du Moyen-Orient possèdent les deux tiers des réserves mondiales de pétrole et plus du tiers du gaz naturel, et la Russie contrôle le quart des réserves mondiales de gaz Le cas de la Chine, qui importe près des trois quarts de ses besoins en pétrole, met en évidence une politique extérieure de plus en plus influencée par la nécessité de s'assurer l'accès à l'or noir….

La course aux réserves d'hydrocarbures, qui seront vides d'ici quelques décennies[123], engendre de périlleuses tensions géostratégiques, comme la tentative du Venezuela d'annexer une partie de la Guyana, au sous-sol riche en pétrole. Mais l'espoir est aujourd'hui que la dernière goutte de pétrole ne soit jamais extraite, d'où la pression – peu efficace jusqu'à présent, comme

[123]Au rythme actuel de 160 tonnes par seconde dans le monde, les réserves connues seraient épuisées en 45 ans pour le pétrole, 65 ans pour le gaz et un siècle et demi pour le charbon. Cependant, de nouvelles découvertes surviennent constamment et ont, depuis plusieurs décennies, systématiquement retardé l'échéance du « pic ».

le montre le tableau qui suit - auprès des compagnies productrices pour qu'elles cessent d'investir dans de nouveaux gisements.

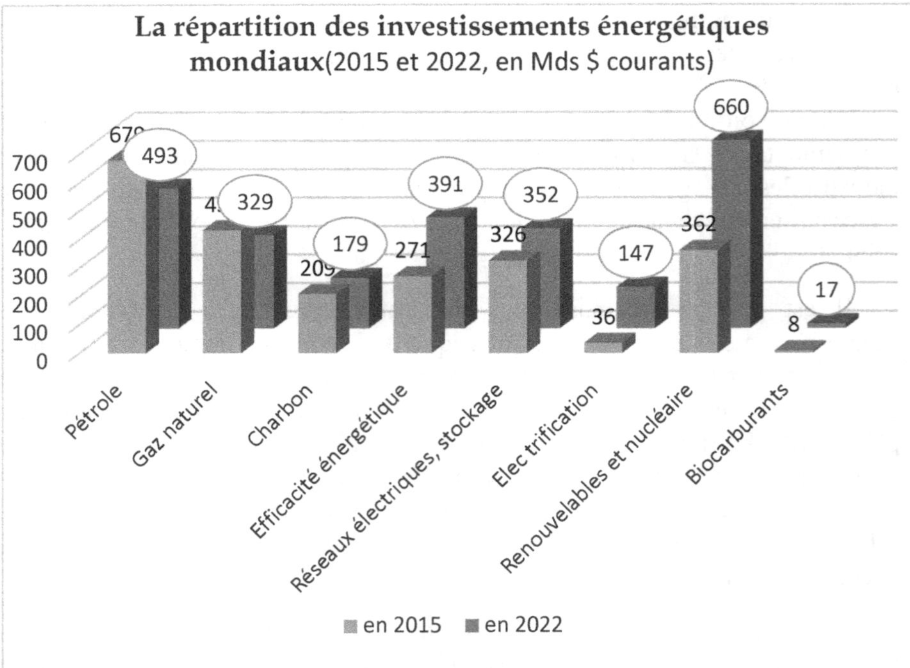

La répartition des investissements énergétiques mondiaux(2015 et 2022, en Mds $ courants)

Néanmoins, l'accent mis sur les nouvelles sources d'énergie a conduit à un basculement des priorités : selon l'AIE, les investissements mondiaux dans les énergies « propres » dépassent maintenant 1800 Mds $ annuels (en 2023) ; mais le montant investi dans les combustibles fossiles (1000 Mds) est encore près du triple de ce qui serait compatible avec le scénario permettant d'atteindre l'objectif de 0 émissions nettes en 2050[124]. C'est ce trillion de $ qu'il faut réduire substantiellement.

Depuis 2021, l'AIE affirme que plus aucun investissement dans de nouvelles installations pétrolières ou gazières, ni dans de nouvelles centrales électriques au charbon, ne devrait être réalisé. Le GIEC insiste aussi sur le fait qu'un certain nombre de projets coûteux « devront être mis à l'arrêt avant la fin de leur durée de vie technique ».

Il reste à en convaincre les compagnies productrices, qui arguent de la nécessité d'entretenir les sites existants et surtout de les renouveler, face à une demande qui reste forte - bien que la rentabilité des investissements dans

---

[124] Dans son scénario « 0 émissions nettes en 2050 », l'AIE intègre un investissement résiduel de 300 à 400 Mds $/an pour le maintien d'un minimum de capacités d'hydrocarbures, contre 700 Mds prévus en 2050 dans le scénario « au fil de l'eau » (STEPS, stated policies).

les énergies nouvelles, de l'ordre de 6 % sur longue période, soit devenue tout aussi attractive.

Beaucoup repose aussi sur l'évolution de la Chine : ce pays a compté au cours de la dernière décennie pour plus de la moitié de la croissance globale de la demande d'énergie et 85 % de l'accroissement des émissions de CO_2 d'origine énergétique. L'AIE estime qu'elle causera encore 45 % des émissions issues de combustibles fossiles d'ici 2050 ; cependant, le ralentissement de sa croissance et ses efforts considérables en faveur de la sobriété vont conduire dès les prochaines années à un ralentissement de la demande, changeant le paradigme mondial.

Le stockage du carbone, vraie ou fausse solution ?

Les défenseurs des combustibles fossiles mettent beaucoup en avant l'idée du « charbon propre » et plus largement, du stockage du carbone, qui permettrait d'atténuer fortement leurs inconvénients. Que vaut réellement cette approche ?

Le stockage du carbone recouvre en fait deux sujets différents :

- a) Le développement des *puits de carbone naturels* capables d'absorber une partie du CO_2 atmosphérique. Une bonne part du gaz carbonique émis est en effet capturée par les océans[125]. Il paraît malheureusement illusoire de tenter de « doper » leur activité, qui semble au contraire tendre à diminuer avec le réchauffement climatique et la pollution des océans.

Reste l'action, plus facile à mesurer et à maîtriser, sur les végétaux terrestres. Il s'agit de prendre en compte les efforts consentis pour réabsorber le gaz carbonique par la croissance des forêts et la réaffectation des terres (développement des prairies, plus absorbantes que les cultures[126]). Cette dérogation a été admise dans le cadre du protocole de Kyoto ; comme nous l'avons vu plus haut (chapitre 3, p.98) les « certificats de réduction d'émission » ainsi récupérés peuvent être utilisés par le pays lui-même, en déduction de ses propres rejets, ou vendus sur le marché.

---

[125] Cela vient de l'activité du phytoplancton, ces algues microscopiques qui croissent en absorbant l'énergie solaire par photosynthèse et nourrissent de minuscules animaux, le zooplancton, eux-mêmes à la base de toute la chaîne alimentaire marine. 2,3 Mds de T. de carbone seraient absorbés chaque année par l'océan ; ce phénomène, joint au rôle des forêts et zones humides, explique qu'une partie seulement des quelque douze milliards de tonnes de carbone émises sous forme de CO_2 (soit 40 Mds de T. éq-CO_2) se retrouvent dans l'atmosphère.

[126] Une prairie absorbe 70 tonnes de carbone par hectare, contre 43 pour une terre arable et 32 pour une vigne.

De nombreux doutes s'expriment cependant sur l'efficacité et la durabilité de ces « puits de carbone » végétaux. L'absorption du gaz carbonique pendant la période de croissance des arbres et des plantes transforme certes en biomasse plus de deux milliards de tonnes de carbone chaque année, à l'échelle du globe. Mais cet effet n'est pas irréversible, puisque les quantités absorbées sont restituées par la suite, lorsque cette biomasse est brûlée ou se décompose[127]. Il ne s'agirait donc que d'un stockage temporaire du carbone excédentaire.

- b) le *captage à la source* des rejets, ou « CSC ». Cette solution, prônée par les partisans des combustibles fossiles, a été admise par la COP 28 comme une exception à la « transition » vers l'arrêt du recours au charbon. La Commission européenne lui donne aussi une grande place. Mais il paraît actuellement peu crédible de lui donner un tel rôle, car les nombreux projets en cours sont encore expérimentaux, et les coûts de traitement sont très supérieurs à ceux d'autres actions permettant de réduire l'usage des combustibles fossiles.

La réduction des émissions de méthane, une opération très économique

Nous avons vu (chapitre 1) que le méthane contribue à hauteur de près d'un tiers aux émissions globales de GES d'origine humaine, d'où l'engagement pris par 150 pays lors des COP 26 et 28 de réduire ces émissions de 30 % dès 2030. Or elles proviennent pour près de moitié du secteur de l'énergie et peuvent être réduites à un coût faible ; ce coût est nul, voire négatif[128] dans 40 % des cas.

D'après l'AIE, il suffirait de 75 Mds $ d'investissements cumulés, soit moins de 2 % du chiffre d'affaires des entreprises concernées sur une seule année, pour réduire ces émissions de 70 % dès 2030.

Lors de la COP 28 de Dubaï, cinquante entreprises du secteur, représentant 40 % de la production mondiale de pétrole, se sont engagées à éliminer le « torchage » du gaz pour stopper leurs émissions de méthane. Convaincre l'ensemble des pollueurs de consentir ces investissements écologiquement prioritaires nécessitera cependant, ici encore, une combinaison de mesures réglementaires et d'incitations financières, fiscales notamment.

---

[127] Lorsque les végétaux meurent, l'action des micro-organismes qui les décomposent libère du dioxyde de carbone et du méthane, par un processus inverse de la photosynthèse. Il en est de même en cas de combustion (chauffage au bois, feux de forêt, cultures sur brûlis…).

[128] En effet, la revente au prix du marché du gaz « fatal » capturé au lieu d'être brûlé à la sortie des puits pétroliers rapporte, dans 40% des cas, autant ou plus que le coût des travaux nécessaires

Les biocarburants : promesse ou menace ?

Beaucoup, parmi des défenseurs des combustibles fossiles, mettent en avant, outre les possibilités de stockage du carbone, leur remplacement partiel par des biocarburants. Ceux-ci se distinguent de la biomasse, une ENR dont nous traiterons plus loin (pages 134 & 135), en ce qu'ils résultent d'un effort volontaire de culture. Il existe deux grandes filières : les alcools (bioéthanol), fabriqués à partir de betterave ou de céréales au Nord et de canne à sucre au Sud, et les biodiesels, extraits de plantes oléagineuses comme le colza, le tournesol ou le palmier à huile.

Les biocarburants trouvent toutefois leurs limites dans les retombées écologiques potentiellement dangereuses de toute activité agricole intensive. Il faut en effet des engrais et beaucoup d'eau pour les produire, de l'énergie pour les transporter et les transformer, ce qui – bien qu'ils émettent nettement moins de particules et autres polluants que les carburants classiques - limite les économies espérées en termes d'effet de serre[129].

Le risque le plus sérieux est le défrichage des forêts tropicales pour y substituer des cultures plus rentables : canne à sucre au Brésil, palmiers à huile à Sumatra ou Bornéo (Indonésie)... Il importe de contrôler ce phénomène, même si de vastes surfaces restent à mettre en culture, au Brésil comme en Afrique, en Amérique du Nord et en Russie.

Il reste que la faible productivité des cultures « de première génération » [130] et leur prix de revient élevé nécessite – sauf au Brésil - des détaxations coûteuses. Leur contribution à la réduction de l'usage des combustibles fossiles ne peut donc que rester limitée – elle ne dépasse pas 4 % de la consommation de carburants routiers - même si la situation va être améliorée par le passage aux biocarburants de « deuxième génération », qui utilisent plus complètement l'ensemble des arbres, de l'herbe et des plantes.

Les principaux programmes actuels se situent aux États-Unis, et au Brésil, où 27 % de biocarburant sont incorporés dans l'essence. La Chine poursuit un objectif d'incorporation de 15 %, et l'Inde voudrait atteindre 10 %. Une cinquantaine d'autres pays ont adopté des mesures d'incitation.

En Europe, l'incorporation obligatoire de biocarburants dans l'essence et le gazole a été limitée à 6 %, mais certains pays vont plus loin : 30 % en

---

[129]Le bilan écologique est cependant positif – sauf en cas de mise en culture de prairies ou de marécages, qui risque de libérer des GES accumulés dans le sol.

[130]Les rendements énergétiques et les coûts varient beaucoup selon les cultures : le rendement le plus bas est celui du colza (1 TEP par hectare) ; pour remplacer le pétrole utilisé dans les transports, il faudrait en planter sur toute la surface du pays ! La plus productive en Europe est la betterave (3,3 TEP par ha, mais au coût de 70 cts par litre), et dans le monde la canne à sucre brésilienne (5 TEP par ha, ramenant le prix à 25 cts de $ par litre).

Suède. L'UE encourage les biocarburants de seconde génération et le biogaz, qui devront couvrir 3,5 % de la consommation. Pour la France, l'objectif est aussi promu par des exonérations fiscales[131].

Au total, les biocarburants pourraient sans danger réel pour les cultures alimentaires couvrir jusqu'à un dixième de la consommation mondiale pour les transports. Cependant, cela ne représentera jamais que 2 ou 3 % des besoins énergétiques totaux de la planète.

Quant à la possibilité d'utiliser des carburants de synthèse (e-fuels) produits par hydrogénation de gaz carbonique, mise en avant par les partisans des moteurs thermiques, elle se heurte au coût trop élevé d'un processus industriel de plus lourdement consommateur d'énergie, et à la faible disponibilité d'hydrogène « vert ».

LE RÔLE CENTRAL DE LA « FEE ELECTRICITE » ET DES ENR

Notre consommation énergétique se fait et se fera de plus en plus par l'intermédiaire du courant électrique, dont la consommation mondiale augmente plus vite que celle d'énergie primaire. Il faut en effet bien distinguer les deux approches : l'énergie « primaire » est celle qui est directement utilisée, sous forme de force motrice ou de chaleur ; l'énergie électrique résulte, elle de la transformation d'une énergie primaire en courant, utilisable à son tour pour produire de la force et de la chaleur.

La production électrique a quintuplé en cinquante ans[132], et continuera à croître rapidement, en particulier dans les pays du Sud, où se situeront les deux tiers de la croissance de la demande électrique mondiale d'ici 2030 (estimée à + 32 % par l'AIE) ; d'ici à 2050, elle devrait au moins quadrupler dans ces régions pour obtenir une consommation par tête égale à celle de nos pays.

La consommation de courant de l'Inde s'accroît de 5 % par an, contre moins de 2 % chez nous ; en Chine, la consommation électrique progresse encore, après le boom de la décennie précédente, de 4 % par an malgré une production électrique totale dépassant 9000 TWh (vingt fois celle de la France), soit 30,4 % du total mondial. Les pays en développement les plus pauvres sont en revanche très mal couverts : un milliard de personnes, dont

---

131 La taxe est réduite de 25 cts par litre pour le biodiesel et 33 cts pour l'éthanol ; l'aide fiscale est supérieure en Allemagne (47 cts par l. pour le biodiesel).

132 à exactement 29033 térawatts-heure (TWh) en 2022 (correspondant à 2830 M. de TEP) contre 6121 en 1973, soit un quasi-quintuplement en un demi-siècle. Le charbon fournit plus d'un tiers du total (36%), le gaz naturel 22%, le pétrole 2,5%, l'hydraulique 15%, les autres ENR 15%, le nucléaire 9%.

80 % situées en Asie du Sud ou en Afrique, n'ont encore aucun accès à l'électricité ; même un grand pays émergent comme le Brésil est en sous-capacité et doit rationner périodiquement le courant.

En France, la part passant par l'électricité n'est que de 41 %, du fait des carburants et du gaz directement utilisés pour les transports et le chauffage ; mais celle-ci tend à augmenter avec les voitures et le chauffage électriques ; partant, la consommation électrique croîtrait d'un quart dès 2030[133]. C'est pourquoi la stratégie nationale bas carbone publiée en juin 2023 précise que le rythme de déploiement des énergies nouvelles sera doublé.

Chacun connaît les avantages de l'électricité : souple, facilement divisible et transportable partout où l'on peut installer un réseau de câbles, c'est une énergie propre puisque sa consommation n'engendre pas de pollution et peu de réchauffement.

Elle comporte pourtant deux inconvénients : elle doit être consommée au moment même où elle est produite, son stockage (dans des batteries, des réserves hydroélectriques ou sous forme d'hydrogène), étant compliqué et coûteux ; et la transformation d'énergie primaire en électricité, par des turbines ou alternateurs, entraîne une perte en ligne considérable, de l'ordre des deux tiers – perte doublée lorsque l'électricité, après avoir été produite et transportée, est retransformée en chaleur, comme c'est le cas dans le chauffage électrique.

Malgré cela, un accent prédominant est mis sur l'électricité dans les programmes écologiques, car elle sera la source des usages futurs respectueux de l'environnement, notamment dans le secteur des transports, mais aussi pour le chauffage et les usages industriels. Aussi la consommation électrique progresse-t-elle rapidement partout - y compris en France où, tombée à environ +1 % par an pendant les deux premières décennies de ce siècle, elle repart vite, faisant craindre une saturation des capacités[134].

---

[133] Elle atteindrait 558 TWh, contre 445 en 2023). Le réseau national de transport d'électricité RTE, après avoir longtemps projeté une baisse, table désormais sur une hausse d'un tiers de l'apport de l'électricité d'ici 2035, à 615 TWh (dont 150 pour le logement, 160 pour l'industrie, 139 pour le tertiaire, 86 pour le transport). Ce chiffre intègre des efforts de sobriété et d'efficacité énergétique importants : 160 TWh d'ici 2035. La production nucléaire couvrirait encore 60% de la génération d'électricité (au lieu de 65% actuellement), la part des énergies solaire et éolienne progressant toutefois rapidement, à 30% du total contre 10% aujourd'hui.

[134]La capacité électrique française maximum (93 GW) est proche d'être saturée : l'appel de puissance de pointe prévu est de 98 à 100 GW (en hiver, une baisse de température d'un degré entraîne un appel supplémentaire de 1,7 GW). Cela, conjugué à l'arrêt simultané de plusieurs centrales nucléaires (voir ci-après note 159), a obligé notre pays à importer de l'électricité, chère, en période de pointe hivernale fin 2022.

Les perspectives mondiales sont celles d'un accroissement massif de la demande, et donc de la production d'électricité dans le futur. La progression nécessaire, à partir d'une production mondiale actuelle de trente mille TWh, sera de 80 % dans le scénario de base et monterait jusqu'à 150 % dans le scénario le plus ambitieux. De ce fait, sa part dans la consommation finale d'énergie passerait de 20 % actuellement à 30 % en 2050 dans le scénario de base de l'AIE, et 50 % dans le plus ambitieux ; les chiffres sont analogues pour l'Europe ; de 21 % actuellement à plus de 50 % au milieu de ce siècle.

Comment apporter un supplément de production électrique suffisant qui soit en même temps durable ? Il y faut un effort considérable : les scénarios les plus allants de l'AIE indiquent que la moitié de l'effort d'économie d'énergie proviendra de l'électrification plus complète de nos sociétés. Or les émissions totales de GES dues à la génération d'électricité s'élèvent à 14,8 MdsT.-éq.CO_2, soit une progression de 1,5 % l'an depuis 2015 ; pour tenir les objectifs du scénario le plus ambitieux (« net zéro »), elles devraient disparaître vers 2040 et être ramenées à 10,8 Mds de T. éq-CO_2 dès 2030, contre 12 Mds T. dans le scénario « au fil de l'eau ». Cela ne sera évidemment possible que grâce aux ENR.

Les énergies nouvelles et renouvelables (ENR), clef de la croissance

Nous avons vu (chapitre 1) que la communauté internationale a souscrit, à la COP 28 de Dubaï, l'engagement de tripler la capacité productrice d'électricité des énergies renouvelables d'ici 2030.

Dans le scénario « au fil de l'eau », les investissements dans le solaire et l'éolien doublent tous les trois ans et demi et en 2030, la puissance[135] des ENR en place dépasserait 8000 gigawatts dans le monde (au lieu de 3700 actuellement), dont plus de la moitié pour l'énergie solaire. Ce chiffre considérable resterait insuffisant pour être dans la ligne de l'objectif le plus ambitieux de l'AIE, « Net zéro émissions en 2050 », qui nécessite 11 000 GW de puissance en place en 2030[136]. Le triplement annoncé correspond à ce scénario. Il nécessitera des investissements importants, passant de 1800 Mds$ actuellement à 4700 en 2030. Voir tableau page suivante :

[135]Le watt est une unité de *puissance* électrique, alors que le watt-heure mesure la production et la *consommation* sur la durée.

[136] Sachant qu'à l'échelle du globe la puissance totale actuelle de production d'énergie primaire est de 15 000 gigawatts, provenant à 80% des combustibles fossiles, il faudra parvenir à installer d'ici 2050 quinze mille GW de plus de sources d'énergie majoritairement propres – soit 150 fois la puissance électrique française actuelle.

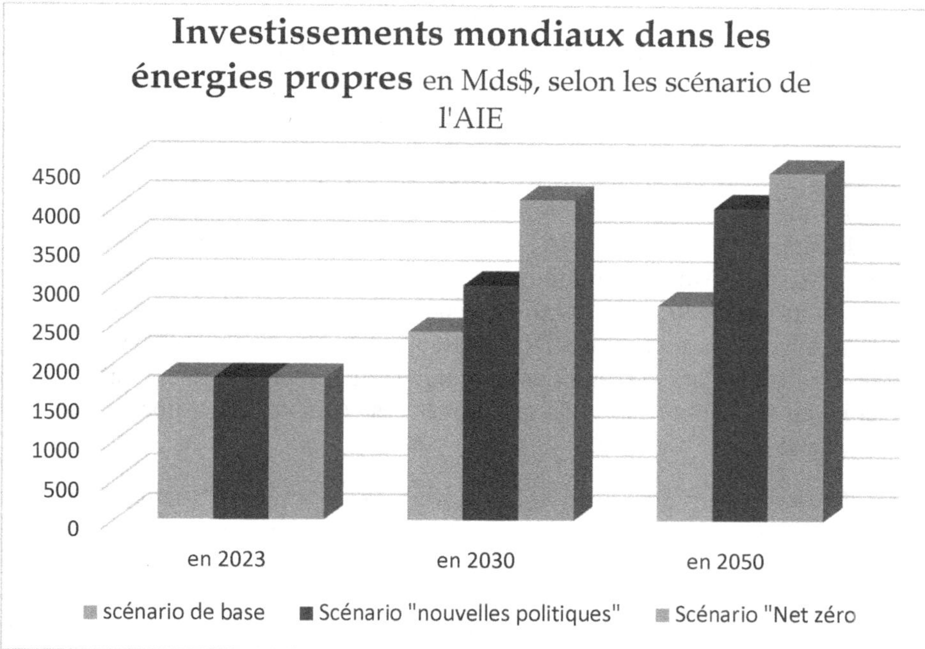

La planète semble bien partie dans cette voie, si l'on en croit le rapport Renouvelables 2023 de l'AIE : 507 GW supplémentaires ont été mis en service - moitié plus que l'année précédente -, portant la capacité totale actuelle à 4200 GW ; 1200 GW sont déjà en place en Chine. Ce qui est frappant dans ce surgissement, c'est qu'il est dû essentiellement aux lois de l'économie : même des efforts ont été faits dans un passé récent par les pouvoirs publics pour programmer et amorcer la montée des ENR, leur progression spectaculaire est due tout simplement au fait que leur prix de marché est aujourd'hui inférieur à celui de la plupart des autres sources[137]; il est donc devenu rentable, sans aide publique, d'y investir.

La production électrique des ENR s'élevait au total en 2022 à 8600 TWh, soit déjà 30 % du total mondial ; en 2024, cette part dépasse 35 %, bien que la production électrique venant des combustibles fossiles continue à croître (mais bien plus lentement) ; celle venant d'ENR devrait plus que quadrupler d'ici 2050 dans le scénario de base, et serait multipliée par sept dans le scénario « Net zéro », couvrant alors les trois quarts du total.

Les principaux émetteurs de GES se mobilisent : par la déclaration de Sunnylands, en novembre 2023, Chine et États-Unis promettent d'accélérer le développement des énergies nouvelles. Aux États-Unis, la production des ENR (1800 TWh) permettrait de réduire d'un tiers (de 5 Mds T. à 3,6 Mds

[137] 5 à 6 cts le KWh pour les meilleurs projets, L'AIE indique que le coût du KWh a baissé de 89% depuis 2010 pour l'énergie solaire et de 69% pour les éoliennes terrestres.

T.) dès 2030 les émissions de CO_2 d'origine énergétique. La conversion rapide de la Chine aux ENR, qui fournissent déjà plus du tiers de ses besoins, est illustrée par le fait que plus de la moitié des nouvelles installations solaires et éoliennes dans le monde se font actuellement dans ce pays.

L'Inde, où le charbon représente encore plus de la moitié de la production électrique, veut porter la part des renouvelables à 40 % d'ici 2030. Même l'Arabie Saoudite a promis, à la COP de Dubaï, de générer la moitié de son électricité à partir des énergies renouvelables dès 2030. Quant à l'Afrique, dont la capacité ENR totale n'est encore que de 62 GW en 2023, elle a projeté, lors du premier sommet continental sur le climat tenu au Kenya en septembre 2023, de quintupler ses capacités à cet horizon, malgré le manque d'investisseurs.

Le Plan Vert de l'U.E. (« Repower E.U. »), prévoit pour sa part de doubler la part des énergies renouvelables, à 42,5 % dès 2030 contre 22 % en 2022[138]. Cet objectif représente un vrai effort, qui mobilisera 500 Milliards d'€ de financements ; il pourrait n'être que partiellement atteint : par exemple, la France, en retard sur les objectifs en 2020 avec 19 % de renouvelables (hors nucléaire), le serait de nouveau, à 30 %[139]. Cependant, des pays comme l'Allemagne, l'Espagne et le Portugal ont déjà, en 2023, réussi à produire plus de la moitié de leur électricité (56 % pour l'Allemagne) par des sources renouvelables et voudraient atteindre 80 % en 2030 - en revanche, en France les ENR proprement dites (hors nucléaire) ne représentent encore que 15 % de la production électrique[140]. Cela suppose une nette accélération des investissements, et donc de fortes incitations par les interventions publiques ou par les prix. En 2050, les ENR représenteraient plus de 85 % de la production électrique européenne.

L'hydroélectricité était encore la principale source en 2022, représentant la moitié du total des ENR - voir tableau ci-dessous. Mais elle est dépassée dès 2023 par l'énergie éolienne, le solaire venant en troisième rang. Il ne faut

[138] Ces chiffres (actuellement,7% de la production européenne pour le solaire, 15% pour l'éolien) ne comprennent pas l'hydroélectricité ni le nucléaire. Les ENR au sens étroit ont ainsi, dès 2022, produit une part plus forte de l'électricité européenne que le gaz (20%) et le charbon (16%).

[139]En 2023, notre pays est toujours en retard, avec 20,3 GW de puissance ENR en place en 2023 au lieu de 24 GW prévus par la programmation pluriannuelle de l'énergie. Cependant, avec le nucléaire, on passe à plus de 90% de combustibles non-fossiles.

[140] En 2023, l'électricité solaire a, selon ENEDIS, assuré 4,4% de la production nationale, les éoliennes terrestres 10,3% et les éoliennes en mer moins de 1%. En puissance installée les énergies solaire et éolienne représentent 27% du total national, mais du fait de leur intermittence elles ne produisent que 15% du total. La part des centrales fonctionnant aux combustibles fossiles a cependant régressé de 17,4 GW en 2010 à 17,4 GW actuellement.

pas pour autant oublier les sources directes d'énergie primaire, sans passer par l'électricité, que sont la géothermie et la biomasse.

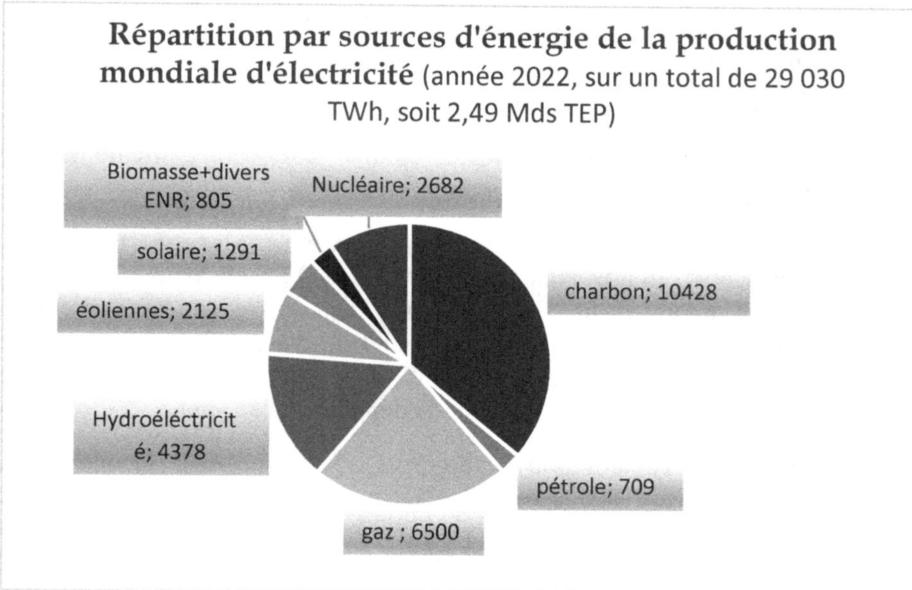

Source : AIE, World Energy Outlook

La croissance rapide des ENR va vite leur donner le premier rôle : en 2023, leur part n'est encore que de 14 %[141], mais l'AIE prévoit que leur production d'électricité devrait rapidement dépasser celle du charbon : dès 2030 pour le solaire, avant 2035 pour l'éolien.

L'hydroélectricité

L'hydroélectricité n'est pas une énergie nouvelle, puisque la force des courants ou des chutes d'eau est utilisée par l'homme depuis l'antiquité ; mais c'est bien une énergie renouvelable et propre. Elle reste donc une source significative d'ENR. Sa part d'environ 15 % dans la production

[141] La production mondiale d'électricité en 2023 se répartit comme suit, selon l'AIE : 36% pour le charbon, 22% pour le gaz, 14% d'hydraulique, 9% de nucléaire, 8% d'éolien, 6% de solaire, 2% pour les bioénergies, 3% de divers.

électrique mondiale, avec une puissance installée de 1400 GW, permet d'économiser plus de 300 millions de tonnes de pétrole par an[142].

La France avait réalisé un grand effort d'équipement en barrages avant de se lancer dans le nucléaire et est, grâce à ces deux énergies propres, l'un des pays qui émettent le moins de CO_2 par unité produite comme par tête d'habitant[143] : trois fois moins qu'un Américain. Le revers de la médaille est qu'il reste peu de nouveaux sites à équiper chez nous, même si leur productivité peut encore être améliorée.

Un potentiel considérable existe en revanche dans certains PVD (bassins du Congo, du Yangtsé, de l'Amazone...) ; il va pouvoir répondre directement à une part de leurs besoins. Déjà, deux des trois premiers producteurs mondiaux d'hydroélectricité sont des pays émergents : la Chine et le Brésil. C'est un avantage important, dans la mesure où c'est dans ces pays que l'essentiel de la croissance de la demande va se situer.

Cependant, la construction de barrages a aussi de réels inconvénients écologiques, souvent dénoncés : déplacement plus ou moins forcé de populations, espèces rares menacées, risques climatiques et sanitaires sérieux, comme l'ont montré notamment les expériences des grands ouvrages d'Assouan en Égypte et des Trois-Gorges en Chine. Cela a conduit à ralentir bien des projets. L'hydroélectricité ne peut donc apporter qu'une contribution partielle aux besoins massifs d'énergie à venir.

Néanmoins l'hydroélectricité est précieuse du fait de sa rapidité de réaction pour répondre aux appels de puissance de pointe : deux minutes pour remettre en marche les turbines d'un grand barrage. Elle peut aussi être utilisée plus largement pour stocker l'énergie produite par d'autres sources en heures creuses (en actionnant ses pompes pour faire remonter l'eau en amont) et la restituer facilement par la suite ; cela fait d'elle un complément fort utile aux autres ENR.

On peut rattacher à l'hydroélectricité l'énergie des mers, qui pourrait être exploitée à partir de la force des marées, des vagues, des courants, etc.

---

[142]La méthode de l'équivalent calorifique retenue par l'AIE minore des deux tiers le rôle de toutes les ENR : l'hydroélectricité ne représente alors que 3,2% de l'énergie primaire mondiale (l'équivalent de 319 M de TEP) et toutes les ENR réunies 6% (en 2022). Mais leur part atteint 18% si on la mesure selon la force mécanique.

[143]L'hydroélectricité apporte 60 TWh par an (pour une puissance installée de 20 GW), soit environ 13% de notre production électrique, et le nucléaire plus de 70% - grâce à quoi la France n'émet que 300 grammes de gaz carbonique par € de produit national, contre 800g. pour les Etats-Unis. En Europe, un Français émet au total 1,8 fois moins de gaz à effet de serre qu'un Allemand.

L'énergie solaire, un potentiel illimité

Domestiquer l'énergie envoyée à notre planète par le soleil ouvre des perspectives pratiquement sans limites. En effet, l'énergie radiative absorbée par toute la surface du globe équivaut à 168 watts/m² en continu, soit 85 000 térawatts – l'équivalent de soixante millions de réacteurs nucléaires ! Équiper 3 % seulement de la surface des déserts permettrait de produire toute notre électricité.

Abondante, gratuite et disponible partout sur la Terre, l'énergie du soleil est donc une source d'énergie attractive. Encore faut-il concentrer le rayonnement reçu, soit pour alimenter directement des réseaux d'eau chaude, soit, le plus souvent, pour le transformer en électricité : c'est le rôle des cellules solaires photovoltaïques

La production dépend bien sûr du climat : chacun comprend qu'elle est plus facile à mobiliser dans les pays chauds et secs que dans les pays du Nord qui, paradoxalement, en ont été les grands promoteurs. Une production localisée par petites unités[144] serait particulièrement adaptée aux besoins des nombreuses régions en développement très ensoleillées et non-raccordées à un réseau électrique : chauffe-eau ou chauffage domestique en habitat isolé, puits en zone désertique.

La puissance en place est encore limitée (1 500 GW) [145], mais la moitié de cette capacité a été installée au cours des deux dernières années et l'expansion se poursuit à rythme exponentiel : plus 40 % par an. La progression actuelle, de loin la plus rapide des ENR, dépasse déjà, avec 593 gigawatts d'installations nouvelles prévues en 2024, le scénario de base de l'AIE, qui prévoyait 500 GW additionnels par an vers 2030 : les panneaux photovoltaïques représentent désormais les trois quarts des nouvelles capacités d'ENR installées - dont 70 % en Chine, qui a mis en place autant de panneaux solaires en 2023 que le monde entier l'année précédente. L'AIE prévoit aussi une croissance particulièrement forte des investissements en Inde, où le solaire apporte 60 % des nouvelles capacités de génération d'électricité et couvrirait 45 % de la production en 2050. Les États-Unis progressent rapidement aussi, grâce au programme IRA.

---

[144] Il n'y a en effet pas d'économie d'échelle : un générateur de 100 KW coûte autant que cent unités d'un KW. La plupart des millions de systèmes installés dans le monde actuellement sont de petites installations techniques, allant des satellites au balisage maritime et aérien, au mobilier urbain et à l'électrification rurale.

[145] La Chine, avec une puissance solaire de 609 GW, compte pour 40% de ce total ; elle devrait atteindre en 2025 son objectif, initialement prévu pour 2030, de 1200 GW de capacité ENR, dont les ¾ pour le solaire. La capacité photovoltaïque de Union Européenne 2023 se limite, elle, à 263 GW en place fin 2023.

En Europe, les capacités nouvelles installées en 2023, surtout en Allemagne, paradoxalement, et en Espagne, s'élèvent à 56 GW (pour une puissance en place de 270 GW) ; les particuliers s'y mettent comme les entreprises : plusieurs millions de foyers sont déjà équipés en Allemagne, contre un million en France, mais notre marché du solaire résidentiel a crû de 140 % en 2023. Et la puissance solaire installée représente déjà 20,5 gigawatts, fournissant 4,4 % de l'électricité produite dans notre pays, selon ENEDIS

Au total, un milliard de $ est investi chaque jour dans des installations photovoltaïques sur la planète.

Ces installations devraient aboutir, dans le scénario de base, à une capacité mondiale en place de 4700 GW en 2030 ; ce chiffre déjà impressionnant devrait augmenter de 60 % dans le scénario le plus ambitieux, réduisant d'autant l'appel aux combustibles fossiles[146].

Grâce à tous ces investissements, la production apportée par cette source d'énergie s'accroît rapidement, même si son apport reste encore limité (1600 TWh en 2023, soit 5 % de l'électricité produite dans le monde)

L'énergie solaire photovoltaïque est cependant encore freinée par un rendement énergétique limité (20 % en pratique) - de ce fait, le captage de la lumière nécessite des surfaces importantes. Toutefois, les nouvelles lentilles et matériaux en cours de développement pourraient permettre de doubler ce rendement.

Reste la question du stockage de cette énergie : il s'agit ici de conserver un surplus produit par beau temps pour le récupérer la nuit ou par temps couvert. L'opération est encore complexe et onéreuse lorsqu'il s'agit de batteries (il est bien plus efficace de repomper l'eau pour la stocker derrière les barrages), mais le progrès technique permet d'espérer des changements importants, tant avec de nouvelles formes d'accumulateurs qu'avec les centrales solaires à concentration. La Chine en a montré un exemple intéressant en combinant, dans le haut Sichuan, une centrale solaire d'1 GW et un grand barrage (3GW) qui pourra tourner pendant les nuits.

En revanche, le problème du coût de ce mode de production, naguère élevé, a été si bien résolu, grâce à l'effondrement du prix des panneaux, qu'il est devenu au contraire un atout concurrentiel : le KWh produit dans les grandes installations, qui coûtait 45 cts en 2010, ne vaut plus maintenant que

[146] En 2050, la capacité de production électrique d'origine solaire atteindrait 12 600 GW dans le scénario de base, pour une production de 17200 TWh (treize fois plus qu'aujourd'hui !) au même horizon, portant la part du solaire à 32% de l'électricité générée. Les autres scénarios sont encore plus généreux, allouant au solaire photovoltaïque 36 ou même 41% de la production électrique au milieu de ce siècle.

5 cts, prix très compétitif ; la production décentralisée, plus onéreuse, est largement encouragée par des tarifs de rachat avantageux (cf chapitre 3, pages 93 & 94).

Le tableau ci-dessous montre l'avantage acquis désormais sur les marchés par les ENR, à condition que le prix du carbone émis ou économisé soit suffisamment élevé :

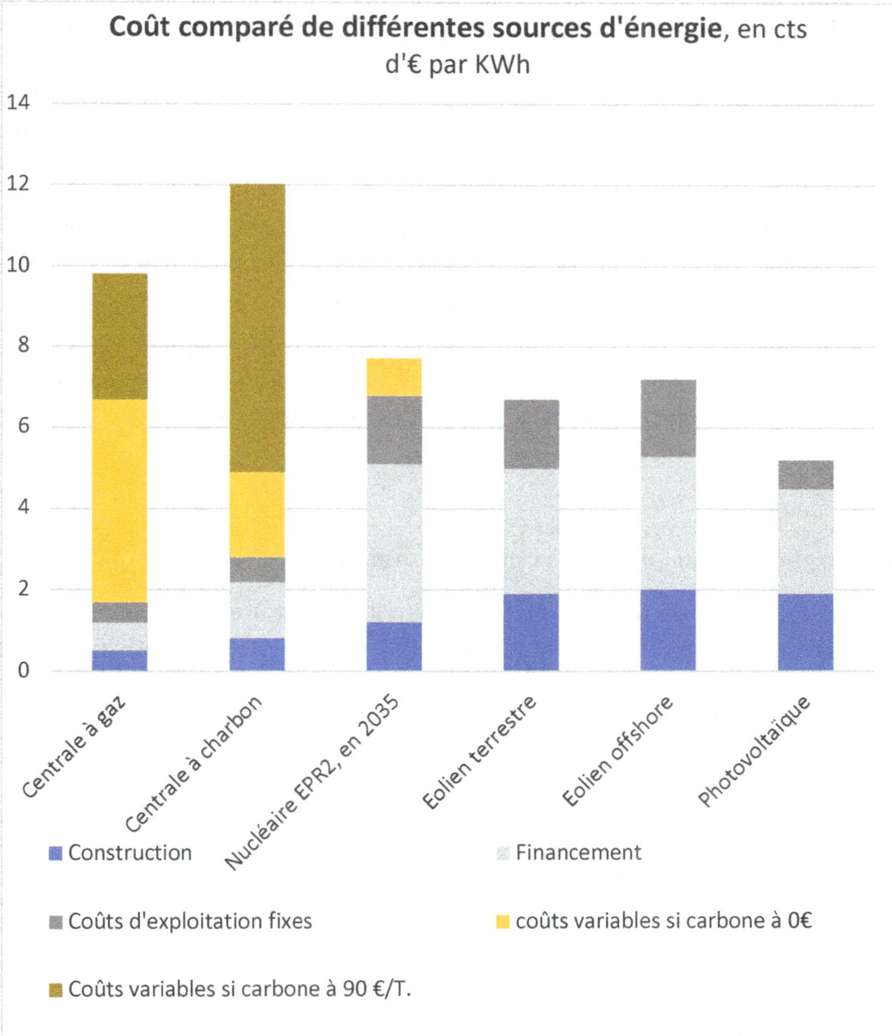

En sens inverse, le processus d'élaboration est gourmand en énergie, car la fabrication industrielle du silicium très pur utilisé pour les cellules photovoltaïques nécessite un chauffage à haute température (1500°) ; cela explique que le bilan carbone de cette technologie soit relativement médiocre.

Enfin, une difficulté propre aux pays européens (et aux États-Unis) tient au fait que la production des cellules solaires, jadis assurée sur place, a été au fil des ans en majeure partie délocalisée en Chine. La capacité de production mondiale de panneaux solaires y est concentrée à 80 %, ce qui crée une situation de dépendance fâcheuse et explique les efforts de nombreux états pour relocaliser chez eux cette activité.

Au total, le développement très rapide du solaire photovoltaïque change son rôle comme source d'énergie dans le monde. Sa place reste pourtant plus faible en France : une capacité en place de 19 GW, offrant 25 TWh, soit 4,4 % de la production électrique en 2023. Cette situation devrait changer rapidement, car le tarif de rachat aux particuliers reste incitatif[147] ; de plus, une partie du coût de l'investissement est couverte par un crédit d'impôt. L'objectif retenu dans notre programme national est de 128 à 160 GW en place en 2050, qui fourniraient alors plus d'un quart de la consommation électrique finale ; cela suppose de doubler le rythme actuel des nouvelles installations, pour atteindre environ 6 GW par an.

Au-delà de l'énergie solaire photovoltaïque, les progrès du solaire thermique - facilement utilisable dans les logements pour le chauffage et l'eau chaude - sont prometteurs ; 250 millions de logements dans le monde en sont déjà équipés.

L'énergie éolienne, un apport indispensable malgré les oppositions

Le captage de la force du vent est une vieille histoire, que l'on pense aux moulins à vent ou à la marine à voiles. Malgré un coût un peu supérieur à celui du solaire photovoltaïque (6 à 7 centimes le KWh au lieu de 5), cette forme d'énergie renouvelable connaît un véritable boom ; les compagnies pétrolières elles-mêmes préparent l'avenir en investissant dans ces technologies.

L'énergie éolienne présente toutefois deux inconvénients, qui peuvent freiner son développement :

- il s'agit d'une source d'énergie *très irrégulière*[148], puisqu'elle dépend du bon vouloir du vent ; elle nécessite donc, comme l'énergie solaire, une

[147]Ce tarif, ajustable chaque trimestre selon les lois de 2006 et 2015, varie entre 24 cts/KWh pour les surplus des plus petites installations (moins de 3 KW) auto-consommatrices à 8 centimes pour les plus grandes lorsqu'elles vendent la totalité de leur production ; le prix du KWh vendu aux particuliers par EDF n'est que de 10 cts (HT).

[148] Une éolienne ne fonctionne, par nature, que quand il y a suffisamment de vent, soit moins de 3000 heures par an en moyenne (1850 h/an en Allemagne, 2200 en France, jusqu'à 4530 h/an pour des installations en Nouvelle-Zélande). De ce fait, la part de cette énergie dans la consommation d'électricité d'un pays est inférieure à sa part dans la puissance installée : une

fourniture d'électricité thermique de complément. En France, une éolienne n'est active qu'un quart du temps ; si la puissance installée devient importante, il faut mettre en appui des moyens de production capables de prendre instantanément le relais ; ils feront trop souvent appel au gaz ou au charbon, qu'on voulait écarter. Ce paradoxe cruel est bien celui auquel se trouvent déjà confrontés les pays qui ont donné une priorité absolue à cette énergie sans pour autant améliorer leur bilan en termes d'effet de serre[149].

- il faut construire de nombreuses tours qui gâtent l'environnement par leurs nuisances visibles (les éoliennes de 16 MW de dernière génération, comme celles installées en juin 2023 au large des côtes de la province chinoise du Fu-Kien, sont hautes de 123 mètres) et sonores, d'autant que les implantations tendent à se situer sur des points hauts et à être installées en série. Certains écologistes s'inquiètent aussi d'effets négatifs sur les oiseaux ; ces effets semblent cependant limités ; mais l'empreinte sur les paysages demeure. On se trouve dès lors face à une contradiction entre les encouragements officiels à investir et les textes visant, selon d'autres préoccupations écologiques, à protéger paysages et riverains. D'où le choix de plus en plus fréquent de construire des fermes éoliennes en mer (« offshore »), qui sont plus coûteuses et ont leurs propres inconvénients - dangers pour la navigation et pour les écosystèmes marins.

La puissance totale éolienne dans le monde, encore trop modeste avec 1400 gigawatts en place, a néanmoins plus que décuplé en dix ans. Elle a fourni 8 % de l'électricité consommée en 2023 (voir page 133). L'AIE lui accorde une place presque égale à celle du solaire en prévoyant une puissance installée de 2100 GW et une production électrique de 5200 TWh en 2030, qui serait portée à 11 800 TWh en 2050, soit 22 % du total, dans le scénario de base – et 28 % ou 30 % dans les scénarios plus ambitieux.

La Chine compte pour la moitié des installations nouvelles ; mais un quart de la capacité en place se situe dans l'UE, où le vent fournit déjà 14 % de l'électricité : en 2023, les éoliennes européennes ont produit 475 TWh, dépassant pour la première fois les centrales au gaz. Cela explique l'importance que la Commission européenne leur accorde dans ses prévisions : la production triplerait d'ici 2030 et 43 % de l'électricité en

---

centrale thermique ou nucléaire fonctionnant quasiment en continu fournira du courant sept mille heures par an, arrêts pour entretien déduits, soit 7 TWH pour 1GW, alors qu'1GW d'éoliennes ne donnera en moyenne que 2 à 2,5 TWh annuels, et un GW solaire environ 1,3 TWh.

[149] Une part de la production électrique allemande vient du charbon et du lignite, encore plus polluant ; tout en étant leaders mondiaux de l'éolien, nos voisins d'Outre-Rhin ont ainsi vu leurs émissions de CO_2 par habitant venant de l'énergie *croître* initialement, au lieu de baisser. L'Espagne, deuxième grande puissance éolienne européenne, a connu la même situation ; seul le Danemark a réussi à obtenir une baisse notable, en important.

proviendraient en 2050[150]. En Allemagne, les « fermes » marines et terrestres couvrent déjà 31 % de la consommation électrique. L'Espagne, le Danemark, la Grande-Bretagne, suivent le même chemin.

La France, longtemps plus timide, avec 20 GW seulement installés, apportant 10 % de la production électrique totale, veut rattraper ce retard – d'autant que notre pays est, avec la Grande-Bretagne, celui qui a le meilleur potentiel en Europe dans ce domaine. Un retard paradoxal, qui s'explique par de fortes réticences dans l'opinion, y compris parmi les Verts – parfois touchés par le complexe du « nimby » (not in my backyard, c'est à dire d'accord, mais pas près de chez moi).

De ce fait, les pouvoirs publics hésitent et les procédures d'autorisation sont lourdes : il faut en moyenne sept ans pour un parc éolien terrestre et dix à douze ans pour un parc maritime ; les parcs promis prennent beaucoup de retard : aujourd'hui, à peine 20 % du territoire est accessible aux éoliennes, d'où les efforts d'allègement des procédures faits dans la loi d'accélération des renouvelables de mars 2023. La puissance publique les encourage pourtant en fixant, comme dans presque tous les pays producteurs, des tarifs de rachat garantis[151], compensés par un supplément facturé au consommateur.

Le parc de production éolienne français devrait atteindre 35 GW dès 2030 et tripler encore avant 2050, à 100 GW (dont 40 GW en mer, modalité désormais privilégiée), en installant 3 à 4 GW par an au lieu de 1,5 GW actuellement. Cette source d'énergie apporterait alors près d'un tiers de notre consommation électrique nationale.

Les pays en développement sont encore loin de pouvoir viser de tels niveaux. Pour les plus pauvres, ces énergies nouvelles sont encore souvent un luxe, sauf lorsqu'il s'agit d'utilisations limitées pour des sites isolés. Les pays émergents en croissance rapide peuvent être plus allants : la Chine prévoit de disposer de 1200 GW de capacités éolienne et solaire en 2030,

---

150 Dans son rapport de 2020 sur l'ambition climatique, la production d'énergies renouvelables à venir en 2050 se répartirait entre 30% pour les bioénergies, 3% pour l'hydro-électricité, 30% pour l'énergie éolienne terrestre et 13% pour les éoliennes en mer, 14% pour le solaire et 10% pour les autres sources renouvelables. Le nucléaire est absent, car considéré comme non renouvelable, ce qui est fort discutable.

151 En France, le tarif de rachat est fixé pour chaque champ selon les résultats d'un appel d'offres. Un « contrat pour la différence » offre à l'investisseur la garantie d'un prix plancher (8 cts par KWh actuellement, mais ce prix a pu tomber jusqu'à 5,5 cts/KWh) ; en revanche, si les prix de marché deviennent supérieurs à ce tarif garanti, l'Etat récupère une soulte. Ce système assure une rentabilité de 20 à 30% - aux investissements, qui bénéficient aussi d'une fiscalité favorable. Le Royaume-Uni garantit aussi un prix fixe aux exploitants pendant quinze ans ; ce prix a été augmenté des deux tiers (à 8cts d'€ le KWh), en 2023, face à la crise du secteur ; le prix garanti du KWh solaire a été porté en même temps à 6,5 cts du KWh.

soit une production d'environ 2000 TWh - près de la moitié des besoins électriques du pays ; l'Inde vise à produire la moitié de son électricité à partir de combustibles non fossiles à ce même horizon, avec un objectif de capacité installée de 500 GW ; le Brésil produit 14 % de son électricité avec l'énergie du vent). L'AIE relève que les ENR représentent désormais plus de la moitié de la production électrique dans près d'un tiers des pays.

Les progrès techniques ont rendu les éoliennes terrestres compétitives, même par rapport aux centrales au gaz et à l'énergie solaire, avec un coût moyen de 5 à 8 centimes d'€ par kilowatt-heure, qui diminue d'environ 3 % par an. Cependant, ce coût de revient est souvent plus élevé pour les installations en mer.

Au total, l'énergie éolienne est en train de s'imposer, aux côtés de l'énergie solaire, comme une concurrente essentielle des combustibles fossiles ; mais il faut admettre qu'elle ne peut être que l'un des éléments d'une politique énergétique globale reposant « en base » sur d'autres sources plus stables.

Les sources directes d'énergie primaire : géothermie et biomasse

La géothermie et la biomasse peuvent produire de l'électricité (par la co-génération chaleur/électricité), mais sont plus souvent utilisées comme source directe de chaleur ; ce sont donc des sources d'énergie « primaires ».

L'énergie géothermique est obtenue en canalisant la chaleur interne de la Terre' soit à partir des nappes souterraines naturelles d'eau chaude, soit par les systèmes de pompe à chaleur pour le chauffage. Utilisée dans de nombreux pays, mais de façon relativement limitée, elle ne fournit qu'environ 0,4 % de la production électrique mondiale (pour une puissance installée de 15 GW). L'AIE prévoit une part de 1 % environ dans ses scénarios pour 2050 ; ce chiffre est encore faible par rapport au potentiel, qui pourrait fournir 3 à 5 % de l'électricité mondiale.

On peut s'étonner de cette relative désaffection, car la géothermie offre des possibilités significatives – y compris en France, où elle est encouragée par des crédits d'impôt et une subvention importante pour le remplacement d'une vieille chaudière par une pompe à chaleur[152] - pour une production stable (8 TWh actuellement) et non intermittente, à un coût très raisonnable : 4 à 6 cents le KWh.

Produite localement, cette énergie respecte l'environnement : même compte tenu des émissions indirectes, les rejets se limitent à 55 g. de CO_2 par

152 La subvention, majorée depuis mars 2023 selon un plan d'action national pour la géothermie, est de 5000 €, quel que soit le niveau de revenus du foyer.

KWh produit, ce qui est cinq fois moins que les centrales au gaz les plus modernes. Son potentiel devrait être mobilisé en développant les réseaux de chaleur pour le chauffage urbain - il en existe 900 en France, et leur nombre devrait passer à 1400 en 2030. Ces réseaux devraient aussi récupérer la « chaleur fatale » des industries et des incinérateurs. De plus, les nappes souterraines pourraient servir dans ce cas au stockage temporaire d'énergie.

Quant à la ***biomasse,*** il s'agit bien d'une source d'énergie renouvelable, puisque régulièrement produite par des végétaux ou des animaux : le bon vieux bois, mais aussi des déchets combustibles de toutes sortes, végétaux (paille, balles, écorces, fibres, mélasse, huiles usagées, etc.) ou animaux - les déjections animales séchées sont un combustible important dans les pays en développement, notamment en Inde.

C'est pourquoi son apport provient principalement de ces pays, qui en fournissent les trois quarts[153]. La biomasse reste la principale source d'énergie pour deux milliards et demi de leurs habitants, mais le brûlage pour obtenir du charbon de bois, combustible très pratique pour le chauffage domestique et la cuisine, est une des grandes causes de la déforestation dans le Tiers-Monde.

La question de savoir si l'utilisation de la biomasse contribue ou non à réduire l'effet de serre est controversée. Théoriquement, elle ne rejette que le carbone absorbé par les végétaux lors de leur croissance, et permet d'éviter la production de méthane lors de leur décomposition. Il n'en est pas moins vrai que sa combustion émet des gaz à effet de serre, ainsi que des particules et des composés organiques volatils. On promet de l'équilibrer par des plantations équivalentes ; mais le risque est grand que ces plantations servent en même temps de base à des calculs de compensation dans les mécanismes de rachat mis en place sur les marchés (voir chapitre 3) ; ce double compte rendrait le bilan réel pour la planète négatif.

La biomasse couvre actuellement environ le dixième de la consommation totale d'énergie dans le monde. Un usage plus large serait possible dans les pays du Sud, depuis les centrales électriques alimentées au bois ou à la bagasse de canne à sucre jusqu'à la combustion des déchets. Mais cette extension est limitée par les quantités disponibles et le danger d'une surexploitation des forêts dans des régions fragiles. Elle ne peut donc répondre utilement à des besoins fortement accrus, et sa part diminuera dans le futur, dans tous les scénarios de l'AIE.

---

[153] La contribution de la biomasse est difficile à évaluer compte tenu de son caractère très dispersé. En tous cas cet apport, estimé à un peu plus d'un milliard de TEP, se fait essentiellement sous forme de chaleur directe ; sa part dans la production mondiale d'électricité n'est que de 1,2%. En France, la biomasse apporte 4% de notre consommation énergétique globale, qui est de 275 M. de TEP.

L'usage de la biomasse pourrait pourtant s'intensifier dans nos pays, car le procédé est avantageux : avec un baril de pétrole à 80 $, un investissement dans une installation de chauffage au bois est amorti en à peine trois ans. Huit millions de foyers français sont déjà passés à ce type de chauffage ; il faudrait doubler ce chiffre[154], ce qui suppose la rénovation thermique d'autant de logements en une dizaine d'années. À l'échelle européenne, l'objectif est aussi de doubler l'utilisation actuelle de bois pour économiser l'équivalent de cent millions de tonnes de pétrole.

Le biogaz, mélange de méthane et de CO_2 obtenu par fermentation de matière organique dans de grands digesteurs, apportera un complément bienvenu à coût très faible, voire négatif ; il permet de produire conjointement (« co-génération ») de la chaleur, utilisable pour le chauffage urbain, et de l'électricité. Ainsi, l'entreprise danoise Nature Energy a inauguré en septembre 2024, en Côte d'Or, la plus importante unité de méthanisation française : elle produira 230 GWh par an de biométhane à partir de 2000 000 tonnes de biomasse

La Stratégie française pour l'énergie et le climat d'octobre 2023 prévoit une production de cent TWh, soit 30 % de la consommation nationale de gaz en 2030 et 10 % de notre consommation finale d'énergie, pour les diverses formes de chaleur renouvelable, dont la moitié pour le biogaz.

LE DOSSIER CONTROVERSE DU NUCLÉAIRE

Depuis ses débuts, dans les années 1950, l'utilisation de l'énergie de l'atome pour un usage civil – alimenter des centrales énergétiques produisant de grandes quantités d'électricité - suscite des polémiques, parfois violentes. À l'évidence, l'origine de cette méfiance est le rapprochement avec l'usage militaire de ces technologies : la bombe atomique, à partir de la terrifiante destruction d'Hiroshima et Nagasaki en 1945, puis la bombe H à hydrogène à partir de 1950, inspirent peur et rejet.

On assimile souvent sommairement de ce fait, le risque « d'explosion » d'une centrale à celui d'une bombe, alors qu'il n'en n'est rien ; les catastrophes successives de Three Miles Island aux États-Unis, de Tchernobyl en Ukraine, (URSS, à l'époque) et de Fukushima au Japon, provoquant des fuites radioactives et faisant craindre la « fusion du cœur »

[154] La forêt existante en France, mieux exploitée, pourrait apporter au moins 6 M de TEP de plus, sous forme de bois de chauffe pour les chaudières individuelles ou collectives et, avec les déchets végétaux, dans des systèmes de co-génération. Avec les autres genres de biomasse, l'apport énergétique total pourrait dépasser 15 M. TEP..

de ces centrales, n'ont rien arrangé[155]. Enfin, la question du retraitement des déchets radioactifs suscite de vives inquiétudes.

Pour nombre de Verts, le rejet du nucléaire civil est en quelque sorte un dogme fondateur ; ils refusent de voir que le refus du nucléaire – qui a conduit de nombreux pays, comme l'Italie et l'Allemagne parmi nos voisins, à écarter toute production nucléaire civile - pousse au maintien d'un recours excessif aux hydrocarbures. En France, les manifestations violentes qui ont abouti à l'arrêt du surgénérateur de Creys-Malleville, en 1997-98, ont été relayées par des mouvements de protestation contre la centrale de Fessenheim (dont la fermeture a, après beaucoup d'atermoiements, été décidée en 2022), contre l'usine de retraitement de La Hague, contre le transport des déchets nucléaires et leur enfouissement.

Ces oppositions, souvent plus idéologiques qu'argumentées, empêchent tout débat sérieux. Pourtant, un nombre croissant d'écologistes se rallie à l'idée – tout par nécessité. En effet, l'énergie nucléaire est un élément indispensable du « bouquet énergétique » de l'avenir, non pas qu'elle soit moins chère - car le surcroît de précautions prises, à juste titre, par les Agences de sûreté nucléaire des différents pays à la suite des catastrophes précitées[156] pèse, et les ENR sont désormais meilleur marché[157] -, mais parce que, fonctionnant en continu, elle est le complément indispensable d'énergies par nature intermittentes.

- elle fournit de façon stable (« en base ») des quantités importantes d'électricité ; une seule centrale nucléaire moderne (1600 MW) apporte autant de courant que mille éoliennes[158].

---

155 L'explosion de la centrale de Three Miles Island, aux Etats-Unis, qui a fait craindre la fusion du cœur du réacteur, date de 1979. Celle de Tchernobyl en Ukraine, qui a causé des milliers de morts, entraîné des retombées radioactives sur toute l'Europe et durablement contaminé son entourage, date de 1986. Celle de Fukushima, au Japon, avec là aussi des fuites radioactives, date de 2011.

156 Les précautions supplémentaires prises comprennent notamment la construction d'un double « radier » (dallage) pour éviter la descente d'un cœur en fusion après un accident, d'une double enceinte de confinement, d'une alimentation électrique indépendante en cas de panne, etc.

157 4,2 centimes le KWh pour les anciennes centrales nucléaires françaises, déjà largement amorties, mais 6,1 centimes (prix « complet » établi par la Commission de Régulation de l'énergie en 2023) pour le nouvel EPR, contre 5 cts le KWh pour les centrales solaires les plus performantes

158 En puissance installée, mille éoliennes de 6 MW chacune en moyenne sont nettement supérieures à une centrale moderne de 1450 à 1650 mégawatts (1,45 à 1,65 GW); mais il ne faut pas oublier qu'une éolienne ne tourne que 2200 h. par an en moyenne, contre 7000 pour une centrale nucléaire, qui produit en continu à part les arrêts pour entretien ; la fourniture de courant (10 à 13 TWh annuels, soit la consommation électrique de plus d'un million de Français) est donc analogue dans les deux cas. Le raisonnement est le même pour le solaire.

- bloquer la construction d'une centrale nucléaire, c'est souvent provoquer l'utilisation à sa place d'une centrale au charbon ou au gaz, bien plus dangereuse pour l'environnement. On le constate depuis longtemps aux États-Unis, en Italie, en Allemagne…

- l'énergie nucléaire permet en outre d'améliorer la sécurité d'approvisionnement. Sa matière première, l'uranium, ne représente que 5 % du prix de revient (contre 70 % pour le gaz dans une centrale à cycle combiné) et est disponible pour des siècles ; la répartition des réserves (Canada pour un quart du total mondial, Australie, Kazakhstan, Niger…) diffère beaucoup de celle des hydrocarbures, ce qui permet de diversifier les sources.

- le nucléaire permet enfin de réduire le poids des importations d'hydrocarbures. Grâce à lui, la France ne dépend des importations que pour moitié de ses besoins énergétiques, assurant le plus fort taux d'indépendance au sein de l'UE[159].

La question du classement de l'énergie nucléaire parmi les sources d'énergie est dès lors posée : certains voudraient l'assimiler aux énergies fossiles, puisque l'uranium est extrait de mines ; d'autres la rapprocheraient plutôt des énergies renouvelables, dans la mesure où c'est une technologie « propre », rejetant même moins de GES que le solaire ou l'éolien, si on tient compte du coût écologique de leur construction.

Les écarts considérables – d'un à sept - entre les quantités de CO_2 rejetées par KWh produit d'un pays à l'autre en Europe, selon qu'ils recourent plus ou moins à cette forme d'énergie, le démontrent : EDF n'émet en moyenne que 37 g. de CO_2 par KWh produit, grâce au nucléaire et à l'hydroélectricité. Sans le nucléaire, l'Europe émettrait chaque année 700 millions de tonnes de CO_2 supplémentaires et le monde 2 milliards de tonnes, soit 7 % du total actuel.

Un long débat européen a permis, en mars 2023, une solution qui inclut la modernisation des centrales actuelles dans les financements communautaires, découple partiellement le mode de fixation des prix de la référence au marché du gaz et encourage la conclusion de contrats à long terme avec les entreprises. Notre pays aurait souhaité faire adopter par l'Union européenne, en complément ou même à la place de 42,5 % d'énergies renouvelables en 2030, un objectif de 42,5 % d'énergies

[159] Notre parc nucléaire a une puissance totale installée de 63 gigawatts, apportée par 56 réacteurs à eau pressurisée et l'EPR de Flamanville. Son apport (300 à 350 TWh en année normale), complété par les barrages, permet à notre électricité d'être indépendante de l'extérieur à hauteur des neuf dixièmes. Mais cette capacité limitée a entraîné, lorsque des problèmes de corrosion ont entraîné l'arrêt de nombreux réacteurs et réduit la production à 279 TWh en 2022, un fort appel aux turbines à gaz et aux importations de pays voisins.

« faiblement carbonées », c'est-à-dire incluant le nucléaire, mais les textes sont restés ambigus sur ce point.

La relance en cours de l'énergie nucléaire

La France est un cas à part dans ce domaine, puisqu'elle est le seul pays où l'électricité d'origine nucléaire est largement dominante : 70 % de la production électrique et 32 % de l'énergie primaire totale. De tels taux ne sont approchés nulle part ailleurs ; mais bien des pays qui avaient abandonné ou mis en sommeil leur programme de nucléaire civil reviennent à ce mode de production. La COP 28 de Dubaï, dans son texte final, appelle à « accélérer les technologies à émissions nulles ou faibles, y compris, entre autres, les énergies renouvelables, *le nucléaire* » ; et une déclaration commune d'une vingtaine de pays appelle à tripler la production d'énergie nucléaire sur la planète.

La perspective d'une prolongation de la durée de vie des unités actuelles[160], potentiellement jusqu'à soixante ans, a permis de retarder la reprise de la construction de nouveaux réacteurs et d'engager un débat national, conclu en 2023 par une nouvelle « programmation pluriannuelle de l'énergie ».

On peut toutefois regretter que le redémarrage des projets, soutenu par une opinion publique favorable, ait tardé, puisque seul le réacteur nouveau modèle (EPR) de Flamanville a été réalisé pendant les deux premières décennies de ce siècle. Cette longue période de viduité[161] a fait perdre des compétences qu'il faut maintenant reformer avec difficulté pour mener le nouveau programme de construction : six EPR dans un premier stade, qui seront probablement suivis de huit autres (soit une puissance supplémentaire totale de 23 GW) à partir de 2035.

Les investissements nécessaires seront considérables : 67 Mds € pour le « grand carénage » permettant de prolonger la durée de vie des centrales actuelles, et autant pour la première tranche des nouveaux EPR, ce qui, ajouté à la lourde dette existante d'EDF (64 Mds €) rend inévitable une hausse des tarifs (cf chapitre 3).

Nos partenaires européens sont en général plus réticents, voire opposés. Mais leur expérience concrète confirme la contradiction entre le rejet du

[160] L'Autorité de sûreté nucléaire a donné en août 2023 le premier feu vert à la prolongation (pour dix ans) au-delà de sa durée de vie théorique de 40 ans du réacteur n° 1 de Tricastin.
[161] La loi de transition énergétique de 2015 prévoyait une réduction de la part du nucléaire dans notre énergie électrique et l'arrêt de 17 à 20 réacteurs. Les priorités n'ont vraiment changé qu'en 2022 (discours de Président Macron à Belfort, en mars).

nucléaire civil et les objectifs écologiques. Ainsi l'Allemagne a décidé en 2011, sous le gouvernement d'A.Merkel, après la catastrophe de Fukushima, d'arrêter progressivement toutes ses centrales nucléaires, qui fournissaient plus du quart de son électricité ; mais un recours accru au gaz naturel importé et le fort développement de ses énergies nouvelles n'ont pas suffi : elle a dû continuer à exploiter ses centrales au charbon – et même, pire, au lignite – et aller jusqu'à en construire une vingtaine de nouvelles.

L'arrêt des flux de gaz russe en a fait remonter la part du charbon dans sa production électrique à plus du tiers en 2022 ; toutefois, depuis, l'électricité "verte" a pris le dessus, atteignant 55 % en 2023.

L'impasse résultant du rejet systématique du nucléaire est encore mieux illustrée par l'exemple de l'Italie ou de l'Autriche : malgré leurs positions de pointe sur les énergies renouvelables, ces pays peinent à atteindre leurs objectifs de décarbonation, car ils recourent largement au charbon et au gaz pour le solde. En revanche, le nucléaire, présent chez la moitié des 27 membres de l'UE, y apporte une part appréciable de la production électrique : 31 % en moyenne, jusqu'à 55 % en Belgique.

La Commission européenne a eu le mérite de mettre en avant ces faits, dans ses Livres verts successifs sur l'énergie. Elle y souligne que sans l'inclusion du nucléaire (qui représente encore 22 % de la production électrique de l'U.E.) dans le « policy mix » énergétique, les engagements de l'Union sur la réduction des émissions de gaz à effet de serre pourront difficilement être tenus[162] ; inquiète de la dépendance croissante de l'UE à l'égard des approvisionnements extérieurs, elle a admis, en juin 2023, qu'il « contribue à atteindre les objectifs de neutralité climatique ».

L'accord trouvé en 2023 avec les Allemands confirme donc que l'hydrogène « vert » produit par de l'électricité d'origine nucléaire sera inclus dans les 42,5 % d'ENR devant être utilisés par l'industrie en 2030.

Face au défi posé par la relance nécessaire du nucléaire civil avec une opinion qui, sauf en France et en Russie sans doute, reste majoritairement méfiante, les choix actuels sont très contrastés. Outre la prolongation, très générale, de la durée de vie des réacteurs jusqu'à cinquante ou soixante ans - voire 80, avance l'AIE – au lieu de trente à quarante prévus initialement, un large mouvement de reprise se manifeste toutefois. De nouvelles centrales ont déjà été commandées dans nombre de pays ; voir tableau ci-dessous. La Chine et la Russie n'ont, elles, jamais interrompu leurs programmes.

---

[162] En effet, un scénario de sortie du nucléaire accroîtrait ces émissions de 12% ; à l'inverse, tenir les engagements de Kyoto supposerait *à la fois* le doublement de la part des énergies renouvelables et le lancement rapide d'une centaine de tranches nucléaires.

Situation et perspectives de la production d'énergie nucléaire civile dans le monde

- Les États-Unis, traumatisés par l'accident de Three-Miles Island, ont cessé de commander des centrales nucléaires pendant trente-quatre ans (1973-2007). Mais le danger pour l'environnement de l'exploitation massive en cours des schistes bitumineux a fait comprendre la nécessité de relancer l'énergie atomique. La durée de vie des 104 installations existantes est donc progressivement prolongée à soixante ans, et la construction de nouvelles centrales (une trentaine) a repris.
- En Europe, la Suède dès 1980, l'Espagne à partir de 1984, l'Italie depuis le référendum de 1987, les Pays-Bas et l'Allemagne en 2000, la Belgique en 2002, ont décidé de fermer progressivement leurs centrales. Ils ont tous dû revenir partiellement en arrière en acceptant de prolonger leur longévité, mais sur des durées dont la dispersion suscite une certaine perplexité : 32 ans pour l'Allemagne, quarante pour la Belgique, la Suède et l'Espagne, soixante ans pour les Pays-Bas. La Suède va construire une dizaine de nouveaux réacteurs, et la Finlande a commandé à la France le premier EPR, celui d'Okiluoto, entré en service en 2023 après beaucoup des retards et surcoûts. La Belgique et les Pays-Bas ont aussi révisé leur attitude. L'Allemagne a étalé sur vingt ans la fermeture de ses 19 réacteurs en service[163], au prix du maintien d'un usage significatif du charbon[164]. Le nucléaire reste en revanche important dans les douze pays d'Europe de l'Est, dont plusieurs construisent chacune deux nouvelles centrales.
- Le Royaume-Uni a décidé de commander de nouvelles centrales pour remplacer ses 14 réacteurs vieillissants, qui ne couvrent plus que 18 % des besoins du pays. Son programme vise à atteindre 24 GW nucléaires : deux EPR, qui prennent du retard, sont construits par EDF à Hinkley Point, et deux autres à Sizewell.
- La Russie, quoique riche en gaz, continue à développer le nucléaire (16 % de son électricité) : d'ici 2030, cinquante centrales remplaceraient le parc actuel, prolongé jusqu'à 45 ans. L'Ukraine tirait encore avant la guerre près de la moitié de son électricité de ses 15 réacteurs restants et veut en construire quatre autres.

[163] La crise des approvisionnements en gaz a conduit à décider un maintien en activité des trois dernières centrales jusqu'en 2024, mais sans réviser la décision de fermeture définitive.

[164] La production, devenue non-compétitive malgré des subventions importantes, est tombée à 24 MT annuelles. Le gouvernement fédéral avait pris la décision de fermer d'ici à 2018 les huit mines encore en activité, mais plusieurs tournent encore.

- Le Japon est dans une situation proche de la moyenne européenne, avec une production électrique nucléaire à 30 %. Malgré Fukushima, ce « troisième grand » du nucléaire civil a repris son programme de construction de nouvelles centrales.
- Le Canada et la Corée du Sud (qui tire 43 % de son électricité de ses vingt réacteurs nucléaires) préparent plusieurs projets.
- Plus de trente centrales nucléaires ont été construites en Chine ; six réacteurs, dont les deux EPR de Taishan, ont été réalisés par la France. Le pays en comptera sans doute une centaine à l'horizon 2030 ; cela ne permettra que d'assurer 4 % de la production électrique du pays (contre 2 % seulement aujourd'hui).
- Parmi les pays en développement, l'Inde, l'Afrique du Sud et le Brésil sont les plus avancés dans le nucléaire civil, avec respectivement 17, quatre et trois réacteurs. Une quinzaine d'autres pays du Sud ont aujourd'hui des programmes nucléaires civils ; mais l'énergie atomique ne représente encore qu'une faible part (2 %) de la production électrique des PVD.

Au total, les 413 réacteurs en service dans une trentaine de pays[165]- fournissent, avec une capacité totale de 370 GW, 9 % de la production électrique mondiale[166] - voir graphique page 103 - et 4 % seulement de la production d'énergie primaire.

Si l'on voulait faire passer cette part à un quart de l'électricité consommée dans le monde en 2050, il faudrait construire deux mille grands réacteurs nucléaires nouveaux, soit un tous les cinq jours, d'ici là ! Plus prudemment l'AIE ne suppose, dans son scénario le plus ambitieux, qu'un maintien de la part du nucléaire à peu près au niveau actuel de 9 %. Cela nécessiterait encore plus qu'un doublement des capacités et, avec le remplacement de certains des réacteurs actuels, la construction d'au moins 700 réacteurs de mille mégawatts en moyenne.

C'est ambitieux, mais « techniquement faisable », juge l'AIE ; mais il faudra former en nombre, un peu partout, de nouveaux ingénieurs et cadres spécialistes de cette filière, et ce chemin est pris bien tard.

---

165 Cette puissance nucléaire civile mondiale est concentrée pour plus de moitié dans trois pays seulement : USA (98 GW) ; France (63 GW avec Flamanville) ; Japon (48 GW). Les autres puissances nucléaires civiles significatives sont la Russie (22 GW), et la Corée (17 GW).

166 Soit 2682 TWh sur un total mondial de 29 033 en 2022. La part du nucléaire était de 18% dans les années 1990. Cette régression est due au sous-investissement.

Vers des centrales plus efficaces et plus sûres

Il n'est pas question pour autant de nier les risques qu'implique l'énergie nucléaire. Pour traiter ce problème essentiel, l'Union européenne a demandé à chacun de ses membres d'établir des normes de sécurité communes et d'instaurer, suivant le modèle français de l'Autorité de sûreté nucléaire, une Agence de contrôle indépendante. L'industrie nucléaire civile doit en outre progresser sur le plan économique pour parvenir à la fois à une durée de vie accrue des centrales et à une meilleure productivité dans l'utilisation du combustible.

Un premier pas dans ces directions est le passage aux EPR. Les premiers exemplaires fonctionnent en Finlande, en Chine et en France (à Flamanville). D'une puissance de 1600 MW, ce modèle offre une sécurité très renforcée, ce qui a entraîné de multiples et très coûteux retards de mise en place, sans empêcher les plus obstinés des Verts de s'y opposer, dénonçant les risques (terroriste, sismique, réchauffement des eaux) communs à toutes ces installations.

La deuxième génération d'EPR est en préparation pour installation à partir de 2035. L'étape suivante, attendue pour 2040, relève encore de la recherche, et celle de la fusion nucléaire reste lointaine.

La question du traitement des combustibles usagés et du stockage des déchets ultimes radioactifs demeure très sensible, en attendant les réacteurs du futur qui brûleront leurs propres déchets. Les quantités sont pourtant faibles : le volume moyen des plus actifs s'élève à quatre grammes par habitant et par an, soit trois cents fois moins que les pesticides, dont certains sont d'une toxicité aiguë à peu près équivalente L'Autorité de sûreté nucléaire, qui les surveille de près, juge leur impact sanitaire global « extrêmement faible ». Reste à savoir comment en disposer. Trois voies s'offrent :

- Le retraitement, qui permet de récupérer dans les combustibles irradiés les matières fissiles utilisables. Elles sont désormais systématiquement incorporées dans des mélanges comme le mox produit à Marcoule en France, limité à des usages civils ;

- La transmutation, qui permet de transformer plus complètement des corps radioactifs en produits inertes. La voie des « surgénérateurs » est donc de nouveau à l'ordre du jour ;

- Le stockage souterrain des déchets radioactifs les plus dangereux. Il est expérimenté, en vertu d'une loi de 2006, sur le site lorrain de Bure ; sans cesse retardé par des oppositions locales, il pourrait débuter d'ici 2025. La Grande-Bretagne et les États-Unis ont aussi opté pour cette solution.

L'équipement du Sud et le risque de « prolifération » nucléaire.

Bien qu'elle suscite moins l'attention, cette question est encore plus sérieuse que celle de nos propres déchets nucléaires, puisqu'au moins les trois quarts des besoins supplémentaires en énergie se situeront dans les pays émergents et en développement.

Si l'Inde, le Pakistan, la Corée du Nord et Israël se sont déjà dotés de l'arme atomique (à partir de recherches à usage dual), le risque de prolifération est illustré par l'Iran, fortement soupçonné de poursuivre un programme militaire sous couvert d'activités civiles ; mais ce cas est loin d'être le seul, en réalité.

La meilleure réponse serait, dans l'idéal, de parvenir à concentrer les programmes nucléaires civils sur un certain nombre de grands pays émergents, qui réunissent des besoins massifs d'électricité, des capacités industrielles, un haut niveau scientifique, et un État suffisamment stable et organisé pour assurer un contrôle efficace de la sûreté des installations. Plusieurs accélèrent la construction de centrales, pour eux-mêmes et pour exporter de l'électricité vers leurs voisins.

La communauté internationale a fait des efforts importants pour contrôler ces programmes, tant sur le plan de la sécurité que pour éviter tout dérapage vers les usages militaires. Tel est le rôle du traité de non-prolifération nucléaire (TNP) – que toutefois plusieurs pays importants, dont l'Inde, n'ont pas ratifié - et de l'Agence Internationale de l'Énergie atomique (AIEA) : son contrôle intégral, dit « full scope » des programmes nucléaires civils offre une bonne sécurité – à condition que les pays intéressés l'acceptent.

Le problème est bien plus difficile dans des pays où l'insécurité règne, ou dans lesquels on peut craindre que le dénuement et la pression des besoins ne conduisent à un certain laisser-aller dans les normes de construction et de gestion - même si certains d'entre eux connaissent une société « duale » avec des ingénieurs et experts de haut niveau.

Ce problème pourra être fortement atténué par la diffusion prochaine de réacteurs de plus petite dimension type SMR, plus faciles à gérer. Américains et Russes proposent aujourd'hui des modèles de coopération où les pays en développement peuvent se procurer des matières fissiles auprès des pays avancés, sous le contrôle de l'AIEA et à condition de leur renvoyer le combustible usagé pour retraitement. Il y a là sans doute l'amorce d'une solution d'ensemble au problème de la prolifération.

*

Au total, malgré les efforts de sobriété indispensables décrits plus haut, il sera impossible d'atteindre l'objectif d'une diminution forte et rapide des émissions nettes de GES pour arriver à zéro en 2050 en se reposant uniquement sur les énergies nouvelles et renouvelables.

En effet, nous avons vu que les besoins d'énergie de la planète resteront en tout état de cause élevés, nécessitant des investissements considérables.

Il ne sera en tout état de cause pas aisé de reconvertir très rapidement un appareil de production encore largement tourné vers le « tout-hydrocarbures » ; il y faudra du temps, ce qui explique que malgré les efforts, les émissions de GES d'origine humaine continuent à augmenter – tout l'enjeu étant d'atteindre le point de retournement le plus vite possible.

On doit admettre qu'aucune source d'énergie alternative ne peut à elle seule remplir la mission de remplacer les combustibles fossiles. Par exemple, pour obtenir le supplément de puissance énergétique à partir de l'énergie du vent, il faudrait construire près d'un million d'éoliennes[167]. C'est pourquoi, si la projection intermédiaire de l'AIE (retraçant les engagements annoncés, mais pas toujours mis en place) indique pour 2030 un triplement de la part des énergies renouvelables au sens étroit (sans biomasse et hydroélectricité), elles ne représenteront encore alors qu'un tiers de la production mondiale d'électricité et ne deviendront majoritaires qu'entre 2035 et 2040.

Puisque le recours aux énergies nouvelles ne peut suffire pour limiter les émissions de GES, la voie de l'avenir est bien un « policy mix » (combinaison de politiques) énergétique équilibré :

- D'abord, arrêter rapidement la production et la consommation du charbon. Une exception, prévue par la cop 28, peut être faite pour les centrales électriques accompagnées d'un dispositif de csc opérationnel, si celui-ci est réellement complet[168]...
- Limiter strictement le recours au pétrole (à réserver en priorité aux transports aériens et à la pétrochimie), en bornant les investissements dans de nouveaux gisements au renouvellement partiel des capacités existantes.
- Utiliser le gaz naturel comme énergie de transition, comme le prévoient les accords internationaux, mais tout en programmant son extinction progressive. Remplacer le charbon par le gaz dans nombre de centrales électriques, opération préconisée par le giec, peut être une étape pour réduire les émissions, mais sans apporter de solution durable.

---

[167]Le scénario intermédiaire de l'AIE prévoit d'en construire 17 500 par an. Avec des engins d'une puissance moyenne de 10 MW, cela donnerait une puissance additionnelle de 175 GW qui, tournant 2200 heures par an en moyenne, apporteraient *chaque année* 385 TWh de plus, soit 1% de la consommation électrique mondiale future. Pour atteindre l'objectif du scénario le plus ambitieux de l'AIE, soit une capacité éolienne de 7600 GW en 2050 il faudrait construire un million d'éoliennes de 6 à 10 MW pièce (7,6 en moyenne) d'ici là.

[168]Des démarches comme celle du Canada et de la Norvège, qui interdisent la construction de nouvelles installations si elles ne sont pas équipées d'un dispositif de CSC, sont prometteuses.

- Recourir, dans les cas aujourd'hui rares où ce sera économiquement possible, au stockage du carbone pour atténuer des émissions de ges provenant de cet usage encore trop large des combustibles fossiles.
- Développer massivement les enr pour réussir la relève, mais en restant conscients que si leur potentiel est illimité, elles ont l'inconvénient d'être encore parfois gênantes pour l'environnement, et en tous cas intermittentes.
- Donner une place suffisante à l'énergie nucléaire. C'est un élément indispensable de la combinaison, car elle offre le complément de production de masse, stable en base et à coût économique, qui nous est nécessaire.

Autrement dit, pour réussir, il faudra poursuivre à la fois des objectifs chers aux « Verts » et ceux que nombre d'entre eux rejettent encore... La reconversion de l'appareil de production énergétique par la mobilisation à plein de chaque filière non ou peu polluante est le seul moyen d'espérer atteindre les objectifs ambitieux que s'assigne la communauté internationale pour préserver notre planète. Loin d'écarter telle ou telle approche, il faut au contraire les combiner, c'est-à-dire actionner ensemble tous les outils.

Cette voie de l'équilibre peut être illustrée par la comparaison des trois scénarios de l'AIE que nous avons présentés (page 104) : si nous maintenons les politiques actuelles, les émissions de CO_2 dues à la production énergétique baissent à peine de 5 % ! Dans le plus volontariste au contraire, les émissions sont réduites d'un tiers dès 2030 et disparaissent en 2050, moyennant les investissements nécessaires pour améliorer l'efficience énergétique, convertir des centrales classiques, accélérer encore le développement des énergies nouvelles, et construire des centrales nucléaires.

Ce « policy mix » énergétique de l'avenir devra évidemment être adapté à la situation de chaque pays : l'hydroélectricité trouve mieux sa place dans les régions bien arrosées, comme l'éolien ou le solaire dans les pays arides et le nucléaire dans les PVD émergents. L'interconnexion des réseaux y facilitera la construction d'unités de production de plus petite dimension, souples et régionalisées.

Reste à financer les lourds investissements que suppose la mise en place de ce nouveau mix énergétique. Comme nous l'avons vu aux chapitres 2 et 3, l'État, les entreprises et les particuliers doivent prendre chacun leur part, en y étant poussés tant par des aides directes que par des incitations de la puissance publique - normes, taxes, prix -, avec des compensations ciblées.

CHAPITRE 5 : LA RÉVOLUTION VERTE DE l'HABITAT

Nous avons vu qu'une part importante de nos émissions de gaz à effet de serre provient de notre façon courante de vivre ; le secteur du bâtiment représenterait directement ou indirectement, selon l'AIE, 30 % de la consommation finale d'énergie et un tiers du total mondial des émissions d'origine énergétique[169] ; la croissance de ses rejets est d'1 % par an, les surfaces construites dans le monde - à 80 % dans les pays émergents et en développement - faisant plus que compenser les efforts d'efficacité énergétique et de décarbonation.

Il est indispensable d'inverser sans délai cette tendance ; dans son scénario le plus ambitieux (0 émissions nettes en 2050), l'AIE préconise de les réduire d'un tiers à cet horizon et d'un quart dès 2030, alors que dans le scénario au fil de l'eau elles augmenteraient encore d'au moins 20 C'est dire qu'il y faudra des mesures énergiques.

En France, notre façon de nous loger et d'utiliser les services commerciaux émet 80 millions de tonnes d'équivalent-CO^2 annuelles, soit 18 % du total – une petite moitié par les chaudières domestiques, une grosse moitié par la consommation électrique et les réseaux de chaleur[170]. Dans les pays chauds, États-Unis inclus, la climatisation ajoute son lot, en été, à la facture énergétique.

L'incidence de ces besoins est d'autant plus importante qu'elle est maximale lorsqu'il fait le plus froid (ou le plus chaud) : les chaudières au fioul ou au gaz émettent directement des GES, les chauffages électriques ou les climatiseurs en émettent indirectement par l'appel à l'électricité, elle-même encore majoritairement produite avec des combustibles fossiles, surtout lorsqu'un appel de puissance de pointe oblige à remettre en marche des centrales au charbon ou au gaz.

---

169 Il faut distinguer ces chiffres, qui ne concernent que les GES d'origine énergétique, de ceux figurant au tableau du chapitre 4, page 5, qui concernent toutes les émissions, y compris celles dues au changement d'usage des sols, et donnent une part plus forte à l'agriculture et plus faible au bâtiment.

170 Le chauffage – celui d'un petit appartement ancien à Paris émet 2,7 tonnes de CO_2 par an - absorbe jusqu'à 70% de la consommation énergétique des logements, selon le Réseau de transport d'électricité (RTE) ; lors des pointes de consommation, le chauffage électrique générerait, du fait de la remise en marche des centrales fonctionnant aux combustibles fossiles, près de 600g. de CO_2 par KWh, contre 160 g. en temps normal. Le logement résidentiel consomme à lui seul 30% de l'électricité française, et le secteur tertiaire 18%.

« Empreinte carbone » et bâtiment

Une autre façon de mesurer les rejets de GES est de les décompter en tonnes d'équivalent-CO_2 par habitant, A l'échelle mondiale, cette « empreinte carbone » est de 5 Tonnes. Mais elle varie grandement d'un pays à l'autre : elle atteint un record mondial de 30 T. au Qatar, pays pétrolier ; à l'inverse, elle est inférieure à 1 tonne par habitant dans la plupart des pays en développement.

La France a une empreinte carbone par habitant relativement modérée, se situant à la moyenne mondiale - si l'on ne considère que ce qui est produit chez nous. En revanche, si l'on prend bien en compte le contenu carbone des importations, qui atteint non moins de 45 % du total, comme le fait l'ONG Carbone 4, notre performance est beaucoup plus discutable : 9,5 T. Cf graphique ci-dessous.

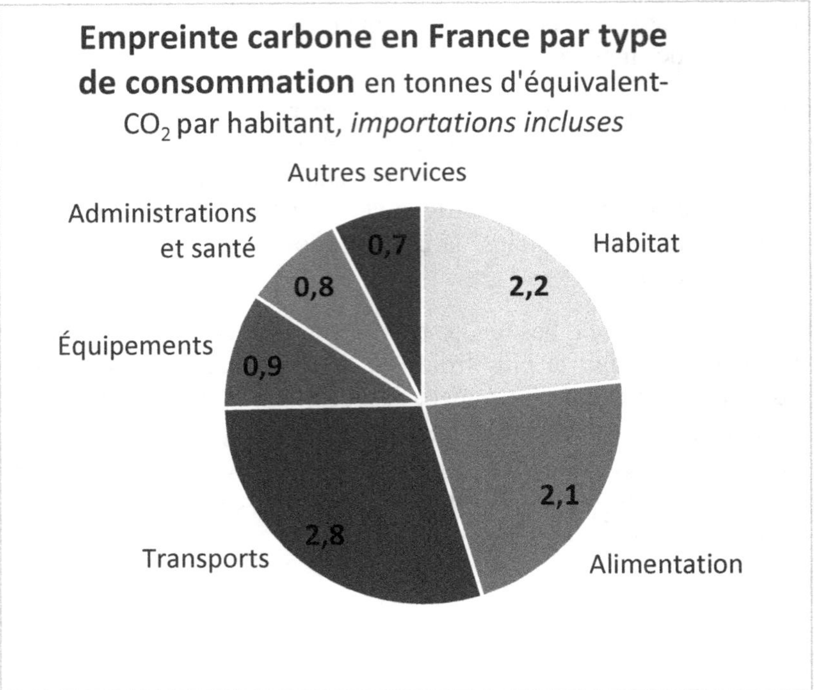

Source : Carbone 4

Note : la part des importations est très variable : 36 % pour l'habitat, 46 % pour l'alimentation, 45 % pour les transports, 82 % pour les équipements, 52 % pour l'administration et la santé, 60 % pour les autres services

On constate de nouveau que le bâtiment joue un rôle significatif : près d'un quart du total, même s'il ne vient qu'au second rang, après les transports.

Les mesures à prendre pour réduire cette empreinte relèvent de trois approches : des modes de construction et de rénovation « basse consommation » ; une plus grande sobriété dans la consommation énergétique des particuliers ; et une politique ambitieuse dans le secteur des services.

CONSTRUIRE ET RÉNOVER AVEC UNE BONNE PERFORMANCE ÉCOLOGIQUE

Pour atteindre les objectifs proposés par l'AIE, l'intensité énergétique des bâtiments devrait s'améliorer de 30 % dans le scénario au fil de l'eau, et de 50 % dans le scénario intermédiaire, d'ici 2050, alors que 70 % des bâtiments de ce futur sont déjà construits.

Il va donc falloir à la fois améliorer considérablement les techniques de construction des bâtiments neufs et se donner les moyens d'une rénovation ambitieuse du parc existant.

Construire des logements « basse consommation »

Il s'agit de passer d'un modèle de bâtiments polluants à des bâtiments basse consommation (BBC, ne dépassant pas 50KWh par m^2 et par an), ou, mieux, à la « maison passive »[171] ou même « à énergie positive », dégageant alors un surplus d'énergie transférable au réseau électrique.

En France, il existe depuis 1974 une réglementation thermique (RT, rebaptisé RE pour traduire un souci environnemental plus large) sur la qualité énergétique de toutes les constructions neuves ; les plafonds sont périodiquement révisés à la baisse. La norme actuelle RT/RE 2020 limite la consommation à 100 KWh par m^2/an en moyenne. Les baisses futures de la norme RT sont programmées : -15 % en 2025, -25 % en 2028, -30 % en 2031, se rapprochant du label « bâtiment basse consommation ». De plus, la construction doit incorporer la production d'énergies renouvelables, pour atteindre l'objectif de la maison positive.

Comment y parvenir ? Dans le domaine de la construction, mieux isoler les bâtiments pour améliorer leur efficacité thermique est le gisement principal d'économies, et sans doute le plus rentable – un euro investi en

[171] La « maison passive », concept développé en Allemagne, en Suisse et en Scandinavie, n'a pratiquement plus besoin d'être chauffée ; elle consomme moins de 15 KWh d'énergie par m^2 et par an. Le Centre scientifique et technique du bâtiment (CSTB) et la Caisse des dépôts ont créé pour elle un label, Effinergie.

isolation économise vingt fois plus de CO_2 qu'un euro investi dans les énergies nouvelles ! Au total, le surcoût ne serait que de 8 à 15 % du prix de vente[172].

Cela suppose, au-delà du calfeutrage et des doubles vitrages classiques, d'utiliser des procédés plus efficaces, combinant des techniques modernes :

- Forme et orientation favorable du bâtiment (façades au soleil, apport de lumière naturelle…) ;
- Remplacement de la climatisation par des brise-soleil ;
- Ouvertures à double vitrage avec joints renforcés pour garder la chaleur, et larges pour capter la lumière ;
- Isolation complète pour éviter les « ponts thermiques » (points de sortie de la chaleur) ;
- Murs et toits végétaux (paille, chanvre, coton…) qui, outre l'effet isolant, filtrent l'air et conservent l'eau[173] ;
- Utilisation plus large du bois, qui apporte une économie d'énergie de 40 % (aux États-Unis, 97 % des maisons sont construites en bois), de terre crue ou d'autres matériaux biosourcés ;
- matériaux isolants innovants comme les briques alvéolaires ou « monomur » (qui ne reviennent que 5 % plus cher) ;
- Recours accru à des éléments préfabriqués et au réemploi des matériaux ;
- Appareils de chauffage d'une puissance adaptée aux besoins réels ;
- Étanchéité à l'air des murs et réseaux ; dans la ventilation « à double flux », l'air ambiant est préchauffé grâce à la chaleur récupérée dans l'air sortant.

En ce qui concerne les modes de chauffage, le rapport Pisani-Mahfouz de 2023 prévoit le remplacement, en France, des trois quarts des 3 millions de chaudières au fioul et d'un quart des 12 millions de chaudières au gaz d'ici 2030.

Faut-il concentrer davantage l'habitat ?

La planification urbaine est un élément essentiel d'une approche écologique : les villes concentrent en effet les trois quarts de la consommation énergétique et des émissions nocives. Beaucoup dépend, par

[172] La fédération française des promoteurs estime le surcoût des aménagements économisant l'énergie à 8% pour le label public Très haute performance énergétique (THPE : 80 KWh/m²/an) et 15 à 18% pour la basse consommation (50 KWh/m²/an).

[173] Les toitures végétales, dont la technologie progresse, sont d'office qualifiées HQE, car elles assurent une bonne isolation thermique et phonique, retiennent les eaux pluviales, filtrent l'air et rafraîchissent l'atmosphère en été en l'humidifiant. Répandues en Allemagne, elles sont encore trop peu usitées en France.

exemple, du développement des réseaux de chauffage urbain (parfois alimenté par géothermie, donc sans coût écologique), de la bonne organisation des services, d'implantations bien choisies des principaux équipements, etc. Les capitales coopèrent en ce sens et ont créé un Fonds d'investissement commun[174] pour encourager la baisse de leurs émissions de GES.

Par ailleurs, la tendance à « l'étalement urbain », du fait de la préférence fréquente pour l'habitat dispersé, a entouré toutes les grandes villes du monde de banlieues pavillonnaires étendues, qui posent des problèmes de destruction des surfaces agricoles et d'imperméabilisation des sols tout en générant des coûts de transport élevés, avec les émissions de GES associées.

En France, l'étalement a longtemps été encouragé par la réglementation des « COS » (coefficient d'occupation des sols), qui limitaient le volume des constructions possibles en fonction de la surface du terrain ; et, dans beaucoup de grandes villes, dont Paris, des normes ont plafonné la hauteur des immeubles. L'augmentation de la population, allant de pair avec celle des surfaces requises par habitant, renforce cette évolution : par exemple, selon l'AIE, la surface résidentielle par tête en Chine est maintenant égale à celle du Japon.

Bien des urbanistes et des écologistes pensent qu'il faut inverser cette tendance et aller vers une re-densification de nos villes ; les COS et les limites de hauteur des constructions ont donc souvent été relevés. Il faut cependant éviter de retomber dans la politique des « grands ensembles » groupés, dont on connaît les méfaits sociologiques graves ; la re-densification trouve ainsi assez vite ses limites.

Une tendance récente intéressante est la réalisation d'éco-cités[175] :

Les éco-cités, villes de l'avenir ?

- Ces villes ou quartiers écologiques ont en commun un habitat plutôt dense (petits collectifs plutôt que maisons individuelles, pour libérer des espaces verts), l'économie d'énergie par l'orientation, l'isolation et la ventilation des immeubles, le recours aux énergies renouvelables (dont les réseaux de

[174] Sur l'initiative du « C40 », qui réunit les plus grandes villes du monde, un Fonds d'investissement finance des diagnostics énergétiques pour mettre des immeubles aux normes ; les emprunts seront remboursés grâce aux baisses des coûts obtenues. Une centaine de villes européennes ont signé une Convention qui vise à dépasser l'objectif européen de réduction des émissions de CO_2, notamment par la réduction rapide à 50 KWh/m²/an de la consommation d'énergie dans tous les bâtiments neufs.

[175] Le programme One Planet Living du WWF fixe dix principes à respecter pour les éco-quartiers : aucune émission de carbone ; aucun déchet ; utilisation de transports durables et de matériaux recyclés ; maîtrise de la consommation d'eau ; protection de la faune et de la flore…

chaleur), la récupération des eaux de pluie et une gestion stricte des déchets, l'élimination au moins partielle des voitures grâce à la proximité de transports en commun.

- Les exemples se multiplient : en Europe, Fribourg en Allemagne, et Bedzed, au sud de Londres ont donné le ton. Les Américains ont réalisé Mountain View, en Californie. La Chine a construit la ville verte de Dongtan, au nord de Shanghaï. Abu Dhabi a investi quinze milliards de dollars dans une ville modèle en plein désert, Masdar, et l'Arabie saoudite reprend cet exemple à grande échelle pour sa ville nouvelle de Neom. L'Indonésie construit sa future capitale, Nusantara, avec 70 % de zones vertes et 100 % d'ENR, visant la neutralité carbone en 2045. En France, la création d'au moins un éco-quartier type[176] par ville avait été retenue par le Grenelle de l'environnement ; c'est chose faite dans de nombreuses cités, comme Perpignan, Grenoble, Narbonne, Chambéry, etc.

Lutter contre l'imperméabilisation des sols

Le « bétonnage » généralisé (en France, l'équivalent d'un département est artificialisé tous les dix ans) élimine des terres arables, des prairies, des forêts, nécessaires pour nourrir hommes et animaux et faire respirer la planète. L'imperméabilisation de ces sols, s'ajoutant au changement climatique, a un lien évident avec la recrudescence des inondations ces dernières années[177] ; pourtant, le processus s'étend. À l'inverse, le choix de villes plus denses, intégrant des réseaux efficaces de transports en commun et des bâtiments collectifs performants énergétiquement, devrait s'imposer. Les premières politiques en ce sens débutent tout juste, et dans les seuls pays avancés.

Lutter contre l'artificialisation des terres est en tous cas indispensable. L'objectif de diffuser largement dans notre pays des « zones zéro artificialisation nette » (ZAN) a été posé par la loi Climat et résilience de 2021 (cf chapitre 1, page 43). Ce texte vise entre autres à réduire la consommation d'espaces agricoles, naturels et forestiers de moitié en France d'ici 2030 et à parvenir à zéro en 2050. Mais il a été modifié par une nouvelle loi en juillet 2023, qui exclut de la règle les « projets d'envergure

---

[176]Ces éco-quartiers, munis de technologies vertes et de communications à haut débit, font l'objet de conventions ville/Etat. Visant mixité sociale et zéro émissions, ils intègrent ENR (éoliennes, toitures et centrales solaires, réseau de chaleur récupérant l'énergie des incinérateurs) et traitement optimisé des déchets.

[177] Les surfaces péri-urbaines ont un environnement très dégradé, aux espaces verts mal entretenus, et en grande partie imperméabilisé par les surfaces bétonnées (voirie, bâtiments, parkings, terrains de sport...). Dans ce cas, le sol ne joue plus son rôle de filtre, ce qui accroît le risque d'inondations et de pollution de la nappe phréatique.

nationale et européenne » : 12 500 ha (soit 10 % de la consommation de terres tolérée d'ici 2030) leur ont été réservés.

Rénover massivement les logements existants

Beaucoup des bâtiments déjà en place à ce jour sont très mal isolés : la consommation annuelle d'énergie de notre parc actuel de bâtiments se situe dans la moyenne européenne et baisse lentement, mais approche encore 150KWh/m² (contre 213 en 2006 et 189 en 2012), alors que le Grenelle de l'environnement avait retenu un objectif de 132 KWh/m²/an. Il s'agit donc, sauf pour les logements les plus récents, de poursuivre une vaste opération de rénovation. L'objectif d'une forte réduction de la consommation énergétique et des émissions de GES est tout à fait atteignable, puisqu'une bonne isolation permet de les réduire au moins des deux tiers.

Que faire pour une rénovation réussie ?

- *Isoler*, avant tout : couvrir murs et plafonds (sans oublier les combles) avec de la laine de verre ou de roche ; poser des volets, des doubles rideaux et des doubles vitrages ou survitrages .
- *Produire de l'énergie* (éolienne ou solaire) de façon décentralisée dans la maison ou l'immeuble même. Les surcoûts encourus sont aujourd'hui raisonnables ; une installation photovoltaïque sur le toit d'un immeuble ou dans un jardin s'amortit en sept à huit ans grâce aux gains sur la facture d'électricité, et, une fois l'installation amortie, ces énergies sont gratuites ; un seul mètre carré de capteurs solaires économise jusqu'à 300 kg de rejets de CO_2 par an. En Espagne, la loi impose d'ailleurs que tout nouvel immeuble construit soit équipé de capteurs solaires.
- *Moderniser* chaudières et appareils de chauffage. Nos logements, chauffés dans près de la moitié des cas au fuel ou au gaz[178], et souvent par des appareils vétustes, ont une mauvaise efficacité énergétique. Selon l'ADEME, le remplacement de nos 3,5 millions de chaudières âgées de plus de vingt ans économiserait plus de sept millions de tonnes de CO_2 chaque année ; il s'agira parfois d'adopter tout simplement le chauffage au bois (poêle à granulés) ; toutes les habitations neuves doivent être dotées d'un conduit le permettant.
- *Innover* : les chaudières basse température ou « à condensation » offrent une économie de 30 à 40 %. Les « pompes à chaleur » permettent, moyennant un investissement initial encore assez onéreux, de réduire des

[178] 32% des logements français sont chauffés au gaz , 19% au fuel, et 1% au charbon, soit 52% d'énergies fossiles ; l'électricité représente 25% du total, le bois 16%, les divers (réseaux de chaleur urbains, GPL…) 7%.

quatre cinquièmes la facture de chauffage[179]. On peut installer des chauffe-eau solaires.
- *Anticiper,* éventuellement : des solutions plus ambitieuses comme le stockage géothermique, qui permet de conserver en sous-sol l'eau chauffée pendant l'été pour la réutiliser par temps froid, se développent. La pile à combustible, apportant chaleur et électricité à partir de l'hydrogène (qui devra être « vert »), commence à apparaître.

L'objectif retenu dès 2007 en France était bien de lancer une rénovation d'ensemble de nos logements, en y appliquant (à partir de 2012) une norme de 80 KWh/m² maximum. Mais la tâche à accomplir est vaste, car notre pays compte trente millions de logements, dont les deux tiers dépassent les nouvelles normes[180]. Actuellement, il se fait seulement un peu plus de six cent mille rénovations thermiques (la plupart partielles) par an, et elles ne représentent que 10 % du chiffre d'affaires global du secteur. À ce rythme, il faudrait près de quarante ans…

L'objectif officiel est désormais de réaliser un million de rénovations par an dès 2027 (et plus d'un million et demi en 2030), ce qui ramènerait le délai à une vingtaine d'années. Il rejoint ainsi le programme de l'Union européenne, qui est de faire la rénovation thermique de 15 % des logements d'ici 2027 et d'avoir rénové 35 millions de bâtiments dans l'ensemble de l'Union en 2030. Mais il faudra aussi traiter le difficile problème des logements sociaux[181].

Le coût de la rénovation thermique de l'ensemble de notre parc immobilier sera en tout état de cause élevé. La facture envisagée est de quinze à vingt mille euros par foyer, soit un total approchant six cents milliards d'euros ; le rapport Pisani-Mahfouz (voir chapitre 2) estime l'investissement supplémentaire nécessaire pour le bâtiment résidentiel à

---

[179] La pompe à chaleur, fonctionnant selon un principe inverse de celui du réfrigérateur, puise la chaleur ambiante dans l'air ou dans la terre et la restitue à l'intérieur du logement. Elle est 3 à 5 fois moins « gourmande » en énergie qu'un chauffage classique. Les pompes air-eau ont l'avantage de fournir à la fois le chauffage et l'eau sanitaire et permettent de conserver les radiateurs anciens. 90% des pompes à chaleur installées sont réversibles et peuvent fournir de la climatisation en été.

[180] Dont 25,4 millions de résidences principales, 3,5 millions de résidences secondaires et des logements vacants. 5,1 millions ont moins de quinze ans mais 12,2 millions plus de cinquante. Les deux tiers du parc, construits depuis plus de trente ans, ne sont plus aux normes énergétiques et 17,8%, soit six millions de logements, étaient au 1er janvier 2023 des « passoires thermiques ». L'objectif officiel est de faire passer la part des résidences principales chauffées au fioul de 11% en 2021 à 3,6% en 2030.

[181] Le gouvernement a annoncé, en octobre 2023, que 120 000 logements sociaux seraient rénovés chaque année sur trois ans, avec un budget d'1,2 Md €. Cet objectif sera difficile à tenir, car les rénovations complètes sont très coûteuses : non moins de 60 à 80 000 € par logement, selon l'Union Sociale de l'Habitat, soit bien plus que les 10 000 € par logement alloués.

21Mds € par an vers 2030 : 3Mds € nets pour le remplacement des trois millions de chaudières au fioul par des pompes à chaleur, 3 Mds pour le remplacement d'un quart des 12 millions de chaudières à gaz par des alternatives non-carbonées, 15 milliards pour la rénovation urgente des pires passoires thermiques (logements classés F ou G).

L'ADEME retient pour sa part un chiffre encore plus haut : 30,4 Mds € par an. Mais, étalé dans le temps, ce coût sera supportable s'il est appuyé d'incitations pour les particuliers, à qui appartiennent 84 % des logements à rénover.

Les instruments économiques au service d'une rénovation écologique ambitieuse

Pour parvenir à ces objectifs, les pouvoirs publics combinent les trois instruments économiques que nous avons décrits au chapitre 3 : des normes exigeantes, des subventions et des prix incitatifs. Nous les décrirons pour la France, mais des systèmes analogues existent chez tous nos voisins, avec des effets d'ailleurs controversés[182]. En outre, les opinions publiques restent rétives, voire hostiles aux mesures les plus contraignantes. C'est ainsi qu'en Allemagne, le projet de loi présenté par le vice-chancelier et ministre de l'Économie et du climat, R. Habeck, qui prévoyait que tout nouveau chauffage installé à partir de 2024 utilise plus de 65 % d'énergies renouvelables, a dû être retiré.

- En ce qui concerne les ***réglementations***, le diagnostic de performance énergétique des logements (DPE) effectué par un professionnel agréé est obligatoire pour les ventes et les locations. Un classement en sept catégories est opéré selon la consommation d'énergie pour le chauffage, l'eau chaude et la ventilation, hors éclairage et électroménager : de A pour les plus performants (de 0 à 50 KWh/m²/an) à G pour les plus mauvais. Une mesure très importante et d'une efficacité redoutée est l'interdiction progressive de louer les « passoires thermiques » - il y en a 5 millions en France, dont 2 millions classés G : la loi climat de 2021 interdit cette location depuis janvier 2023 pour les logements classés G+ (qui consomment plus de 450 KWh/m²), dès 2025 pour les logements classés G (plus de 375 KWh/m²) et en 2028 pour ceux classés F (plus de 330 KWh/m²).

[182] E. Duflo, prix Nobel d'économie, estime dans son cours au Collège de France, en janvier 2023, qu'aux Etats-Unis beaucoup d'argent a été dépensé en soutien à la rénovation thermique avec une efficacité très limitée en termes d'économies énergétiques réelles. Selon autre étude menée par des chercheuses de Cambridge, les économies d'énergie initiales disparaissent après deux à quatre ans du fait du laisser-aller des occupants.

Il sera difficile de parvenir à temps à faire toutes les rénovations thermiques nécessaires, vu le nombre insuffisant de professionnels bien formés et la hausse des taux d'intérêt, qui alourdit la facture pour les investisseurs ; un décret de 2024 a donc introduit des dérogations en faveur des petites surfaces et des copropriétés.

L'État a par ailleurs fait obligation aux fournisseurs d'énergie, par une loi de 2005, de réaliser eux-mêmes ou de convaincre leurs clients (particuliers comme entreprises), par des conseils et des diagnostics énergétiques, de réduire leur consommation[183], obtenant en échange des certificats qui peuvent être revendus (voir page suivante).

En revanche, l'idée d'interdire les chaudières à gaz, envisagée pour 2026 par la Première ministre E.Borne, a finalement été écartée lors d'un Conseil de planification écologique, en septembre 2023, et remplacée par une suppression des aides à l'installation.

- En ce qui concerne ***les aides***, la plus directe est *MaPrime-Rénov'*, en place depuis 2020. Elle apporte une subvention aux ménages dont le revenu ne dépasse pas un plafond, variable selon le lieu, et est dégressive en fonction de ce revenu ; l'aide dépend, outre ce critère, du coût et de l'ambition des travaux. Elle peut aller jusqu'à 70 % du coût, voire 90 % pour les plus modestes, et 56 000 € pour une rénovation très complète ; mais il faut alors passer par un artisan labellisé « RGE » (reconnu garant de l'environnement).

L'accent est désormais mis, notamment pour les « passoires thermiques », sur les rénovations globales, les plus efficaces, alors que 90 % des quelque 670 000 aides accordées en 2023 soutenaient des actes isolés (fenêtres, chauffage…)[184]. Une aide de 2500 à 5000 € est apportée aux foyers remplaçant leur chaudière par une pompe à chaleur air-eau, plus coûteuse, mais plus efficace. Un crédit d'impôt de 40 % est accordé pour les travaux d'isolation et de régulation thermique.

L'aide peut être majorée par la prime correspondant aux *certificats d'économie d'énergie (CEE)* financés par les fournisseurs d'énergie obligés par la loi (cf page 98) à réaliser ces économies. Ils sont obtenus généralement par l'artisan labellisé RGE, qui les répercute par un rabais sur sa facture[185].

---

[183] Ce dispositif aurait, selon la Cour des Comptes, permis d'économiser 106 Twh d'énergie de 2014 à 2020, soit 6,5% de la consommation finale d'énergie d'une année.

[184] Seuls les ménages très modestes devaient bénéficier de la prime pour une rénovation limitée, mais, devant la chute des demandes, cette possibilité a été ouverte à tous pour les travaux d'isolation « mono-geste » en 2024, et l'obligation d'un DPE préalable est suspendue jusqu'à la fin de l'année.

[185] Ce système est cependant vivement critiqué par la Cour des Comptes qui, dans un rapport de septembre 2024, envisage même sa suppression. Elle juge le système lourd et fluctuant (par exemple, le remplacement des chaudières à gaz, d'abord éligible, ne l'est plus. So coût pour les fournisseurs, estimé à 6 Mds € par an, serait en partie gaspillé du fait d'une surévaluation des économies d'énergie estimée.

Il est douteux que l'objectif de réaliser 200 000 rénovations thermiques complètes en 2024, contre 70 000 seulement en 2023, soit atteint, car le nombre limité des artisans labellisés a entraîné des délais et une sous-consommation partielle des aides. La demande très forte montre pourtant qu'elles sont efficaces ; mais cela impose des « rallonges » budgétaires conséquentes : ainsi, le montant attribué à MaPrime Rénov' a dû être augmenté dans le budget 2024 de l'État, qui l'a porté à 4 Mds € - avant de réduire ce chiffre d'un milliard à l'automne.

Un apport complémentaire important est celui des *éco-prêts à taux 0* (« éco-PTZ »), proposés à tous les ménages français aux revenus modestes ou intermédiaires pour financer des travaux améliorant leur performance énergétique dans un logement ancien - ou un appartement neuf en zone tendue. Ces prêts à long terme sans intérêts financent 20 à 50 % des travaux, selon les revenus et la zone concernée. Leur montant atteint 30 000 € pour un « bouquet » de travaux réalisé par un artisan labellisé RGE associant par exemple isolation de toits ou de fenêtres et installation d'un chauffage écologique, ou 50 000 € pour une rénovation globale. 40 000 ménages devraient en bénéficier en 2024, pour un coût budgétaire estimé à 1Md d'€. Les prêts à taux zéro classiques (PTZ) sont majorés en cas d'achat d'un logement neuf économe en énergie.

Un système de *garanties publiques* peut aussi encourager les particuliers à emprunter pour rénover leur logement[186] ; ainsi, la loi Climat et résilience de 2021 a créé un « prêt avance rénovation » ; son remboursement, reporté jusqu'à la vente du logement concerné, est garanti à 75 % par l'État. D'abord réservé aux ménages modestes, l'accès à cette garantie a été élargi en 2023.

Il faut ajouter à ces interventions publiques celles de l'ANAH (Agence Nationale de l'Habitat) et de l'ANRU (Agence Nationale pour le Rénovation urbaine) [187], qui intègrent désormais l'ambition écologique.

- En ce qui concerne, enfin, ***l'action par les prix***, l'argument principal est le gain réalisé sur les factures de chauffage. Il explique la progression rapide des pompes à chaleur, dont le coût d'installation est amorti en sept ans grâce à la baisse des quatre cinquièmes des factures courantes de chauffage. Il n'en existe encore que 2,6 millions en France, mais selon le

[186] Une proposition de loi de juin 2023 prévoit de créer une garantie de l'Etat permettant aux particuliers d'emprunter les montants indispensables à la rénovation énergétique de leur domicile en les remboursant seulement à sa revente.

[187] Financée par une contribution additionnelle au droit au bail, l'ANAH verse des primes pour le traitement de l'habitat indigne, l'adaptation à la perte d'autonomie, mais aussi la rénovation thermique des logements, avec un budget porté à 6 Mds € en 2024. Elle gère entre autres Ma Prime Rénov'. L'ANRU applique le Nouveau programme de renouvellement urbain, alimenté surtout par le 1% logement versé par les entreprises, et finance la réhabilitation des logements sociaux dans 450 quartiers prioritaires, avec un budget de 12 Mds €.

distributeur d'électricité RTE, nous devrions assister d'ici 2035, à la quasi disparition des chauffages au fioul, avec 7,5 à 10 millions de foyers équipés de pompes à chaleur à cet horizon.
L'engouement récent pour ces engins est dû à leur rentabilité, mais aussi au crédit d'impôt couvrant la moitié du coût d'une telle installation' et à l'aide de 1000 à 2000 € désormais consentie pour les pompes air/eau ou géothermiques. Le Conseil de planification écologique de septembre 2023 a adopté le projet de tripler le nombre de pompes à chaleur produites en France, pour atteindre un million d'unités par an en 2027, et de développer une filière française de production de ces engins[188].
Un autre aspect de l'action par les prix est le fait que la valeur de marché des logements qui sont des « passoires thermiques » baisse nettement en fonction de leur mauvais classement dans les diagnostics thermiques ; il y a là une forte incitation à faire les travaux de rénovation nécessaires.
Les arguments fiscaux jouent aussi à travers la déductibilité des intérêts d'emprunt contractés pour un logement à donner en location ou pour la rénovation thermique de ce logement.

Ces efforts donnent des résultats : ainsi, en 2023, selon l'index ESG de Dexpi, la consommation énergétique des logements aurait baissé de 11 % (un climat plus doux se conjuguant avec des prix élevés de l'énergie). Ils restent cependant insuffisants, car pour obtenir la baisse de moitié des émissions du bâtiment cohérente avec l'objectif global de -55 % en 2030, il faudrait multiplier par dix les rénovations globales aidées dans le secteur résidentiel.

La progression de nouveaux modes de chauffage (électrique ou par la biomasse, avec les poêles à bois) permettra de faire reculer la part des combustibles fossiles dans le chauffage des logements ; en France, elle est encore de 40 %, contre 37 % au niveau mondial ; voir graphique :

---

[188] La production française de pompes à chaleur n'est que de 350 000 par an ; il faudrait donc la multiplier par trois en quatre ans. La Loi « industrie verte » votée en juillet 2023 apporte un crédit d'impôt pour encourager, avec une aide publique de 300 à 400 M €, un effort d'investissement privé estimé à deux milliards d'euros.

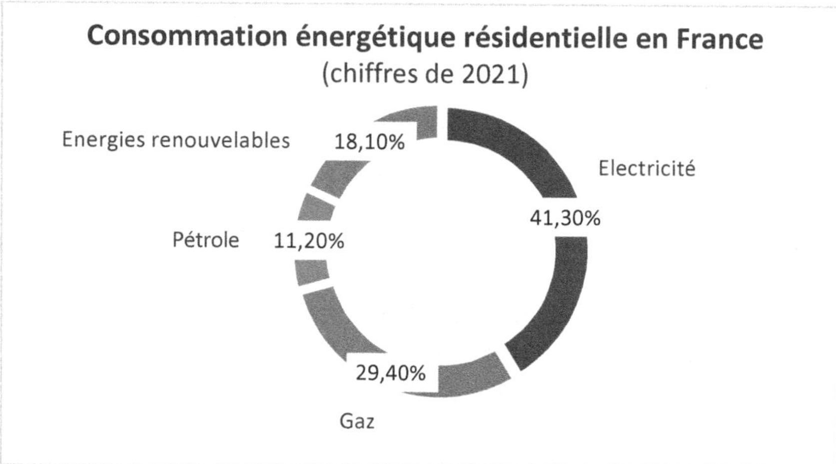

L'AIE remarque que la compétitivité des rénovations thermiques et des pompes à chaleur est maintenant établie même sans aides publiques, dans les pays avancés, si l'on considère les coûts sur toute la durée de fonctionnement des équipements. Leur percée est d'ailleurs importante : il y en aurait déjà vingt millions en fonctionnement à ce jour, la plupart en Europe (dont huit millions en Allemagne) ; elles permettraient d'économiser 260 Mds de TWH (ce qui équivaut à la moitié de la consommation électrique française), et on atteindrait 60 millions de ces engins en place en 2030, selon les professionnels. Cependant, la charge plus élevée de l'investissement au départ continue à rendre nécessaires des aides publiques pour les ménages les moins aisés et pour les pays en développement.

ADOPTER DES MODES DE CONSOMMATION PLUS SOBRES

La sobriété doit contribuer à la solution du problème, en France comme dans le monde. Au niveau mondial, près de la moitié (47 %, selon l'AIE) de la consommation énergétique des bâtiments est consacrée au chauffage des locaux et de l'eau, 7 % à la cuisine, 16 % aux appareils ménagers et électroniques, 6 % à la climatisation, 4,6 % à l'éclairage, etc. Il est possible d'agir sur chacun de ces postes.

Comment diminuer sa consommation énergétique

- Faire tous les travaux d'isolation possibles (murs, fenêtres…) en n'oubliant surtout pas les toits, grande source de fuite de chaleur - cf pages 150& 153 ;
- Ne pas surchauffer son logement (un degré en moins fait baisser la consommation d'énergie de 7 %) : le chauffage compte pour les

deux tiers du budget énergie d'un foyer ; la limite proposée par le code de l'énergie est de 19°, et même seulement 17° dans les chambres d'hôtel ;

- Optimiser son comportement en utilisant les instruments de réglage (thermostats programmables, économètres, compteur électrique « Linky), maintenant souvent réglables à distance, et les réseaux intelligents ; en co-propriété, mettre un boitier de contrôle individuel sur ses radiateurs ;
- Ne pas non plus pousser trop fort la climatisation : la limite basse recommandée est une température de 26° en été ; dans les commerces, un décret de fin 2022 demande de fermer les portes quand elle fonctionne ;
- Fermer ses volets de bonne heure en hiver pour conserver la chaleur ; réduire le chauffage en cas d'absence ;
- Réviser régulièrement chaudières et radiateurs, qui surconsomment quand ils ne sont pas au point ; les nettoyer pour diminuer la consommation et protéger votre santé : l'air chaud monte et projette poussières nocives et acariens ;
- Aérer souvent (indispensable pour limiter poussières et microbes), mais brièvement ;
- Économiser l'eau chaude en préférant les douches aux bains et en installant des limitateurs de débit sur les robinets et des housses isolantes sur les chauffe-eau ;
- En cuisine, utiliser moins de surgelés, les décongeler à température ambiante avant de les cuire ; couvrir les casseroles (gain de 25 % d'énergie) et les mettre sur une plaque de cuisson de taille adaptée ; éteindre le four 5 minutes avant la fin de la cuisson (la chaleur se conserve) ;
- Préférer les plaques électriques à induction, qui consomment 25 % de courant en moins, et les écrans plats à cristaux liquides, peu gourmands, aux écrans plasma, qui consomment 850 KWh par an, soit autant que six postes de télévision classiques ;
- Choisir des appareils ménagers économes ; par exemple, renoncer au réfrigérateur « américain » à double porte et distributeur de glaçons : il consomme en moyenne 640 KWh par an. Les normes révisées ont réduit la consommation de 40 % pour les machines à laver le linge et de 28 % pour les lave-vaisselles ; des codes-lettres indiquent la performance énergétique ; il y a par exemple 50 % d'économies entre un réfrigérateur classé C et un classé F. L'extension proposée

du système efficace du bonus-malus (cf chapitre 3, page 120) y contribuerait.
- Utiliser les programmes « éco » des machines à laver et faire sécher son linge au grand air si possible ;
- Ne pas laisser des pièces allumées ou des appareils électroniques en veille inutilement ;
- Systématiser les ampoules basse consommation (LED) et les essuyer : le simple fait de dépoussiérer nos ampoules fait gagner jusqu'à 40 % de consommation ! L'allumage/extinction automatiques apporte aussi des économies ;
- Préférer l'eau du robinet (éventuellement filtrée) à l'eau minérale en bouteilles plastique : les fabriquer consomme beaucoup d'énergie ;
- Installer une borne de recharge à domicile pour les véhicules électriques.

La recommandation, fréquemment renouvelée, mais non contraignante, des pouvoirs publics est de limiter la température de chauffage à 19 degrés, et même à 17° dans certains espaces. En sens inverse, les climatisations ne devraient pas être poussées plus bas que 26 degrés.

Transformer le bilan énergétique du secteur des services

Les activités tertiaires – commerce, bureaux, artisanat et activités diverses – représentent une part importante des émissions de GES du secteur du bâtiment : 36 % en France, pour environ un milliard de m² occupés[189]. Les consommations constatées sont en effet souvent élevées : 224 KWh par mètre carré pour le commerce, 208 KWh/m² pour la santé.

C'est ici la voie réglementaire qui a été choisie : pour les constructions neuves, la norme RT /RE 2020 (cf page 149), appliquée aux logements depuis 2022, s'étend aux services depuis 2023 ; et un décret de juillet 2019 impose une réduction des consommations énergétiques finales de 40 % d'ici 2030, et 60 % d'ici 2050, pour tous les bâtiments tertiaires dont les surfaces d'exploitation sont supérieures ou égales à mille mètres carrés. Les hypermarchés et les grands immeubles de bureau sont donc concernés au premier chef.

[189] Cette occupation est le fait du secteur privé pour 53%, selon le Secrétariat général à la planification écologique ; l'Etat et ses opérateurs ne comptent que pour 8%, la santé (hôpitaux) et l'action sociale 11%, les collectivités scolaires 14%, les collectivités hors scolaires 14%.

En 2022, la pénurie d'énergie menaçante, le gouvernement avait recommandé une baisse de l'éclairage des grandes et moyennes surfaces de 50 % avant l'arrivée du public et 30 % en présence du public. Il incitait aussi les entreprises à faire tourner leur matériel informatique pendant les heures creuses, à réduire la luminosité des écrans et à préférer la Wi-Fi, moins consommatrice, à la 4G. Les organisateurs de matchs sportifs étaient appelés à réduire de 30 à 50 % le temps d'éclairage de leurs stades.

Au-delà de ces mesures de crise, des moyens importants devront être consacrés à des améliorations permanentes. Notamment, la loi de mars 2023 sur l'accélération des ENR impose de recouvrir d'ombrières solaires la moitié des parcs de stationnement de plus de 1500 m^2.

Selon le rapport Pisani-Mahfouz de 2023, les investissements nécessaires à la rénovation des surfaces concernées sont encore plus élevés, à court et moyen terme, que ceux du secteur résidentiel : 27 milliards d'euros en 2030. Mais il s'agit ici de montants bruts, car il est difficile de décompter les investissements qui auraient de toute façon été faits sans ces normes écologiques. En outre, le retour sur investissement devrait être assez rapide, compte tenu de l'utilisation intensive des surfaces pour des activités économiquement rentables.

Par ailleurs, les progrès rapides de la vente en ligne sur Internet, aussi bien entre entreprises (« B to B ») qu'aux consommateurs (« B to C ») améliorent beaucoup l'efficacité énergétique des systèmes de distribution. La gestion directe des stocks (avec des puces RFID) chez les particuliers y contribue aussi. On peut cependant douter de l'opportunité écologique des services de livraison rapide à domicile, surtout s'ils doivent se faire dans les 24 heures, car ils entraînent une multiplication des déplacements.

On évalue en général le surcoût d'installations respectant les impératifs écologiques dans le secteur tertiaire - en conjuguant isolation et ventilation pour réduire les besoins, panneaux photovoltaïques et solaires thermiques pour l'énergie, avec parfois une chaudière à co-génération et une éolienne - à 10 à 15 % du projet. Le Conseil mondial des entreprises pour le développement durable estime cependant que ce chiffre est exagéré : il évalue le surcoût réel à 5 % seulement.

Les améliorations incombant au secteur public sont en revanche plus difficiles à financer : sur les 27 milliards d'€ annuels à investir vers 2030 cités plus haut, près de dix Mds concernent les bâtiments publics[190] (écoles, hôpitaux, gendarmeries, administrations...) – qui, pourtant devaient déjà, pour tous ceux construits à partir de 2010, répondre aux normes basse

[190] L'Etat possède à lui seul 100 millions de m^2, qui consomment 16 Twh et émettent 2,6 MT d'éq-CO_2

consommation et, depuis 2018, appliquer la norme RT/RE 2020. Les moyens très contraints de l'Etat et des collectivités locales ne permettent qu'un effort plus modeste ; ainsi, l'État a inscrit 500 M € au budget 2024 pour le projet de « restauration écologique » des écoles.

Il faudrait par ailleurs revoir l'éclairage des rues et des équipements publics, qui absorbe à lui seul 14 % de l'électricité produite sur la planète. En France, lors de la crise énergétique de 2022, le gouvernement avait appelé les collectivités locales à diminuer l'éclairage de leurs locaux et des lieux publics, ainsi qu'à réduire la température des gymnases de 2° et celle de l'eau des piscines de 1°.

Il est à craindre que ces efforts de sobriété, certes un peu pénibles, aient été oubliés depuis… C'est le cas dans d'autres pays d'Europe : par exemple, l'Allemagne a renoncé à l'automne 2023, à introduire une nouvelle norme d'efficacité énergétique pour les bâtiments.

Toutefois, à ce jour, un tiers des communes françaises pratiquent l'extinction partielle ou totale de leur éclairage la nuit. La baisse de moitié de la pollution lumineuse nocturne est même désormais incluse dans la Stratégie nationale biodiversité adoptée en novembre 2023. Ce sujet est d'ailleurs une belle illustration des dilemmes de l'écologie : diminuer l'éclairage nocturne est bon pour la biodiversité, très affectée par les lumières artificielles, et pour les astronomes, mais c'est mauvais pour la circulation et pour la sécurité en général. L'éclairage à la demande (et non permanent) des rues et des bâtiments serait une solution de compromis utile.

Malgré des demandes du Parlement et même du Sommet européen, les positions de la Commission européenne sur ce sujet restent fort prudentes ; mais il existe, en France, une obligation, renouvelée par un décret d'octobre 2022, d'éteindre enseignes et publicités lumineuses, bureaux, bâtiments publics et magasins la nuit (de 1h à 6h du matin) dans les villes. Ces dispositions, qui visaient à économiser 2 térawatts-heure d'électricité (soit 0,5 % de la consommation nationale), semblent avoir atteint leur objectif.

On a par contre renoncé à réduire les surfaces de bureaux dans les administrations et à rendre obligatoires des jours de télétravail pour les agents publics afin de pouvoir fermer des bureaux.

*

Au total, on peut constater que la réduction des émissions de GES et de l'empreinte carbone du secteur du bâtiment nécessite des efforts de chacun d'entre nous, et des financements importants – surtout si nous voulons atteindre les objectifs ambitieux déjà fixés pour 2030 et au-delà. La transition thermique de l'habitat et des services est une œuvre de longue haleine ; il est d'autant plus nécessaire de la poursuivre sans retard.

CHAPITRE 6 : LA RÉVOLUTION VERTE DES TRANSPORTS

Le secteur des transports mérite une attention particulière, car il est, avec celui de l'habitat et dans une proportion croissante, une des grandes causes du dérapage de l'effet de serre. Sa part est de 15 % dans l'ensemble des émissions mondiales de GES, mais elle est presque double en Europe, après avoir été multipliée par deux en quarante ans. Quant aux émissions de GES de l'ensemble du secteur, elles resteront à peu près stables d'ici 2030 dans les pays industrialisés, mais feront plus que tripler dans le reste du monde, selon l'OCDE[191].

Il faudra, pour inverser la tendance, investir dans les infrastructures de transport - la Commission Européenne estime à 16 milliards d'€, à l'horizon 2040, les investissements de ce type à réaliser chaque année dans l'UE -, mais surtout changer les comportements.

Le problème posé est essentiellement celui de la route : elle représente, dans les pays industrialisés, les quatre cinquièmes de la pollution due aux transports terrestres.

LA SOBRIÉTÉ EST-ELLE POSSIBLE EN MATIÈRE DE TRANSPORTS ?

Se déplacer de manière durable, c'est d'abord limiter les déplacements. La question de la sobriété paraît pourtant difficile à traiter, car toute l'évolution de nos civilisations tend au contraire à les multiplier : pour les humains, la conquête des transports faciles et bon marché et du tourisme de masse est un acquis important ; pour les marchandises, la mondialisation du commerce, les délocalisations et la dissociation des « chaînes de valeur » multiplient les besoins de transport. Il est pourtant possible de faire mieux.

Comment limiter les déplacements des hommes et des produits ?

- La première injonction semble être de produire et consommer local : les circuits courts et les achats de proximité sont à privilégier. Cela rejoint les souhaits de nos agriculteurs ; reste à organiser ces circuits courts, malgré les (mauvaises) habitudes de la grande distribution.
- Consommer local, cela veut aussi dire respecter le rythme des saisons ; les acheteurs doivent s'habituer à ne plus manger en hiver des fruits et

[191] La part de Chine et l'Inde passera de 10% actuellement à près de 20% des émissions totales du secteur.

légumes produits sous serre où à l'autre bout du monde, avec un coût écologique (chauffage, transport) caché, mais considérable.
- Éviter les déplacements inutiles, qui peuvent souvent être remplacés par des vidéo-conférences ou le travail en ligne.
- Privilégier la bicyclette – de préférence pas électrique, vu le coût écologique de ces engins du fait du poids, de la fabrication du moteur et de la batterie, de l'électronique embarquée -, la trottinette ou la marche à pied.
- En matière industrielle, les ruptures d'approvisionnement constatées à la faveur des crises (COVID, guerre en Ukraine, Gaza…) ont montré les dangers d'une trop grande dispersion des chaînes de production et d'approvisionnement ; sans nier les bienfaits de la mondialisation, la tendance à la relocalisation des activités doit être encouragée
- La sobriété est le but même des transports publics (train, métro et RER, bus.) ; mais il importe aussi d'encourager le co-voiturage, qui permet de n'utiliser qu'un seul véhicule pour déplacer plusieurs passagers. Cela peut être fait par des voies réservées, comme aux États-Unis, par l'encouragement aux réseaux d'échange, éventuellement par des aides ponctuelles.

Les transports ferroviaires peuvent-ils faire mieux ?

Le rail, qui émet vingt fois moins de GES que l'automobile et quatre-vingt fois moins que l'avion au kilomètre parcouru[192], offre une excellente alternative pour les transports à moyenne distance. Il est donc indispensable de revaloriser sa part, qui n'a cessé de décliner[193]. Cependant, les gouvernements ont à chaque fois reculé devant le lobby des transporteurs routiers, puissants du fait même de leur domination dans les circuits d'approvisionnement.

En France, la taxation réduite du gazole en faveur des routiers persiste, bien qu'elle constitue une dépense « brune » encourageant ce mode de transport peu écologique ; et aucun gouvernement n'est parvenu à faire payer aux transports lourds le coût de la détérioration du réseau routier. La « priorité absolue » donnée au rail, répétée par la loi d'orientation des mobilités (LOM) adoptée en 2019, peine à se concrétiser, et le débat se poursuit sur la construction de nouvelles autoroutes. L'annonce par le gouvernement, en février 2023, d'une « nouvelle donne ferroviaire » avec

[192] Un TGV, par exemple, n'émet que 3,5g. d'éq.-CO_2 par passager/km, soit trente fois moins en moyenne qu'une voiture avec 2 passagers (108 g) et 80 fois moins qu'en avion (260 g.) ; les départs en famille, avec quatre passagers ou plus par voiture, sont plus acceptables écologiquement, mais l'écart reste considérable.

[193] En vingt ans, le fret ferroviaire et fluvial, mesuré en tonnes/kilomètres, est tombé en France de 20% (maximum de 1997) à 11% du total des transports de marchandises.

cent milliards d'€ d'investissements à partager entre État, régions et U.E. d'ici à 2040, en priorité pour le transport de proximité, n'a pas été suivie d'une programmation précise.

Les pouvoirs publics ne sont pas non plus parvenus jusqu'à présent à faire augmenter la part du fret non-routier ; un « plan fret » de 4 Mds € d'ici à 2032 a cependant été annoncé, et le ferroutage, c'est-à-dire le transbordement des cargaisons sur de véritables « autoroutes ferroviaires », a progressé.

En revanche, on peut se réjouir, non seulement pour notre industrie, mais pour l'environnement, du succès des trains à grande vitesse, qui concurrencent victorieusement l'avion sur les moyennes distances. Ils pourraient servir pour du fret rapide, transportant des produits périssables à haute valeur pour un coût écologique bien inférieur à celui de l'avion.

Encourager l'usage du train relève de la politique tarifaire, d'où l'effort, sans doute encore insuffisant, fait avec les trains « Ouigo » ; d'où aussi le projet de mettre en place en France, sur le modèle allemand, un « passe rail » illimité (sauf les trajets en TGV), pour 49 € mensuels, tarif subventionné, mais dans des proportions raisonnables. Des politiques plus dirigistes sont parfois nécessaires, comme la suppression des vols pour les trajets pouvant être faits en train en moins de deux heures et demie, décidée en France en 2023[194]. Ceci ne dispense pas pour autant le train de renforcer sa prestation écologique en améliorant le taux de remplissage de ses rames.

Il faut évidemment préférer la voie du rail à celle des transports à longue distance par cars sur le modèle américain, que des mesures prises en 2018 ont encouragée en France alors qu'elle est néfaste écologiquement.

Développer les transports en commun urbains

La mise en commun des moyens de transport est encore plus une priorité pour les courtes distances. Là aussi, il est clair qu'il faut préférer le rail à la route ; le graphique ci-dessous le démontre. On doit donc se réjouir de la renaissance des tramways, qui avaient pratiquement disparu en France[195] depuis un siècle.

---

194 Cette limitation est très en retrait sur les propositions de la Convention citoyenne sur le climat de 2020, qui visaient à interdire tous les vols intérieurs pour les destinations joignables en train en moins de quatre heures. En l'état, la fermeture n'a concerné que trois lignes aériennes internes.

195 Ce n'a pas été le cas dans les pays d'Europe du Nord (Allemagne, Bénélux, pays scandinaves), où les tramways, régulièrement modernisés, ont survécu. En revanche, ils ont aussi pratiquement disparu au Royaume-Uni comme aux Etats-Unis.

Lorsque le trafic est plus dense, le métro est la bonne solution : une dizaine de villes françaises en sont maintenant dotées, alors qu'il y a cinquante ans seul Paris avait cet avantage. À l'étranger, les réseaux de métro se sont largement développés, même aux États-Unis, pays de la voiture reine.

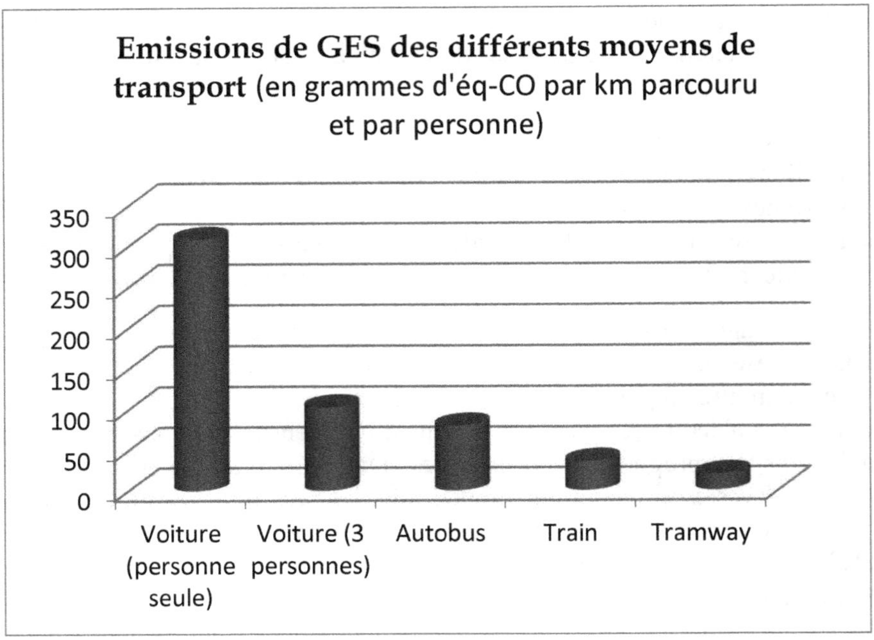

Le développement des réseaux express régionaux et, en habitat plus dispersé, des TER, aidés par les régions, va aussi dans le bon sens ; en France, l'État a décidé en 2023 d'investir dix milliards d'€ (dont 700 M. la première année) pour soutenir treize projets de RER métropolitains.

À défaut de métro ou de tramway, les autobus – de plus en plus installés en site propre, malgré les protestations des automobilistes - offrent une solution moins performante, mais encore bien supérieure à l'automobile. On peut regretter, cependant, que bien des municipalités hésitent à « verdir » leur parc d'autobus du fait d'un coût d'investissement initial élevé alors que, outre l'avantage pour l'environnement, les frais d'exploitation bien moins élevés de bus électriques (avec des trajets courts et la possibilité de recharger à chaque terminus) permettent une récupération rapide. Les lourds investissements nécessaires pourraient, comme le demandent les écologistes, être financés par le produit des écotaxes.

La question de la gratuité des transports urbains doit aussi être examinée. Elle entraîne certes un coût pour les collectivités qui la pratiquent, mais son impact écologique et social majeur mérite intérêt[196].

Bicyclette, marche à pied ou trottinette ?

Les dangers de la sédentarité sont unanimement reconnus par les professionnels de santé. Il faut donc être soi-même acteur de sa mobilité en préférant, sauf handicap, l'exercice physique pour les courtes distances qui représentent la majorité de nos déplacements (la moitié des trajets des automobilistes parisiens sont inférieurs à 2 km). Les villes s'efforcent de l'encourager en aménageant des coulées vertes ou les berges des rivières et en traçant des itinéraires piétonniers. Les pistes cyclables urbaines se multiplient dans le monde, de Séoul à Stockholm et Paris, de Bogota à Denver...

La location en libre-service encourage l'usage des vélos : après les succès du Vélib' et de ses épigones à Paris, une quinzaine de municipalités françaises offrent désormais ce service – malheureusement compromis par les méfaits de la négligence et du vandalisme, qui ont fini par contraindre certains acteurs à se retirer.

Des aides, certes insuffisantes, ont été décidées en France depuis la loi sur la transition énergétique de 2015 pour encourager l'usage de la bicyclette : prime pour l'achat (même d'occasion) d'un engin électrique ou classique ; prise en charge partielle de la rénovation d'un vélo ancien ; exonération partielle d'impôt sur les sociétés pour les entreprises mettant gratuitement un cycle à disposition de leurs salariés, et de cotisations pour les compensations versées aux salariés venant travailler à vélo.

VERS DES TRANSPORTS ROUTIERS DURABLES

La route représente, dans les pays industrialisés, les quatre cinquièmes de la pollution due aux transports terrestres. Selon le GIEC, ce secteur devrait, et pourrait, réduire ses émissions de GES des deux tiers dans le monde d'ici le milieu du siècle. Comment y parvenir ?

---

[196] La forte augmentation de la fréquentation des autobus gratuits démontre un transfert modal, c'est à dire le report de la voiture particulière vers le bus, par nombre d'usagers.

L'automobile est-elle définitivement l'ennemie de l'environnement ?

Un milliard et demi de véhicules circule dans le monde. Leur nombre s'accroît d'une soixantaine de millions chaque et pourrait, sous la pression de la demande des pays émergents, augmenter encore plus vite. Nos voitures particulières – l'Union européenne en compte 260 millions ! - sont le responsable principal (à 60 %) des rejets, qui ne baissent que lentement : 2 % par an en moyenne depuis l'an 2000.

Les forces de marché ne suffiront pas à freiner ce mouvement ; rouler moins serait pourtant la meilleure solution. Nous avons vu au chapitre 3 que la hausse du prix des carburants joue dans le bon sens, mobilisant l'économie au service de la planète : la circulation automobile tend à baisser pour la première fois en France[197]. Le consommateur américain se réoriente vers des modèles plus économes et, au Japon comme en Europe, les jeunes se détournent de plus en plus de l'automobile.

On peut aussi, tout en gardant une voiture, être plus sobre :

Comment pratiquer une conduite écologique ?

- réviser régulièrement le véhicule ;

- éviter la « conduite sportive » et ses fortes accélérations ; les brusques à-coups de conduite consomment 40 % de carburant en plus ;

- rouler moins vite – ce qui est en outre bon pour la sécurité routière. Une réduction de 10 km/h de la vitesse réduit la consommation de carburant de 6 à 7 % ; sur autoroute, elle économise un litre aux cent km ;

- anticiper les ralentissements de la circulation ;

- avoir des pneus en bon état et si possible « verts » ;

- limiter la climatisation (qui consomme jusqu'à un quart de carburant en plus).

- éviter les boîtes de vitesses automatiques, qui augmentent la consommation d'environ 15 % ; avec les boîtes mécaniques, enclencher tôt le rapport supérieur.

- pour les inconditionnels du moteur thermique ou du véhicule hybride : préférer l'essence au diesel qui, malgré les efforts d'amélioration (filtres,

[197] Mais ses émissions n'ont baissé que de 1,8% en 2023, contre 4,7% pour la moyenne générale du pays. Les enquêtes d'opinion montrent une forte résistance à renoncer à la voiture; l'isolement ou la difficulté d'accès aux transports en commun sont les plus souvent évoqués.

pots catalytiques) rejette des particules fines cancérigènes ; le choix majoritaire passé, dû largement à des raisons fiscales (jusqu'à 30 cts le litre de taxes en moins) ne se justifie plus.

- pour ceux qui ont une voiture électrique ou hybride rechargeable, la charger la nuit ; quand le solaire photovoltaïque sera plus développé, l'horaire de 12 h à 14h deviendra intéressant.

Mais ce sont là des perspectives de pays riches. Dans les pays en développement, la voiture reste un symbole essentiel d'aisance et d'affranchissement, avec une demande de transport intimement liée à l'amélioration des revenus. Les constructeurs s'efforcent d'ailleurs, avec un succès croissant, d'y proposer des voitures bon marché. Une forte augmentation du nombre de voitures au Sud est donc inéluctable, car on n'en compte encore que deux pour cent habitants en Inde et 25 en Chine[198], contre 55 en Europe et 80 aux États-Unis ; il est impératif que ces voitures soient écologiques.

Pourquoi la voiture électrique ?

Le progrès technologique a certes permis des progrès importants depuis une trentaine d'années dans la consommation des véhicules à moteur thermique : une automobile neuve pollue cinq à six fois moins que son ancêtre des années 70 ; la moyenne européenne est de 110 g/km, alors qu'elle atteint 200 g/km aux USA.

Les progrès encore possibles avec les moteurs thermiques se heurtent cependant à la loi des rendements décroissants et devraient trouver leur limite ultime autour d'une consommation ramenée à trois litres aux cent km. Un usage accru des biocarburants (voir chapitre 4, p. 126 à 128), comme au Brésil, ne peut résoudre ce problème à lui seul, faute de quantités disponibles suffisantes. Plus modestement, il est possible d'introduire progressivement une petite proportion de biocarburants dans l'essence comme dans le gazole.

Les constructeurs, allemands notamment, tentent de sauver les moteurs thermiques en prônant les carburants de synthèse (e-fuels) ; mais ceux-ci sont à ce jour trop coûteux et leur fabrication trop gourmande en énergie ; cette option reste donc une simple possibilité, inscrite dans les textes européens qui lui reconnaissent (hardiment), le statut « zéro émission », bien qu'ils rejettent des oxydes d'azote.

---

[198]La Chine compte trois cent millions de voitures particulières et il s'est vendu sur ce marché, devenu le premier du monde, 25 millions de voitures neuves en 2023. Le rattrapage est donc en cours.

Quant à la voie concurrente des voitures à hydrogène (directement alimentées en gaz liquide ou mues électriquement grâce à une pile à combustible), elle présente un grand intérêt, ne rejetant que de l'eau, mais à la condition de pouvoir être alimentés en hydrogène « vert » ; c'est encore loin d'être le cas.

Tout conduit donc à la nécessité de généraliser les véhicules à moteur électrique.

Le basculement en cours et ses limites

Technologie très ancienne, en tête à la fin du dix-neuvième siècle, la voiture électrique avait presque disparu ; le gain important d'autonomie apporté par les batteries lithium/ion a permis de disposer enfin de modèles performants, notamment en usage urbain. Ces voitures silencieuses et n'émettant pas le moindre polluant sont évidemment l'idéal écologique, même si on doit tenir compte de l'énergie dépensée et des GES émis pour les construire et pour installer le réseau de bornes de recharge.

La plupart des grands constructeurs ont fait ce pari. Le véritable basculement est venu du fait des réglementations plus contraignantes et des incitations financières, mais les fabricants ont aussi été stimulés par la concurrence victorieuse d'un constructeur tout-électrique nouveau venu, Tesla, lui-même dépassé désormais par un autre « pure player » chinois, BYD. Le coût, encore élevé, baisse d'année en année et devrait rejoindre celui des autres modèles vers 2027/28. Les constructeurs, après s'être concentrés sur le haut de gamme, proposent déjà des modèles plus abordables : autour de 25 000 € (avant bonus) en France, début 2024.

L'obstacle du nombre limité des bornes de recharge publiques est peu à peu surmonté. Dès lors, le nombre de voitures électriques en circulation, encore faible, s'accroît rapidement. Dix-sept millions d'entre elles devraient être immatriculées en 2024 dans le monde, soit une voiture neuve sur cinq, selon l'AIE, alors que leur part de marché n'était que de 4 % en 2017.

Cette évolution positive subit cependant un net freinage en 2024 en Europe comme aux États-Unis (mais pas en Chine), suscitant de vives inquiétudes des constructeurs[199]. Il faut y voir l'effet d'une part de la hausse des taux d'intérêt, d'autre part des restrictions budgétaires qui ont conduit à réduire les soutiens publics à l'achat de voitures électriques. La baisse rapide du coût des batteries, qui se poursuit, devrait freiner cette désaffection.

---

[199] En France, les ventes de voitures neuves sont en net recul : -11% par rapport à l'année précédente (et même -18% pour les véhicules électriques), en octobre 2024.

Plus de la moitié du parc mondial actuel se situe en Chine, où les « wattures » occupent 29 % du marché du neuf. La révolution de la voiture électrique est aussi en chemin outre-Atlantique : l'AIE prévoit que la moitié des nouvelles immatriculations aux États-Unis seront électriques dès 2030. En Europe, un million et demi de voitures 100 % électriques ont été vendues en 2023, (+37 % en un an), dont 300 000 (et 576 000 hybrides rechargeables) en France ; mais leur nombre en circulation - 1,1 million - ne représente encore que 3 % du total. Les entreprises, dont les achats représentent 52 % du marché du neuf en France, ont un rôle stratégique à y jouer, mais sont lentes à se convertir[200].

L'objectif de produire un million de ces voitures en France dès 2027 a été annoncé au Conseil de planification écologique de septembre 2023.

Il faut cependant pouvoir produire ces voitures, et leur fournir des batteries électriques, cœur du système ; or celles-ci sont aujourd'hui souvent importées de Chine, qui fournit 80 % du total mondial. C'est pourquoi de vastes projets d'usines de batteries se sont multipliées en France comme partout en Europe. L'objectif de l'U.E. est de passer de 7 % actuellement à 23 % de la production mondiale de batteries électriques en 2030.

Les mesures publiques d'incitation pour « rouler vert »

La panoplie utilisée pour encourager, et parfois pour contraindre, les automobilistes à limiter leurs émissions de GES est assez riche. On peut, selon l'approche économique que nous avons décrite plus haut, distinguer ce qui relève de la contrainte publique de ce qui relève des soutiens budgétaires et des incitations.

- ***Dans le domaine de la réglementation***, l'Union européenne est la zone qui a été le plus loin : elle a décidé d'interdire purement et simplement la vente de voitures neuves à moteur thermique ou hybride dès 2035. Cette décision a tenu jusqu'à présent et a conduit les constructeurs à modifier leur stratégie en profondeur ; mais la crise actuelle de la demande provoque une remise en cause d'ensemble : la demande de certains pays, dont l'Italie et l'Allemagne[201], d'avancer à 2025 la « clause de revoyure » prévue pour 2026 pour alléger les contraintes et, de fait, remettre en cause la fin du moteur thermique dès 2035, est pressante.

---

[200] Bien que la loi d'orientation des mobilités de 2019 leur impose un quota de 20% de véhicules électrifiés (y compris les hybrides rechargeables, qu'il est envisagé d'exclure à l'avenir), les « wattures » ne représentent que 11% de leurs immatriculations, contre 20% pour les particuliers.

[201] Même le Ministre de l'économie allemand, R. Habeck, un écologiste, a annoncé « soutenir la demande » d'une révision du règlement européen dès 2025.

Par ailleurs, la loi européenne « CAFE » encadre, depuis longtemps, les rejets des moteurs thermiques par des plafonds, progressivement resserrés jusqu'à la norme actuelle « Euro 6 »[202]. Là aussi, une vive offensive des constructeurs - faisant valoir, avec un certain bon sens, qu'on ne peut leur demander à la fois d'abandonner les moteurs thermiques et de continuer à les améliorer – est en cours ; elle a abouti à une nouvelle norme « Euro 7 », adoptée par le Parlement européen fin 2023, très en retrait par rapport à l'ambition initiale ; et elle tente d'obtenir l'allègement des pénalités[203] et/ou le report de deux ans de la norme applicable en 2025 (qui doit être durcie de 15 % par rapport à celle applicable depuis 2021).

Aux États-Unis, des normes d'émission sont aussi imposées aux véhicules neufs ; elles sont progressivement resserrées, avec l'objectif de réduire les émissions de moitié en 2032 par rapport au niveau déjà réduit prévu pour 2026.

Une autre mesure réglementaire est l'instauration, dans nombre de villes d'une circulation alternée, ou de péages urbains ; voir plus loin, page 178.

On peut aussi citer l'incorporation obligatoire d'une part de bioéthanol ou de biodiesel dans les carburants courants ; cette option a été retenue en Europe, à hauteur de 6 %, avec un objectif de 10 %, mais en favorisant les carburants de deuxième génération et le biogaz.

L'étiquetage obligatoire des performances énergétiques des véhicules[204] est une autre contrainte légale, qui permet ensuite des mesures de circulation différenciées.

Des réglementations du même type s'appliquent aussi hors d'Europe, notamment chez les deux plus grands pollueurs mondiaux, États-Unis et Chine : la loi fédérale américaine « CAFE », relayée dans les Etats[205], demande aux constructeurs de réduire l'appétit de leurs modèles ; l'exemple est suivi par nombre d'autres États fédérés ; la Chine, qui ne craint pas le dirigisme, impose aux constructeurs, nationaux comme étrangers, des quotas de production de véhicules électriques.

---

202 CAFE : Corporate average fuel economy. Des limites maximales, différentes selon les motorisations, sont fixées pour les émissions d'oxydes d'azote et de particules fines, ainsi que pour les rejets totaux, en grammes d'équivalent-CO_2 par kilomètre parcouru. Chaque constructeur doit respecter l'objectif (100 à 110 g. d'éq-CO_2) pour la moyenne de ses ventes en Europe.

203 Celles-ci sont en effet élevées : actuellement, 95 € par gramme de CO_2 excédentaire pour chaque voiture vendue ; leur cumul pourrait atteindre 13 Mds € en 2025, selon l'Association des constructeurs européens.

204 Obligatoire depuis 2016, cet étiquetage « CritAir » classe les automobiles en six catégories, de 0 pour les plus propres (voitures électriques ou à hydrogène) à 5 pour les plus polluantes en fonction de leur âge et de leur carburant - le diesel étant plus mal coté que l'essence -, sur le modèle de l'électro-ménager.

205 La Californie, suivie par d'autres Etats, a imposé aux constructeurs de réduire de 30% leurs émissions de gaz carbonique

Enfin, appartient au domaine réglementaire la limitation de la vitesse sur les axes routiers, si nos voisins allemands n'ont jamais pu s'y résoudre[206], elle est pratiquée très largement dans le monde, y compris dans les pays du Sud ; elle est particulièrement sévère aux États-Unis (65 miles -110 km/h -, voire 55 - 95 km/h -), même sur les autoroutes. On peut regretter qu'en France, la limite de 80 km/h sur les routes nationales ait été en grande partie abandonnée après la crise des « gilets jaunes », de même que la proposition d'abaisser la vitesse limite à 110 km/h sur nos autoroutes ; la suppression des sanctions pour les « petits » excès de vitesse, décidée en 2023, est aussi problématique.

- ***Relèvent davantage de l'incitation*** des mesures de taxation en fonction des émissions polluantes, comme en France le rattrapage progressif de l'imposition du diesel par rapport à l'essence ; le soutien apporté aux acheteurs de voitures roulant exclusivement aux biocarburants par un crédit d'impôt de 3000 euros relève de la même approche. En sens inverse, une taxe est imposée aux concessions autoroutières en 2024 pour freiner l'appétit pour les longs déplacements.

Les taxes (à l'achat et annuelle) sur les véhicules de sociétés, progressives en fonction des émissions de CO_2, incitent aussi à choisir des voitures électriques ; les voitures hybrides n'en seront plus exonérées à partir de 2025. L'Allemagne accorde pour sa part une ristourne de 330 € sur la carte grise des voitures électriques.

Le système du *bonus-malus,* appliqué aux voitures en France depuis début 2008 et dans nombre de pays d'Europe, illustre particulièrement cette approche : le système est calibré pour que les bonus en faveur des voitures peu consommatrices soient financés par les malus imposés aux voitures trop gourmandes et donc néfastes pour l'environnement. Il a été progressivement resserré en abaissant les seuils retenus[207] pour le déclenchement du malus.

L'opinion a réagi favorablement à ce système, lisible et bien relayé par les constructeurs : les effets se sont montrés très significatifs, le déplacement des achats vers les voitures aux meilleurs bonus dépassant régulièrement les attentes, tandis que la part des voitures frappées d'un malus régressait, au point de rendre coûteuse une mesure qui devait être équilibrée ; les pertes budgétaires ont obligé à resserrer les paramètres : le programme de rigueur

---

[206] Cela se traduit aussi par des émissions moyennes plus élevées : les voitures particulières neuves émettent 21grammes par km parcouru de plus en Allemagne qu'en France (11 g de plus que la moyenne européenne).

[207] Le *bonus* était attribué initialement pour l'achat d'une voiture émettant moins de 110g. d'éq-CO_2 par km ; ce seuil a été abaissé par paliers à 90 g. ; il est désormais réservé aux voitures 100% électriques. Son montant maximal (4000 €) est porté à 7000 € pour les particuliers modestes. Le seuil du *malus*, initialement de 150g /km, a été ramené à 118g/km; faible à ce niveau (50 €) , il dépasse 1000 € à partir de 141 g. de CO_2/km, et 5000 € au-dessus de 167 g/km ; il atteint 60 000 € au-dessus de 194 gr/km !

de l'automne 2024 prévoit d'abaisser le bonus maximal (déjà ramené de 5000 à 4000 € dans le budget initial), mais aussi de relever le malus, ce qui va dans le bon sens écologique.

Le succès du bonus/malus est confirmé par les résultats : le taux moyen d'émissions des voitures françaises est tombé de 160 g d'éq-CO_2 par km en 2005 à 110 g/km en 2023.

Le critère du poids, désormais pris en compte pour le malus est aussi retenu par Paris et d'autres municipalités, qui majorent les tarifs de stationnement pour les véhicules les plus lourds – à juste titre, car la préférence des constructeurs, qui en tirent des marges plus élevées, et des clients aisés pour les « SUV », plus consommateurs et plus encombrants, pose un vrai problème environnemental.

En Chine, Shanghaï et d'autres métropoles appliquent un système très persuasif de mise aux enchères des plaques d'immatriculation[208], seules les voitures électriques en étant dispensées ; leurs ventes font alors un bond en avant.

- Les ***subventions budgétaires*** comme la « prime à la casse » pour encourager le retrait des véhicules anciens, trois fois plus polluants en moyenne, sont aussi largement utilisées. En France, ces primes ont été appliquées à quatre reprises depuis 1994, pour relancer l'économie comme pour des motifs environnementaux ; une « prime à la conversion » est désormais versée aux revenus modestes pour la mise au rebut d'une voiture ancienne remplacée par une neuve émettant moins de 122 g de CO_2 par km, et cumulable avec le bonus écologique (porté à 7000 € les foyers les moins aisés). La Grande-Bretagne apporte dans le même esprit une aide (de 2000 £), comme l'Italie et la Suède.

Des aides apportées aux constructeurs sont au cœur du programme IRA américain, qui mobilise 369 Mds$, pour les trois quarts sous forme de crédits d'impôt, en vue de décarboner l'économie (cf chapitre 3)[209]. De plus, un crédit d'impôt de 7500 $, parfois majoré par une aide locale, est accordé aux acheteurs de voitures électriques, sous certaines conditions de prix et de revenus.

De son côté, l'UE a prévu des soutiens dans son « Pacte vert », tant pour la construction d'usines de voitures et de batteries que pour l'installation de bornes de recharge gérées par un réseau intelligent. En France, un crédit

---

[208] A Shanghaï, l'acquisition d'une plaque d'immatriculation coûte la moitié du prix d'une voiture, et le nombre de nouvelles plaques est strictement plafonné. …

[209] Les pays ayant conclu des accords spéciaux de libre-échange avec les USA sont aussi éligibles. Le président J. Biden espère de ce programme, baptisé « build back better », la création d'un million d'emplois dans l'industrie automobile américaine. Des investissements considérables sont en cours aux USA comme au Canada.

d'impôt de 75 % (plafonné à 300 €) est accordé pour l'installation à domicile d'une borne de recharge.

Plus directement encore, des subventions étatiques encouragent l'acquisition de voitures électriques ; elles sont nécessaires, car le surcoût entraîné par ces modèles, qui sont encore nettement plus chers à l'achat – même si l'écart diminue peu à peu -, est difficilement accepté par les utilisateurs, malgré l'économie substantielle (au moins 80 %), mais étalée sur la durée, réalisée sur le carburant. Une prime est donc versée pour réduire le coût de l'investissement initial. En France, ce « bonus écologique » de 4 000 € s'insère dans le système du bonus-malus décrit plus haut, qui permet de financer en partie cette aide par la surtaxation des modèles les plus polluants[210].

Le prix d'achat d'une voiture électrique demeure cependant trop élevé pour bien des foyers modestes. C'est pourquoi une mesure très importante était la mise à leur disposition, grâce à une aide publique très substantielle – 13 000 € -, de voitures en leasing (location avec option d'achat) à moins de cent euros par mois, l'Etat prenant en charge l'apport initial pour les plus défavorisés. L'aide bénéficie à toutes les voitures produites en Europe (mais pas en Chine[211]).

Cette aide a rencontré tant de succès que l'État, inquiet de son coût, a dû la stopper après les deux premiers mois en 2024, la limitant aux 50 000 premiers bénéficiaires ; elle pourrait même être supprimée ou fortement réduite dans le budget de 2025 ; de tels aller-retours ont évidemment un fâcheux effet sur la motivation du public. L'Allemagne, pour sa part, a dû, pour tenir un budget voulu strict, supprimer carrément, en septembre 2023 le bonus (allant jusqu'à 4500 € par véhicule) en vigueur jusque-là pour l'achat de voitures électriques, alimentant une grave crise de confiance des constructeurs.

Au-delà de ces mesures d'incitation économique, le secteur public devrait aussi faire un effort d'investissement en véhicules propres pour son propre parc automobile. C'est loin d'être toujours le cas.

---

[210] L'Etat conserve néanmoins une part significative de la charge de l'aide, qui couvre jusqu'à 27% du prix d'achat d'un véhicule électrique ou à hydrogène : 1,5 Md € étaient inscrits au budget 2024 ; en 2023, une « rallonge » de 400 M€ a dû être ajoutée au budget initial de 1,3 Md €.

[211] La Commission européenne n'est pas plus amène à l'égard des constructeurs chinois : l'« enquête anti-subvention » (antidumping) réalisée à leur encontre l'a conduite à imposer des droits de douane allant de 18 à 48% aux importations de leurs véhicules électriques. Les fortes pressions de Pékin, qui a annoncé des contre-mesures et obtenu que l'Espagne se joigne à l'Allemagne, déjà réticente, pourraient toutefois l'amener à alléger ces droits (en application provisoire depuis juillet 2024).

La question des deux-roues à moteur est, elle, loin d'être réglée. Moins nombreux que les voitures en France, mais très majoritaires dans les pays en développement, où ils servent aussi aux transports familiaux, ils sont nettement plus polluants que les voitures[212] ; mais ce problème est en général laissé de côté, sans doute en raison de l'activisme des « motards ».

Le développement de la location et de l'usage collectif

Une approche favorable à l'environnement est de remplacer l'achat d'un véhicule personnel, qui doit être fabriqué et sera inutilisé une bonne part du temps, par son usage. Pour encourager cette approche, en France, l'État prend en charge le coût de la batterie des voitures électriques louées ; et la subvention (bonus) versée pour l'achat d'une « watture » s'applique aussi à la location longue durée avec ou sans option d'achat (LOA, leasing).

On commence aussi à mettre des voitures en libre-service, accessibles sur abonnement dans des stations avec rechargement gratuit à des bornes électriques, et payables en fonction de la seule durée d'utilisation effective, selon une formule analogue à celle des Vélib'. Ce modèle, plus développé en Allemagne, en Suisse ou au Japon, a été introduit dans une dizaine de villes françaises.

Une autre formule utile est de développement du transport collectif en voiture. Le covoiturage devrait être encouragé, comme le GIEC le demande ; facilement admis aux États-Unis par exemple, où de grandes villes comme New-York et Washington interdisent les principaux axes, à certaines heures, aux voitures sous-occupées ou réservent des voies au covoiturage, il se développe aussi, mais plus lentement, chez les Français, plus individualistes.

Le recours à Internet et à des systèmes d'abonnement organisant le regroupement des parcours entre voisins le favorise ; des sociétés spécialisées ont conclu des accords pour valoriser ces actions en vendant aux distributeurs des certificats d'économies d'énergie[213] (cf chapitre 3, p.98). Les pouvoirs publics ont aussi mis en place une prime (trop modeste : 100 €) pour encourager de nouveaux usagers à partager les trajets longs ; au total, on compte actuellement 900 000 usagers.

---

[212] Selon des tests conduits par l'ADEME, les motos et mobylettes émettent jusqu'à dix fois plus d'oxyde de carbone et d'hydrocarbures imbrûlés que les voitures modernes

[213] Blablacar a conclu le premier accord avec Total énergies : il vend à ce distributeur des CEE acquis grâce au covoiturage et rétrocède (partiellement...) le produit à ses clients sous forme de cartes carburant. Le mécanisme a été généralisé début 2023 et rapporterait 170 M€/an aux plates-formes de co-voiturage.

Une solution alternative est le recours aux taxis (de préférence électriques ou hybrides, comme c'est de plus en plus souvent les cas), avec des couloirs réservés. La Chine s'y est mise sur une grande échelle ; ses flottes de taxis sont désormais essentiellement électriques.

Les zones à faibles émissions (ZFE), un sujet devenu polémique

Des milliers de villes, un peu partout dans le monde, ont adopté des mesures restrictives de la circulation : zones piétonnières en centre-ville, journées sans voiture, circulation alternée selon les jours ou les numéros d'immatriculation, appliquée à Paris comme à Pékin et aussi lors des pics de pollution dans la Ruhr ; ces dispositifs ont surtout un rôle symbolique, montrant qu'il est possible d'améliorer temporairement la qualité de l'air et de désengorger les centres urbains.

Plus efficace est la restriction permanente de la circulation des voitures les plus émettrices en centre-ville, avec un système d'affichage selon le niveau de rejet de particules fines et d'oxydes d'azote. Cette mesure s'applique en France, avec la vignette « Crit'Air », mais aussi dans des grandes villes étrangères comme Berlin ou Shanghaï.

Pour faire jouer l'incitation financière, elle se conjugue avec l'augmentation des tarifs de stationnement, ou même l'instauration de péages urbains pour l'accès au centre-ville comme à Londres, Rome, Milan, Singapour, Melbourne, Stockholm, Stockholm, Zurich, Oslo ; les voitures électriques ou hybrides sont en général dispensées du péage à l'entrée. Quant aux métropoles chinoises, elles plafonnent carrément le nombre de véhicules autorisés ou leur imposent des surtaxes dissuasives.

La diffusion de ce type de mesures, baptisées « zones à faibles émissions », a été prévue par les lois françaises « climat et résilience » et d'orientation des mobilités. Des ZFE devaient obligatoirement être mises en place dans les 43 agglomérations de plus de 150 000 habitants d'ici 2025, bloquant progressivement la circulation des véhicules les plus polluants.

C'est malheureusement devenu un sujet de polémique politique : les douze grandes villes qui les ont déjà instaurées ont été vivement attaquées, sur le thème de la discrimination que ces zones feraient subir aux habitants des banlieues. Aussi bien la NUPES que le Rassemblement national, et même le Président (LR) de la région Rhône-Alpes, insistent pour une suspension du déploiement des ZFE, au nom de la « fracture territoriale ». Un rapport du Sénat a proposé, en juin 2023, de repousser leur application de cinq ans ; cela irait clairement à l'encontre des objectifs écologiques, mais certaines propositions d'assouplissement du Comité de concertation réuni dans la foulée pourraient servir[214].

Les aides décrites plus haut sont largement destinées à traiter ce problème, mais leur adoption n'a pas suffi à calmer le mouvement. De nouvelles règles limitent donc de fait le blocage des voitures Crit'Air 3 (véhicules à essence d'avant 2006 et diesels d'avant 2011) à l'agglomération lyonnaise et au Grand Paris[215]. De même, en Espagne plusieurs municipalités qui ont basculé à droite aux municipales de mai 2023 refusent les ZFE, tandis que l'extension du péage urbain à tout le « grand Londres » pour les véhicules les plus polluants a été attaquée devant la Haute Cour britannique.

Malgré ces insuffisances, les efforts en cours devraient permettre de faire plus que compenser la dérive spontanée des rejets de GES due à l'accroissement du nombre des véhicules en circulation[216], du moins sur les marchés matures comme les nôtres et en Chine - sans pour autant résoudre le problème du rattrapage des pays les plus pauvres, si ceux-ci ne font pas de grands progrès sur les transports en commun et le passage à la voiture électrique.

La problématique des transports lourds

Bien qu'ils soient beaucoup moins nombreux, les véhicules utilitaires émettent une part significative de la pollution routière : près de 40 % en France, où sur cinq marchandises transportées, quatre passent par la route ; or 95 % de nos camions fonctionnent encore au diesel. Au niveau mondial, les camions sont déjà responsables à eux seuls de 6 % des émissions humaines de GES. Cette situation doit changer.

Des progrès sont d'autant plus possibles que les transports lourds se prêtent mieux que les voitures particulières à des innovations comme le gaz liquéfié (GNL) dans un premier temps, et désormais la propulsion à l'hydrogène, qui commence à se propager dans les réseaux publics urbains.

---

[214] Dérogations pour les artisans, les livreurs ou les « petits rouleurs », ou en faveur des véhicules anciens bien entretenus ; levée des restrictions si la pollution retombe au-dessous d'un certain niveau…

[215] Les véhicules avec une vignette Crit'Air 5 (les plus polluants, 6% du parc automobile) sont proscrits des ZFE depuis 2023 ; les Crit'Air 4 (8% du parc) en 2024, et les Crit'Air 3 devaient l'être en 2025 ; c'est là qu'est la difficulté, ces dernières représentant 24% du parc total. La nouvelle règle limitant l'interdiction des Crit'Air 3 aux villes n'ayant pas respecté les critères de qualité de l'air pendant au moins trois ans sur cinq a fait échapper dix des douze métropoles concernées, dont Marseille, à l'interdiction, qui reste limitée aux ZFE de Paris et Lyon.

[216] Une étude de l'AIE indique qu'on pourrait attendre à terme jusqu'à sept milliards de tonnes d'économies, directes et indirectes, d'émissions de CO_2 pour un coût raisonnable : 25 $ par tonne économisée.

Pour la propulsion électrique, l'obstacle principal est le coût beaucoup plus élevé au départ de l'achat de véhicules propres (triple, pour un camion, double pour un bus) ; mais celui-ci est compensé par des frais d'exploitation réduits, permettant un retour financier.

La problématique est de rétablir la compétitivité du transport par rail par rapport à la route en faisant supporter le vrai coût de son usage : ces nuisances écologiques, qui ne sont pas valorisées par le marché, sont à la fois de la pollution (rejets de GES et de gaz toxiques) et la détérioration des routes par leur passage. C'est dans ce but qu'après plusieurs tentatives avortées, il avait été décidé d'appliquer en France une redevance au kilomètre parcouru à tous les poids lourds utilisant le réseau routier national, y compris ceux en transit. La forte résistance des routiers, et surtout les manifestations des « bonnets rouges » en Bretagne ont, comme on sait, conduit à l'abandon, en 2014, de cette mesure, dont la coûteuse mise en place était pourtant déjà largement engagée.

C'est d'autant plus regrettable que les exemples étrangers montrent l'utilité d'une telle mesure : la Suisse a fortement réduit le nombre de camions qui la traversent en instaurant dès 2001 une redevance liée à un quota annuel par transporteur ; l'Allemagne et l'Autriche ont aussi mis en place une écotaxe sur les camions, comme le permet la directive européenne Eurovignette, et réussi à réduire la pollution routière.

Globalement, des progrès ont déjà été obtenus sur les poids lourds européens, dont les émissions par km parcouru ont diminué de 40 % depuis 2000. La législation de l'UE vise à poursuivre la courbe en obligeant les constructeurs à ne mettre sur le marché que des véhicules émettant 45 % de CO_2 en moins (par rapport à 2019) à l'horizon 2030[217]. En sens inverse, le Parlement européen a approuvé en mars 2024, malgré l'opposition française, une directive facilitant la circulation dans l'U.E de camions géants atteignant 60 tonnes, au lieu d'un maximum actuel de 44 T.

LES TRANSPORTS INTERNATIONAUX : MER, AIR…

Les transports à longue distance, le plus souvent internationaux, peuvent se faire sur l'eau – voie la plus économique et la plus durable, mais lente - ou par voie aérienne, rapide, mais présentant des inconvénients écologiques croissants.

---

217 L'Allemagne a toutefois obtenu, comme pour les voitures particulières, une dérogation pour les véhicules roulant aux biocarburants ou aux carburants de synthèse.

Les avantages du transport sur l'eau

Le transport par mer ou par voie fluviale, normalement sûr pour les populations et relativement peu consommateur d'énergie, est la bonne alternative pour les longues distances. Cependant, le volume du fret maritime, qui assure près de 90 % du transport mondial de marchandises a quadruplé depuis 1970, portant sur environ dix milliards de tonnes annuelles, et les émissions de gaz carbonique des cent mille navires en service (un milliard de T. d'éq-CO_2), aggravées par du dioxyde de soufre et de la suie[218], dépassent 3 % du total mondial, ce qui nécessite de la vigilance.

Il y a peu de chances de réduire ce volume à brève échéance, mais une meilleure organisation de la production pourrait apporter des économies, les logiques de proximité reprenant le dessus. Entre un quart et la moitié du poids d'un jean est émis en CO_2, du fait de la délocalisation, selon l'ADEME[219]…

Pour les transports par voie d'eau qui resteront malgré tout nécessaires, il faudra encore investir pour faciliter des regroupements, permettant des économies d'échelle. C'est le but que poursuivent les aménagements de canaux à grand gabarit, et les « autoroutes maritimes » - des liaisons entre ports spécialement aménagés pour accueillir et traiter rapidement les camions. L'Union européenne soutient de tels programmes ; des investissements ont aussi repris en France sur les canaux, notamment le canal Seine-Nord.

Les transports maritimes internationaux sont très largement détaxés, pour faire face à la concurrence des pavillons de complaisance[220]. En outre, placés pour le moment hors champ des engagements étatiques pris dans le cadre des accords de Kyoto et de Paris sur le climat (voir chapitre 1), ils échappent à leurs contraintes. Néanmoins, ils sont progressivement intégrés dans le marché carbone européen ETS depuis 2024 – voir chapitre 3, p. 101 à 103 -, ce qui les incitera fortement à surveiller davantage leurs émissions de GES.

---

[218] Le fioul lourd utilisé par les navires est particulièrement polluant. L'OMI a cependant émis une norme, opérationnelle depuis janvier 2020, pour réduire les émissions de particules fines - un million et demi de tonnes par an ! - dangereuses pour la santé.

[219] De même, les fraises chinoises, très compétitives sur nos étals avec celles du Périgord, ont coûté vingt fois plus d'équivalent-pétrole du fait de leur transport à longue distance et de leur conservation.

[220] Ils échappent à l'impôt sur les sociétés, aux cotisations patronales sur les salaires et bénéficient en France d'un fioul détaxé, ne payant au total qu'un impôt de 2% assis sur leur tonnage. Selon l'OCDE, cela représente un manque à gagner annuel d'au moins 3 Mds € pour ses Etats-membres. En outre, le secteur a obtenu d'être dispensé de l'impôt minimal mondial de 12,5%, mis en place justement sous l'égide de l'OCDE.

La solution économique la plus efficace pour l'avenir serait une taxe carbone au niveau mondial - qui pourrait, selon la Banque Mondiale, générer 60 à 80 milliards de $ par an. Cette proposition, poussée par des États insulaires, n'a pas abouti à ce stade.

Les transporteurs ont toutefois souscrit, dans le cadre de l'Organisation maritime internationale (OMI) des engagements visant la neutralité carbone « d'ici ou autour de 2050 » ; des « points de contrôle indicatifs » sont prévus : au minimum -20 % en 2030, -70 % en 2040 (par rapport à 2008). Mais ces engagements reposent surtout sur l'idée d'utiliser des carburants verts (e-méthanol), qui ne seront très probablement pas disponibles en quantités suffisantes (voir chapitre 4, pages 119 & 120).

Le problème de la sécurité maritime

La sécurité maritime, souvent bafouée du fait d'un usage abusif des pavillons de complaisance, reste un sujet important : les « marées noires » répétées ont dressé l'opinion des pays avancés contre les abus de certains transporteurs. Des décisions fermes ont été prises par les États-Unis dès 1990, après le naufrage de l'Exxon Valdez, et par l'U.E. (« paquets Erika » successifs mis en place à partir de 2003) ; mais l'incidence principale a bien été le coût élevé des condamnations[221], conduisant les transporteurs à réviser leur politique de recherche à tout prix du coût le plus bas.

Ces mesures ont permis un rajeunissement des flottes de transport et réduit de plus de 80 % le nombre des accidents. Cela dit, on ne peut que s'étonner de la tolérance prolongée dont bénéficient les « pavillons de complaisance » - ces vaisseaux immatriculés au Liberia ou au Panama (les deux premières flottes) ou dans d'autres pays peu connus pour leurs traditions maritimes. Leur état, souvent mauvais, est mal contrôlé et ils circulent avec des équipages sous-payés et sous-qualifiés, changeant de mains en cours de route en fonction des impératifs du trading, quand ils ne sont pas abandonnés dans un port…

Le jugement rendu dans la fameuse affaire de l'Erika, dont le naufrage sur les côtes de Bretagne a pollué les plages pour des années et gravement nui à la faune, a consacré dans ce domaine la notion de préjudice écologique, élargie ensuite par la loi de 2008 sur la responsabilité environnementale. Il est désormais possible d'obtenir réparation non seulement des préjudices causés, mais aussi, plus largement de « l'atteinte portée à l'environnement ». Cette jurisprudence a été confirmée ensuite par la Cour de Justice

---

[221] L'affaire a coûté à ExxonMobil plus de trois Mds de $ d'indemnisations et frais de remise en état, plus des « dommages punitifs » de 500 millions de $.

européenne, qui a jugé la compagnie pétrolière affréteur du navire comme productrice des déchets et tenu de financer les frais de nettoyage. Là encore, les mesures écologiques de meilleure gestion et d'investissement qui s'imposaient pour protéger l'environnement sont désormais prises par le simple jeu de l'intérêt financier bien compris des entreprises.

Le transport aérien, un luxe hors de prix ?

Même si elle n'est pas considérable (3 à 4 % des émissions de CO_2 d'origine humaine), la contribution du transport aérien aux GES est celle qui s'accroît le plus vite : +4 % par an, et même +12 % en 2023, malgré une amélioration notable des performances des avions - un modèle des années 70 utilisait 45 % de kérosène de plus que les modèles récents. Cela est dû à une demande qui augmente très rapidement : dans le scénario de base de l'AIE, les 3 milliards de passagers transportés en 2023 pourraient devenir douze milliards en 2050.

De ce fait, après avoir doublé en trente ans, les émissions de GES du secteur doubleraient de nouveau d'ici le milieu du siècle[222]. Cette dérive est la plus difficile à freiner, car les avions restent très dépendants des combustibles fossiles.

Des innovations sont cependant possibles notamment du côté des biocarburants[223], de l'allègement grâce aux matériaux composites, de l'aérodynamisme, de l'amélioration des moteurs - et dès que possible des moteurs électriques ; mais ces derniers ne pourront pas assurer les vols à longue distance. D'autres progrès attendus résident dans la poursuite de la rénovation rapide de la flotte[224] et dans une meilleure organisation des aéroports et du contrôle aérien optimisant les temps d'attente et les retours à vide, qui sont un non-sens écologique.

Une fois ces progrès réalisés, la seule solution disponible sera de freiner la demande, ce qui sera particulièrement difficile si l'on tient compte du

---

222 La taille plus grande des avions et leur meilleur remplissage, s'ajoutant aux performances des moteurs, ont permis des gains d'efficacité énergétique de près de 80% en cinquante ans. Mais dans le même temps, le trafic a été multiplié par douze…. En outre, les effets réchauffants des traînées de condensation en altitude doubleraient, selon certaines études, l'impact climatique de la circulation aérienne.

223 Notre législation impose d'incorporer au kérosène du « carburant durable » dans la misérable proportion de … 1,5%. Il est vrai qu'il coûte quatre à cinq fois plus cher (agrocarburants de deuxième génération ou « sustainable aviation fuel », produit de la biométhanisation). Mais, globalement, les quantités disponibles de ces biocarburants ne permettront pas une alimentation à grande échelle des avions.

224 Les avions de nouvelle génération comme l'Airbus A 320 consomment 20 à 25% de moins, avec 2,5l. aux cent km par passager, que la génération précédente.

désir de rattrapage de nos modes de consommation par les pays du Sud ; en effet, 1 % seulement de la population mondiale cause la moitié des émissions de CO_2 du secteur aérien. Les habitants de pays avancés que nous sommes doivent pour leur part s'interroger sérieusement sur un changement de notre pratique touristique dopée par les vols « low cost », et sur la possibilité de régler leurs affaires par vidéo-conférence au lieu de parcourir des milliers de kilomètres.

C'est dans cet esprit que le Grenelle de l'environnement français avait conclu au blocage de la construction de nouveaux aéroports et même de l'agrandissement de ceux qui existent. Cette décision a été difficile à appliquer, mais l'abandon en 2020 du projet d'extension de l'aéroport de Notre-Dame des Landes, près de Nantes, est un cas emblématique de sa mise en œuvre. En outre, les transporteurs ont accepté des objectifs précis de limitation de leurs émissions de GES : -5 % de rejets en 2030, et même, selon un engagement de la majorité des compagnies aériennes et producteurs d'avions, -95 % d'ici 2050.

Pour faire jouer les ressorts économiques en ce sens, la décision fondamentale d'inclure le transport aérien dans le système européen ETS du marché des droits d'émission a été prise ; elle s'appliquera concrètement à partir de 2027. En France, les transporteurs paient déjà la TGAP (cf chapitre 3, page 74) pour leurs nuisances sonores. Un système de bonus-malus sur la taxe d'atterrissage pourrait aussi être introduit.

Au niveau mondial en revanche, le trafic aérien international a été exempté des plafonds d'émission : seuls les vols domestiques sont pris en compte dans les quotas du protocole de Kyoto ; mais ils ne représentent que 40 % du trafic mondial. La révolution verte des transports aériens exige d'obtenir une révision de cette exclusion ; mais l'Organisation internationale de l'aviation civile a seulement décidé d'examiner un projet de droits d'émission carbone, géré sur un marché.

L'application future de quotas d'émission du secteur aérien par pays au niveau mondial pourrait très bien se conjuguer avec une écotaxe sur les transports aériens, dont le produit serait affecté par exemple à des opérations de reforestation. Le principe d'une telle contribution se justifie si l'on se souvient qu'un seul aller-retour Paris-New-York rejette 2,4 T. d'équivalent-CO_2 par personne, soit quatre fois le quota annuel admissible s'il était réparti entre tous les citoyens de la planète (voir chapitre 3, p. 99 ci-dessus).

Le succès mitigé de la « taxe de solidarité » appliquée en France depuis la présidence de J. Chirac, et majorée depuis 2020 par une éco-contribution, montre que le consensus est difficile à réunir ; pourtant, une hausse d'un milliard d'€ de cette taxe est proposée dans le projet de budget 2025[225].

*

Au bout du compte, le défi de « verdir » les transports, qu'ils soient terrestres, maritimes ou aériens, peut être relevé dans nos pays, mais très progressivement. Il nécessitera de mobiliser des montants considérables d'investissements privés et d'aides publiques : vingt Mds € annuels d'ici 2030, un chiffre élevé, mais gérable[226].

Le pari ne peut être gagné avec les seuls efforts publics ; il y faut d'une part un effort considérable des entreprises pour investir et innover, et d'autre part l'acceptation par chacun de la nécessité de changer son mode de vie quotidien pour le rendre plus respectueux de la planète.

---

[225] La taxe de solidarité (de 2 à 40 € selon la classe et la destination) a été introduite en France à partir de 2006. Son produit (250 M€ pour la part française) est affecté à la lutte contre les grandes pandémies. Une vingtaine de pays participent à ce programme, mais sans toujours prélever une surtaxe aérienne. L'éco-contribution qui la complète depuis 2020 voit son produit (200 M €) affecté aux infrastructures). Air France a décidé d'appliquer par anticipation la hausse de la taxe de solidarité (soit + 9,5 € pour les vols en Europe et + 120 € pour un Paris-New-York en classe affaires)

[226] Selon le rapport Pisani-Mahfouz de 2023 : 8 Mds € pour la substitution de voitures électriques aux thermiques, plus 2 Mds pour les poids lourds et 3 Mds pour les utilitaires légers ; 2 Mds pour l'installation des bornes de recharge ; 4 Mds pour le développement d'aménagements cyclables et des transports en commun.

CHAPITRE 7 : LA RÉVOLUTION VERTE DE L'INDUSTRIE ET DE LA PROPRETÉ

Notre planète est en butte à une pollution multiforme, qui atteint aussi bien l'air que nous respirons que l'eau que nous buvons, les villes et les paysages qui nous entourent, les sols qui nous nourrissent. Ces pollutions viennent notamment des activités minières et industrielles - usines chimiques, raffineries, métallurgie lourde, papeteries - et de la production d'énergie ; en particulier, les centrales thermiques au charbon produisent en quantité des oxydes de soufre, de l'azote et des poussières nocives. Mais elles proviennent aussi de notre propre vie quotidienne, qui accumule les déchets.

Prendre des précautions est un besoin majeur au fur et à mesure que notre planète se densifie et s'enrichit – augmentant d'autant sa consommation.

PRODUIRE SANS DÉTRUIRE NOTRE CADRE DE VIE

Il s'agit fondamentalement de produire plus efficacement, en réduisant la consommation de matières et d'énergie ainsi que la pollution.

Tempérer les émissions de l'industrie

Le secteur de l'industrie est un contributeur important aux émissions de gaz à effet de serre : en France, il compte, avec 78 MT annuelles d'équivalent-CO_2, pour 19 % du total ; pourtant, il est aussi celui dont l'efficacité environnementale s'est le plus améliorée chez nous, avec une diminution de moitié des rejets depuis 1990. Mais l'industrialisation se poursuivant à un rythme rapide ailleurs, sa part dans les émissions nocives globales est beaucoup plus élevée : 47 % du total mondial des émissions de CO_2 d'origine humaine, selon l'AIE, si l'on inclut les rejets dus à la production d'électricité et de chaleur pour les usines. Le GIEC estime que ses émissions atteindraient encore 15 Mds de T. d'éq-CO_2 en 2050 si des efforts supplémentaires d'atténuation ne sont pas consentis[227].

Les matières plastiques sont au cœur de la pollution industrielle : il s'en produit chaque année 6,5 MT en France et plus de 500 millions de tonnes sur

[227] En revanche, si les investissements nécessaires sont faits, ces émissions de GES du secteur industriel pourraient être réduites de 29% d'ici 2050, revenant à 11 Mds T. d'éq-CO_2.

la planète : près de 11 % de la production mondiale de pétrole sert à en fabriquer. L'OCDE avertit qu'en l'absence de réaction leur production pourrait encore presque tripler d'ici 2060. Les produits de leur décomposition se retrouvent partout, dans les océans, dans les sols et jusque dans notre sang. Les industriels s'attellent, encore timidement, à réduire ces nuisances en même temps qu'aux questions plus générales de la réduction de leur consommation d'eau et d'énergie.

À l'échelle internationale, un Comité de négociation intergouvernemental se réunit pour rédiger un traité freinant la pollution aux matières plastiques. Si 65 pays, dont la France, défendent un texte visant une forte réduction de la production de plastiques, une coalition de pays pétroliers et de pays du Sud, soutenus de facto par la Chine, s'y oppose, plaidant pour se contenter d'un meilleur recyclage : pour eux, il y a seulement lieu de traiter les déchets.

La conférence des Nations-Unies sur ce sujet, réunie à Ottawa en avril 2024, a avancé l'objectif d'une réduction de 40 % de la pollution plastique d'ici à 2040. Mais, malgré l'engagement des pays du G7 à « prendre des mesures ambitieuses », la conférence de Busan (Corée) s'est terminée, le 1er décembre 2024, sur un échec, tant sur la question de la production de plastiques que sur celles de l'établissement d'une liste de produits jugés toxiques et de l'aide financière

En revanche, l'Union européenne a adopté en 2023 une « loi sur l'industrie zéro net », pendant de l'IRA américaine, qui vise à une industrie neutre en carbone en 2050, tout en produisant sur le sol européen une plus forte proportion (40 % en 2030) des technologies durables dont nous avons besoin, car ces matériels sont pour l'essentiel fabriqués en Asie orientale228.

En France, un effort important est fait pour décarboner la production industrielle ; la facture pour parvenir à zéro émissions nettes en 2050 s'élèverait à 50 Mds € pour l'ensemble de l'industrie. Une partie du Plan France relance de 2020 a été consacrée à un Fonds ad hoc ; puis les cinquante sites les plus émetteurs (qui représentent à eux seuls 60 % des émissions industrielles) se sont engagés dans cette voie, avec des soutiens publics du second programme France relance d'octobre 2021 ; les « contrats de décarbonation » signés entre eux et l'État mobilisent dix milliards d'euros publics et les investissements des industriels afin de réduire leurs émissions de moitié en moyenne dès 2030.

La loi d'octobre 2023 sur l'industrie verte rassemble les efforts pour développer les productions nécessaires : un crédit d'impôt pouvant aller

[228] Lorsque l'Europe garde une place, comme pour la production d'éoliennes, c'est chez nos voisins (Allemagne, Espagne, Danemark).

jusqu'à 40 % est accordé aux investissements réalisés entre septembre 2023 et fin 2025 pour produire des batteries, des panneaux solaires, des éoliennes ou des pompes à chaleur, des électrolyseurs pour l'hydrogène, des dispositifs de stockage du carbone ; cette loi divise par deux les délais administratifs, réoriente la commande publique selon des critères environnementaux et développe les formations spécialisées.

En Allemagne, le grand programme de soutien à l'industrie lourde lancé en 2023 aide les entreprises à compenser les coûts supplémentaires de nouveaux procédés de production moins polluants, dans la perspective de la neutralité carbone visée pour 2045 (cf chapitre 1) et d''une riposte au programme IRA américain[229].

Au total, cette transition écologique ne sera pas sans coût : le rapport Pisani-Mahfouz estime qu'elle entraînera une baisse temporaire de la productivité d'un quart de point par an, ce qui serait tout à fait supportable si les progrès de la productivité n'étaient pas déjà très insuffisants dans nos pays.

Aux conséquences générales des activités industrielles sur le climat et l'environnement, il faut ajouter les conséquences des multiples pollutions chimiques sur la santé humaine et la biodiversité.

Les dangers de la pollution

La pollution qui nous entoure causerait, selon l'OMS, 14 millions de morts dans le monde, soit un quart de la mortalité totale. Par exemple, les fumées industrielles, s'ajoutant aux gaz d'échappement et au chauffage, provoquent jusqu'à trois millions de morts prématurées chaque année (40 000 par an rien qu'en France), dont une forte proportion d'enfants et adolescents. On a pu qualifier cette pollution chimique de « pandémie silencieuse ».

La liste est longue de ces substances capables de provoquer des troubles allant de l'allergie et de la perturbation des fonctions reproductrices (infertilité, anomalies génétiques causées par des pesticides ou des polluants contenus dans des matières plastiques comme les phtalates et le bisphénol) aux maladies cardio-respiratoires et aux cancers, qui se retrouvent dans les différents types de pollution : des plus connues comme les métaux lourds, l'amiante, l'arsenic, le formol, les dioxines, au pyralène, aux HAP

[229] Des « contrats pour la différence » sur 15 ans soutiendront la conversion des industries les plus énergivores (dégageant plus de 10 000 T./an d'éq-CO2) : métallurgie, verre, papier… ; ces subventions, de 23 Mds € au total, seront en partie remboursables au cas où le prix du carbone sur le marché ETS le permettrait.

(hydrocarbures aromatiques polycycliques) et autres polluants organiques persistants (POP) dont les fameux PFAS.

L'urbanisation et l'industrialisation accélérée des pays émergents tendent aujourd'hui à aggraver ces phénomènes. La population urbaine est en effet majoritaire dans le monde depuis le début de ce siècle, vers 2050, les quatre cinquièmes de la population de la Terre y vivront[230]. Déjà, la majorité des agglomérations de plus de dix millions d'habitants se situent dans les pays en développement et leur urbanisation va prendre une allure d'autant plus problématique qu'elle a généralement été mal préparée et mal accompagnée, faute de moyens. Or l'air devient, dans ces métropoles, littéralement irrespirable, entraînant des masses de décès prématurés en Chine comme en Inde (1,7 million dans ce seul pays, selon l'OMS) et dans les autres pays très urbanisés du Sud.

Ces désastres sanitaires ne sont pas limités aux villes[231] ni aux pays en développement. Chez nous aussi, les pollutions atmosphériques sont fortes, avec un mauvais indice de qualité de l'air pendant plus d'un tiers de l'année dans la plupart de nos grandes villes ; les polluants les plus impliqués sont l'ozone, le soufre, les oxydes d'azote et les particules fines[232] ; des études comme celles de l'Institut national de veille sanitaire et de l'AFSSET ont montré leur lien avec les cancers et les maladies cardiovasculaires. Des pathologies moins aigües, mais dont l'extension est préoccupante, comme l'asthme, la bronchite chronique, sévissent.

Outre l'atmosphère, l'air intérieur est pollué par des particules et produits chimiques divers, souvent très allergènes venant du chauffage ou de produits ménagers, ainsi que du radon en sous-sol. D'où un cruel dilemme : il faut à la fois mieux calfeutrer nos logements pour éviter les pertes d'énergie, mais mieux les aérer pour évacuer l'air vicié et le radon ! La solution proposée plus haut (page 159) est d'aérer en grand par périodes brèves, mais répétées.

[230] La part de la population urbaine dans la population mondiale n'était que de 10% en 1900, selon l'ONU ; elle devrait atteindre 80% en 2050. 4,4 milliards de personnes vivent actuellement dans des villes, contre 150 millions – trente fois moins – en 1900.

[231] En milieu rural, le danger vient surtout des engrais et pesticides (voir chapitre 8) et de l'utilisation de la biomasse traditionnelle (charbon de bois, tourbe, déjections animales…) pour la cuisine et le chauffage, qui causerait à elle seule jusqu'à 1,3 millions de décès prématurés par an.

[232] L'OMS a estimé, dans une étude de 2018, que les seules particules fines causaient 7 millions de décès annuels dans le monde et 350 000 en Europe. Les plus dangereuses, car elles descendent profondément dans les poumons, sont celles de moins de 2,5 microns, dues aux gaz d'échappement des véhicules, surtout diesels, mais aussi aux combustions industrielles, au chauffage ou aux incinérateurs.

Pouvons-nous apporter une contribution personnelle à la dépollution chimique ? Conseils pratiques :

- diminuer les quantités de lessive et de shampoings utilisées[233] ;
- employer une lessive dotée d'un « écolabel » et si possible sans phosphates ;
- préférer un produit en poudre à un produit liquide, pour diminuer le rejet d'agents « tensioactifs » polluants, et bannir les tablettes toutes prêtes, moins efficaces ;
- choisir les nettoyants ménagers les plus sûrs, n'émettant pas de formaldéhyde, et des produits pour les vitres sans éthers de glycol ;
- limiter les parfums d'ambiance, sprays et désodorisants, car ils dégagent des composés organiques volatils (COV) ;
- ne pas acheter de fruits et légumes pré-emballés ;
- surveiller le réglage (carburateurs.) du moteur de nos voitures et faire nettoyer régulièrement le filtre à particules ;
- refuser le dépôt de publicités dans sa boîte aux lettres (gâchis de papier) ;
- au bureau, limiter les impressions au strict nécessaire et tirer ses documents recto-verso, avec une option de qualité limitée lorsque c'est possible ;
- remplacer le chlore dans les piscines par un traitement aux ultra-violets.

L'action par la réglementation

Au-delà de ces efforts personnels, il appartient aux pouvoirs publics de réagir. La production, l'utilisation et la vente des produits chimiques les plus toxiques – plaisamment surnommés les « douze salopards » - ont été prohibées (dès les années 1960 pour le DDT) dans les pays industrialisés avant même la Convention de Stockholm, qui a, en mai 2001, étendu leur proscription à une centaine de pays. Neuf produits, dont le lindane, le chlordécone (qui a fait des ravages aux Antilles), et des produits ignifuges ont été ajoutés par la suite ; les émissions nouvelles ont été réduites d'au moins 80 %, mais ils restent encore présents dans nombre de pays du Sud, qui ont grand besoin d'insecticides contre le paludisme.

[233] Il existe même des machines à laver fonctionnant sans lessive, par un système d'électrolyse.

Les polluants organiques persistants sont particulièrement visés : un processus d'interdiction des PFAS, « polluants éternels » (POP) dangereux, est en cours au niveau européen.

Par ailleurs, un réseau international d'accords - notamment le protocole de Göteborg, signé en 1999 par 31 Etats - fixe des objectifs de réduction des émissions d'oxydes d'azote, de dioxyde de soufre, d'ammoniac, de COV et de métaux lourds. Il a obtenu des succès comme la réduction des émissions globales de dioxyde d'azote et la quasi-disparition de celles de plomb (grâce en particulier aux nouveaux types d'essence), tandis que les pluies acides dues au soufre disparaissaient pratiquement d'Europe et d'Amérique du Nord - mais pas des pays émergents, trop utilisateurs de charbon[234].

Sur les autres polluants, des progrès importants sont à attendre d'une meilleure organisation, favorisée par des législations protectrices :

Les législations antipollution dans le monde

- *L'Europe* a mis en place une législation très fournie : elle élimine progressivement les PCB (l'usage du pyralène est totalement interdit depuis 1987), a réduit de 95 % les dioxines en restreignant les émissions des usines et des incinérateurs d'ordures, plafonne strictement la présence d'autres polluants atmosphériques. La concentration atmosphérique des principaux polluants – ozone, dioxydes d'azote et de soufre, plomb, benzène et monoxyde de carbone - est strictement plafonnée depuis 2005 ; la directive européenne « CAFE » (Cleaner air for Europe) de 2008 ajoute au plafonnement des particules moyennes un sous-plafond spécifique pour les particules ultra-fines

La norme « Euro 6 » impose aux constructeurs automobiles de réduire les oxydes d'azote, hydrocarbures imbrûlés et particules fines dans les gaz d'échappement. Certains pays, comme l'Allemagne, imposent des filtres supplémentaires.

Le règlement REACH soumet les trente mille molécules chimiques les plus utilisées à des tests de santé et de sécurité ; parmi elles, près de quatre mille substances jugées « préoccupantes », car cancérigènes, mutagènes, toxiques pour la reproduction (les « CMR ») et/ou persistantes et bio-accumulables sont surveillées plus étroitement, avec renversement de la charge de la preuve : au fabricant de démontrer que son produit n'est pas nocif. Ce système, géré par une Agence européenne de la Chimie (Echa)

[234] La concentration de SO^2 dans l'atmosphère a diminué au niveau mondial de 40% depuis le pic de 1990. La forte diminution des rejets soufrés obtenue en Europe et en Amérique ne se retrouve pas en Chine et en Inde, où les pluies acides résultant d'une utilisation trop large du charbon sont un souci majeur.

conduit souvent à l'abandon spontané par les industriels de leurs productions les plus discutables. Le corps médical juge toutefois ces mesures encore insuffisantes, car elles restent au-dessous des normes recommandées par l'OMS et ne prennent pas en compte l'« effet cocktail » de la diffusion simultanée de plusieurs substances[235]. Il faudrait aussi surveiller le cas des produits manufacturés importés. La révision du règlement Reach, qui devait intervenir en 2024, a malheureusement été reportée.

Parmi les lacunes qui subsistent figure le chauffage domestique, qui n'est pas couvert (les directives européennes ne traitent que du chauffage collectif urbain) alors qu'il cause de vrais soucis, car les chaudières à bois, bonnes sur le plan de l'énergie renouvelable, sont malheureusement aussi d'importantes émettrices de particules[236].

- *En France,* une loi sur l'air a prévu dès 1996 des mesures, encadrées par des « plans de protection de l'atmosphère » ; le Plan national santé-environnement retient des objectifs ambitieux pour la diminution des polluants chimiques comme le benzène et les métaux lourds ; en revanche, notre pays dépasse la limite européenne pour le dioxyde de soufre. Les PFAS seront interdits à compter du 1/1/2026, sauf pour les ustensiles de cuisine, selon une proposition de loi votée par l'Assemblée en avril 2024, mais pas encore définitive.

- *Aux États-Unis*, les effets du Clean Air Act adopté dès 1970 sont confortés par les tribunaux ; ce sont surtout les procédures judiciaires qui font évoluer la situation : il a fallu leur condamnation à des amendes par milliards de $ pour convaincre les entreprises d'investir pour réduire leurs émissions les plus polluantes. Cela montre bien la puissance des incitations économiques : ces investissements auraient pu, et dû, être faits plus tôt, mais ils n'étaient pas rentables tant que le risque de lourdes sanctions financières devant les tribunaux restait minime.

La Californie va plus loin : elle limite l'usage des cheminées dans les demeures privées et interdit leur présence dans les constructions nouvelles et les rénovations, montrant que le libéralisme américain peut s'accommoder de mesures écologiques fortes.

- *En Chine*, les pouvoirs publics ont pris des mesures depuis le début de ce siècle pour fermer d'anciennes industries et limiter les fourneaux

[235] Les moyens de l'Agence restent toutefois trop limités pour contrôler tous les tests qui lui seront soumis ; elle reconnaît qu'elle ne peut en fait vérifier qu'une fraction des dossiers. Son action est relayée au niveau national - en France, par l'INERIS et l'INRS en liaison avec l'AFSSET.

[236] Londres, par exemple, n'est venu à bout du redoutable « smog » qu'en proscrivant les chauffages individuels au bois ou au charbon.

domestiques au charbon ; le pays a adhéré à la convention de Stockholm sur l'élimination des POP, pris des mesures très fermes pour réduire la circulation automobile en ville et la convertir au tout-électrique et contraindre les usines à traiter leurs rejets, allant jusqu'à imposer de fermer une partie des industries de toute une région pendant les pics de pollution. En revanche, il n'est pas parvenu jusqu'à présent à freiner l'usage du charbon à grande échelle ; voir chapitre 4.

L'action publique vise aussi à nous prémunir des risques industriels : accidents, fuites polluantes et radiations. Ainsi, une réglementation stricte encadre le transport et le maniement des matières dangereuses. Quant aux risques d'accidents comme ceux de Seveso en Italie (en 1976) et de l'usine AZF de Toulouse (en 2002), ils sont encadrés par une législation sur les usines à risques, progressivement renforcée. En France, la cartographie complète des 1250 installations les plus à risque – dites « Seveso I » ou « Seveso II » - a été établie ; elles sont soumises à de multiples obligations de sécurité, de surveillance, et de remise du site en état.

Les deux « Plans nationaux santé-environnement » (le troisième est toujours en préparation) ont prévu d'évaluer l'impact sanitaire de toutes les substances chimiques, d'étiqueter les caractéristiques sanitaires et environnementales des matériaux de construction, de surveiller la qualité de l'air des lieux de travail et des locaux ouverts au public

Des mesures ont été prises à l'échelle européenne pour réduire drastiquement l'exposition aux métaux lourds ; elles vont de la généralisation de l'essence sans plomb à l'arrêt de l'exploitation du mercure et de son exportation.

Les pollutions chimiques sont également très fréquentes dans les pays du Sud. Outre le trop fameux drame de Bhopal en Inde en 1984, l'Agence de l'environnement chinoise recense une dizaine de « catastrophes majeures » du même type chaque année, dans un pays qui compte vingt mille usines chimiques. La situation n'est pas meilleure en Inde ; elle s'améliore cependant peu à peu dans ces deux grands pays du fait d'une action plus ferme des autorités.

L'action par les prix

Réduire la pollution industrielle est souvent une question de bonne organisation, grâce par exemple aux « bilans carbone » dans les entreprises. Mais c'est surtout une question de choix des investissements ; il est donc essentiel d'orienter les choix des entrepreneurs par les bons instruments économiques, c'est à dire en agissant sur la fiscalité et les prix de marché.

C'est la raison d'être, notamment, du marché européen du carbone (cf chapitre 3, pages 95 à 97).

Économiser l'énergie dans l'appareil productif est une opération généralement à la fois rentable et bonne pour la planète. Le progrès technique a déjà permis à l'industrie de réaliser d'importantes améliorations par des procédés comme le chauffage par induction, les aciéries électriques, etc. Les systèmes de récupération de chaleur et de « co-génération » électricité/chaleur apportent aussi des progrès notables, de même que le recyclage des matériaux. En France, la consommation énergétique de l'industrie chute depuis des années, non seulement par unité produite, mais aussi en valeur absolue ; elle s'est améliorée de plus de 40 % depuis le début de ce siècle.

Les écotaxes prélevées à la vente pour fiancer le recyclage sont une approche également très utile ; sans peser à l'excès sur la consommation, car leur montant est généralement minime, elles incitent les fabricants à prendre en compte la charge écologique de leurs productions, tout en alimentant une activité économique en aval.

Plusieurs pays s'efforcent d'encourager la sobriété industrielle par d'autres incitations économiques. Par exemple, un crédit d'impôt « industrie verte » de 500 M€ a été inscrit dans le budget français pour 2024.

COMMENT DÉPOLLUER INTELLIGEMMENT ?

Le monde est encombré des déchets issus de notre appétit de consommation et de notre négligence : dix millions de tonnes de rebuts ménagers et industriels sont produits par jour, sans compter les déchets agricoles et forestiers. On en trouve sur l'Everest et dans les régions polaires ; nos océans sont remplis de détritus et notamment de matière plastiques. De plus, le secteur des déchets contribue à hauteur d'environ 5 % au total actuel des émissions de GES.

Traiter efficacement ce problème est déjà possible avec les technologies disponibles, pour un coût relativement faible, car des recettes sont obtenues tant par la production d'un complément d'énergie renouvelable que par l'économie de matières premières grâce à la récupération et au recyclage. La protection des sols, et même leur enrichissement par les composts, est aussi une retombée positive. La ligne à suivre paraît claire : limiter le plus possible la quantité de déchets ; les collecter et les trier pour pouvoir les recycler ; incinérer ce qui reste plutôt que le mettre en décharge ; valoriser les restes organiques par le compostage ou la méthanisation ; nettoyer et protéger les sites après exploitation ; et au total, se rapprocher le plus possible d'une « économie circulaire » où le déchet de l'un est la ressource de l'autre.

Les déchets, un volume imposant

Les rapports du PNUE montrent l'importance de la consommation mondiale de matières de toute nature (combustibles fossiles, minéraux, matériaux de construction, biomasse), qu'il estime à cent milliards de tonnes. Il souligne cependant qu'à l'horizon 2060 il est possible d'augmenter à la fois le PIB mondial et l'indice de développement humain tout en consommant 30 % de matériaux en moins, à condition d'en être plus économes. Cela commence à être le cas en France, grâce aux progrès de la « productivité matières » : il faut moins d'intrants pour produire une même quantité de richesses – comme le montrent les deux tableaux ci-dessous :

Productivité matières (en € produit par kg) en France

Source : Eurostat

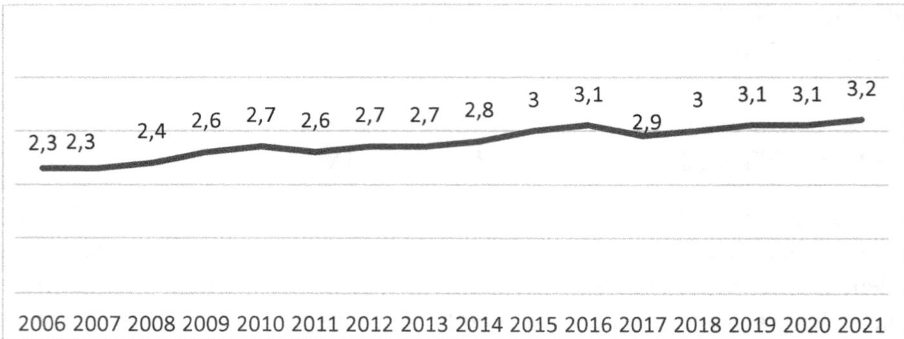

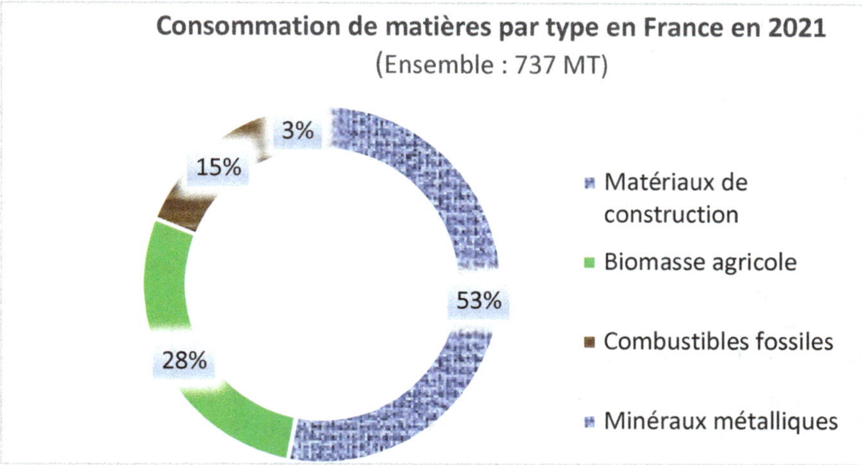

Les déchets ménagers ne représentent qu'une faible part du total, car une bonne partie est conservée sur place : déchets industriels retraités, restes des chantiers de BTP, produits agricoles facilement réutilisables. Au niveau mondial, les déchets ménagers collectés représentent 1,2 Mds T., mais leur volume s'accroît, en particulier en raison des suremballages et du conditionnement de produits préparés en petites quantités. La moitié de ces déchets urbains vient des pays de l'OCDE.

En France, leur volume, plutôt inférieur à la moyenne européenne, s'établit à 500 kgs par habitant et par an : 34 MT collectées au total ; les États-Unis produisent, eux, 250 MT de déchets urbains chaque année, soit 730 kgs par habitant/an.

Les métropoles du Sud, consommant moins, rejettent moins d'ordures : un demi-kg par jour en Inde ou en Égypte, un kg/jour en Amérique latine. Mais là encore, le rattrapage en cours va se traduire par une forte augmentation. L'OCDE estime qu'en 2050, les sept milliards d'humains qui vivront dans les villes produiront chacun 1,5 kg de déchets urbains par jour, et le volume actuel aura triplé....

Peut-on réduire le volume des déchets ?

Une première approche est de consommer moins. La loi française anti-gaspillage de 2020 trace des pistes :

- *ne plus détruire les invendus* ; la loi l'interdit désormais pour les aliments, mais on peut aussi faciliter la réparation et le reconditionnement d'appareils usagés au lieu de les jeter pour donner toute leur place à leur réemploi : les biens ménagers réemployés atteignent déjà un million de tonnes par an, en France.

- *réutiliser des substances devenues des déchets*, au lieu de les détruire : cartons, palettes, récipients en verre et bouteilles de gaz vides, pièces détachées, pneus, cartouches d'impression… 4MT sont ainsi réutilisés chaque année en France

- *réduire les emballages*. C'est l'un des principaux efforts à consentir, car ils représentent le tiers des ordures ménagères en France. Des dispositions écologiques comme l'interdiction des emballages autour des fruits et légumes faite en 2022 en application de la loi anti-gaspillage, ont malheureusement dû être annulées après une plainte des industriels de la plasturgie, mais l'interdiction de la vaisselle jetable, en vigueur depuis début 2023, demeure. Le principe de la récupération des emballages par les producteurs eux-mêmes, soit directement à la livraison, soit par l'intermédiaire d'un organisme agréé, a été posé de longue date (1992) et complété par un plan national de prévention des déchets. Mais les industriels font peu d'efforts en ce sens.

Nous retrouvons ici la question des incitations économiques : cette carence semble due au fait qu'ils ne paient qu'environ deux centimes d'écotaxe par emballage – trois fois moins qu'en Allemagne - pour financer le tri, le transport et le recyclage. L'association européenne spécialisée soutient le projet d'une taxe de 5 % sur tous les emballages, qui serait évidemment plus efficace.

À l'échelle européenne, le nouveau règlement approuvé en mars 2024 prévoit que les emballages devront tous être recyclables d'ici à 2030, et les billes de polystyrène éliminées ; il proscrit à terme divers contenants à usage unique[237] ainsi que les films plastiques pour entourer les fruits et légumes et les valises dans les aéroports ; ce texte interdit aussi des produits dangereux comme les PFAS et le bisphénol A dans les emballages alimentaires.

- *éviter les sacs de caisse*. Cette question n'est encore que partiellement résolue et a nécessité des mesures contraignantes. Les sacs biodégradables (textiles non-tissés, bioplastiques) sont en principe obligatoires depuis 2010, et le nouveau règlement européen précité interdit les sacs plastiques ultra-fins dans la distribution ; on voit d'ailleurs mal pourquoi les sacs en papier renforcés, bon marché et faciles d'usage, qui sont généralisés aux États-Unis, ne pourraient pas l'être en Europe. Ce problème reste très mal couvert dans les pays émergents ; cependant, la Chine a interdit la distribution gratuite de sacs plastiques dès 2008, et même prohibé la

[237] Gobelets en plastique, contenants jetables en plastique et dosettes de sauce dans les fast-foods, couverts jetables dans les restaurants, mini-bouteilles de shampoing dans les hôtels…

fabrication de sacs très fins. La suppression, intervenue en France en 2023, de l'obligation de fournir un ticket de caisse, va aussi dans le sens de la diminution de la consommation.

- *limiter l'usage des produits jetables.* Le projet de taxe dite « pique-nique » sur les produits mis au rebut après un usage unique tels que les briquets ou les couverts semble, hélas, abandonné[238]. En revanche, une proposition de loi déposée début 2024, avec le soutien du gouvernement, vise à limiter une surconsommation abusive de produits textiles promue par des marques jouant sur la « mode jetable » (« fast fashion ») en leur imposant un malus fonction de leur degré de nuisance écologique[239] et une interdiction de publicité.

- *prolonger la durée de vie des appareils.* Prenant le contrepied du slogan ironique d'A. Huxley dans Le meilleur des mondes, « better ending than mending », autrement dit de l'obsolescence programmée des appareils pour en vendre plus vite des neufs, on s'efforce aujourd'hui de prolonger leur durée de vie, notamment en facilitant leur réparation ou leur rénovation plutôt que leur remplacement. En France, dans le cadre de la loi anti-gaspillage de 2020, les appareils électriques et électroniques doivent afficher un « indice de durabilité » qui indique leur potentiel de réparation.

- *développer le marché de l'occasion* qui, grâce aux plates-formes de vente en ligne, gagne de nouveaux secteurs comme ceux des vêtements et des accessoires ménagers, leur procurant une seconde vie. Ainsi, le reconditionnement (accompagné de modernisation) d'appareils ménagers ou électroniques se développe, notamment pour les téléphones portables et les ordinateurs. Un bonus réparation, doté de 420 M€ pour la période 2022-27, incite les Français à faire réparer leurs appareils ménagers et à faire retoucher leurs vêtements ou ressemeler leurs chaussures au lieu de les jeter[240].

---

238 Cette taxe serait imposée sur les produits jetables comme les briquets, rasoirs ou couverts en plastique ou en carton, voire les couches pour enfants, pour freiner leur usage et financer leur recyclage.

239 Le malus pourrait aller jusqu'à 50% du prix du produit et 10 € par pièce, alors que l'éco-contribution actuelle des entreprises textiles ne peut dépasser 20% du prix ; faible ou nul pour des vêtements de qualité produits localement, il serait élevé pour des habits produits au loin par une main d'œuvre sous-payée, dont le transport est écologiquement coûteux. L'idée est de décourager une consommation injustifiée, car les ventes de vêtements ont doublé depuis trente ans, bien au-delà des besoins réels.

240 L'opération concernant vêtements et chaussures est gérée par un organisme, Re-fashion, financé par l'éco-contribution des organismes du secteur.

Comment faire des déchets une richesse ?

Que faire des déchets demeurant après les efforts de réduction de leur volume ? La voie royale de la valorisation est encore trop peu suivie, faute d'efforts suffisants de tri préalable : à l'échelle mondiale, un tiers seulement des déchets ménagers et industriels produits chaque année est recyclé.

Pour améliorer la situation, il faut organiser des filières de collecte, de tri, de transport, puis de traitement et valorisation.

- ***Le tri*** offre des possibilités considérables, car presque tout ce que contiennent nos poubelles est utilisable[241]. Une collecte sélective bien organisée permet de valoriser 80 % des déchets.

Le tri sélectif des ordures a fait de grands progrès dans les années récentes. En France, les municipalités (la plupart du temps regroupées en en syndicats intercommunaux de collecte) ont malheureusement souvent tardé à mettre en place ces systèmes ; la généralisation des « bacs jaunes » de tri n'a été achevée qu'en 2023 ; ils accueillent désormais tous les déchets plastiques, sans distinction.

Pour progresser, il faudra, ici encore, faire jouer les incitations économiques. La tarification incitative sur l'enlèvement des ordures - en fonction du nombre de bacs collectés, parfois affiné par une pesée de ces ordures lors du ramassage - pourrait permettre de grands progrès. Ce modèle a bien fonctionné en Suisse, en Belgique ou en Allemagne. Pourtant, bien qu'autorisée depuis 2012 (à hauteur de 10 à 45 %), elle n'est actuellement pratiquée que par un petit nombre de collectivités et ne concerne qu'un Français sur six ; ailleurs, la taxe d'enlèvement des ordures ménagères reste fonction du « revenu cadastral », donc sans rapport avec le volume de déchets produit par chacun.

Le retour à la *consigne des emballages*, notamment des bouteilles et cannettes de boisson, pratiquée dans de nombreux pays, reste discuté, bien qu'il soit souhaité par les fabricants. Notamment, celle qui devait être introduite sur les bouteilles en plastique a de nouveau été écartée, en France, en 2023[242] ; c'est un tort, d'autant que dans le nouveau règlement européen,

---

[241] Selon l'ADEME, la poubelle-type d'un ménage français renferme un quart de papier et carton (dont une forte part d'emballages), 23% de déchets organiques, 13% de verre, 11% de plastiques, 6% de textile, 4% de métaux, 16% d'ordures diverses…

[242] C'est d'autant plus fâcheux que ces bouteilles et canettes sont très nombreuses – 15 milliards par an en France ! – et que l'exemple des pays voisins ayant adopté ce système (un supplément de 10 à 20 cts, rendu au client lorsque celui-ci ramène le contenant vide), comme l'Allemagne ou la Suède, montre qu'il permet d'atteindre effectivement un taux de recyclage de 90%, voire plus (98% en Allemagne).

la consigne sera obligatoire dès 2029 pour toutes les bouteilles en plastique et les cannettes en aluminium.

Les Français semblent prêts à faire des efforts. L'encadré qui suit donne quelques conseils à l'usage des consommateurs, et donc producteurs de déchets ménagers, que nous sommes tous.

Une « check list » des bonnes pratiques à suivre

- Boire de l'eau du robinet, qui est très saine (elle peut d'ailleurs être filtrée), au lieu d'eau minérale en bouteilles plastiques, dont la production est énergivore et la récupération ultérieure difficile ;
- Ne pas jeter les piles électriques à la poubelle – nous en consommons, en France, un milliard par an ! -, car elles contiennent des métaux lourds nocifs, mais les trier à part ou choisir des piles rechargeables ;
- Rapporter les ampoules usagées chez l'électricien ou les jeter dans les boîtes ad hoc (supermarchés, magasins de bricolage ou de téléphonie) ;
- Préférer les tissus lavables aux essuie-tout et lingettes en papier ;
- Remplacer les sacs jetables des supermarchés par un cabas ou des sacs en tissu ;
- Choisir des produits pauvres en emballage (en vrac, ou formats familiaux plutôt que dosettes individuelles), et privilégier les conditionnements en carton ;
- Préférer le café en paquets aux dosettes type Nespresso ; si l'on tient à celles-ci, les choisir sans aluminium (à base de pulpe de papier, directement compostables) ;
- Choisir des pots de yaourt de grande taille et en verre ou en carton ; 15 milliards de pots en plastique, difficiles à traiter, sont jetés chaque année en France ;
- Acheter viande, charcuterie et fromages chez le professionnel ou au rayon ad hoc, et non préemballés ;
- Utiliser à plein le tri sélectif des déchets en séparant verre (sans couvercles ni bouchons), papiers & cartons (avec le petit électroménager, dans la poubelle jaune) et détritus organiques, qui doivent être compostés
- Ne pas mettre dans la rue son vieil ordinateur ou sa vieille machine à laver, mais les rapporter au vendeur de l'appareil neuf, qui doit les reprendre ; s'ils sont encore en état de marche, les donner à une association comme Emmaüs ou le Secours populaire.

- ***le recyclage*** est l'étape suivante. Il est évidemment préférable à la mise en décharge des déchets ou à leur incinération. Pourtant, actuellement un tiers seulement des déchets totaux sont recyclés en Europe[243].

La loi européenne impose désormais aux États membres d'atteindre au plus tôt un taux de recyclage de la moitié des déchets ménagers de papier, métal ou verre et de 70 % des déchets industriels.

On doit constater que, malgré des efforts récents, notre pays reste en retard sur ses voisins : si le taux de recyclage atteint 90 % pour le verre, l'objectif, fixé par la loi anti-gaspillage, de recycler la moitié des emballages en plastique en 2025 (contre 23 % actuellement) est encore lointain ; de plus, le recyclage effectif n'est assuré que pour 65 % de ceux qui sont collectés dans la « poubelle jaune ». Il est vrai que, selon l'OCDE, seuls 15 % de ces déchets plastiques sont collectés et 9 % recyclés, au niveau mondial. Le PNUE propose de réagir en négociant en 2024 un traité mondial contre la pollution plastique.

Si l'on considère l'ensemble des déchets ménagers, 42 % seulement sont recyclés en France – même si de nombreuses filières sont déjà actives, comme le montre le tableau qui suit -, pour une moyenne européenne actuelle de 49 % et un objectif de 55 % en 2025 ; une grosse moitié de nos ordures part donc, hélas, vers les incinérateurs et les décharges publiques.

Les principales filières du recyclage

- Une bouteille de *verre* sur deux vient du recyclage, économisant près de 500 kgs de CO_2 par tonne traitée[244] ;
- Le *papier* peut être recyclé 5 à 6 fois de suite, le carton dix fois. En France, 60 % du papier utilisé est trié et recyclé, ce qui est dans la bonne moyenne européenne ;
- Les 700 000 T. De *textiles* mis au rebut sont en partie recyclés grâce à une « contribution environnementale textile » ;
- Les *emballages métalliques* en acier ou en aluminium (canettes…) peuvent être recyclés en totalité et indéfiniment, en économisant 75 à 95 % d'énergie ;

[243] La moitié part en décharge, un sixième à peu près est incinéré. L'ADEME estime cependant que le recyclage progresse rapidement.

[244] Toutefois, les quantités de CO_2 les plus importantes, si on incorpore la fabrication et le transport, sont émises pour le verre (345 g. de gaz carbonique pour une bouteille, alors qu'il ne faut que 130 à 140 g. pour la même en plastique) et les plus faibles pour les briques en carton (85 g.).

- Les *voitures* mises à la casse peuvent être très largement valorisées[245]. Une directive européenne prévoit la valorisation de 95 % des véhicules hors d'usage ;

- Une aide publique encourage le recyclage des *pneus* usagés en carburant (dans les fours des cimenteries) pour 60 %, en revêtements de sols de terrains de sport (20 %) ou en sous-couches de routes ;

- Les *déchets électriques et électroniques (DEEE* - téléphones, ordinateurs, appareils électroménagers...) doivent, selon une loi européenne, être récupérés et valorisés à hauteur des deux tiers au moins. En France ce système, financé par une « éco-contribution » facturée lors de l'achat et géré par l'ADEME, permet déjà de recycler plus d'un tiers des matériels usagés des particuliers ;

- Les *accumulateurs*, piles et batteries (vingt mille tonnes par an en France), devraient tous être collectés, triés et retraités dans un centre de recyclage, où l'on récupère les métaux réutilisables, selon un décret de mai 1999 ; ce n'est réellement le cas que pour un tiers d'entre eux. Le Plan Vert » européen prévoit des niveaux élevés de récupération pour les composants critiques, d'ici 2030 ;

- Les *ampoules* basse consommation[246] sont recyclables à 93 % ; une éco-contribution (24 cts par ampoule) finance intégralement ce recyclage ;

- La plupart des *matières plastiques*, malléables à chaud, peuvent être remises en usage après traitement ou servir à réaliser des textiles synthétiques[247]. Malheureusement, ils finissent encore trop souvent à l'incinérateur alors qu'en Allemagne la quasi-totalité des emballages plastiques est retraitée. Le règlement européen prévoit que d'ici 2030 toutes les matières plastiques utilisées devront être recyclables.

---

[245] Des éléments entiers comme le démarreur, la boîte de vitesses ou le carburateur peuvent être revendus comme pièces de rechange d'occasion. L'acier, l'aluminium, le cuivre, repartent en fonderie. Les métaux précieux des pots catalytiques (platine, or, argent, palladium) sont récupérés ; les huiles sont régénérées à hauteur de 45%; le caoutchouc et les plastiques des pare-chocs, tapis de sol, etc. sont recyclés, de même que le verre des vitres.

[246] Le recyclage des ampoules est assuré par un organisme à but non-lucratif agréé, Eco-systèmes (ex-Récyclum), dont le budget est couvert par les fabricants à partir des recettes de l'éco-contribution. Eco-systèmes est également chargé de la collecte et du traitement des déchets d'équipements électriques et électroniques (DEEE) ménagers et professionnels.

[247]C'est notamment vrai pour le PVC ou le polyéthylène (PET) Les bouteilles en PET sont partiellement recyclées pour faire de la laine polaire ou fabriquer directement de nouvelles bouteilles. Le groupe Danone, par exemple, s'est engagé à n'utiliser que du PET recyclé pour ses bouteilles.

Le recyclage peut s'appliquer à bien d'autres activités : les eaux usées peuvent, après traitement, servir à l'arrosage des champs et jardins (voir chapitre 9) ; les huiles de cuisson peuvent être transformées en biodiesel, les graisses animales alimenter des raffineries. Même les gravats du BTP, qui constituent plus du tiers de nos déchets ultimes, pourraient être partiellement recyclés ; un pays comme la Norvège l'impose.

Les réflexes économiques ont, ici aussi, joué en faveur de l'environnement : la flambée des cours des matières premières a rentabilisé toute la filière récupération-recyclage. Nous recyclons plus de 15 millions de tonnes de matériaux, hors bois et granulats, chaque année, évitant 19 MT d'émissions de CO_2, selon l'ADEME.

- enfin, ***la valorisation*** offre un grand potentiel. Ainsi, l'Association des maires de France préconise de généraliser l'utilisation de déchets recyclés, notamment textiles, pour l'isolation des bâtiments.

Pour les plastiques, une nouvelle génération de matériaux permet leur désassemblage en composants de base, les monomères, qui peuvent être recyclés à l'infini.

Un bon exemple de valorisation efficace est celui de l'aluminium : ce qui est utilisé est presque entièrement recyclé, par des procédés accessibles et pour un coût final inférieur à celui de la production neuve à partir du minerai (bauxite).

La valorisation apportera aussi une solution partielle au coût écologique de la fabrication des batteries électriques, qui émet environ 100 kgs de CO_2 par kWh de puissance construite. Les batteries automobiles pourront aussi trouver une seconde vie pour le stockage d'électricité produite en surplus par les ENR.

Le traitement des déchets organiques : compostage et méthanisation

Les débris de matière organique (déchets végétaux et alimentaires) composent environ un quart du total des ordures collectées dans les pays avancés. Le tri sélectif pousse les usagers à trier à part ces déchets, qui peuvent être compostés pour fournir du terreau. Une source complémentaire est l'utilisation des boues provenant du traitement des eaux usées.

En France, la collecte séparée des biodéchets (83 kgs par habitant et par an) par les collectivités est obligatoire depuis début 2024, en application de la directive européenne sur les déchets de 2018 et de la loi anti-gaspillage de 2020, alors qu'elle ne couvrait jusque-là que 10 % de la population ; cette règle n'est pas respectée, puisque la prévision officielle est que 40 % seulement de la population seront couverts d'ici fin 2024.

Le compostage devrait être encore plus à l'ordre du jour dans les pays en développement, où la part de déchets organiques est beaucoup plus forte que chez nous : jusqu'à 80 %. Il donnerait du travail à de nombreux habitants pauvres pour alimenter les déchetteries et fournirait, après décomposition, un engrais écologique très utile. Malheureusement, le traitement des ordures et le recyclage des déchets y sont le plus souvent totalement négligés ; règnent alors les décharges, généralement « sauvages ».

On peut encore compter sur le rôle des « réacteurs biologiques » pour traiter et digérer la pollution, ou utiliser les déchets organiques issus d'un tri sélectif pour produire de l'énergie au lieu de les brûler : leur fermentation, spontanée ou accélérée par le procédé de méthanisation contrôlée, produit du biogaz[248] (cf chapitre 4, p.135).

Notre pays compte 1500 unités de méthanisation, qui ont fourni 7 TWh d'énergie en 2022, soit près de 1 % de la consommation totale. Pour encourager ces développements, le prix payé aux producteurs français de biogaz est subventionné, tout en restant inférieur au niveau pratiqué en Allemagne ; ce pays, leader en Europe, en tire 30 TWh par an d'électricité. Les 170 millions de tonnes de matière organique traités dans le monde par ce procédé fournissent l'équivalent de trente millions de tonnes de pétrole.

L'éco-conception : vers une « économie circulaire » ?

On peut aller plus loin. L'idéal serait d'agir dès l'origine, en mettant au point des produits susceptibles de produire moins de déchets et en anticipant le recyclage des produits à chaque étape du processus de fabrication. C'est ce qu'on appelle l'éco-conception, souvent associée au principe de « 5 R » : réduction, réemploi, réutilisation - les déchets d'une activité servant comme matière première pour la suivante ; réparation ; recyclage et retraitement en fin de parcours. Cette notion, base de l'économie circulaire, est de mieux en mieux intégrée par les fabricants.

Par exemple, les branches, copeaux, pailles issus des activités forestières et agricoles alimentent des centrales énergétiques ; les boues servent à des biotechnologies ; des usines transforment les déchets plastiques en diesel ; la

---

[248] La fermentation anaérobie (« digestion ») des ordures – épluchures, abats d'animaux, moût de raisin, feuilles, restes alimentaires, boues d'épuration – transforme les ordures, après tri, broyage et circulation d'eau chaude chargée en bactéries, en « réacteur biologique » ; elle produit des biogaz comprenant 50 à 70% de méthane (CH_4) et du gaz carbonique : l'énergie fournie par une tonne d'ordures peut équivaloir à celle fournie par 200 kg de pétrole.

chaleur dégagée par une réaction chimique fond métaux ou plastiques ; on fabrique une colle industrielle à partir de glycérine, déchet de la fabrication de savons ou de biodiesel. Voitures, camions et appareils ménagers de tous genres sont désormais souvent conçus dès le départ en fonction de leur démantèlement futur et accompagnés des plans qui permettront la récupération de l'essentiel des matériaux.

En France, la « loi anti-gaspillage et pour une économie circulaire » de 2020 vise à favoriser cette approche ; elle prévoit que certains produits et matériaux doivent obligatoirement incorporer un taux minimal de matières recyclées ; les éco-contributions versées par les producteurs sont modulées en fonction de ce critère. Ce texte introduit aussi un indice national de réparabilité, qui doit être affiché sur huit types d'appareils ménagers ou électroniques.

Dans le secteur automobile, l'économie circulaire est à l'ordre du jour avec par exemple la « Refactory » de Renault et l'usine de Stellantis à Turin, qui reconditionnent les véhicules d'occasion, et s'occupent aussi du « retrofit » (la transformation d'un véhicule thermique en électrique). Malheureusement, la dépression actuelle du marché des voitures électriques (et donc des batteries qui les alimentent) a provoqué le report ou même l'annulation de plusieurs projets de recyclage : Northvolt, Stellantis-Orano, Eramet….

On peut aussi rattacher à cette approche le recours croissant à la réutilisation de meubles ou de vêtements et au reconditionnement d'appareils ménagers ou électroniques (voir ci-dessus, p. 198).

Parmi les pays émergents, la Chine a intégré cette stratégie dans ses plans quinquennaux et la met en œuvre dans de nombreux « éco-parcs industriels » : la mélasse d'usines de raffinage de sucre permet de fabriquer de l'alcool, et leurs déchets donnent des engrais organiques ; la bagasse de canne alimente des centrales thermiques, dont les cendres fertilisent les plantations ; les résidus de papeterie servent à fabriquer de la chaux ; etc. Il reste à la diffuser plus largement dans les autres pays du Sud.

Ces approches modernes permettent de « refermer la boucle » en faisant de nuisances une ressource et en rentabilisant la protection de l'environnement ; c'est l'esprit même de la révolution verte.

L'exportation des dangers et la question des distorsions de concurrence

Les législations antipollution sont maintenant avancées dans nos pays, même s'il reste à y renforcer les incitations économiques. Elles sont en revanche encore sommaires dans les pays du Sud, qui ont donc des efforts importants à faire ; mais il faut aussi admettre qu'il y a une nette tendance de notre part à transférer chez eux nos problèmes en y délocalisant les activités les plus polluantes, voire les déchets eux-mêmes. Le PNUE l'a dit sans détour : « certains des progrès accomplis pour réduire la pollution dans les pays développés l'ont été aux dépens des PVD, vers lesquels la production et ses impacts sont maintenant exportés ».

On peut analyser les effets de la mondialisation, qui a conduit à « délocaliser » une part importante de la production industrielle des pays avancés vers les pays du Sud, comme un transfert à ces pays du poids de la pollution ; ce transfert a permis une amélioration apparente du bilan environnemental de nos pays tout en laissant à d'autres une partie de la charge de la lutte pour préserver la planète.

Les pays d'accueil, cherchant à être compétitifs et à exporter le plus possible, se soucient peu dans un premier temps de leur environnement ; cela conduit les pays avancés, qui perdent des activités et des emplois, à se plaindre de la concurrence déloyale des pays « moins-disants » environnementaux (et sociaux). Sujet délicat, car la distorsion de concurrence est réelle et justifie des mesures comme le mécanisme européen d'ajustement aux frontières (voir chapitre 3, p. 84) ; mais elle ne doit pas tourner à un protectionnisme indu, comme les taxes unilatérales imposées par les États-Unis sous la présidence Trump – d'autant que les pays concernés manquent des moyens financiers nécessaires pour protéger efficacement leur environnement.

Que faire des déchets ultimes ?

Le choix demeure entre deux solutions, dont la seconde est la moins mauvaise : la mise en décharge et l'incinération.

- La *mise en décharge* sans traitement est une issue déplorable : elle pollue l'environnement, fait courir des risques d'incendie et nuit à la santé comme à la biodiversité. Elle reste pourtant dominante dans le monde, puisque les pays en développement mettent pratiquement la totalité de leurs déchets en décharges, souvent non-contrôlées de surcroît. En France, elle a été longtemps trop largement pratiquée[249], malgré une fiscalité visant à la décourager (assujettissement à la TGAP) ; elle porte encore sur 17 MT/an

---

[249] Une étude de l'ADEME, portant sur *l'ensemble* des déchets (la plus grosse part provient non des ménages mais des entreprises et surtout du BTP et de l'agriculture/sylviculture), indique qu'un quart partent en décharge ; un quart est incinéré, avec valorisation de l'énergie récupérée dans plus de neuf cas sur dix ; la moitié est recyclée ou fait l'objet d'une valorisation organique.

selon l'ADEME. Mais elle trouve de toute façon ses limites du fait de la pénurie de sites, après démantèlement de la quasi-totalité des décharges illégales.

- L'autre traitement possible des déchets ultimes est *l'incinération*. Portant en France sur 14,5 MT/an, elle est regardée avec suspicion, car elle émet des GES et des substances dangereuses comme des dioxines. Cependant, le progrès technique, répondant à des normes strictes, a permis de réduire ces rejets de 99 %. De plus, la combustion des ordures fournit une énergie renouvelable, notamment pour le chauffage urbain (cf chapitre 4, p. 135) ; le GIEC recommande d'ailleurs cette solution.

Aussi les directives européennes reconnaissent-elles aux incinérateurs dépassant 65 % d'« efficacité énergétique » un rôle d'usine de valorisation, et non plus seulement d'élimination, des déchets - tout en les surveillant étroitement et en leur appliquant des normes très exigeantes. Il s'agit donc d'une méthode d'élimination sinon acceptable, en tous cas préférable à la mise en décharge des ordures non-traitées.

Dans les pays du Sud, plutôt que de les interdire, il faudrait les intégrer dans un programme d'ensemble, combinant recyclage, méthodes de valorisation « douce » comme le compostage et incinération pour le complément, ce qui apportera de l'électricité et aidera à faire disparaître la plaie des décharges sauvages.

RESSOURCES MINÉRALES : RÉDUIRE GASPILLAGE ET NUISANCES

La consommation globale des ressources naturelles de notre monde a triplé en cinquante ans. Ce mouvement tend maintenant à ralentir, grâce à des méthodes de production plus économes, à la transition énergétique et aux efforts de sobriété. Mais. si l'activité des mines de charbon, et plus tard celle des puits d'hydrocarbures, est vouée à diminuer, il n'en est pas de même pour les ressources minières nécessaires à l'industrie « verte » – minerais de fer, cuivre, nickel, manganèse et autres métaux non-ferreux. C'est encore plus notable pour le lithium et le cobalt, dont nos voitures électriques sont grandes consommatrices (une batterie actuelle nécessite jusqu'à 200 kgs de minerais critiques), et pour les 17 « terres rares » indispensables aux secteurs en pleine croissance de l'électronique.

La Chine concentre 86 % de leur production, et n'hésite pas à couper les approvisionnements[250] . Les échanges internationaux sur ces minerais

[250] Le premier coup de semonce est intervenu dès 2010, quand la Chine a bloqué temporairement l'exportation de ses terres rares ; les incidents se sont renouvelés ensuite – par exemple, en juillet 2023 ce sont les exportations de gallium et de germanium (raffinés à 80%

critiques ont été multipliés par sept en vingt ans, atteignant 378 Mds $ en 2022, selon l'OMC ; la Banque Mondiale les voit encore quintupler d'ici 2050.

On peut d'abord se poser la question de limiter le gaspillage de ces ressources rares. Par exemple, en matière automobile, on pourrait privilégier des voitures plus légères, avec des petites batteries ; c'est d'autant plus souhaitable que le parc mondial de véhicules électriques nécessitant des matériaux critiques pourrait atteindre 250 millions dès 2030, selon l'AIE. Pour le moment, les investissements de « gigafactories » de batteries sont privilégiés, sans garantie d'approvisionnement et face à une concurrence chinoise déjà très installée.

Le recyclage peut aussi alléger les besoins : par exemple, le Parlement Européen, a fixé, fin 2022, des objectifs de précis : récupérer, à partir de 2027, 90 % du cobalt et du nickel et 50 % du lithium contenus dans les batteries auto en fin de vie. L'U.E. impose aussi des taux minima d'utilisation de métaux recyclés dans les batteries neuves – par exemple, 16 % pour le cobalt à partir de 2031.

Mais il restera nécessaire d'obtenir un volume croissant de matériaux neufs, ce qui pose un double problème : limiter les dégâts environnementaux liés à leur extraction ; et réduire la dépendance des consommateurs en diversifiant les sources d'approvisionnement.

Limiter les nuisances dues à leur extraction

L'exploitation des minéraux dans de bonnes conditions écologiques est problématique, comme le montre l'exemple des mines de nickel néo-calédoniennes : destruction de l'environnement naturel et de la biodiversité, rejets polluants, collines de déchets stériles, utilisation de produits chimiques dangereux pour le raffinage… Améliorer la situation suppose des investissements qui dépassent les capacités économiques des producteurs ; un fonds associant financements publics et privés a été lancé pour les encourager, et un crédit d'impôt financera jusqu'à 45 % des investissements miniers.

On connaît les inconvénients majeurs pour l'environnement de l'extraction à grande échelle de gaz de schiste aux États-Unis ; dans le cas des pays pauvres, auxquels s'adresse la majeure partie de la demande, s'y ajoute une insécurité, cause d'accidents dramatiques ou d'empoisonnements

---

en Chine) qui ont été bloquées ; il est vrai que les Etats-Unis avaient pris l'initiative en restreignant, en début d'année, leurs exportations de semi-conducteurs sophistiqués.

lents[251]. Améliorer la gestion, la sécurité des travailleurs et la protection de l'environnement nécessitera la mobilisation de moyens financiers considérables.

Il y faudra parfois des aides publiques, mais surtout l'adoption de normes internationales contraignantes et la mise en place de fortes incitations touchant les exploitants, qu'il s'agisse de taxes ou de mécanismes de marché, comme nous l'avons vu au chapitre 3.

Diversifier les approvisionnements

La France et l'Europe ont très peu de ressources en matières premières industrielles et sont actuellement particulièrement dépendantes de fournisseurs lointains ; l'U.E. n'extrait par exemple que 0,5 % de son lithium, alors que sa consommation de ce matériau sera multipliée par 12 d'ici 2030. Plusieurs projets de mines annoncés y compris en France - où une tentative est faite pour relancer la production de matières critiques[252], avec une cartographie d'ensemble réalisée en 2024 et des soutiens aux investissements - porteraient certes cette capacité à 10 % en 2030 ; mais il faudra importer le reste.

De même, le cobalt, autre élément essentiel, est extrait au Congo (la RDC produit les deux tiers du minerai mondial) et concentré sur place, avec peu de retombées pour la population, par des sociétés chinoises qui l'expédient en Chine. C'est par ses capacités hors pair de raffinage que ce pays domine le marché mondial de pratiquement tous les minerais critiques.

La situation est encore plus tendue pour les « terres rares », alors que l'U.E. en importe massivement. Au total, l'Europe dépend actuellement à 100 % de fournisseurs étrangers pour 14 des 27 matières premières qu'elle a classées comme « essentielles ». C'est pourquoi le projet de loi européenne sur les matières premières critiques présenté en 2023 veut obtenir que 10 % de ces matières soient extraites dans la région, et que 40 % de leur transformation soit réalisés en Europe. Ce texte complétera la grande loi Industrie Net Zéro de 2023, qui vise à obtenir que 40 % des besoins annuels de l'U.E. dans huit « technologies stratégiques » liées aux ENR et à la capture/stockage du carbone soient fabriqués en Europe d'ici 2030.

---

[251] La sécurité des mines de charbon chinoises, par exemple, est si défectueuse que chaque année des millions de tonnes de houille partent en fumée dans des incendies, contribuant inutilement à l'effet de serre.

[252] Les possibilités principales semblent concerner le lithium (Imerys a annoncé un projet de mine dans l'Allier pour 2028), peut-être aussi le cuivre et le tungstène – sans oublier le nickel de Nouvelle-Calédonie. Mais les quantités resteront limitées.

Le gouvernement américain est plus exigeant : les batteries des véhicules venus aux USA doivent intégrer au moins 40 % de minerais extraits ou traités localement, et ce taux montera à 80 % en 2027.

La réduction de la dépendance passe aussi par la recherche de nouveaux fournisseurs à l'étranger. Le gouvernement français a créé un fonds d'investissement, confié à la société Infravia et doté de 500 M€ de fonds publics, qui seront associés à 1,5 Md € de fonds privés, pour prendre des participations dans les mines du monde entier. Le défi reste cependant d'investir aussi dans le raffinage d'une manière qui préserve l'environnement, alors que cette activité est très polluante, notamment dans le cas des terres rares.

*

La révolution verte de l'industrie est bien en cours, et on peut espérer qu'à défaut d'atteindre pleinement l'objectif « zéro émissions nettes » pour ce secteur d'ici le milieu de ce siècle, elle nous en rapprochera nettement. Cela apportera une contribution majeure à la diminution des pollutions de toutes sortes.

Il serait dangereux, cependant, de sous-estimer les efforts nécessaires, dans ce secteur aussi, à l'obtention d'un tel objectif. Les lourds investissements à consacrer à la reconversion de l'outil industriel de la planète nécessiteront au contraire des efforts soutenus sur la durée.

CHAPITRE 8 : LA RÉVOLUTION VERTE DE L'AGRICULTURE ET DE LA NATURE

La détérioration de notre environnement va bien au-delà des seuls problèmes de l'effet de serre. En effet, la surconsommation des ressources naturelles due à une croissance démographique et économique désordonnée menace sérieusement la disponibilité de « biens publics mondiaux » essentiels : l'eau, la terre cultivable, les forêts... Ces dernières sont, comme d'autres zones naturelles menacées, des refuges de la biodiversité, dont l'érosion est un drame moins spectaculaire que d'autres, mais peut-être encore plus dangereux pour l'avenir.

L'épuisement des ressources naturelles est illustré par l'approche de l'empreinte écologique, dont le WWF (Fonds Mondial pour la nature) s'est fait une spécialité[253] ; il mesure combien d'hectares de terres productives et d'espaces marins sont nécessaires pour fournir à chaque personne les ressources biologiques (bois, nourriture, viande...) dont elle a besoin, ainsi que pour absorber les rejets de son activité. L'humanité dans son ensemble consomme déjà trop : 2,8 hectares par personne, soit 75 % de plus que ce que lui offre notre planète (1,6 ha.) ; si rien n'est fait, il nous faudra trois Terre en 2050[254] !

De plus, la répartition est très inégale : l'empreinte d'un Américain, presque double de celle d'un Français (9,6 ha contre 5,6) est douze fois supérieure à celle d'un Indien, qui se contente de 0,8 ha. Le PNUD établit que la consommation de ressources naturelles par personne est en moyenne six fois plus élevée dans les pays riches que dans les pays pauvres.

L'intensification de l'usage des ressources naturelles et leur gaspillage conduisent à ce que 60 % des écosystèmes soient surexploités. De plus, les épidémies favorisées par la densification de la population, le réchauffement climatique, la déforestation, la promiscuité avec les animaux, la fréquence accrue des déplacements, se multiplient.

C'est pourquoi il est essentiel de parvenir à une approche d'ensemble de développement durable. Cela a conduit, outre les engagements de limitation

---

[253] Voir le rapport annuel *Planète vivante,* publié par le WWF. La méthode de l'empreinte écologique est reprise aujourd'hui par l'ONU comme par Eurostat ; elle couvre 11,4 milliards d'hectares de terres productives et d'espaces marins proches disponibles, soit 1,6 ha par terrien.

[254] Cette surconsommation est illustrée par le « jour du dépassement global », publié par l'ONG Global Footprint Network : les besoins de l'humanité ont commencé à excéder les capacités productives de la Terre en 1986 ; depuis, le jour où elles sont totalement absorbées (actuellement, en juillet) avance de plus en plus.

des émissions qui causent le changement climatique, à couvrir par des conventions internationales deux grands sujets : la lutte contre la désertification (pages 212 à 222 ci-après) ; et la préservation de la biodiversité (pages 228 à 236).

Outre la préservation des écosystèmes fragiles, ces objectifs supposent avant tout une adhésion des populations, dans les pays avancés comme dans les pays en développement. Ces derniers doivent être aidés, mais aussi contribuer à leur propre protection dans les domaines vitaux où les actions à mener se trouvent pour l'essentiel chez eux. Les incitations économiques encourageront les uns et les autres dans cette voie.

PRÉSERVER LES GRENIERS DE LA PLANÈTE

L'agriculture au sens large (élevage inclus, notamment pour ses rejets de méthane) représente une part importante des émissions totales de gaz à effet de serre sur la planète : 20 % en moyenne ; cette proportion est la même en France, où les émissions de GES de ce secteur (76 MT. d'équivalent-CO_2 en 2023), le second plus émetteur après les transports, ont tout de même diminué de 13 % depuis 1990. L'AIE estime qu'une baisse de 20 % à l'échelle mondiale, ramenant les émissions globales de 7,3 à 5,7 Mds T. de CO_2, est indispensable à brève échéance (2030)[255]. Une agriculture moins émettrice est donc une nécessité ; elle doit aussi permettre de protéger la qualité des sols tout en nourrissant mieux tous les humains.

Pourtant une part très faible (3 % seulement !) des financements publics sur le climat est consacrée à ce secteur, totalement omis dans près des deux tiers des contributions nationales présentées dans le cadre des accords de Paris sur le climat. 134 pays, signataires en décembre 2023 d'un pacte mondial, ont promis d'y remédier avant fin 2025. Tiendront-ils parole ?

Terres arables et progrès de la désertification

Le réchauffement climatique, la surexploitation des sols et la pénurie d'eau risquent d'étendre la désertification, qui progresse à grande vitesse sur tous les continents ; le phénomène est illustré par l'assèchement progressif de la Mer d'Aral et du lac Tchad, qui ont perdu les neuf dixièmes de leur surface. Le PNUE estime que dix millions de km² - vingt fois la France ! –

[255] L'objectif retenu dans la Stratégie nationale française bas carbone pour le secteur n'est cependant qu'une baisse de 16% de ses émissions de GES d'ici 2030. Il faudra agir sur le méthane rejeté par les ruminants, soit 45% des émissions actuelles (le cheptel devrait baisser de 12%) et sur l'azote issue des engrais (42% du total).

sont menacés. La désertification frappe 20 millions d'ha par an et menacerait à terme, selon la FAO, jusqu'au tiers de la population mondiale.

Pourtant, l'utilisation intensive des terres pour l'agriculture, mais plus encore pour les pâturages, n'a cessé de croître. En 2022, elle concernait 5 milliards d'hectares (49,5 M de millions de km²), soit 530 millions d'hectares de plus en un demi-siècle. Si l'on considère les seules terres cultivables, qui représentent deux milliards d'hectares[256], nous sommes déjà en moyenne quatre humains à nous partager chacun des de ces hectares. Or la population terrestre va encore augmenter, passant de huit à dix milliards d'ici le milieu de ce siècle. La surpopulation met déjà en cause la protection des ressources agricoles et forestières et de la faune aquatique qui nous nourrissent ; la désertification alourdira beaucoup ces menaces.

Le problème est d'autant plus grave que de nombreux facteurs contribuent à la stérilisation d'une portion croissante des terres :

- effets du *réchauffement* climatique : la longueur des périodes de végétation et la productivité céréalière tendront à décroître dans les régions tropicales ; les zones saheliennes déjà arides ou semi-arides s'assécheront encore plus, malgré les efforts pour établir une « ceinture verte » et fixer les dunes par des barrières et des plantations. Les effets seraient plus partagés en Asie, et dans les zones tempérées comme l'Amérique du Nord et l'Europe, où la présence accrue de CO_2 induirait des rendements supplémentaires.
- méfaits de *l'urbanisation*, - qui ferait perdre 30 M d'ha de surfaces cultivables par an -, particulièrement aigus dans les pays du Sud. Les mégapoles que l'urbanisation accélérée y édifie sont dévoreuses d'espace et imperméabilisent les sols, les routes et autres infrastructures occupant davantage de surfaces ;
- *érosion* ruinant les terrains les plus fragiles (trop minces et subissant de violentes intempéries), notamment dans les zones tropicales ; selon la FAO, 17 % des terres en sont victimes ;
- *salinisation* accrue, notamment aux embouchures des fleuves, réduisant le potentiel des deltas déjà surpeuplés comme ceux du Nil, du Gange ou du Yang-Tse. La FAO note qu'elle diminue d'1 à 2 % par an le potentiel des terres arables et menacerait un quart des terres cultivées.
- *pratiques destructrices* des activités agricoles et d'élevage elles-mêmes (monoculture, pâtures abusives…), aggravées par les résidus des engrais aux nitrates et au phosphore, des produits phytosanitaires (désherbants,

[256] Soit 20 M de km² (13,5% des terres émergées). Le reste est composé à hauteur de 30% de pâturages, 34% de forêts, et 23% de terres non-cultivables (montagnes, villes et déserts). Les déserts totaux ne couvrent que dix millions de km², mais une surface équivalente est déjà fortement dégradée par la désertification.

insecticides et fongicides), des antibiotiques et produits vétérinaires ; mais cela est moins vrai pour les terres irriguées, qui produisent 40 % de l'alimentation mondiale.

- *empoisonnement* progressif des écosystèmes naturels par la pollution minière et industrielle - métaux lourds, produits chimiques contaminant la terre et les nappes phréatiques - voir chapitre 7.

Même dans l'Union européenne, près de cent millions d'hectares, soit un tiers de la surface cultivable totale, sont touchés par un processus de dégradation, selon l'Agence européenne de l'environnement ; la teneur des sols en nutriments et en humus a baissé d'un tiers en moyenne.

Selon certains, le recul des terres cultivables atteindrait 1 % par an ; à ce rythme, l'humanité n'aurait bientôt plus le moyen d'assurer sa subsistance. Or le besoin de terres va s'accroître et non diminuer ; voir graphique ci-dessous :

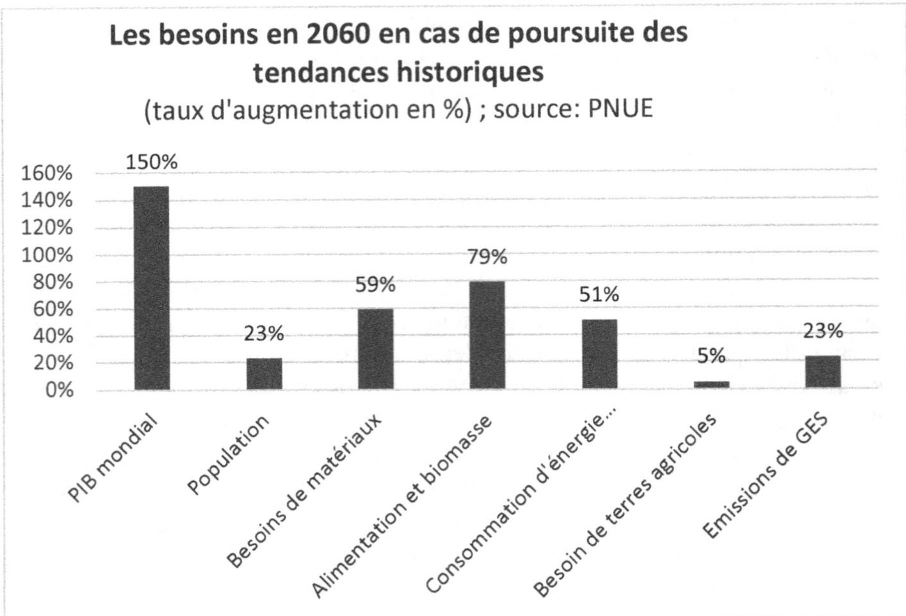

Le scénario alternatif présenté par le PNUE prévoit un éventail de mesures de sobriété et de meilleure efficacité qui permettraient de réduire les besoins de terres agricoles, mais seulement marginalement : à l'horizon 2060, ces besoins baisseraient de 5 % au lieu de s'accroître d'autant. Il est donc en tout état de cause essentiel de protéger les terres cultivables.

L'action internationale en ce sens est organisée par la Convention sur la lutte contre la désertification (CLD) de 1994. Son « Aperçu de la sécheresse dans le monde » de décembre 2023 estime qu'1,84 milliard de personnes sont affectées par la sécheresse, dont près de 5 % de façon « sévère » ou « extrême ». Les réunions périodiques de la CLD coordonnent une action qui vise à améliorer les pratiques culturales, mais reste limitée, car elle est surtout conduite au niveau des États.

Une agriculture adaptée pour vaincre la faim au Sud

Dans les pays en développement, où l'agriculture reste souvent la principale source de revenus et surtout d'emplois, les méthodes lourdes de l'agriculture productiviste ne peuvent être la seule réponse : elles sont à la fois trop coûteuses et dangereuses écologiquement. Il faut pourtant produire davantage si l'on veut venir à bout de la faim dans le monde.

Notre monde continue en effet à s'accommoder d'un problème dramatique et persistant : plus de sept cents millions d'humains – un sur dix, mais un sur cinq en Afrique – souffrent de la faim[257], et 2,3 milliards de diverses formes de carences ou de malnutrition (le manque d'iode, de vitamine A et de fer causent également de graves dégâts physiques et intellectuels). Nourrir correctement ces humains et les deux milliards de bouches supplémentaires qui apparaîtront d'ici 2050 nécessitera un quasi-doublement de la production vivrière. Pour atteindre ce but, la production agricole de notre planète devra continuer à augmenter de plus de 2 % chaque année, alors même que les terres arables disponibles sont menacées.

Cela n'a rien d'impossible : ce chiffre de +2 % par an a été atteint jusqu'à présent, et des surfaces libres importantes demeurent, notamment en Afrique et en Amérique du Sud ; elles permettraient, selon la FAO, de multiplier par au moins 1,7 la superficie cultivée actuelle tout en préservant les forêts. On peut réduire les gaspillages, et la productivité peut encore progresser.

Mais les cultures alimentaires doivent se développer le plus possible sur place, tout près des lieux de consommation, donc dans le Sud global. Or c'est dans ces pays, qui n'ont encore changé que très partiellement leurs modèles de culture traditionnels, que les pressions écologiques sont les plus fortes et que les rendements, pourtant très inférieurs à ceux des pays du Nord, plafonnent : les récoltes ne progressent plus que de 1 % par an

[257]Selon le bilan présenté par la FAO en 2023, la faim touchait 735 millions de personnes en 2022, soit 9,2% de la population mondiale. Les efforts de la communauté internationale avaient réussi à réduire la proportion d'affamés à moins de 8%, alors qu'elle était encore de 35% en 1970 et 20% en 1990 ; elle a remonté avec les crises de ces dernières années (COVID, guerre en Ukraine, flambée des prix). La faim touche encore près de 20% de la population en Afrique et 16% en Asie du Sud.

environ ; en Afrique, la production vivrière s'accroît plus lentement que la population...

Toute la difficulté est de parvenir à nourrir convenablement cette population sans détruire un environnement déjà fragile. La solution nécessite une politique d'ensemble :

La révolution verte agricole dans les pays du « Sud global »

- D'abord, organiser un système de transport, de stockage et de vente efficace, car les famines sont plus dues à une mauvaise répartition qu'à une pénurie absolue d'aliments ;
- Mettre en place des « filières » vivrières complètes offrant aux paysans des prix d'achat stables à long terme, et leur fournissant semences, engrais et outils agricoles à un coût raisonnable ;
- Donner une place accrue à l'aide à l'agriculture, qui ne représente actuellement qu'une faible part des investissements publics et de l'aide au développement ;
- Encourager une consommation adaptée aux capacités de chaque terroir[258] au lieu de dépendre de produits importés ;
- Reconstituer le contenu organique des sols par des cultures sous parc arboré (« agroforesterie » intégrant des espèces adaptées d'arbres[259]), des assolements plus variés comportant des légumineuses, le mélange des espèces, le semis direct sur paillage, la valorisation des engrais naturels ;
- Limiter l'érosion par des talus, des haies et des plantations en dévers, de la petite irrigation, des mini-retenues d'eau ;
- Améliorer les pratiques culturales, par exemple en renonçant aux labours profonds et en limitant la pâture d'animaux (comme les chèvres) qui détruisent une couverture végétale trop mince, pour préserver les sols cultivables ;
- Transférer aux pays pauvres les savoir-faire biologiques et techniques et former les agriculteurs aux méthodes d'amendement et

[258] Il est frappant par exemple de voir que les populations urbaines d'Afrique se plaignent de la hausse du prix du riz et du blé, dont les importations longtemps opérées à bas prix ont peu à peu supplanté les produits locaux comme le mil, le sorgho, le manioc, la patate douce, etc. Il faut inciter à la redécouverte et au développement de ces végétaux dans leur « niche écologique » d'origine, tout en améliorant la sélection variétale par la recherche.

[259] Ce modèle d'agro-foresterie repose sur la capacité des écosystèmes à se régénérer grâce à des associations de plantes différentes, en faisant se succéder de multiples cultures complémentaires (par exemple, le mil et l'acacia en Afrique) sur des périodes dépassant les assolements classiques.

de préservation des terres arables notamment pour employer des semences mieux adaptées au climat et à chaque sol.

On atteindra ainsi le double objectif de la stratégie coordonnée par la Convention mondiale contre la désertification : obtenir de larges progrès des rendements pour mieux nourrir les hommes ; et préserver les sols et la nature.

Vers une agriculture raisonnée et durable dans les pays avancés

La première « révolution verte », qui a permis d'augmenter les rendements agricoles grâce à la sélection végétale et animale et à la modernisation des techniques, a eu aussi ses inconvénients : l'agriculture intensive de nos pays, fonctionnant à coup de machines, d'engrais chimiques et de produits phytosanitaires, diffuse ces apports chimiques dans tout l'environnement ; on en trouve autant dans l'air parisien que dans les zones rurales voisines !

Il est donc indispensable de changer les techniques agricoles. Le but est de passer à une agriculture raisonnée avec un moindre usage (-20 %) d'engrais et de pesticides, puis à l'agriculture « intégrée », qui permet de les réduire de 40 à 60 % par des pratiques agronomiques étudiées.

Les exploitants (il y en a 389 000 en place en France) devraient restaurer les haies, planter des rangées d'arbres, et laisser sur place les débris végétaux pour protéger le sol. Les semis tardifs, le labour peu profond, voire le non-labourage, y contribueront également sur certaines terres, de même que la diversification et la rotation des cultures. Les maladies et les ravageurs peuvent être régulés par leurs antagonistes biologiques et par le choix de variétés résistantes. On peut aussi améliorer le bilan énergétique des exploitations par l'autoconsommation de bio-carburants.

L'approche durable de l'agriculture et des paysages pourrait être promue chez nous par des mesures simples : abandon des aides à l'artificialisation des milieux ; exonérations fiscales facilitant la restauration de zones humides et des prairies naturelles ; renforcement des règles antipollution. La Taxe générale sur les activités polluantes (cf chapitre 3, page 74) y contribue en frappant les pesticides et l'azote excédentaire contenus dans les engrais ; mais le secteur agricole a été dispensé de l'application des lois « pollueur-payeur ».

La loi de 2003 sur la prévention des risques technologiques et naturels encourage les bonnes pratiques agricoles. La toute récente stratégie « Nation verte » propose de multiplier par trois (à 4M d'ha) les surfaces ayant une couverture intermédiaire entre deux cultures et par deux (à 1 M. d'ha) celles cultivées en légumineuses (soja, pois, fèves), et de développer l'agroforesterie ; 3 % des exploitations devaient être consacrés à des haies, des bosquets, des mares ou des jachères.

Moyennant un coût d'investissement limité à 300/400 $ par hectare/an pendant les premières années, une meilleure gestion des cultures et des pâturages peut aussi contribuer à la lutte contre le réchauffement climatique, comme le recommande le GIEC.

L'innovation a un rôle important à jouer à travers notamment la sélection variétale ; les croisements et recherches sélectives permettent de conférer à des végétaux des propriétés comme la tolérance aux sécheresses, la résistance aux maladies et aux parasites, une meilleure captation du CO_2 et de l'azote atmosphérique, etc. - que l'on accepte ou non les OGM. Un arrêt de la Cour de Justice européenne de février 2023, confirmé un an plus tard par un vote des eurodéputés, a ouvert la possibilité de déroger à l'interdiction en vigueur depuis 2001 pour les « nouveaux OGM », organismes obtenus par mutation génétique sans transfert entre espèces différentes.

Le développement des cultures « bio » sans aucun pesticide est l'étape ultime de l'évolution. Elles répondent à un cahier des charges européen exigeant. Une Agence Bio et un Fonds Avenir bio ont été créés pour encourager ces cultures en France ; elles bénéficient d'un crédit d'impôt et de l'obligation (imparfaitement respectée) de 20 % de repas bio dans les cantines publiques.

Ces aides[260] ne compensent toutefois pas la totalité de l'écart du coût de production, estimé à 15/20 % environ. Nos 60 000 producteurs bio ne couvrent encore que 10,7 % de la surface agricole totale (l'objectif confirmé par la loi de souveraineté agricole de 2024 est de porter ce chiffre à 21 %, plus 8 % de surfaces en légumineuses)[261], et 40 % des fruits et légumes bio consommés en France sont importés ; les cultures bio sont plus développées en Italie, en Suède ou en Autriche.

Quelle stratégie pour les prix agricoles ?

Faut-il, dans une stratégie à long terme, admettre que ces améliorations souhaitables nécessitent des prix de vente plus élevés pour les agriculteurs et éleveurs, comme ceux-ci l'ont réclamé non sans violence en Europe début

[260] Elles ont été complétées en 2023/24 par un plan de soutien à la filière et un soutien d'urgence de 110 M €.

[261] L'objectif précédemment fixé par le Code rural était de 15% des surfaces en cultures bio. Le « plan stratégique national » fixe un objectif intermédiaire de 18% des surfaces en bio en 2027

2024 ? Il est vrai qu'à part des flambées temporaires des prix comme en 2008 ou en 2022 - les prix alimentaires mondiaux ont alors atteint un pic de +60 %, avant de retomber - nos producteurs ont surtout connu de longues années de baisse : ainsi, le prix actuel des céréales a été précédé d'une chute de moitié en moyenne (en $ constants) en cinquante ans. De plus, les marchés de produits alimentaires sont, comme ceux de toutes les matières premières, très fluctuants et souvent étroits.

Cela n'a pas empêché la production mondiale de progresser, mais elle s'est concentrée sur les pays les plus compétitifs, souvent situés aux Nord. C'est pourquoi de nombreux économistes du développement prônent une protection contre les importations, subventionnées ou non, et un soutien des producteurs. C'est le moyen durable de développer la production locale – sans aller jusqu'à une impossible « auto-suffisance alimentaire ». Ces producteurs ruraux, grande masse des déshérités de la planète[262], doivent être rémunérés convenablement, même si la hausse des prix agricoles fait peser une lourde charge sur les masses urbaines du Sud – souvent d'anciens paysans déracinés – qu'il faut aussi soutenir[263].

Même dans nos pays, la hausse des prix des produits alimentaires est probablement une nécessité, bien qu'elle contredise la recherche prioritaire de la préservation du pouvoir d'achat. Cette prééminence donnée aux consommateurs était souhaitée par l'opinion, qui pourtant soutient les manifestations des agriculteurs… Elle a aussi été promue par les politiques publiques tant européennes que nationales, qui ont encouragé la recherche par les distributeurs de baisses des prix, écrasant au passage le revenu des producteurs.

Une approche différente se dessine actuellement, avec en France l'instauration de prix-planchers par filière et une meilleure application de la loi « Egalim » qui vise à assurer une juste rémunération aux agriculteurs et éleveurs, notamment lorsqu'ils font des efforts pour l'environnement. Il faut en somme que le paysan ancestral l'emporte, en chacun de nous, sur le consommateur toujours à la recherche des prix les plus bas.

---

262 70% des trois milliards de Terriens vivant au-dessous du seuil d'extrême pauvreté (moins d'un $ par jour) sont des ruraux ; les trois quarts des 735 millions d'affamés sont eux-mêmes de pauvres cultivateurs, à qui une meilleure rémunération de leur production est indispensable.

263 Cette préoccupation, rappelée par des émeutes de la faim, conduit de nombreux gouvernements – en Egypte, dans les pays du Maghreb, en Indonésie, aux Philippines, en Malaisie, - à subventionner les produits de base (pain, sucre, riz, huile…) ou à organiser des distributions à la population.

La politique agricole en Europe (la PAC) est-elle véritablement durable ?

L'apport financier de la Politique agricole commune européenne est massif, avec 58 Mds € d'aides (dont 9 pour la France) distribués chaque année, ce qui permet à Bruxelles d'agir en faveur de la révolution verte. La *stratégie européenne « Farm to fork »* adoptée en 2020, pendant agricole du Pacte vert européen, manifestait effectivement de grandes ambitions avec ses huit chapitres de « bonnes conditions agricoles et environnementales ».

Outre la baisse de l'usage de produits phytosanitaires (voir page suivante), elle visait la conversion d'un quart des surfaces à l'agriculture biologique. 30 % du montant des aides versées étaient subordonnés à des conditions écologiques : maintien de zones favorables à de la biodiversité (haies, mares, arbres) et de 4 % de jachères ; gestion durable de l'eau ; restauration des zones humides ; rotation des cultures ; maintien des prairies ; conservation des débris végétaux et animaux pour protéger les sols ; attention portée aux rejets. Les agriculteurs devaient affecter 7 % de leurs exploitations à des cultures intermédiaires ou fixatrices d'azote sans usage de produits phytosanitaires.

La loi européenne de 2023 sur la restauration de la nature devait compléter ce dispositif : elle prévoit de restaurer 20 % terres et des mers de l'U.E. et 30 % des écosystèmes dégradés d'ici 2030 (90 % en 2050). Chaque État membre doit formuler un plan stratégique national, avec l'obligation de cartographier les zones humides.

Malheureusement, après les grandes manifestations d'agriculteurs dans nombre de pays, début 2024, la Commission européenne a dû revenir en arrière. La loi sur la restauration de la nature est bloquée au Parlement européen. Plusieurs autres textes attendus ont été reportés, sinon abandonnés : la révision du règlement REACH ; la loi sur les systèmes alimentaires durables ; la loi sur le bien-être animal.

De même, l'objectif de réduire de 30 % les émissions de GES du secteur agricole d'ici 2040 a disparu, comme l'obligation de réserver une partie des terres pour y aménager des mares ou des haies ; l'obligation de maintenir des prairies permanentes a été assouplie ; celles de rotation des cultures et de couverture des sols sont remplacées par une simple diversification ; les dérogations pour force majeure ou événement climatique extrême sont facilitées. Les visites de contrôle sur site seront réduites de moitié, et même supprimées pour les petites. Au total, le recul est impressionnant.

En France, la loi nationale sur la protection de la nature n'a toujours pas été adoptée. Les Premiers ministres, G. Attal comme M. Barnier, se sont engagés à réduire drastiquement procédures et normes » ; une pause a été décrétée pour discuter de la délimitation des zones humides. La « loi d'orientation pour la souveraineté agricole » votée en mai 2024 déclare l'agriculture « d'intérêt général majeur », la plaçant au même niveau que l'environnement, pour lequel la même déclaration a été faite un demi-siècle plus tôt (1976), et apporte nombre de dérogations aux règles protectrices.

Il serait préférable de mieux rémunérer les pratiques vertueuses des agriculteurs. C'est ce qui a été décidé en partie au niveau européen, puisque l'obligation de laisser une part des terres en jachère a été suspendue jusqu'à mi-2025 et sera remplacée par une prime à ceux des agriculteurs qui choisiront de le faire ; approche plus habile, et sans doute plus efficace.

Réduire l'usage des produits phytosanitaires

Malgré ses efforts, la PAC n'a pas réussi à diminuer la quantité de produits phytosanitaires - engrais, herbicides, fongicides et insecticides - utilisée en Europe, qui est restée stable autour de 350 000 tonnes par an ; l'agriculture intensive y recourt largement alors qu'ils font courir de graves risques à l'environnement, notamment à la biodiversité. Il est pourtant possible de s'en passer au moins en partie en choisissant des variétés naturellement résistantes, en surveillant les parcelles par des capteurs ou en utilisant des insectes auxiliaires.

Le déclin des insectes pollinisateurs, notamment les abeilles, reste un sujet préoccupant dans nos pays : leur abondance pourrait avoir chuté de 70 à 80 % en Europe depuis trois ou quatre décennies. Cela est largement dû à l'abus de pesticides, mais aussi à la destruction des haies et autres refuges naturels. Une vive querelle oppose les agriculteurs aux apiculteurs et aux autorités européennes, qui interdisent depuis 2018 l'utilisation des « néonicotinoïdes » tueurs d'abeilles[264]. C'est ainsi que deux insecticides très courants, l'imidaclopride et le fipronil, ont été proscrits et un plan d'urgence lancé en France face au syndrome d'effondrement, qui menaçait les ruches. Il semble que ce problème soit surtout dû à d'autres causes, si bien que l'imidaclopride a fini par être réautorisé ; mais la vigilance reste de mise.

Une directive européenne générale impose d'évaluer la toxicité des biocides et soumet leur mise sur le marché à autorisation ; elle se combine avec le règlement général « Reach » sur les produits chimiques (voir chapitre 7, page 192) ; dans ce cadre, toutes les substances « CMR » (cancérigènes,

[264] Une décision de la Cour de Justice européenne, en janvier 2024, a jugé illégales les dérogations pratiquées en France depuis trois ans pour protéger de la jaunisse apportée par les pucerons les plants des betteraviers, qui ont vigoureusement manifesté leur mécontentement.

mutagènes et reprotoxiques) ont été interdites, mais avec des dérogations dites exceptionnelles, en l'absence actuelle de produits de substitution.

Un dossier emblématique est celui du glyphosate (« Roundup »). L'arrêt de cet herbicide très utilisé, mais classé comme « cancérogène probable, était programmé, après deux premières prolongations. La Commission européenne a décidé une nouvelle prolongation, de dix ans cette fois, en novembre 2023, laissant aux Etats le soin de définir d'éventuelles restrictions…

Plus généralement, un freinage marqué des règles les plus contraignantes se fait jour : ainsi, le Parlement européen a rejeté, en novembre 2003, le texte prévoyant une baisse de moitié de l'usage des pesticides d'ici 2030 ; il a depuis, été reporté sine die.

La France, troisième utilisateur mondial de produits phytosanitaires, se voudrait ambitieuse : le chlordécone, qui a produit des ravages dans les DOM, a été interdit dès 1993 ; l'atrazine et la plupart des autres perturbateurs endocriniens ont suivi. En revanche, l'objectif de réduire l'usage des produits phytosanitaires de moitié, édicté par deux plans Ecophyto successifs, a été totalement manqué[265] et l'État a été condamné pour faute en juin 2023 par le Tribunal administratif de Paris.

Malgré cela, le nouveau plan Ecophyto 2030 ne maintiendrait cet objectif que sur la base d'un nouvel indicateur plus souple ; le gouvernement a d'ailleurs reporté sa présentation, suite aux manifestations des agriculteurs. Le relèvement de la redevance pour pollutions diffuses prévu au budget 2024 a aussi été abandonné.

Le mot d'ordre est désormais de cesser la « surtransposition » des règles européennes et de rechercher des alternatives dans chaque filière, selon le principe « pas d'interdiction sans solution » ; les produits dangereux ne seront proscrits que s'il existe une alternative efficace et viable économiquement. Nous retrouvons ici la nécessité d'orienter les pratiques des producteurs en les rémunérant suffisamment.

[265] Au contraire, les ventes de produits phytosanitaires pour un usage agricole ont augmenté de 14% entre les périodes 2009-2011 et 2018-20, selon l'Observatoire national de la biodiversité ; 68 000T. de pesticides ont été vendues en 2021. Un rapport parlementaire de décembre 2023 estime que les 71M € d'investissements publics annuels dans les plans Ecophyto successifs ont été dépensés en pure perte.

PROTEGER FORETS ET ECOSYSTEMES NATURELS

La révolution verte ne peut réussir sans prendre en compte la nécessité impérieuse de protéger les forêts et les zones humides :

- elles sont le *poumon de la planète*, puisqu'elles renouvellent l'oxygène de l'air que nous respirons en rejetant ce gaz vital issu de la photosynthèse qui alimente les végétaux ; à elles seules, les forêts tropicales, qui ne couvrent que 7 % de la surface du globe, dégagent 40 % de notre oxygène.

- elles contribuent à la lutte contre l'effet de serre par leur *rôle de « puits de carbone »*, en fixant 7,6 Mds T/an de gaz carbonique excédentaire, absorbant ainsi 18 % des émissions d'origine humaine. À l'inverse, leur transformation en cultures ou pâturages libère une partie des vastes quantités de carbone stockées dans le sol lui-même ; le changement d'affectation des sols et la déforestation causent déjà près d'un cinquième des émissions mondiales de GES[266]. À l'inverse, le potentiel de réduction des émissions de GES par la reforestation pourrait, selon le GIEC, dépasser 5 milliards de T. annuelles pour un coût très bas, de 5 à 10$ la tonne de CO_2, avec de forts bénéfices associés.

- elles sont des *réservoirs majeurs de la biodiversité*, car les parcelles de forêt « primaire » (vierge) qui subsistent dans le monde offrent dans leurs profondeurs, grâce à la constance du climat, à l'étendue et à la forte pluviosité, un abri à un très grand nombre d'espèces inconnues ailleurs : avec 14 % de la superficie des terres émergées, les forêts tropicales, tourbières et mangroves recèleraient 91 % des espèces terrestres de vertébrés.

Or ces écosystèmes naturels sont autant de havres menacés : les forêts sont ravagées par les incendies, la surexploitation et un défrichage excessif ; les zones naturelles humides comme les mangroves, les deltas des fleuves, les marais, les étangs ou les tourbières sont aussi surexploitées, polluées ou en voie d'assèchement (voir chapitre suivant).

Le réchauffement climatique aggrave la situation en accroissant le risque de dessèchement et d'incendies et en réduisant la capacité d'absorption naturelle de ces zones sensibles.

---

266 Le GIEC attribue au changement d'usage des sols 18% de l'ensemble des émissions de GES de toute nature ; la déforestation y joue un rôle essentiel, car un seul hectare coupé dégage deux cent tonnes de carbone dans l'atmosphère, et la réduction des surfaces boisées diminue l'absorption de CO_2 (à hauteur de 4 Mds T. d'éq-CO_2 en 2022). Selon le WWF, l'effet net combiné des forêts refroidit la planète d'environ 0,5°.

L'ampleur de la déforestation et ses conséquences

Les forêts sont en pleine régression. Elles couvrent certes encore quatre milliards d'hectares[267] ; mais leur superficie, après avoir chuté de 20 % au XXème siècle, continue à baisser de 1 % tous les cinq ans. L'abattage se poursuit en effet à un rythme proche de sept millions d'hectares par an, soit l'équivalent de la superficie du Portugal.

Selon le Global Carbon Project, la déforestation en cours dans des pays comme le Brésil, le Congo, l'Indonésie, engendre des émissions nettes d'éq-CO_2 de 4 Mds T. en 2023 ; bien qu'en léger recul, ce chiffre représente près d'un dixième des émissions totales de GES d'origine humaine.

Le plus grave est que l'essentiel du retrait des zones boisées provient des forêts vierges tropicales, irremplaçables, car elles ont conservé jusqu'à ce jour leur biodiversité initiale et sont deux à trois fois plus efficaces que les forêts reconstituées pour stocker le CO_2. Les trois plus puissants massifs forestiers du monde sont menacés : Amazonie, bassin du Congo et Indonésie. L'Amazonie a déjà perdu 17 % de l'étendue originale de sa forêt et s'approche d'un point de bascule au-delà duquel elle ne fonctionnera plus[268]. Au rythme actuel, près de la moitié de l'ensemble des forêts tropicales subsistantes auront disparu au milieu de ce siècle.

La forêt regagne en revanche un peu de terrain au Nord (États-Unis, Europe, Chine), dont les programmes de reboisement économisent environ 500 MT./an d'émissions de CO_2. Cet apport, moins riche tant sur le plan de la biodiversité que sur celui du captage de carbone, reste cependant loin de compenser les effets du déboisement dans les pays en développement.

Quelles sont les causes de cette situation ?

- le *réchauffement climatique* et la diminution des pluies dans certaines régions font régresser le couvert forestier. De plus, le réchauffement réduit la capacité d'absorption du CO_2 par les forêts et pourrait même conduire à ce que ces forêts relâchent du gaz carbonique dans l'atmosphère.

---

[267]La surface totale des forêts est de 3,9 Mds ha (soit 39 M de km^2). Les plus grands pays forestiers sont la Russie, avec 850 millions d'ha, soit 22% du total mondial, et le Brésil (530 M. ha, soit 14%) ; puis viennent le Canada (240 M ha), la Chine et l'Australie (160 M. ha chacune), le Congo (135 M. ha).

[268]L'Amazonie stocke 16 Mds T. de carbone (il faut ajouter 8 Mds T. accumulées dans la savane arborée du Cerrado), et 30% des espèces animales du monde vivent dans cette région en péril. ; la perte totale des 540 millions d'ha de forêt brésilienne causerait à elle seule l'émission de 300 Mds de T. de CO_2 supplémentaires.

- les *incendies de forêts* se multiplient (voir chapitre 1). Une part de ces incendies est hélas volontaire ; les pyromanes existent en Europe, mais dans les pays en développement les feux sont souvent un prétexte pour gagner des terres. Ce fut sans doute l'une des grandes causes des incendies répétés qui ont dévasté les forêts primitives en Indonésie.

- les attaques *d'insectes invasifs* (voir page 231 ci-après) comme le scolyte aggravent la situation dans les zones tempérées.

- la déforestation est accrue, dans des zones menacées de sécheresse, par des *habitudes locales* peu respectueuses du boisement, qu'il faudrait parvenir à changer. Ainsi, dans les pays sahéliens, des arbres dont la conservation est précieuse sont abattus pour la construction, le chauffage ou la cuisine.

- la *surexploitation du bois*, notamment pour tirer profit de la vente d'espèces tropicales précieuses comme l'acajou, est en cause dans le cas du Congo comme dans celui de l'Indonésie, dont la forêt, grand réservoir de biodiversité, a été détruite aux trois quarts en trente ans de surexploitation.

- *l'agriculture*, à travers le remplacement de la forêt par des cultures de rente comme le soja ou les palmiers à huile, ou par des prairies pour l'élevage, est une cause majeure de déforestation. Au Brésil, après les dérapages systématiques du président J. Bolsonaro, son successeur (et prédécesseur) Lula a pris l'engagement de parvenir à une déforestation zéro en Amazonie d'ici 2030 et animé la création, en août 2023, d'une « Alliance amazonienne de combat contre la déforestation » ; un freinage de la dégradation semble avoir été obtenu[269].

- le *défrichage pour l'urbanisation* ajoute son lot. Selon l'ONG Climate Focus, les dépenses néfastes aux forêts seraient deux cent fois supérieures à celles qui leur bénéficient : 500 Mds $ contre 2,2 Mds.

La FAO a donc raison de juger cette situation « très préoccupante », car elle pourrait conduire à la disparition en quelques décennies des dernières forêts primitives qui subsistent. C'est dire la nécessité d'agir pour protéger un domaine qui est celui de toute l'humanité.

---

[269] La perte de surfaces forestières a diminué de plus de moitié en 2023, revenant à 5 100 km^2 contre 12 000 dans la période Bolsonaro et évitant le rejet de 200 MT de CO^2. On se rapproche du niveau précédent le plus bas (4500 km^2) ; en revanche, les dérapages se poursuivent dans le Cerrado.

Replanter ou protéger ?

Des efforts sont faits pour reconstituer le couvert forestier par de nouvelles plantations, en priorité dans les régions tropicales[270]. Les incitations économiques à travers le « mécanisme de développement propre » du protocole de Kyoto, qui permet aux pollueurs des pays industrialisés de racheter leurs émissions excédentaires de gaz carbonique en obtenant des certificats échangeables (voir chapitre 3, page 99), jouent un rôle utile. Mais ces nouvelles forêts-réservoirs, limitées à une ou deux espèces rentables, ne peuvent en rien remplacer la richesse des forêts primaires détruites.

Toutes les études montrent qu'il est plus efficace de protéger que de replanter - ne serait-ce que parce qu'un arbre nouvellement planté mettra jusqu'à un siècle à stocker la quantité de carbone qui est émise en une seule fois lorsqu'il est détruit… Il faut donc privilégier les mesures de protection. La panoplie est large :

Les mesures à prendre pour stopper la déforestation

- Une évaluation préalable de l'impact environnemental devrait être exigée avant toute concession d'exploitation forestière. Des codes forestiers peuvent répartir et limiter les droits d'usage et assainir les méthodes d'exploitation.
- Il faut lutter contre les abattages clandestins - qui atteindraient 10 % du total dans le monde, mais jusqu'à 80 % en Amazonie (estimation d'ONG reprise par l'OCDE et la Banque Mondiale) - et le commerce illégal des bois tropicaux. Une surveillance effective, avec de fermes sanctions contre les fraudeurs, est essentielle.
- Des incitations économiques doivent être mises en place pour faire jouer à fond les mécanismes de marché en faveur et non plus contre la protection des forêts. Elles pourraient prendre la forme d'une taxation sur l'abattage du bois et sur le commerce de produits non éco-certifiés, de redevances décourageant le défrichage, de soutiens au reboisement ; une utilisation modérée et rationnelle de la filière bois (sauf forêts primaires) pour fournir de la biomasse énergétique

[270] Le GIEC souligne que 65% du potentiel de réduction des émissions de CO^2 par le reboisement et la lutte contre la déforestation sont situés dans les zones en développement tropicales ; ces actions offrent aussi des retombées significatives en termes de revenus et d'emplois locaux, de préservation des eaux et de la biodiversité, et d'apport d'énergie renouvelable (biomasse).

peut par exemple assurer le maintien durable des forêts tout en fournissant une source d'énergie renouvelable[271].

- Il est vital d'intéresser les populations à la protection des forêts. Une partie significative des recettes doit donc leur revenir et les rémunérer pour la non-destruction et l'entretien d'espaces. L'aide au développement doit s'en préoccuper, et lutter contre certaines causes facilement évitables du déboisement, par exemple en fournissant à bas coût aux habitants de petits appareils de chauffage au gaz pour éviter le recours traditionnel au charbon de bois[272] . Cet apport de modes de cuisson propre peut être financé par des crédits carbone négociables sur les marchés ou admis en compensation des émissions des Etats par le Protocole de Kyoto.
- Des accords avec les professionnels permettent aussi de limiter les risques ; un moratoire, par lequel transformateurs et exportateurs s'engageaient à ne pas exporter de soja provenant de zones déboisées, avait été conclu, avant d'être abandonné sous l'ère Bolsonaro.
- Il faut encourager l'éco-certification, c'est-à-dire l'octroi d'un label aux produits fabriqués selon des normes respectant la nature, moyen utile de mettre les mécanismes du marché au service de l'environnement. Les ONG ont mis en place des labels comme celui du Forest Stewardship Council ; ils couvrent déjà 7 % des surfaces forestières dans le monde, mais avec une part trop faible – moins d'un dixième – pour les zones tropicales. En France, les lois systématisent l'éco-étiquetage sur l'empreinte écologique des produits et l'obligation pour l'administration française d'acheter du bois certifié.

Pour sa part, la communauté internationale a, lors de la COP 26 de Glasgow sur le climat en 2021, retenu l'objectif de stopper totalement la déforestation en 2030. La protection des forêts figure d'ailleurs parmi les objectifs de développement durable de l'ONU.

Un programme des Nations-Unies pour la protection des forêts baptisé REDD+, soutenu par la Banque Mondiale, inventorie et évalue les émissions et absorptions des forêts et coordonne les certifications ; il admet la lutte

---

[271] Nous avons vu plus haut (chapitre 4) que la biomasse fournit actuellement 10% de l'énergie utilisée par les humains. La moitié des forêts mondiales seulement est exploitée pour son bois (de façon extensive la plupart du temps, les exploitations intensives en monoculture ne couvrant que 110 M. d'ha). La forêt primitive doit rester à l'abri de cette exploitation, mais les autres forêts pourraient fournir 20% de plus, selon l'OCDE.

[272] Notamment en Afrique, où près d'un milliard d'habitants cuisinent toujours sur des foyers sommaires au charbon de bois ou au fumier animal.

contre le déboisement ou la dégradation des forêts tropicales, comme les replantations, à l'éligibilité au titre du marché des crédits carbone, c'est-à-dire l'achat de compensations pour réduire les émissions prises en compte dans le cadre des accords de Paris, au titre du Mécanisme de développement propre[273].

De nombreuses actions publiques visent à soutenir la forêt : programme de reboisements « Plantons pour la planète » du PNUE, qui a permis d'introduire des milliards d'arbres (chaque ha épargné est payé 400 €, avec une surveillance par satellite) ; programme pilote des pays du G8 et de l'Union européenne pour la conservation de la forêt tropicale brésilienne ; « coalition verte » rassemblant 19 institutions financières pour financer des projets durables dans la région ; partenariat pour la forêt du bassin du Congo soutenu par les États, la Banque Mondiale – qui a créé un « Fonds biocarbone » financé par des contributions volontaires -, des ONG et des entreprises.

Des sites privés proposent même à tout un chacun d'acheter des morceaux de forêts tropicales pour les préserver ! Il faut souligner en effet qu'outre son apport écologique, le reboisement est une opération financièrement rentable en zone tempérée : un ha d'écosystème forestier tempéré rapporte moitié plus qu'un ha de prairie.

Le « Pacte vert » européen prévoit de planter 3 milliards d'arbres dans l'U.E. d'ici 2030. Les importations de viande, cacao, café, soja, bois, caoutchouc, papier, ou d'huile de palme seront interdites s'ils sont issus de déforestation. Mais la pression des pays exportateurs, notamment le Brésil, a abouti à suspendre, puis à différer d'un an la loi sur la lutte contre la déforestation dans les pays producteurs[274].

Quant à notre pays, ses 15 millions d'hectares de forêts, en majorité privées, représentent plus d'un milliard de tonnes de carbone sur pied ; mais une partie dépérit[275]. L'État a annoncé un plan forêts doté de 500 M € par an pour lutter contre leur dégradation, les gérer comme des « puits de carbone » et rebâtir une filière bois.

---

[273] REDD signifie reduction of emissions from deforestation in developing countries. Le système complète le MDP (voir chapitre 3, page 98), qui ne valorise en crédits carbone que les reboisements effectués et non la « déforestation évitée ». Air France, par exemple, compense les émissions de carbone de ses vols de cette façon.

[274] Le règlement (loi européenne) anti-déforestation devait entrer en vigueur au 31/12/ 2024. Les négociations de l'accord commercial avec le Mercosur (alliance de pays d'Amérique latine) ont abouti, notamment sur pression allemande, à un report d'un an de sa mise en œuvre.

[275] En 2021, la forêt française a absorbé seulement 31,2 MT d'éq-CO_2, soit moitié moins que dix ans plus tôt, selon l'IGN ; les forêts du Nord- Est de notre territoire sont même devenues émettrices nettes.

La nouvelle Stratégie nationale pour la biodiversité vise à planter un milliard d'arbres pour renouveler 10 % de la forêt française. Outre-Mer, le parc national créé sur le tiers sud de la Guyane protège une partie de la forêt amazonienne locale ; la menace de l'ouverture d'une mine d'or, dont la forte pollution au cyanure menacerait sérieusement la biodiversité, reste cependant latente. Par ailleurs, une « stratégie nationale de lutte contre la déforestation importée a été instaurée.

STOPPER LA PERTE DE BIODIVERSITÉ

Protéger les forêts, c'est en même temps protéger la biodiversité, c'est-à-dire la variété des espèces, végétales ou animales. Cet élément essentiel de notre existence est aussi l'une des clefs de notre futur, car les espèces « sauvages » recèlent dans leur panoplie génétique les armes restant à découvrir pour notre santé.

Le principe de précaution, établi en France par la Charte de l'environnement[276], constitutionnelle depuis 2005, et principe fondateur en Europe selon le Traité de Maastricht et la Cour de Justice Européenne, doit ici s'appliquer à plein.

La vie, apparue sur Terre il y a environ trois milliards d'années, y a pris les formes les plus diverses, la nature faisant preuve d'une imagination et d'une faculté d'adaptation presque sans limites à un environnement changeant : la pression de la sélection naturelle conduit de nouvelles espèces à naître, d'autres à disparaître ; mais la très grande diversité du patrimoine génétique fait qu'il existe toujours des formes de vie adaptées à des conditions extrêmes, et donc susceptibles de s'accommoder d'un choc environnemental majeur, comme il s'en est produit à plusieurs reprises dans l'histoire du globe.

La réduction en cours de la biodiversité nous affaiblit collectivement face à un nouveau choc de ce type : accident nucléaire, chute d'un météore, emballement du réchauffement climatique... De plus, elle restreint les perspectives de découverte de micro-organismes ou d'éléments du génome

[276] « L'absence de certitudes, compte tenu des connaissances scientifiques et techniques du moment, ne doit pas retarder l'adoption de mesures effectives et proportionnées visant à prévenir un risque de dommages graves et irréversibles à l'environnement à un coût économiquement acceptable », spécifie ce texte.

de plantes ou d'animaux capables d'apporter des réponses à des défis encore ignorés aujourd'hui, comme une maladie ou épizootie émergente[277].

La biodiversité est, en somme, la police d'assurance de la planète contre les risques alimentaire et sanitaire, encore accrus par le réchauffement global.

La multiplication des menaces sur la biodiversité.

Or notre monde est face à la réalité d'une destruction accélérée de la variété du vivant. Outre l'effet désastreux des pesticides sur les insectes, qui représentent 70 % des espèces connues (cf p. 221/222 ci-dessus), de la désertification et des pollutions, plusieurs autres facteurs entrent en jeu :

- Le *bétonnage* excessif dont nous avons parlé au chapitre 5 (page 152) morcelle les habitats et perturbe le mode de vie des animaux et des plantes, dont la survie est menacée par le stress et le confinement.
- Le *réchauffement* de la planète n'arrange évidemment pas les choses[278]. En effet, les organismes, confrontés à la pression sélective d'un changement fort et surtout très rapide de leurs conditions de vie, ne peuvent pas tous s'adapter. Le GIEC juge probable qu'il devienne la principale cause de perte de biodiversité : même pour un réchauffement limité à + 1,5°– hypothèse optimiste, nous l'avons vu - 14 % de l'ensemble des espèces terrestres sont menacées d'extinction ; au-delà de 3,5°, le taux d'extinction pourrait dépasser la moitié du vivant ! Certaines zones sont plus menacées : montagnes, régions polaires et îles tropicales. Les zones humides côtières, notamment les marais salins et les mangroves, souffriront de la hausse du niveau de la mer. Les zones densément peuplées et polluées sont particulièrement touchées : près de 40 % des mammifères et 86 % des plantes à fleurs sont menacés en Chine.
- Plus directement encore, les *comportements prédateurs de l'homme* sont responsables de la disparition d'un nombre croissant d'espèces : chasse d'animaux rares (tigres, ours, grands singes…) ; braconnage dans les réserves naturelles pour l'ivoire, les cornes de rhinocéros ou tout simplement la viande de brousse qui, malgré les interdictions et les dangers sanitaires, vaut encore moins cher, sur les marchés africains, que la viande

[277] Plus des deux tiers de nos médicaments actuels proviennent directement ou indirectement des plantes, que les substances traitantes en soient directement tirées ou qu'elles soient « bio-inspirées », c'est- à dire construites à partir de l'étude des molécules naturelles.

[278]Les animaux hibernent moins longtemps, les oiseaux pondent leurs œufs plus tôt., La floraison des plantes et les récoltes sont plus précoces de 15 jours pour les arbres fruitiers, d'un mois pour la vigne, qu'on plante désormais en Grande-Bretagne ; les zones de culture se déplacent vers le Nord d'environ 200 km, et les hauteurs.

d'élevage. ; cueillette de plantes protégées ; surpêche (cf chapitre 9, pages 247& 248).

En France, les efforts pour restreindre le droit de chasse échouent régulièrement. Mieux intentionnée, la capture de bêtes sauvages pour en faire des animaux de compagnie est aussi dangereuse pour la biodiversité ; or 61 % des vertébrés capturés le sont à cette fin.

- Les *pratiques des éleveurs*, pourtant plus pacifiques, apportent aussi leur lot : l'élimination de plantes adventices dans les prairies et des haies entre les champs prive les insectes de leurs refuges ; par ailleurs, en choisissant systématiquement les races au meilleur rendement plutôt que les locales, plus rustiques, mais souvent plus résistantes[279], on réduit la biodiversité : six races fournissent à elles seules 90 % de la production de bétail des pays industrialisés.
- Le même constat peut être fait pour les plantes : la culture privilégie les plus rentables dans l'immédiat ; de ce fait, un très petit nombre de variétés de maïs, de blé, de tomates, de bananes, assurent la production mondiale, au détriment de toutes les autres, une trentaine seulement fournissant 90 % des calories produites par l'agriculture mondiale. Cela entraîne la disparition progressive de nombreuses variétés locales moins productives, mais parfois mieux adaptées.

La vie ennemie de la vie : la prolifération des espèces invasives

La biodiversité est encore menacée par des espèces d'origine lointaine. Sorties de leur environnement naturel au gré tant du changement climatique que de l'accroissement des échanges mondialisés, elles se mettent à proliférer aux dépens des espèces autochtones – et ce, d'autant plus que leurs prédateurs d'origine n'ont pas été transplantés avec elles. Selon une estimation récente (août 2023) de l'IPBES, environ 10 % des 37 000 espèces introduites dans d'autres régions du monde par les activités humaines se sont révélées invasives ; il leur attribue « un rôle majeur dans 60 % des extinctions de plantes et d'animaux ».

Ces invasions exotiques concernent les mammifères, les oiseaux, les reptiles, les amphibiens, les crustacés, les plantes, mais surtout les *insectes* : des centaines de ravageurs nouveaux se sont introduits en France, succédant à leurs lointains précurseurs, le phylloxéra et le doryphore ; et le rythme des introductions nouvelles a décuplé, selon l'INRA. Des chenilles exotiques comme la chrysomèle et la noctuelle dévorent nos champs ; le frelon

---

[279] On voit par exemple de braves laitières Holstein remplacer, en Ouganda, les watusi locaux, qui supportent pourtant bien mieux les épisodes de sécheresse. La FAO soutient un grand nombre de programmes de conservation de lignages régionaux, pour éviter la perte définitive de leurs caractéristiques génétiques.

asiatique tue nos abeilles, et le scolyte dévaste nos forêts. Les « fourmis de feu » font des ravages aux États-Unis et viennent de débarquer en France. Le ver (chenille) du cotonnier peut causer la perte de 75 % de certaines récoltes…

Le relevé complet des « espèces exotiques envahissantes » portant le joli nom de Daisie, établi par l'Union européenne, recense plus de 1500 espèces d'insectes établies clandestinement au cours des dernières décennies. C'est pourtant dans les pays du Sud que la biodiversité est la plus menacée : la Chine, par exemple, subit de lourdes pertes du fait de 400 espèces invasives comme la jacinthe d'eau, originaire d'Amérique du Sud, qui bouche rivières et canaux.

La destruction en cours de la biodiversité.

Le résultat de la combinaison de ces problèmes est que le rythme actuel d'extinction des espèces est au minimum cent fois plus rapide que le rythme moyen évalué depuis l'apparition de la vie sur terre ! On parle même de la sixième extinction massive du vivant dans l'histoire de la Terre, cette fois provoquée entièrement par l'action des humains. Rien qu'au cours des cinq derniers siècles, près de mille espèces d'animaux et de végétaux ont disparu, et le rythme s'accélère.

Sur le territoire français actuel, cinquante espèces de vertébrés ont disparu, dont l'aurochs, l'élan, le pélican frisé… ; treize d'entre elles ne se retrouvent sur aucun autre continent et sont définitivement éteintes.

Cette triste situation a toutes chances de s'aggraver : à l'échelle mondiale, l'Union mondiale pour la nature (UICN)[280], dont les rapports font référence, estime que 12 % des espèces d'oiseaux, 39 % des poissons, 41 % des amphibiens, la moitié des 300 espèces de tortues et le quart des mammifères – un tiers, s'agissant des singes - sont actuellement menacées d'extinction au niveau mondial. Les plantes souffrent tout autant[281]. Au total, 44 000 espèces seraient menacées, dont 3200 vouées à l'extinction dans les décennies à venir. L'indice « Planète vivante » publié par l'ONG WWF confirme ces tendances. La France est l'un des dix pays du monde ayant le plus grand

---

[280] L'Union mondiale pour la nature (UICN) est une organisation internationale qui regroupe de puis 1963 scientifiques, gouvernements et ONG ; elle compte aujourd'hui dix mille savants et experts de 181 pays.

[281] L'UICN surveille 157 200 espèces animales et végétales, dont 44 000 sont classées menacées ; cela ne représente qu'une faible part des1,6 M d'espèces *connues* (tous les oiseaux et la grande majorité des mammifères et des amphibiens, mais 3% seulement des plantes). Les espèces menacées sont classées en trois catégories : « en danger critique d'extinction », « en danger », « vulnérables ».

nombre d'espèces en danger : 2268 en tout sur le territoire métropolitain et bien plus outre-mer, où nos collectivités, très riches en biodiversité, ont déjà perdu au moins 70 % des habitats naturels.

Il est très probable que nombre d'espèces vivantes disparaîtront avant même d'avoir pu être reconnues et analysées, car les 1,6 million d'espèces d'animaux et de plantes recensées (sans compter bactéries et virus) ne représenteraient qu'entre le quart et le dixième du total.

Mobiliser l'économie au service de la biodiversité

Une mobilisation internationale s'impose donc pour préserver les écosystèmes dans le monde entier, surtout les plus fragiles, en zone tropicale.

Les enquêtes d'opinion montrent que 90 % de nos concitoyens réalisent que le problème est grave. Le coût économique de l'appauvrissement biologique est d'ailleurs élevé : un rapport l'a évalué à deux mille milliards de $ par an[282]. Les actions possibles sont multiples, mais les efforts internationaux pour progresser sur ces différentes voies restent trop limités.

Le principe de responsabilité commune des États sur leurs ressources vivantes a bien été posé par la *Convention sur la diversité biologique (CDB*), convention-sœur de la CNUCC, créée aussi à la suite du Sommet de la Terre de Rio de 1992. Cette Convention visait à concilier la conservation des espèces et la protection de la propriété privée de résultats de la recherche biologique, en organisant un mécanisme d'accès et de partage des avantages. Mais ces objectifs, peu précis, sont restés largement lettre morte, d'autant que les États-Unis n'ont pas ratifié la Convention de 1992.

La CDB de Nagoya, en 2010, a créé un groupe d'experts sur le modèle du GIEC, la plate-forme intergouvernementale pour la biodiversité et les services aux écosystèmes (IPBES)[283] ; la quinzième CDB, en décembre 2022 à Montréal, a fixé les grands objectifs pour 2030 : protéger 30 % de la planète (c'est le cas actuellement pour 17 % des terres et 8 % des mers seulement, dont 10 % sous « protection forte ») ; restaurer 30 % des écosystèmes ; réduire de moitié les risques liés aux pesticides et produits chimiques dangereux ; mettre un terme aux extinctions d'espèces menacées.

[282] Ce rapport, présenté à la 9ème CDB à Bonn, en juin 2008, par l'économiste indien P. Sukhdev, évalue le coût *économique* réel de la perte de biodiversité ; ce n'est pas un coût monétaire immédiatement visible.

[283] L'IPBES rassemble 5 experts scientifiques par continent ; il établit des scénarios sur l'évolution future de la biodiversité et propose des solutions. Il est administré par le PNUE et se réunit concrètement depuis 2013.

Mais ces objectifs ne sont pas détaillés par pays et, quant aux moyens, la CDB s'est bornée à la mention très générale d'un doublement des financements en faveur de la protection de la nature, les portant à 200 Mds$/an. Or, selon la CDB elle-même, il manque 700 Mds $ par an pour financer la biodiversité. L'échec de la nouvelle réunion (« COP 16 ») de la CDB en octobre 2024 à Cali (Colombie) à mettre en place un financement international suffisant a confirmé cette impasse.

L'absence d'une véritable Organisation mondiale de l'environnement, réclamée en vain par de nombreux appels, se fait ici particulièrement sentir.

Au niveau européen, la « Stratégie pour la biodiversité » présentée en 2020 est complétée par la loi de 2023 sur la restauration de la nature ; au moins 10 % de la surface cultivable devrait être « à haute diversité biologique » à cette date.

En France, les bases ont été posées par les lois de 1976 sur la protection de la nature et de 2015 sur la biodiversité. Un Office de la biodiversité a été créé. Des « plans nationaux de sauvegarde » couvrent un petit nombre d'espèces. Une Stratégie nationale biodiversité, dont la troisième version a été lancée en novembre 2023, reprend les objectifs des CDB ; elle prévoit entre autres de placer 10 % du territoire en « protection forte » (avec interdiction de certaines activités), de diviser par deux la consommation d'espaces naturels, de planter un milliard d'arbres et 50 000 kms de haies[284].

Mais les dépenses favorables à la biodiversité ne s'élèvent qu'à 2,3 Mds € par an, alors que les subventions dommageables dépassent 10 Mds € ; en outre, la loi sur l'énergie de janvier 2023 permet de réduire les recours contre des projets nuisant à la biodiversité, mais répondant à un « intérêt public majeur » de développement d'énergies renouvelables – bel exemple de dilemme écologique[285]...

Comment faire mieux ? Nous retrouvons ici la nécessité impérieuse de combiner des politiques publiques plus énergiques et une action sur le secteur privé à travers des incitations économiques.

---

[284] Les haies protègent de l'érosion et sont un refuge de biodiversité. Il s'agit d'inverser la tendance actuelle, qui voit disparaître plus de 23 000 km de haies par an, malgré la plantation annuelle de 3 à 5000 km.

[285] Le conflit entre deux impératifs écologiques est illustré par la décision récente (décembre 2023) de la cour d'appel de Nîmes ordonnant le démontage de sept éoliennes pour préserver les aigles royaux qui nichent sur ce massif très bien venté au nord de Lodève (Gard).

Des politiques publiques à renforcer d'urgence

Rien ne peut réellement remplacer la protection des espèces dans leur habitat usuel – d'où la nécessité de développer à grande échelle la politique des réserves et des parcs naturels protégés contre la chasse et le défrichement. Cette politique a bien progressé, puisque la planète compte 70 000 zones protégées, couvrant 12 % de sa surface. Leur expansion se poursuit, mais il faut encore la renforcer ; un mécanisme international de financement des aires protégées a été mis en place.

De nombreuses conventions européennes sur la préservation de la faune sauvage ont été regroupées pour constituer le réseau européen « Natura 2000 », qui couvre dix millions d'hectares. En France les zones Natura 2000 (environ 10 % du territoire) et les zones humides bénéficient d'avantages fiscaux. Les ONG insistent sur la nécessité de concentrer les efforts sur les zones géographiques où la biodiversité est particulièrement riche : Madagascar, l'Asie du Sud-Est, les Philippines, les Caraïbes et la forêt atlantique brésilienne.

Il faut organiser des « trames vertes » pour relier entre elles ces réserves naturelles et élargir l'aire de circulation des espèces, clé de leur survie. Le principe d'une continuité territoriale entre réserves naturelles a été entériné pour la France dès 2007 ; une loi de février 2023 oblige les nouvelles clôtures à ménager un passage pour les animaux sauvages.

Il faut aussi mettre en place des pépinières spécialisées et des « banques de gènes » pour préserver un patrimoine génétique irremplaçable. Une version moderne de l'arche de Noé, le « coffre-fort global des semences » a vu le jour au Spitzberg ; c'est le maillon le plus visible d'un réseau de plus de 1500 autres banques de gènes de plantes et centres de conservation répartis sur le globe. La même approche vaut pour les animaux[286].

La mobilisation nécessaire du secteur privé

- Elle concerne en tout premier lieu les *communautés autochtones*, comme pour la déforestation (cf page 226 ci-dessus). Les populations locales doivent être les premières intéressées au succès des espaces protégés. Il faut leur offrir une compensation économique pour les contraintes subies, soutenir leurs productions vivrières en marge des zones protégées, en apportant formations et programmes sociaux, et en leur faisant tirer un

[286] Les banques de gènes stockent des graines de plantes, mais aussi les gamètes (sperme, ovules et embryons) des animaux, qui peuvent par ailleurs être conservés dans des zoos.

bénéfice direct de leur présence par l'emploi à leur défense et la participation à un tourisme écologique.

- Le secteur privé a un grand rôle à jouer à travers les *firmes pharmaceutiques et biotechnologiques* qui valorisent les propriétés des plantes ou des animaux. Un Traité mondial sur les ressources génétiques a été conclu en 2004 dans le cadre de la FAO, renforcé par l'introduction d'un « certificat d'origine » sur les gènes, et complété par un code international adopté à Nagoya en 2010 pour organiser l'accès à ces ressources moyennant un partage équitable des avantages qui en seront tirés, en termes de recherche comme de ventes.

La CDB encourage cette politique d'ouverture partagée ; elle vaut mieux que celle des nombreux Etats qui, voulant bloquer la « biopiraterie », ont surprotégé l'accès à leurs ressources génétiques par des lois nationales qui freinent la recherche. Les recettes à attendre de ce partage ne peuvent financer toutes les politiques de protection de la biodiversité, mais permettent au moins de rémunérer l'apport du savoir des populations locales.

- La *compensation financière des dégâts* écologiques par ceux qui les provoquent est également un instrument utile ; ainsi, la loi française de 2015 a créé des « zones spéciales de conservation environnementale » imposant aux aménageurs de compenser l'impact des projets nuisant à la biodiversité.
- Il a été proposé de généraliser ce principe en créant des certificats négociables sur un marché, sur le modèle de celui du marché ETS du carbone en Europe. Toutefois, certaines ONG s'opposent à ce mécanisme, invoquant un risque de « greenwashing », et la CDB de Cali (voir p. 233) n'a pas permis de le généraliser ; mais la Caisse des Dépôts en France[287] et les Mitigation Banks aux États-Unis revendent déjà des « crédits de biodiversité » à des constructeurs d'autoroutes ou de grandes surfaces. On pourrait aussi envisager d'accroître les avantages économiques (subventions, exonérations fiscales, soutien des prix) ou administratifs (dispense de certaines règles) en faveur d'investissements promouvant la biodiversité.
- Le développement par des firmes commerciales du *commerce équitable*, c'est-à-dire de produits respectueux de l'environnement, des populations locales et de la biodiversité, est un atout précieux, notamment pour les plantations de produits tropicaux.

[287] Une filiale de la Caisse des Dépôts gère un système, encore trop confidentiel, de compensation de projets autoroutiers ou ferroviaires par des achats fonciers ou pour la restauration d'écosystèmes, couverts par des contrats de « gestion verte » avec agriculteurs et sylviculteurs.

• Le commerce d'animaux ou d'espèces végétales rares, qui alimente un marché occulte de vingt milliards de $ annuels, est particulièrement destructeur et doit être régulé. Tel est le but de la *Convention sur le commerce international des espèces en danger (CITES)*[288] : elle interdit le commerce de huit cents espèces menacées de disparition imminente et organise le contrôle des prélèvements sur 33 000 autres espèces ; les États peuvent malheureusement s'y soustraire en invoquant une clause de réserve.

L'interdiction du commerce de l'ivoire dans ce cadre (depuis 1989) a néanmoins permis de préserver les éléphants ; de même, celle de l'écaille est l'espoir de survie de nombre de tortues terrestres ou marines.

CHANGER DE MODE DE CONSOMMATION

La mobilisation à consentir pour la révolution verte ne repose pas seulement sur les efforts de la communauté internationale, des Etats et des entreprises ; chacun de ceux qui le peuvent doit apporter sa contribution au développement durable, en changeant sa manière de consommer.

Mettre un terme au gaspillage

En premier lieu, il importe de réduire le gaspillage de nourriture : un récent rapport du PNUE montre qu'un milliard de repas sont gaspillés chaque jour dans le monde ; près d'un cinquième de la nourriture disponible est jeté par les ménages, la restauration et la distribution, soit, en moyenne mondiale, 79 Kgs perdus par personne et par an. Ces gaspillages sont constatés même dans les pays en développement.

Il faut y mettre un terme ; le tableau qui suit propose les actions utiles :

Comment éviter les gaspillages de nourriture ?

- Surveiller les lieux de stockage contre les risques d'incendie, de dépérissement des produits, d'invasions de prédateurs ;
- Rationaliser les circuits de distribution pour qu'ils soient les plus courts et les plus directs possible ;
- Donner les produits non consommés au lieu de les jeter – ce que la loi française interdit désormais à la grande distribution ;
- Acheter davantage de produits en vrac plutôt qu'en paquets, ce qui permet de mesurer exactement les quantités nécessaires ;

[288] La CITES protège 33600 espèces menacées ; l'éléphant et 800 autres espèces animales ou végétales figurent sur la liste rouge (« annexe I ») qui interdit tout échange ; le commerce des autres espèces est autorisé sous réserve du respect d'un réglementation stricte.

- Ne pas stocker chez soi des produits qui risquent de se périmer ;
- Veiller à la bonne conservation et à la chaîne du froid.

Adopter une alimentation plus saine

Chacun connaît les inconvénients de la « malbouffe » qui, s'ajoutant à une sédentarité excessive, provoque une recrudescence mondiale de l'obésité – 42 % d'obèses aux USA (10 % en France), progrès rapides dans les PVD et un total mondial de plus d'un milliard - et du diabète souvent associé, de même que les risques cardiovasculaires et des cancers.

La FAO fixe comme objectif, dans sa « feuille de route » présentée fin 2023, qu'en 2050 toute la population mondiale puisse consommer des produits sains, ce qui n'est pas le cas actuellement pour 40 % des humains. On attend cependant toujours la loi-cadre pour des systèmes alimentaires durables prévue par le Pacte Vert européen et la stratégie nationale alimentation-climat qui en découlera.

L'étiquetage des produits et la preuve de leurs allégations, déjà prescrites en principe, restent aussi imparfaits : le logo nutritionnel obligatoire en face avant des produits, annoncé pour 2022, n'est toujours pas en vigueur dans l'UE, faute d'accord. On n'est pas davantage parvenu, en France à imposer l'affichage environnemental unique prévu par la loi Climat et résilience de 2021 : le Nutriscore, devenu plus exigeant début 2024[289], est encore refusé par plusieurs grands groupes. Quant au nitrite de sodium, largement utilisé en charcuterie, il est banni des aliments pour animaux par une loi européenne de juin 2023, alors que cet additif, dont la nocivité est reconnue, reste autorisé pour l'alimentation humaine !

À cela s'ajoutent les dangers issus d'une alimentation malsaine des animaux d'élevage : utilisation abusive d'hormones pour hâter leur croissance, ou d'antibiotiques qui se retrouvent dans la nourriture[290], provoquant des résistances aux traitements.

En France, le Programme national nutrition-santé a ancré dans les esprits la recommandation de favoriser fruits et légumes, d'éviter de manger trop

[289] Le nouveau Nutriscore pénalise davantage les sucre, le sel et les mauvaises graisses et favorise la présence de fibres et nutriments. Sept pays - France, Allemagne, Espagne, Bénélux, Suisse - ont officiellement adopté le Nutriscore, qui n'est pas obligatoire mais apposé sur environ 60% des emballages.

[290] La réglementation européenne interdit d'utiliser les antibiotiques humains dans les rations animales. Quant aux hormones, l'affaire des veaux traités pour accélérer leur croissance, pratique interdite par l'UE, a donné lieu à un long contentieux avec les Etats-Unis, comme celle des poulets désinfectés au chlore. Ces problèmes restent un obstacle sérieux à la conclusion d'un accord avec les pays du Mercosur, grands exportateurs de viande.

gras, trop salé, trop sucré, et de restreindre les « aliments transformés » (conserves, aliments tout préparés). Il faudrait aussi manger local, pour limiter les transports longue distance coûteux pour la planète, alors que nous importons massivement des fruits et légumes hors saison.

Enfin, il faut choisir de manger bio et d'acheter des produits écologiquement certifiés lorsque son budget le permet. Certes, les aliments bio sont en moyenne 10 à 20 % plus chers, mais leur effet protecteur sur la santé est indéniable.

Malheureusement, les consommateurs refusent en grande majorité de payer un écart de prix significatif, si bien que la part des aliments bio dans la consommation française ne dépasse pas 6 % et a eu tendance à baisser depuis deux ans, comme dans toute l'Europe, face à la poussée inflationniste, faisant courir un risque de « déconversion » de certains producteurs. Ici encore, nous retrouvons le dilemme entre la nécessité pour chacun de consentir un effort pour l'écologie et le pouvoir d'achat.

Consommer moins de viande, sans pour autant devenir tous végétariens !

Par ailleurs, nous devrons nous résoudre à réduire notre consommation de viande, ce qui fera d'ailleurs le plus grand bien à notre santé. En effet, les émissions – de méthane notamment - provenant de l'élevage sont très importantes[291] (voir Chapitre 1) ; leur contribution à l'effet de serre égale celle de l'ensemble du secteur des transports.

L'élevage est aussi très consommateur d'eau, d'énergie et d'espace : la production de viande bovine en nécessite quinze fois plus que les productions végétales (le rapport est d'un à cinq pour le porc et de un à trois pour les volailles). Ainsi, les pâturages occupent 30 % des terres exploitées ; de plus, un tiers des terres arables sont utilisés pour produire de l'alimentation pour bétail, réduisant les cultures vivrières et poussant au défrichage de forêts.

Selon la FAO, il se consomme plus de 330 millions de tonnes de viande chaque année dans le monde, soit une moyenne de 49 kgs par habitant. Cette consommation continue à progresser de 2 % par an, mais avec une tendance (favorable) à l'augmentation de la part des volailles. En l'état actuel des tendances, la consommation mondiale, qui a quintuplé depuis 1960, pourrait encore augmenter de moitié d'ici à 2050.

---

291 L'élevage produit 14% des GES mondiaux (5% des émissions de CO_2 et 40% des émissions de méthane) et 18% des émissions françaises, dont 12% pour le seul cheptel bovin (17 millions de têtes).

Pour stabiliser les émissions de GES de l'élevage à leur niveau actuel avec une population mondiale encore augmentée d'un quart en 2050, il faudrait réduire la ration de viande à 29 kgs par an en moyenne (80 g. par personne/jour).

Cela suppose que la consommation baisse dans les pays avancés, car ici aussi, un rééquilibrage Nord-Sud est inévitable : un Américain moyen consomme 124 kgs de viande par an et un Français 85 kgs, ce qui dépasse largement nos besoins en protéines, mais un Indien 5 kgs seulement. À l'inverse, il est normal que les pays du Sud, en s'enrichissant, augmentent leur consommation carnée ; ce processus s'est déjà (trop) déployé en Chine par exemple, où la consommation par tête a quadruplé en trente ans, atteignant 60 Kgs/an. Selon la FAO, la consommation de viande devrait tripler en Afrique.

Pour inciter au changement de nos propres habitudes alimentaires, la stratégie nationale bas carbone française fixe un objectif de -20 %. Le programme national Nutrition santé préconise ainsi de se limiter à 450 g par semaine pour toutes les viandes (tout en préférant les volailles au bœuf) et la charcuterie ; les lois Egalim de 2018 et Climat et résilience de 2021 imposent un menu végétarien hebdomadaire dans la restauration collective publique.

On peut toutefois regretter que nos autorités, sous la pression des producteurs de viande, aient interdit les dénominations les plus attirantes pour les protéines végétales (soja, quinoa), allant à l'encontre d'un impératif écologique évident. Le paradoxe est que la filière viande française est subventionnée à hauteur de 4 Mds €, selon un récent rapport de la Cour des Comptes. Nous retrouvons ici ce qui était avancé au chapitre 3 : une partie de la révolution écologique peut venir simplement de la baisse des aides publiques aux secteurs émetteurs de GES - mais aussi d'un encouragement financier des éleveurs à faire évoluer leurs pratiques, en diminuant les rejets de méthane des ruminants par un run retour aux herbages.

Les scénarios établis par le PNUE sur un horizon à long terme (2060) montrent qu'une transition durable - dans laquelle la consommation totale de biomasse alimentaire passerait de 23 Mds T. en 2020 à 31 Mds T., au lieu de 40 Mds T dans le scénario au fil de l'eau - suppose une évolution très différenciée des consommations par tête, s'étageant entre -15 % dans les pays avancés et +76 % dans les pays pauvres ; voir graphique :

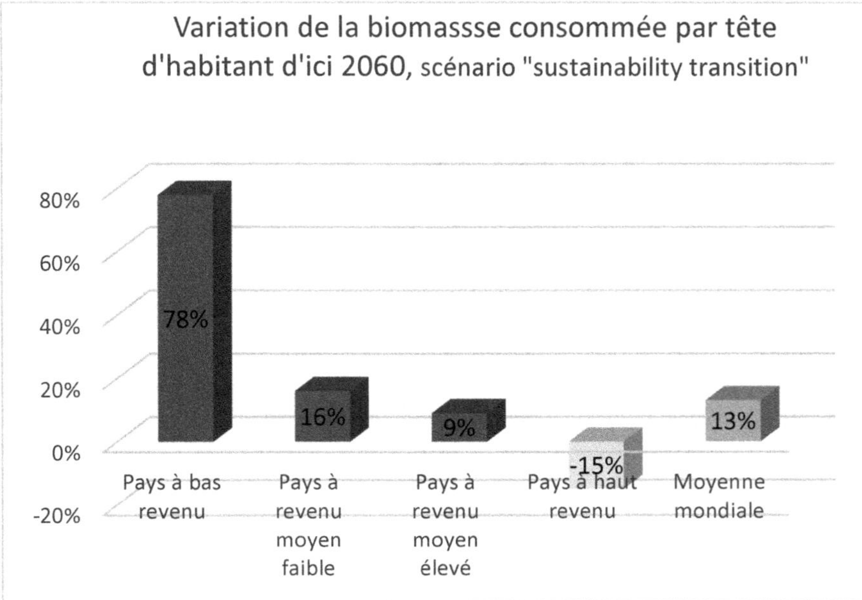

Source : PNUE, rapport sur l'indice de gaspillage alimentaire

*

On le voit, une agriculture et un élevage modernisés et plus respectueux de l'environnement, associés à des politiques combinant protection des espaces naturels - notamment les forêts et les zones humides - et incitations économiques et rencontrant une évolution de nos modes de consommation peuvent changer les perspectives et faire un apport décisif à la révolution verte.

CHAPITRE 9 : LA RÉVOLUTION VERTE DE L'EAU

Maîtriser la ressource en eau, tant pour permettre un accès aisé à tous que pour garantir sa qualité pour les consommateurs comme pour la faune terrestre et marine, est l'un des grands enjeux environnementaux.

LA « GRANDE SOIF » QUI MENACE LE MONDE

L'eau est typiquement un « bien public durable », d'accès naturellement libre et ouvert à tous. Pourtant, sa disponibilité réelle pour chacun est loin d'être assurée et nécessite de grands efforts. L'ONU reconnaît l'accès à l'eau et à l'assainissement comme un droit fondamental depuis 2010 ; la couverture universelle de ces besoins est un des Objectifs du développement durable définis en 2015 pour l'horizon 2030.

Qui manque d'eau ?

Plus d'un quart des humains, soit 2,2 milliards de personnes, n'ont pas un accès suffisant à une eau potable sûre[292]. La moitié de ces assoiffés se situent en Afrique, et un gros tiers en Asie, notamment du Sud (sous-continent indien). L'Afrique subsaharienne est particulièrement mal lotie, puisque la majorité de sa population est privée d'une eau saine ; dans treize pays, dont neuf en Afrique subsaharienne, c'est même le cas de plus de 80 % de la population. La moyenne d'accès à une eau saine est inférieure à 35 % sur l'ensemble de cette région.

La couverture des besoins progresse, puisqu'elle est passée de 69 % en 2015 à 73 % en moyenne mondiale, mais lentement, comme le montre le graphique qui suit :

[292] Selon le rapport conjoint publié par l'OMS et l'UNICEF en 2023 pour la Journée mondiale de l'eau. Il s'agit des personnes ne disposant pas d'une source « améliorée » (c'est-à-dire non partagée avec des animaux) à moins de 100 mètres de leur foyer. On notera que l'accès à l'eau potable ne veut pas dire l'eau courante à la maison. Pour l'ONU, 703 millions d'humains n'ont même pas accès à un service d'eau « de base », propre ou non.

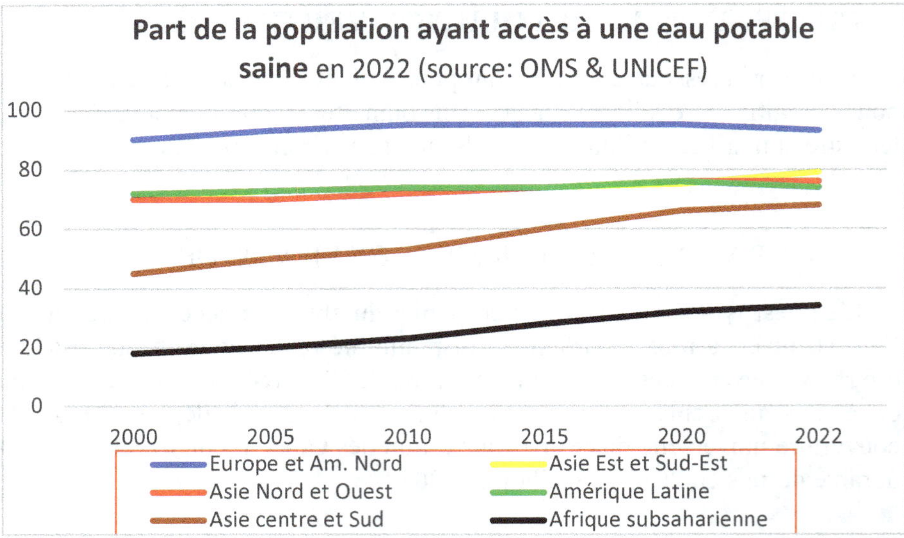

Une distribution naturelle largement inégale explique en partie cette situation : 23 pays se partagent en effet les deux tiers des ressources, tandis que deux tiers des humains vivent dans des régions qui reçoivent seulement un quart des pluies annuelles.

Les besoins globaux en eau, qui augmentent de 1 % par an, vont encore croître d'un tiers d'ici 2050. Or 40 % des humains, selon l'OCDE, sont déjà au-dessous du seuil du « stress hydrique », c'est-à-dire non plus la soif, mais une certaine rareté de l'eau, définie (assez généreusement) comme une disponibilité inférieure à 1700 m3 par habitant/an[293] pour tous les types de besoins. Ce stress pourrait affecter plus de la moitié d'entre eux d'ici trente ans[294] - un taux qui s'élèverait à 90 % au Moyen-Orient.

L'Europe du Nord figure parmi les régions les plus favorisées ; c'est encore plus le cas de l'Amérique du Sud, qui dispose d'un quart de l'eau douce mondiale pour 6 % seulement de la population. L'Afrique du Nord et le Sahel sont au contraire confrontés à la pénurie. En Asie, les Indiens n'ont qu'un peu plus de mille m3/an et la Chine ne peut compter que sur une ressource par habitant égale au tiers de la moyenne mondiale. La disponibilité tombe au- dessous de 100 m3/habitant/an au Proche et Moyen-Orient.

---

293 Le PNUE et la FAO définissent le stress hydrique comme la situation d'un *pays* ne disposant pas globalement de ressources en eau atteignant 1700 m3 annuels par personne ; selon cette définition, bien plus large et correspondant à un certain confort de vie, la moitié des humains sont déjà en stress hydrique. Remédier à cette situation suppose des actions volontaristes et une adaptation des modes de vie.

La situation est encore pire pour l'assainissement : 3,5 milliards, soit près de la moitié des humains, ne disposent pas d'installations sanitaires sûres, et 1,5 Md n'ont même pas un minimum décent. Au rythme actuel, on estime que l'Afrique subsaharienne atteindra un niveau convenable d'assainissement… en 2076 !

Il en résulte des accidents sanitaires répétés, car l'accès à une eau propre est déterminant pour la santé. Les maladies dues à l'ingestion d'eau polluée restent la première cause de mortalité au monde ; elles font directement ou indirectement vingt-cinq mille victimes par jour, dont une moitié d'enfants. De plus, la présence d'eaux stagnantes permet la prolifération de moustiques ou autres vecteurs. L'UNICEF estime que, dans les pays pauvres, 80 % des maladies sont dues à de l'eau contaminée.

Les conséquences du changement climatique

Loin de combler ces décalages, le réchauffement en cours ne fera que les aggraver (voir chapitre 1, pages 12 à 14), car les changements climatiques affecteront davantage les régions déjà menacées par la sécheresse. Deux continents seront particulièrement touchés : l'Afrique sahélienne et australe ; et l'Asie (sauf la Sibérie), où la moindre disponibilité d'eau douce toucherait plus d'un milliard de personnes vers 2050. Mais le manque d'eau touchera aussi tout le bassin méditerranéen, y compris l'Espagne, l'Italie du Sud et notre Midi, ainsi que le Moyen-Orient, l'ouest des États-Unis (Californie…), le nord-est du Brésil, etc.

La diminution des glaciers[295] et de la couverture neigeuse réduira l'alimentation en eau, surtout en été et en automne, après une fonte plus précoce au printemps d'où un déficit d'alimentation quand la demande est la plus haute, même à volume global de précipitations inchangé. La qualité des eaux se détériorera, par exemple du fait de la floraison d'algues.

Le GIEC indique qu'en l'absence d'action, un réchauffement dépassant nettement 1,5° porterait le nombre de personnes exposées à des pénuries permanentes d'eau sévères, jusqu'à 3,3 milliards en 2080.

[295] Ceux de l'Himalaya, source des grands fleuves d'Asie du Sud et de l'Est, pourraient fondre de 55 à 75% d'ici la fin de ce siècle si le réchauffement atteint 3°, selon une étude de juin 2023. Le même taux de perte est probablement à attendre pour l'ensemble des glaciers du monde.

Eau : Ressources et usages

Pourquoi en est-il ainsi ? L'eau existe en effet en abondance sur notre planète, même sous forme d'eau douce (pluies, lacs, rivières…). Mais les pollutions et les difficultés d'accès font qu'à peine un pour cent de la vaste quantité circulant chaque année sur notre globe est réellement disponible aujourd'hui pour la consommation. Ce problème peut s'exprimer ainsi ;

Le modèle chiffré du cycle de l'eau :

- Les précipitations annuelles impliquent 577 000 milliards de mètres cubes (ou tonnes) d'eau. Mais un cinquième seulement tombe sur les terres émergées. 60 % de cette eau disparaissent encore par évaporation ; le reste (46 000 milliards de m^3 par an) s'écoule dans les rivières, et une petite fraction (2 100 Mds de m^3) part sous terre.
- Bien évidemment, une part seulement de l'eau des fleuves et rivières est effectivement utilisable à peine plus du quart des eaux de ruissellement sont récupérables pour la consommation, moyennant des efforts considérables de dépollution et d'acheminement ; cela donne un total théorique d'environ 13 500 Mds de m^3 par an.
- Or la demande en eau, multipliée par dix depuis 1900, atteint déjà 4000 Mds de m^3, soit 520 m^3 annuels par habitant en moyenne mondiale, selon le PNUE : ce chiffre (1,5 m^3 quotidien) inclut l'eau utilisable pour les animaux ou l'irrigation – donc indirectement pour la nutrition humaine. L'eau potable proprement dite n'en représente qu'un dixième, soit 160 litres/jour/habitant (200 l./jour en France).
- D'ici 2050, la population mondiale aura augmenté de 2 Mds ; si l'on veut assurer à chaque humain le minimum de 1700 m^3/an défini par la FAO et l'ONU, il faudrait disposer alors de plus de 17 000 milliards de m^3 annuels, soit davantage que le total théoriquement récupérable…

Si l'on déduit des prélèvements ceux qui sont rapidement restitués aux cours d'eau, l'agriculture consomme 70 % des volumes d'eau douce prélevés[296], l'industrie un peu moins de 20 % et les usages domestiques (ou municipaux) 12 %, selon l'état des ressources mondiales publié par l'UNESCO. Dans les pays avancés, on constate une part un peu plus forte des usages domestiques.

---

[296] La part de l'agriculture varie grandement selon qu'on considère les prélèvements bruts ou la consommation finale nette, qui représente moins de 15% de ces prélèvements : une grande partie de l'eau utilisée par l'industrie, la production d'énergie et les ménages296 retourne en effet ensuite aux cours d'eau, alors que l'eau prélevée par l'agriculture est principalement une consommation finale non restituée. En France, l'eau potable représente 26% d'une consommation finale de 4,1 Mds de m3, et l'agriculture 58%, mais plus de 90% en été.

Le raisonnement qui précède est tenu en termes de flux annuels renouvelables. On pourrait bien entendu puiser dans les stocks accumulés : les glaciers du Groenland et de l'Antarctique mobilisent à eux seuls 70 % des réserves mondiales en eau douce (35 millions de km^3). Mais ils sont peu accessibles, et leur rôle dans la régulation climatique doit être préservé. Les prélèvements courants portent en réalité sur l'eau accumulée en sous-sol, dans les nappes phréatiques[297], dont beaucoup sont menacées d'épuisement : un aquifère sur cinq est surexploité aujourd'hui et ne renouvelle plus ses réserves.

Dangers et tensions sur les ressources en eau terrestre

De nombreux fleuves sont menacés, du fait de prélèvements exagérés. Parmi les plus grandes rivières du monde, une sur dix n'atteint plus la mer pendant une partie de l'année, du fait de prélèvements excessifs, selon le PNUE. Or certains de ces fleuves ont un rôle nourricier pour des populations considérables : plus de 400 millions d'habitants chacun pour les bassins du Yang-Tse et du Gange, 360 pour celui du Nil, 200 millions pour l'Indus…

La salinisation des eaux terrestres est un souci préoccupant, avec les remontées d'eau de mer aux embouchures des fleuves en période de sécheresse (cf chapitre 8, p. 213) ; on estime par exemple qu'en Égypte 30 % des terres et des eaux du delta du Nil sont touchées par la salinisation.

La pollution galopante des rivières et des lacs achève de boucler le circuit conduisant à la pénurie en rendant l'eau parfois souillée au point d'être inutilisable, même pour l'irrigation. 60 % des rivières et des lacs chinois auraient ainsi dépassé la cote d'alerte. L'OCDE alerte sur une présence de résidus d'engrais et de pesticides supérieure à la normale dans près de la moitié des pays membres.

Des pesticides se retrouvent dans les trois quarts des eaux de surface de notre pays. On relève des taux anormaux de polluants organiques persistants (POP) venant des activités industrielles dans 40 % de nos rivières et le taux de nitrates provenant des engrais azotés et des déjections animales dépasse la norme européenne dans la moitié du territoire, surtout en Bretagne de fait de l'élevage porcin. S'y ajoutent les médicaments (antibiotiques, œstrogènes…) jetés sans précaution dans les égouts.

Pour tenter de faire face à ces pénuries, les pays utilisent, souvent plus que de raison, les ressources tirées de la nappe phréatique ; mais ces

[297] Les eaux souterraines accumulées représentent une masse considérable : au niveau mondial, 2,5 millions de milliards de m^3. Mais elles ne sont que très partiellement accessibles, et inégalement réparties, et leur réalimentation est lente : 2100 Mds de T. annuelles ; il faudrait donc mille ans pour les reconstituer en totalité.

ressources, assez faiblement réalimentées, commencent à s'épuiser dans les régions sèches, tels le Nord de la Chine[298] ou le Sahara ; de plus, elles sont elles-mêmes souvent polluées – ce serait le cas de la moitié des nappes phréatiques chinoises et d'un tiers des françaises. Au Bangladesh, on constate un empoisonnement à l'arsenic d'une partie des nappes, causant un décès sur cinq dans le pays - problème d'autant plus préoccupant qu'il résulte en partie de l'effort fait par l'UNICEF pour creuser des puits afin de fournir une eau propre aux habitants.

Beaucoup d'experts pensent que notre avenir sera de plus en plus marqué par des batailles pour le contrôle de l'eau, devenue une ressource rare. Les points de friction sont multiples, au long de 260 fleuves et rivières internationaux partagés par différents pays ; un tiers des frontières internationales longe un cours d'eau. Même les États-Unis, où l'on doit rationner l'eau l'été dans certaines régions de l'Ouest, rencontrent ce problème avec le Mexique. Une Convention de l'ONU sur le droit des cours d'eau tente d'éviter ces dérapages en définissant des mesures de protection de la qualité des eaux et de gestion préventive des conflits.

La montée et la détérioration des eaux marines

L'océan est un acteur essentiel de l'écologie : il émet (par la photosynthèse faite par le plancton) la moitié de l'oxygène que nous respirons et absorbe, 23 % des GES, rappelle l'ONU – voire 30 % selon le WWF.

Nous avons vu (chapitre 1, pages 14 & 16) que la hausse des mers, gonflées par le réchauffement climatique et la fonte des glaces, se poursuit inexorablement : les eaux marines ont déjà monté de plus de vingt centimètres depuis 1900, poursuivant au rythme de 3 à 6 cm par décennie ; leur élévation pourrait approcher un mètre d'ici la fin de ce siècle, détruisant les mangroves et autres zones humides côtières et menaçant les habitants. Or plus de cinq cents millions d'humains vivent dans des zones menacées[299]. On relève déjà une multiplication des « *réfugiés climatiques* » chassés des îles, ou des deltas submergés. Leur nombre pourrait passer des quelque quarante millions actuels (qui, souvent déplacés dans leur propre pays, n'ont pas le statut de réfugiés) à 200 millions en 2060.

---

[298] On estime par exemple que la Chine a déjà tiré les trois quarts de sa nappe phréatique : plus de cent milliards de m^3, sur 130 de réserves présumées, qui ne se renouvelleront que lentement. L'épuisement de la nappe phréatique menace aussi les pays sahariens et sahéliens d'Afrique, et même le sud des Etats-Unis (Arizona...).

[299] Les îles et les deltas des grands fleuves sont particulièrement touchés. Par exemple, au Bangladesh 70% des terres cultivées sont à moins de 5 mètres de hauteur.

Le réchauffement cause aussi une *acidification* des océans : leur ph (taux d'acidité) moyen est supérieur de 30 % à celui de l'ère préindustrielle, avertit l'ONU. Il en résulte une moindre absorption de CO2, une destruction massive des coraux et une baisse des ressources alimentaires. Cela provoque un bouleversement des écosystèmes, déplaçant les zones de vie et de reproduction des espèces ; même le plancton tropical migre vers des eaux froides, suivi par poissons et mollusques.

La *salinité* des mers est accrue aux latitudes moyennes, mais réduite dans les régions polaires (par la fonte des glaces) et tropicales, entraînant des conséquences imprévisibles sur les courants marins, dont le fameux Gulf-Stream qui tempère le climat européen.

Enfin, la *pollution* ajoute son lot. On constate notamment des vastes zones mortes dues au manque d'oxygène[300] autour de l'embouchure des fleuves un peu partout dans le monde : Golfe du Mexique, mer Baltique, Méditerranée ; il y en aurait 400 sur la planète, couvrant 245 000 km². Nous avons vu (chapitre 7, pages 187 & 188) que les déchets plastiques se retrouvent partout en mer : on estime qu'entre 5 et 12 MT de plastique pénètrent dans les océans chaque année, s'y fragmentant en micro-particules omniprésentes.

La forte pollution entraîne une prolifération de méduses sur les côtes. Les marées noires provoquées par des accidents ou le dégazage des navires sont aggravées par les « marées vertes » causées par des algues dopées par le réchauffement ou par des espèces invasives.

Les menaces sur la biodiversité

La biodiversité est menacée, alors que la faune océanique joue un rôle essentiel pour la respiration de la planète. Selon le rapport « Planète vivante » de WWF, la destruction des mangroves et la bétonnisation des côtes, la pollution, les prélèvements d'eau, la surexploitation ou l'action d'espèces envahissantes ont conduit les populations représentant près de 1400 espèces de mammifères, oiseaux, amphibiens, reptiles et poissons vivants en eau douce à une baisse moyenne de 83 % depuis 1970.

Quant aux eaux marines, la surexploitation des stocks de poissons s'est développée considérablement dans la seconde moitié du XXème siècle, épuisant progressivement la ressource au point que vers l'an 2000, avec une pêche dépassant 80 millions de tonnes par an, plus de 60 % des populations

---

300 Ce phénomène « d'eutrophisation » est dû à l'absorption de l'oxygène par des algues dopées par les rejets d'azote et de phosphore issus des engrais et des détergents, conduisant à la destruction du vivant

étaient surexploitées ou épuisées – cf graphique ci-dessous. Il a alors fallu interdire totalement ou restreindre fortement la pêche dans certaines zones, comme autour de Terre-Neuve ou en Méditerranée.

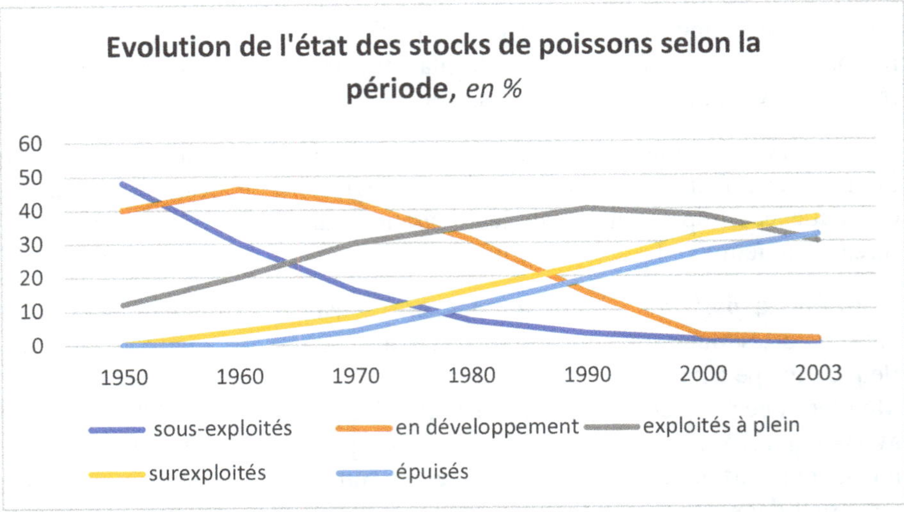

Au cours des dernières années, le relais a été pris par l'aquaculture, ce qui a permis une certaine amélioration des stocks de poisson, mais l'aquaculture est elle-même menacée par les maladies.

CHANGER DE POLITIQUES ET DE COMPORTEMENTS

Il est plus que temps d'agir pour améliorer la situation. L'ONU relève que, pour parvenir à la couverture universelle des besoins en eau et assainissement en 2030 réclamée par les Objectifs du développement (ODD), il faudrait multiplier par six le rythme actuel d'investissements pour l'eau et par cinq pour l'assainissement

D'abord, mettre un terme aux gaspillages

Face à la gravité de l'enjeu, tous les moyens doivent être mobilisés pour accumuler, transporter, traiter, distribuer l'eau en évitant pertes et pollutions. Cela ne nécessite souvent que des aménagements modestes comme le creusement de puits, la fourniture de pompes (solaires si possible) et une surveillance sanitaire, ou des méthodes « douces » comme le recyclage ou la lutte contre les fuites dans les réseaux de distribution.

Quand on sait que jusqu'à la moitié de l'eau potable distribuée est perdue dans certaines régions du Sud, on mesure ce que peut apporter le simple remplacement de tuyaux usagés… Même en France, on a recensé 171 « points noirs » - affichant plus de 50 % des pertes ; la majorité d'entre eux sont en cours de remise en état grâce au « plan eau » national.

Un autre type de gaspillage absurde, mais moins souvent compris, est l'utilisation d'une eau potable traitée et acheminée à grands frais pour des tâches qui ne nécessitent pas une telle qualité, comme l'alimentation des toilettes et des salles de bains ou l'arrosage des jardins et des cultures. Il faudrait désormais programmer des circuits séparés pour l'eau potable destinée à la boisson, à la vaisselle et au lavage/conditionnement des aliments, qui nécessite les plus grandes précautions sanitaires, et pour l'eau de seconde qualité, objet de traitements moins lourds. Certaines villes, comme Singapour, vont plus loin en réinjectant directement des eaux usées traitées dans le circuit de l'eau potable[301].

En France, moins de 1 % des eaux « grises » sortant des stations d'épuration sont réutilisées (contre 15 % en Espagne, 8 % en Italie) pour nettoyer les rues, arroser des espaces verts ou des champs – alors qu'environ un cinquième de nos besoins agricoles pourraient être satisfait de cette façon. Le « plan eau » vise à porter ce chiffre à 10 % en 2030, soit 300 millions de m^3 ; des régions comme Provence-Alpes-Côte d'Azur s'y essaient. Sans aller encore jusqu'à l'installation souhaitable de systèmes duaux dans les réseaux publics de distribution, l'eau des gouttières pourra être utilisée dans les chasses d'eau, pour arroser les plantes ou laver les sols.

En attendant, les efforts de chacun pour économiser l'eau apporteront une contribution bienvenue :

- *Du côté des particuliers,* des progrès sont possibles, si l'on considère qu'un Européen moyen consomme deux mètres cubes par jour, dont 200 litres d'eau potable, contre 20 ou moins pour l'habitant d'un pays pauvre. Voici quelques conseils :

Comment économiser l'eau en pratique quotidienne

▪ Limiter les écoulements d'eau excessifs dans la salle de bains : une douche consomme trois à cinq fois moins d'eau qu'un bain (35 à 60 l. au lieu de 150 à 250), et la pomme de douche peut être équipée d'un économiseur d'eau ;

[301] Nombre de villes recyclent leurs eaux usées. Le coût de l'eau recyclée (30 c. le m3) par osmose inverse, microfiltration ou traitement aux ultra-violets est presque double de celui de l'eau de rivière traitée, mais très inférieur à celui de l'eau dessalée. En revanche, la consommation énergétique reste élevée.

- Une chasse d'eau à double commande réduit la quantité tirée dans les toilettes (25 l. quotidiens par habitant) ; ne pas la déclencher inutilement pour jeter un Kleenex ;
- Vérifier l'étanchéité des joints et surveiller les fuites (un robinet qui goutte perd 4 litres par heure, soit 35 m3 par an !) ; des capteurs acoustiques permettent de les détecter ;
- Installer un toit végétal (voir chapitre 5) filtrant la pluie et capable de recycler les eaux usées ;
- Équiper les robinets de mixers air/eau ;
- Récupérer autant que possible l'eau de pluie par des gouttières alimentant des citernes ; une maison de 100 m² peut de cette façon récupérer plus de 100 m3 d'eau non-potable par an ; l'eau de pluie récupérée peut directement servir pour l'arrosage, mais aussi pour alimenter la machine à laver ou les chasses d'eau ;
- Arroser son jardin de préférence le soir, pour limiter l'évaporation. Si possible, installer un mini-réseau de distribution au goutte-à-goutte ;
- Ceux qui ont la chance d'avoir une piscine doivent la bâcher après usage pour limiter l'évaporation ; déjà, les épisodes de sécheresse conduisent à limiter leur remplissage ; l'Association des maires de France préconise pour sa part de récupérer les eaux de piscine pour les réutiliser dans le circuit d'eau non-potable ; la construction et l'entretien de golfs devront aussi être plus strictement encadrés.

- *L'agriculture,* qui en consomme plus de 70 % au niveau mondial, est la première concernée. Elle devra faire sa part en adoptant des techniques d'irrigation plus efficaces : micro-retenues ou retenues collinaires[302], citernes, canaux entretenus et couverts pour éviter l'évaporation, remplacement de l'aspersion, qui cause la déperdition de 20 à 60 % de l'eau utilisée, par l'apport d'eau au pied des plantes, etc. Pour faire jouer les incitations économiques, une redevance est facturée en France sur les prélèvements d'eau pour l'irrigation, qui ont augmenté de 13,4 % en dix ans, selon les statistiques officielles[303].
- *L'industrie*, qui représente à peu près un dixième de la consommation totale, mais avec des différences marquées entre pays, doit aussi contribuer : les entreprises peuvent recycler leurs eaux usées et organiser des circuits de récupération et distribution de la vapeur. En France, un décret de janvier 2024 facilite la réutilisation des eaux usées dans les

[302] La taille de ces retenues pose question : on sait que la création de réserves importantes, baptisées « méga-bassines », donne lieu à de vifs conflits entre agriculteurs et militants écologistes, qui craignent évaporation et contaminations, critiquent un modèle agricole trop gourmand en eau et s'inquiètent du partage des ressources. Pour répondre aux revendications des producteurs, le projet de loi sur la souveraineté agricole déposé par l'Etat en 2024 réduit les délais de recours contre ces installations très contestées ; cf ch 8, page 220.

[303] Les parcelles irriguées en France s'étendent sur 1,8 M d'ha, soit 6,6% de la surface agricole utile du pays.

usines, même alimentaires (pour le nettoyage, mais pas pour la fabrication des aliments eux-mêmes) ; des restrictions d'accès temporaires peuvent aussi intervenir en cas de pénurie.

- Enfin, la *production énergétique*, qui absorbe 15 % de l'eau consommée au niveau mondial, réduira ses prélèvements avec l'essor des ENR, qui n'en utilisent pas (cf chapitre 4). La question du réchauffement de plusieurs degrés des fleuves dont l'eau est utilisée pour refroidir les centrales nucléaires reste cependant préoccupante.

Mettre en place une stratégie publique

La Chine a fait du traitement de l'eau et de l'assainissement une priorité dès son 12ème Plan national (2012-2016) et poursuit cet effort depuis lors.

En Europe, une directive-cadre sur l'eau a été adoptée dès 2000 et renforcée depuis. Elle imposait d'atteindre le bon état écologique de toutes les eaux (de surface, souterraines, côtières) dès 2015 et fixait des limites maximales de concentration pour grand nombre de produits polluants. Dans le cadre de son « Plan vert », la Commission européenne propose de restaurer, d'ici 2030, 25 000 km de cours d'eau et au moins 30 % des écosystèmes côtiers ou marins dégradés ; mais le règlement européen sur la protection de la nature qui prévoit ces dispositions, proposé en 2023, n'a pas encore été adopté à ce jour du fait de l'opposition de certains États membres (cf ch. 8, p. 220).

Une directive européenne de 2020 impose des normes – jugées trop laxistes et trop tardives par certains, d'autant que les États-Unis viennent d'adopter des règles bien plus strictes[304] - sur la présence dans l'eau de produits chimiques, notamment les PFAS, polluants « éternels », dont le redoutable TFA, retrouvé à doses dangereuses jusque dans nos eaux minérales. Leur surveillance devrait être renforcée en France, selon une proposition de loi (votée en première lecture en avril 2024), qui fait porter le coût de la dépollution sur les industriels (principe « pollueur-payeur »).

La loi européenne plafonne aussi strictement (à 50 mg par litre) la teneur des eaux en nitrate ; condamnée plusieurs fois à ce titre, la France, qui a transposé le texte européen dans sa loi sur l'eau de 2004, n'est toujours pas parvenue, malgré des programmes successifs de réduction, à respecter la limite fixée. L'État espère maintenant y réussir… en 2027.

[304] Le plafond fixé est de 100 nanogrammes par litre pour la somme des vingt PFAS « préoccupantes » et de 500 ng/l pour la somme de toutes les PFAS. Les ONG préconisent d'abaisser ce plafond global à 100 ng/l. De plus, les normes précitées n'entreront en vigueur qu'en 2026, retard jugé excessif.

Un « plan de restauration du bon état écologique des eaux » a pourtant été lancé par notre pays dès le début de ce siècle. Les résultats obtenus sont médiocres puisque, selon le bilan officiel établi par Eau de France, plus de la moitié des eaux de surface et 41 % des eaux souterraines ne sont pas en bon état écologique. Pourtant, depuis quarante ans 4300 captages d'eau (il en reste 35 000) ont été fermés pour cause de pollution, notamment par les nitrates et les pesticides ; on estime le coût de ces contaminations entre 500 M et 1 Md d'€ par an.

Un nouveau *« plan eau »* vient d'être mis en place, mobilisant près de 500 M d'€ annuels, à travers les redevances perçues par les Agences de l'eau, pour financer les investissements nécessaires des collectivités locales. L'objectif est d'économiser 10 % de la ressource à l'horizon 2030 et de réduire les fuites et les pollutions.

Dans l'industrie les 50 plus gros consommateurs devront réduire leurs prélèvements, mais y seront aidés par des subventions. La Cour des Comptes préconise d'utiliser les incitations économiques en mettant en place une tarification progressive décourageant les trop forts tirages et en déplafonnant la redevance perçue sur les prélèvements ; il est clair en effet qu'un tel plafonnement va à l'opposé des impératifs écologiques. Cette proposition a malheureusement été différée à la suite d'un rapport de novembre 2023 du Conseil économique, social et environnemental.

Investir pour mieux répartir les ressources

Il est indispensable d'investir pour corriger les inégalités criantes d'accès à l'eau et à l'assainissement comme pour éviter l'épuisement des ressources et les conflits qui se multiplient.

Au total l'alimentation en eau est plus un problème de transport que de disponibilité globale. Les grands barrages (tels qu'Assouan en Égypte, les Trois-Gorges en Chine, Itaipu entre le Brésil et l'Argentine), les dérivations - la Chine comme l'Inde mettent en œuvre de gigantesques projets de transport à longue distance d'eaux fluviales - les conduites forcées comme celles installées à grands frais en Libye, investissements coûteux, mais efficaces, contribueront à la solution.

Un exemple intéressant d'une action réussie est la renaissance partielle de la mer d'Aral, en Asie Centrale, qui était en voie d'assèchement[305]. La

[305] Les grands travaux lancés par l'Union Soviétique à partir des années 1950 pour irriguer les cultures locales de coton et de riz ont réduit les apports du Syr Daria et de l'Amou Daria de 60 Mds de m3 annuels à dix Mds. La Mer d'Aral, naguère grande comme la Suisse, a perdu les trois quarts de ses eaux, les surfaces dégagées se transformant en désert salé et pollué par

situation s'est améliorée, au moins pour la partie nord, grâce à des travaux de régulation conduits par le gouvernement kazakh avec l'appui de la Banque Mondiale. Une action analogue serait nécessaire en Afrique pour le lac Tchad, mer intérieure poissonneuse qui s'est dramatiquement rétrécie sous l'effet des sécheresses.

La production d'eau douce par *dessalement d'eau de mer* se diffuse de plus en plus : 2 % de la population mondiale sont déjà alimentés par les 23 000 sites en fonctionnement dans 120 pays, qui fournissent 110 millions de m3 par jour. Il s'agit malheureusement d'un non-sens écologique, car cela implique un gaspillage phénoménal d'énergie et le rejet en mer de saumures polluantes ; il serait moins coûteux d'acheminer de l'eau douce par canalisations.

Les résultats décevants de la coopération internationale

La coopération internationale sur ce sujet reste lacunaire. La Convention sur la lutte contre la désertification n'a guère obtenu de résultats (cf chapitre 8, page 214), faute entre autres de moyens dédiés suffisants. L'objectif de réduire de moitié le nombre de personnes n'ayant pas accès à « l'eau potable salubre et bon marché » et à « des installations sanitaires adéquates », fixé initialement (en 2000) pour 2015 par la Déclaration du Millénaire de l'ONU n'est toujours pas atteint ! Il faudrait pour y parvenir d'ici dix ans, brancher environ 550 000 foyers à l'eau et 800 000 à l'assainissement *par jour…*

Mais l'eau ne reçoit toujours pas une vraie priorité dans l'aide publique au développement : 9 Mds de $ annuels, soit 4 % seulement du total ; les autres financements apportent une dizaine de Mds de $ Pour l'ONU, il faudrait investir cinq fois plus (100 Mds$ par an) pour abreuver correctement tous les habitants et assainir leurs eaux usées.

Protéger les zones humides

Les zones humides (lacs, tourbières, mangroves, deltas), sont menacées par les progrès du défrichage, notamment pour la culture des palmiers à huile et du soja ; en un siècle, plus de la moitié de ces zones humides ont disparu, selon WWF, ce qui est d'autant plus regrettable que la valeur économique de leur utilisation serait proche de 500 $ par hectare/an. Parmi les sols dégradés, les tourbières, constituées de matière organique accumulée, doivent être

---

les pesticides et les engrais. La situation a pu être renversée dans la partie Nord avec une digue et des ouvrages de régulation en amont et en améliorant les techniques d'irrigation.

traitées en priorité, car, une fois asséchées, elles se mettent à émettre du CO_2 sous l'effet de l'oxydation par l'air[306].

La protection de ces zones est une préoccupation qui a fait l'objet d'un accord international signé en 1971, la convention de Ramsar ; mais celle-ci ne dispose guère de moyens d'action concrets. Plus récemment, des pays d'Amérique du Sud et d'Afrique ont formulé « le défi de l'eau douce » visant à restaurer 300 000 km de cours d'eau et 350 millions d'hectares de zones humides, mais là aussi sans moyens définis.

Les codes forestiers devraient aussi protéger les zones humides - notamment, bloquer la conversion des mangroves pour l'aquaculture.

Préserver la biodiversité marine

Les océans hébergent près d'un million d'espèces connues ; nombre d'entre elles sont vulnérables ou déjà menacées ; sur les listes établies par l'UICN (voir chapitre 8, page 232), des mammifères marins comme la baleine franche d'Atlantique Nord sont en danger critique, et bien des espèces de poissons, notamment les requins, sont très menacées.

La préservation de cette faune marine est l'un des objectifs de développement durable de l'ONU. La quinzième conférence sur la biodiversité, tenue à Montréal en décembre 2022, a adopté l'objectif de préserver 30 % des espaces marins mondiaux ; la réalité actuelle en est encore fort éloignée, selon le secrétariat de la CDB : 18 % des zones marines et côtières nationales et 8 % seulement des zones internationales sont couverts.

Le Traité sur la haute mer de mars 2023, signé par 90 États et en cours de ratification les, vise à protéger la biodiversité et à développer des aires marines protégées (AMP) contre la pollution et la pêche illicite[307] – qui représenterait 11 à 19 % du total mondial. L'U.E. s'est engagée à verser 816 M$ pour les soutenir. La mise en œuvre du traité, qui prévoit aussi un partage « juste et équitable » des fruits tirés des ressources génétiques marines, sera suivie par une « conférence des parties » (COP) nouvellement créée. Le développement d'AMP se poursuit en France, avec 589 aires couvrant 2,4 millions de km², soit 32 % de notre espace maritime.

---

[306] Cet effet cause à lui seul le dixième des émissions mondiales de gaz carbonique. Les tourbières ne couvrent que 3% de la surface du globe, mais contiendraient au moins 550 Mds de T. de carbone – deux fois plus que tout le carbone stocké par les forêts de la planète.

[307] La Cour des Comptes européenne relève, dans un rapport de 2022, que l'UE, engagée à éliminer les produits de cette pêche illicite de ses marchés en 2020, n'y est pas parvenue. Elle a pourtant mis en place un système de certification.

L'enjeu économique du partage des ressources issues de la biodiversité marine est crucial : une part des bénéfices commerciaux qui en sont tirés devait être mise en commun et partiellement destinée aux États les plus vulnérables ; mais cette proposition a été bloquée par la Suisse (hôte de grandes firmes pharmaceutiques) et en attendant les pays avancés se borneront à alimenter un fonds commun.

La *lutte contre la surpêche* a progressé : outre l'arrêt (trop partiel) de la pêche à la baleine et autres cétacés, des quotas stricts de prises de poissons sont fixés dans certaines régions (Canada, Ouest de l'Écosse) ; les formes les plus prédatrices de la pêche ont été interdites et des réserves naturelles où la pêche et l'aquaculture sont interdites ont été développées. L'Europe a aussi mis en place une Stratégie en faveur de la biodiversité et une politique commune de la pêche pour limiter les prélèvements au « rendement maximal durable ».

Un autre enjeu important est la *protection des coraux*, grand refuge de biodiversité ; 10 % de ces écosystèmes fragiles sont sur le territoire français (outre-mer). Un tiers seulement d'entre eux sont en bon état ; le reste est en danger, dont la fameuse « grande barrière de corail » australienne, et 20 % déjà détruits, selon l'ONU ; et l'Agence publique américaine NOAA confirme qu'après celui de 2016, la Terre « connaît un nouvel événement mondial de blanchissement des coraux ».

La lutte contre le réchauffement climatique et l'acidification des océans ainsi que contre la pollution, causes du blanchissement des récifs coralliens, contribuent à la protection voulue. Mais la CITES peine à limiter les dégâts de la pêche et du tourisme ; par exemple, elle n'est pas parvenue à interdire l'exportation des coraux rouges ni à imposer le respect des quotas de pêche au thon.

L'exploitation minière des fonds océaniques, demandée par certains pays dont la France, reste un sujet de discorde. On peut craindre en effet que l'extraction à grande échelle des fameux « nodules polymétalliques » ne porte gravement atteinte à la biodiversité fragile des grands fonds - d'où la demande d'un moratoire. Une raison supplémentaire de le souhaiter est la protection des « herbiers marins » - des graminées marines des fonds, comme la posidonie, qui stockent beaucoup de CO_2. L'Autorité internationale des fonds marins[308] y veille et a reporté à 2025 toute autorisation d'exploitation.

308 Créée en 1994 dans le cadre de la Convention des Nations-Unies sur le droit de la mer de 1982 (Convention de Montego Bay), l'AIFM supervise ces activités ; elle a décidé à sa réunion de juillet 2023 qu'aucune autorisation d'exploitation des abysses ne sera accordée

Utiliser les incitations économiques pour faire contribuer le secteur privé

Les investissements nécessaires – de loin supérieurs à ce qui est fait aujourd'hui - ne peuvent être entièrement publics. Il faudrait recourir plus largement aux financements privés, restés trop modestes - à peine 10 % des infrastructures construites dans le domaine de l'eau depuis trente ans dans le monde ont été financées par le secteur privé - bien qu'ils puissent souvent être rentabilisés : l'eau, qui coûte souvent très cher aux populations démunies, peut leur être facturée à un prix raisonnable permettant d'amortir les travaux de captage, de traitement et de distribution et, en milieu rural, d'entretenir puits et pompes.

L'argument financier joue : ainsi, la réglementation européenne impose des tarifs pénalisant les pollueurs. En France, les Agences de l'eau collectent des redevances, notamment sur les prélèvements d'eau pour l'irrigation, qui incitent à la modération et leur donnent des moyens pour améliorer l'environnement ; les manifestations agricoles ont hélas conduit, début 2024, à l'abandon du relèvement du plancher de la redevance sur l'irrigation (10 M€ étaient prévus à ce titre au budget de 2024, en même temps que 37M€ sur l'utilisation de pesticides).

Pour la pêche, l'U.E. impose à chaque État membre de se doter d'un marché d'échange des quotas de prises, ce qui permet de les valoriser et de fluidifier le fonctionnement. En outre, des initiatives privées ont développé des labels garantissant des modalités durables de pêche. On peut cependant regretter que les États, allant à l'inverse des impératifs écologiques, soutiennent les pêcheurs, dont les activités sont freinées pour préserver les espèces en difficulté, non seulement par des mesures sociales bien compréhensibles, mais par des aides à l'achat de nouveaux bateaux ou par des subventions au prix du gazole, comme la France vient de le faire[309].

L'eau, source de vie, peut ainsi être préservée et utilisée de façon raisonnée. Comme pour les autres aspects d'un développement durable, dont elle est un élément-clef, cela nécessite une prise de conscience des dégâts causés par nos activités et une mobilisation des moyens nécessaires ; les instruments économiques d'incitation ont un grand rôle à jouer pour encourager cette mobilisation.

---

tant qu'un code minier ne sera pas adopté - au plus tôt en 2025, pour la Conférence des Nations-Unies sur les océans organisée à Nice par la France et le Costa-Rica

[309] En février 2024, une double aide de 20 cts par litre et de 13 cts à la pompe a été mise en place en faveur de la pêche artisanale, frappée par les quotas sur la sole ou le lieu jaune et par la limitation de l'accès aux eaux britanniques depuis le Brexit

CONCLUSION

Chaque jour qui passe souligne la nécessité impérieuse et l'urgence de la Révolution verte. Mais les obstacles sur sa route demeurent redoutables :

- il y a des opposants, certes de moins en moins nombreux, mais résolus, s'appuyant sur de fausses vérités scientifiques et des « théories du complot » ;

- il y a ceux qui s'illusionnent, pensant que le progrès technique résoudra tous les problèmes - par exemple par le stockage du carbone, véritable « baguette magique » - et que la révolution verte pourra se faire sans rien sacrifier de substantiel de notre mode de vie, alors qu'elle nécessite un effort de chacun ;

- mais il y a surtout ceux, très nombreux, qui pensent que le sacrifice c'est pour les autres.

Entre Etats, c'est l'attitude de la plupart des pays en développement, qui invoquent (à juste titre) le lourd héritage de pollution des pays avancés, mais refusent de voir que leur part dans la plupart de problèmes est désormais majoritaire et que rien ne pourra se faire sans eux.

De même, dans chaque pays chaque branche d'activité pense que son cas est particulier, que sa contribution au problème est au demeurant négligeable, et que c'est aux autres d'agir…

De même encore, sur le plan politique, la plupart des intervenants, à commencer par les « Verts », rejettent une « écologie punitive » et pensent qu'il est possible de réussir en demandant tous les efforts à quelques « nantis » et aucun à la population laborieuse.

Il faut cesser de se nourrir d'illusions : la révolution verte ne réussira pas sans des changements significatifs du mode de vie de chacun, où qu'il se trouve. Peu de responsables politiques ont la franchise de le dire.

Nous avons tenté dans cet ouvrage de montrer que, malgré la vaste dimension des problèmes à surmonter et les progrès limités faits jusqu'à présent, les voies du succès sont présentes, si nous savons les utiliser en les combinant : tout ne peut pas venir des taxations, ni des régulations, ni des incitations, ni de la bonne volonté des individus, ni des innovations, si indispensables qu'elles soient.

Parvenir à réussir cette combinaison, ce « policy mix » d'un nouveau type, est la seule manière d'espérer faire de la révolution verte, au-delà d'un impératif incontournable, la clef d'un monde futur apaisé - à la fois plus viable et plus vivable, et au total plus humain.

GLOSSAIRE DU DÉVELOPPEMENT DURABLE ET SIGLES

Nota : les acronymes anglo-saxons sont parfois plus usités chez nous que leur équivalent francophone : par exemple, on connaît mieux la FAO ou l'ETS (marché européen du carbone) que leurs versions françaises, l'OAA et le SCEQE, alors que l'Organisation mondiale de la Santé et le GIEC seront plus facilement reconnus sous leur sigle français (OMS, GIEC) que sous l'anglais, WHO et IPCC. On trouvera ci-après, chaque fois que possible, les deux versions.

- € : sigle de l'euro
- $: sigle du dollar
- £ : sigle de la livre sterling
- Accord de Paris : accord conclu lors de la « COP 21 » de 2015, par lequel les 194 États participants s'engagent notamment à réduire leurs émissions de GES ; ces engagements, les « nationally determined contributions » (NDCs) sont révisés périodiquement.
- ACV : analyse du cycle de vie : quantification de l'impact écologique d'un produit ou d'un service sur l'ensemble de son existence, de l'extraction des matières premières au coût de fonctionnement et à son élimination en fin de vie.
- actinides mineurs : noyaux lourds (neptunium, américium, curium…) formés dans un réacteur nucléaire ; très radioactifs, ils forment la partie la plus dangereuse des déchets
- adaptation : terme convenu pour désigner les politiques permettant, sans infléchir le changement climatique, d'en minimiser les conséquences.
- ADEME : Agence (française) de l'environnement et de la maîtrise de l'énergie
- ADN : acide désoxyribonucléique, constituant du code génétique des cellules ou génome, qui détermine l'ordre dans lequel les acides aminés sont agencés pour construire les protéines
- AEE : Agence européenne pour l'environnement
- AEPC : Agence européenne des produits chimiques, chargée de mettre en œuvre le règlement Reach (sigle anglais : EChA)
- AFD : Agence française de Développement, chargée de mettre en œuvre l'aide
- AFSSA : Agence française de sécurité sanitaire des aliments, fusionnée en 2010
- AFSSET : Agence française de sécurité sanitaire de l'environnement et du travail ; fusionnée avec l'AFSSA en 2010 pour constituer l'ANSES
- aflatoxine : type de mycotoxine (moisissure des plantes) très dangereuse
- AG, ou AGNU : Assemblée Générale (des Nations-Unies)
- AID : Association Internationale de développement, volet très concessionnel de la Banque Mondiale, aux côtés de la BIRD
- AIE : Agence internationale de l'énergie (sigle anglais : IEA)
- AIEA : Agence internationale de l'énergie atomique (sigle anglais : IAEA)
- alicament : aliment ayant des propriétés médicinales

- aléa moral (moral hazard) : responsabilité encourue par un agent économique qui en pousse d'autres à prendre des risques excessifs, par exemple en les garantissant ou en les compensant trop facilement (et de façon non-pérenne)
- AME : Accord multilatéral sur l'environnement
- AMP : aire maritime protégée contre la pollution et la surexploitation dans le cadre de la Convention sur le droit de la mer de 1982 et du Traité sur la haute mer de 2023.
- ANAH : Agence nationale (française) pour l'amélioration de l'habitat
- ANDRA : Agence (française) nationale pour la gestion des déchets radioactifs
- anthropiques : activités, ou émissions de GES, créées par l'homme (agriculture, industrie, transports…)
- ANSES : Agence (française) nationale de sécurité sanitaire de l'alimentation, de l'environnement et du travail
- APA : Accès aux ressources génétiques de la biodiversité et partage des avantages de leur commercialisation
- APD : Aide Publique au Développement ; transfert financier public constitué pour au moins 25 % d'équivalent-don, à destination d'un PVD. Sigle anglais : ODA
- aquifère : formation géologique constituée de roches perméables contenant de façon temporaire ou permanente de l'eau et capable de la restituer
- arable (du latin arare) : (terre) cultivable
- ARENH : accès régulé à l'électricité nucléaire, système géré par la CRE permettant aux concurrents d'EDF d'accéder jusqu'en 2025 à bas coût (4,2 cts le KWh) à 100 TWh d'énergie nucléaire produite par les centrales déjà amorties.
- ARN : acide ribonucléique, qui transporte les messages génétiques
- ASN, Autorité de sûreté nucléaire, autorité publique indépendante française
- assolement : division d'une zone cultivée en parties (nommées soles) portant des cultures différentes ; une rotation a lieu d'une année ou d'une saison sur l'autre entre ces différentes soles
- atrazine : herbicide et pesticide, polluant des eaux, interdits en France depuis 2003
- atténuation (mitigation, en anglais) : politiques visant à réduire les émissions de GES et donc l'impact des activités humaines sur le climat. S'oppose à « adaptation ».
- baril : mesure de contenance anglo-saxonne, toujours usitée sur les marchés pétroliers : 1 baril = 159 litres
- bassin hydrographique (ou bassin versant) : aire délimitée par des lignes de partage des eaux, à l'intérieur de laquelle toutes les eaux tombées alimentent un même exutoire : cours d'eau, lac, mer, océan…
- BBC : bâtiment à basse consommation (<50 kWh par m^2/an), norme instaurée en France en 2012 pour les immeubles neufs
- BCAE : bonnes conditions agricoles et environnementales ; ensemble de règles, regroupées en huit chapitres, appliquées pour la politique agricole commune européenne (PAC) dans le cadre de la stratégie « Farm to fork »
- BCE : Banque Centrale Européenne

- b/j : baril par jour, méthode courante de mesure de la production d'un champ de pétrole ; 1b/j = à peu près 50 T. par an
- BAU : Business as usual, scénario « au fil de l'eau » servant de base de comparaison pour les efforts de réduction des émissions polluantes ou pour d'autres politiques
- BEI : Banque européenne d'investissements ; accorde des prêts à long terme pour financer les infrastructures, y compris environnementales
- benzène (C6H6) : produit chimique polluant
- BERD : Banque européenne de Reconstruction et de développement
- BERPC : Bureau d'évaluation des risques des produits et agents chimiques, créé en commun par l'INRS et l'Ineris pour l'application de la directive européenne Reach
- bien durable : produit non consomptible au premier usage. Une voiture est un bien durable, une pomme ne l'est pas
- bien public mondial, ou global : voir BPM
- bilan carbone : décompte de l'ensemble des émissions de GES (en carbone contenu) d'une personne, d'une entreprise ou d'une activité
- billion : milliard, en anglais ; en français, billion veut normalement dire 1012 (= téra), soit un million de millions, mais ce terme est à éviter compte tenu du risque considérable de confusion avec le terme anglais
- biocapacité : surfaces disponibles pour générer une offre continue de ressources renouvelables et absorber les déchets et GES issus de leur consommation
- biocide : produit chimique ou organique destiné à lutter contre les animaux nuisibles
- biodégradable : produit pouvant être décomposé en éléments de base (terre, eau, nutriments, etc.) par l'action d'éléments naturels (pluie, vent, vers, bactéries)
- biosphère : ensemble de la matière vivante de la planète
- BIRD : Banque internationale de Reconstruction et de Développement, nom officiel de la principale partie de la Banque Mondiale
- BPA : sigle du bisphénol A: produit contenu dans des matières plastiques dures comme les biberons ou les canettes et fortement soupçonné d'être un perturbateur endocrinien (équivalent d'un œstrogène à faible dose)
- BPM : Biens publics mondiaux – biens communs accessibles librement et sans restriction à l'ensemble de la population de la planète, comme le climat, l'air, l'eau, le paysage, la diversité naturelle. Leur usage est soumis à deux principes fondamentaux : non-concurrence (personne ne doit se les approprier) ; et non-exclusion (leur usage ne doit pas détruire la possibilité pour les autres d'y accéder).
- brevets : procédés de fabrication patentés, dont le dépôt auprès d'un organisme officiel assure la protection temporaire de la propriété intellectuelle du détenteur
- BRGM : Bureau (français) de recherches géologiques et minières
- BRICs : acronyme pour un groupe informel de grands pays émergents : 4 à l'origine, Brésil, Russie, Inde et Chine, 5 avec l'Afrique du Sud, 11 depuis

l'entrée de six nouveaux pays (Argentine, Egypte, Ethiopie, Arabie Saoudite, Emirats, Iran) en 2023
- Brexit (British exit) : sortie du Royaume-Uni de l'Union européenne, votée en 2016 et entrée en vigueur au 31 janvier 2020
- BTP : bâtiment et travaux publics
- bulle financière : écart fort & auto-entretenu entre le prix d'un actif et sa valeur réelle
- c. : abréviation pour centime d'euro ou de dollar
- CAD : Comité d'Aide au Développement (de l'OCDE)
- CAFE : Corporate average fuel economy, norme européenne obligeant les constructeurs à respecter un plafond d'émissions de CO_2 par km parcouru sur la moyenne de leurs modèles
- CCE : contribution énergie-climat, appliquée en France depuis 2014 et intégrée à la TICFE
- CCFD : Comité catholique contre la faim et pour le développement (nom d'une ONG)
- CCNUCC : Convention-cadre des Nations-Unies sur les changements climatiques, cadre juridique des activités du GIEC et des engagements du Protocole de Kyoto ; sigle anglais : UNFCCC
- CCS (CSC en français) : carbon capture & storage, capture et stockage du carbone
- CDB : Convention (mondiale) sur la diversité biologique, conclue en 1992 au « Sommet de la Terre » de Rio et ratifiée par 193 pays – mais non les États-Unis
- CDC : Caisse de Dépôts & Consignations, institution financière publique française
- CDM : Clean Development Mechanism (sigle français : MDP), système prévu par le protocole de Kyoto pour compenser les efforts de financement de projets réduisant les émissions de GES dans les pays en développement
- CDN : contributions déterminées nationales (NDCs, en anglais) dans le cadre de l'accord de Paris sur la limitation des émissions de GES
- CEE : certificat (cessible) d'économie d'énergie, délivré en France aux énergéticiens qui réalisent des économies ou financent des travaux de sobriété énergétique
- CEA : Commissariat (français) à l'énergie atomique et aux énergies alternatives
- CER : Certificate of Emissions Reduction (URCE, en français), titre certifié par l'ONU concrétisant l'acquisition de droits au titre du MDP
- CFC : chlorofluorocarbones, polluants industriels (naguère utilisés comme isolants et réfrigérants, désormais interdits) destructeurs de la couche d'ozone stratosphérique
- CH4 : formule chimique du méthane, combustible (« gaz naturel ») et gaz à effet de serre
- CICR : Comité international de la Croix-Rouge ; c'est une ONG
- CIRC : Centre international de recherche sur le cancer, rattaché à l'OMS
- CITEPA : Centre interprofessionnel technique (français) d'étude de la pollution atmosphérique, officiellement mandaté pour mesurer les rejets de GES

- CITES : Convention sur le commerce international des espèces de faune et de flore sauvages menacées d'extinction, conclue en 1995 pour protéger ces espèces
- CLD : Convention internationale de lutte contre la désertification, créée par la Conférence de Rio en 1972 et se réunissant périodiquement depuis
- cm : abréviation pour centimètre
- CMR : (substance) cancérigène, mutagène ou toxique pour la reproduction
- CNDD : Conseil national (français) du développement durable
- CNDP : Commission nationale du débat public, créée en 1995 pour débattre des grandes infrastructures et de leur effet sur l'environnement
- CNRS : Centre national (français) de la recherche scientifique
- CNUCED : Conférence des Nations-Unies pour le commerce et le développement (sigle anglais : UNCTAD)
- compensation : extinction de deux dettes réciproques à concurrence de la plus faible
- compensation carbone : rachat de crédits carbone à un tiers, dans le cadre par exemple de l'ETS ou du MDP, pour compenser l'effet de ses propres rejets
- compostage : traitement des déchets organiques par broyage, arrosage, décomposition et retournage, pour obtenir un résidu fertile (compost)
- contribution énergie-climat : prélèvement financier sur les activités émettant des GES, en principe généralisé et proportionnel aux émissions de chaque activité ; euphémisme pour désigner la taxe carbone. S'applique en France depuis le 1/1/2014
- CO_2 : formule chimique du gaz carbonique, ou dioxyde de carbone
- CO_2-équivalent : unité de mesure des émissions d'autres GES, comme le méthane, converties en fonction du pouvoir de réchauffement de chaque gaz relativement au CO^2 (à un horizon de cent ans)
- COP : Conference of the parties, c'est-à-dire les États réunis sous l'égide de la CCNUCC ; il s'en tient en principe une par an ; la conférence réunie à Dubaï en décembre 2023 est la vingt-huitième, d'où le nom de COP 28. Des COP existent désormais pour d'autres conventions internationales sur l'environnement, notamment la CDB
- COV : composés organiques volatils, substances chimiques contenues dans les colles, peintures ou revêtements qui se diffusent à température ambiante et ont des effets irritants sur les voies respiratoires
- CRE : Commission (française) de régulation de l'énergie, chargée notamment d'établir les prix de référence des différentes sources d'énergie
- CSC : capture et stockage du carbone (CCS, en anglais)
- CSPE : contribution au service public de l'électricité – supplément ajouté aux tarifs d'EDF et des autres distributeurs d'électricité pour financer les énergies renouvelables
- CSRD : Corporate Sustainablility Directive, loi européenne en vigueur depuis le 1/1/24 sur la publication par les entreprises grandes et moyennes de leur bilan ESG
- cyanobactéries : algues bleues capables, avec l'énergie fournie par la lumière, de fixer du CO2 atmosphérique dans des « bioréacteurs photoniques »

- DCE : directive-cadre (européenne) sur l'eau de 2000, renforcée plusieurs fois depuis
- DDT : dichloro-diphényl-trichloréthane, insecticide de la famille des organochlorés ; interdit depuis 1972 dans les pays occidentaux et inscrit sur la liste noire des POP en 2004, sauf dans des indications de santé publique dans les PVD
- D3E ou DEEE : déchets d'équipements électriques & électroniques, régis par la directive européenne du même nom
- denialism : nom anglais du climato-scepticisme
- Développement durable : une économie qui fonctionne à partir de ressources renouvelables : « s'efforcer de répondre aux besoins du présent sans compromettre la capacité des générations futures à satisfaire les leurs » (termes du rapport Brundtland, 1987).
- dioxines : polychlorodibenzo-p-dioxines ou PCDD, produits souvent cancérigènes issus notamment d'usines d'incinération
- dioxyde d'azote (NO2) : polluant atmosphérique, cause de maladies respiratoires
- dioxyde de carbone : autre nom du gaz carbonique (CO2), principal gaz à effet de serre
- dioxyde de soufre (SO2) : polluant atmosphérique, cause de maladies respiratoires et de pluies acides
- DOE : Department of Energy (ministère américain de l'énergie)
- DPE : diagnostic de performance énergétique, obligatoire en France pour les logements loués
- DTS : droits de tirage spéciaux, monnaie de compte internationale du FMI (SDR, en anglais) ; courant 2024, un DTS vaut environ 1,4 $ ou 1,2 €
- EChA : European Chemical agency, chargée de mettre en œuvre le règlement Reach sur le contrôle des produits chimiques ; en français, AEC
- ECOSOC : Conseil Economique et Social des Nations-Unies
- éco-certification : octroi d'un label (souvent par une ONG) à un produit fabriqué selon des normes respectant la nature ou à une stratégie respectant le développement durable
- éco-conception : choix des produits, des processus de production (en incluant dès l'origine le recyclage futur), des sites, du packaging, des services offerts dans l'optique du développement durable
- économie verte : une économie sobre et décarbonée fondée sur de nouveaux modes de consommation et de production
- économie circulaire : organisation de l'économie faisant en sorte que les rejets de chaque activité deviennent la matière première des autres
- éco-taxe poids lourds : taxe d'égalisation pesant sur les transports routiers lourds pour compenser leurs externalités négatives (pollution, détérioration des routes). Toujours en projet en France.
- éco-système : ensemble des organismes vivants et de leur environnement naturel, réagissant les uns sur les autres, dans une région donnée
- efficacité écologique : rapport entre les quantités produites et les GES émis en contrepartie ; elle se mesure en TEC ou en T. d'équivalent-CO2 par unité de PIB

- efficacité énergétique : rapport entre les quantités produites et l'énergie consommée
- ej : exajoule, ou milliard de milliards (1018) de joules (voir ce mot) ; unité calorifique
- EFSA : European Food Safety Authority, Agence européenne de sécurité des aliments
- élément-don : calcul par conversion en taux de subvention des conditions favorables d'un prêt : taux bonifié, longue durée, différé d'amortissement
- empreinte écologique : surface de terre productive et d'écosystèmes aquatiques qui serait nécessaire tant pour satisfaire nos besoins en nourriture et en énergie que pour absorber nos déchets ; elle est estimée en hectares par habitant
- ENEDIS : filiale d'EDF chargée de la gestion du réseau public de distribution électrique
- ENR : énergies nouvelles et renouvelables (éolienne, solaire, géothermique, marémotrice…)
- EPR : Evolutionary Power Reactor, réacteur nucléaire à eau pressurisée « de troisième génération » comme celui de Flamanville
- ERU : Emission reduction unit, certificat représentatif d'émissions de GES évitées et échangées au titre de la MOC dans le cadre des accords de Kyoto
- ESB : encéphalite spongiforme bovine, ou « maladie de la vache folle » ;
- ESG : environnementaux, sociaux et de gouvernance ; autre nom des ISR
- état écologique (des eaux, des sols, de l'air, etc.) : appréciation de la structure et du fonctionnement d'un écosystème en fonction d'éléments de qualité biologique ou physico-chimique
- ETBE : éthyl-tertio-butyl-éther, additif composé d'éthanol pur (biocarburant) et d'isobutylène pour être incorporé à l'essence
- éthanol, ou alcool éthylique (C2H6O) : alcool courant, issu de la fermentation et distillation des sucres ; outre les boissons, peut aussi être utilisé comme biocarburant
- étiage : valeur qui correspond statistiquement à la période de l'année où le débit d'un cours d'eau atteint son point le plus bas
- ETS : European trading scheme, marché européen d'échange des quotas d'émission de GES ; sigle français : SCEQE
- eutrophisation : transformation des eaux (lacs, embouchures des fleuves) en « zones mortes » du fait d'une absorption excessive de l'oxygène dissous dans l'eau par des algues, par excès d'azote (venant des engrais) et de phosphore (engrais, détergents)
- exa : préfixe signifiant milliard de milliards (10^{18})
- externalité : interaction économique qui n'est pas monétisée (régulée par un prix) et donc non-prise en compte par le marché
- externalité négative : interaction non régulée qui nuit aux autres agents économiques. Par exemple, la pollution est une externalité négative, l'amélioration de la santé due à une meilleure qualité des aliments une externalité positive
- extrêmophiles (bactéries) : microorganismes capables de prospérer dans des conditions écologiques extrêmes : chaleur, salinité, sécheresse, pression…

- facteurs de production : éléments dont la combinaison permet une production économique : la terre ; les richesses minières ; le travail ; le capital technique (machines…) et financier ; le savoir (innovation…)
- FAO : Food and agriculture organization, Organisation des Nations Unies pour l'agriculture et l'alimentation (sigle français : OAA)
- FDA : Food and drugs administration, organisme américain chargé du contrôle de la qualité des aliments et médicaments
- FEM : Fonds pour l'environnement mondial (sigle anglais : WEF) créé en 1991 pour coordonner la lutte contre la diminution de la diversité biologique, le changement climatique, la dégradation des eaux et l'appauvrissement de la couche d'ozone.
- FIDA : Fonds international de développement agricole, institution internationale spécialisée autonome
- FISE : Fonds international de soutien à l'enfance ou Fonds des Nations-Unies pour l'enfance – sigle français de l'UNICEF,
- FMI : Fonds Monétaire International
- FNSEA : fédération nationale des syndicats d'exploitants agricoles
- Fonds vert pour le climat (Green Climate Fund) : décidé à la conférence de Copenhague (déc. 2009), ce fonds doit mobiliser les 100 Mds de $ annuels prévus à partir de 2020 pour l'adaptation dans les PVD – engagement non respecté à ce jour
- fongicide : produit chimique utilisé en agriculture contre les champignons
- forçage radiatif : quantité supplémentaire nette d'énergie reçue (essentiellement en provenance du soleil et des rayonnements infrarouges conservés par les GES) par une parcelle terrestre ou marine ; il est mesuré en watts par m^2.
- formaldéhyde ou formol, ou aldéhyde formique: composé organique simple (H2CO) résultant d'une combustion incomplète (gaz d'échappement, tabac, feux de forêt.), classé depuis 2004 comme « cancérigène certain » par l'OMS
- FNUE : Fonds des Nations-unies pour l'environnement
- fracturation hydraulique : technique, très contestée sur le plan écologique, consistant à élargir les fissures d'une roche contenant des hydrocarbures fossiles en y injectant de l'eau à haute pression, mélangée à du sable et à des additifs chimiques
- free riders, ou passagers clandestins : personnes ou entreprises bénéficiant d'un avantage concurrentiel tiré d'un effort des autres pour le bien commun
- fréon : nom courant du HCFC 22, gaz de refroidissement et puissant GES
- FSC, Forest Stewardship Council (conseil de bonne gestion forestière), organisme de certification écologique créé par des ONG
- furane : composé organique hétérocyclique proche des dioxines ; voir PCDF
- g. : abréviation pour gramme
- G : symbole pour milliard d'unités ; préfixe : giga-
- G7 : Groupe des sept principaux pays industrialisés (Allemagne, Canada, États-Unis, France, Italie, Japon, Royaume-Uni), complété de 1997 à sa sortie en 2014 par la Russie pour former le G8. Son champ s'est peu à peu élargi des seules questions économiques à la sécurité, à la politique et à l'environnement.

- G20 : Groupe des vingt. Il rassemble depuis 1999 les principales puissances économiques du « Nord » (le G7, la Russie, l'Australie) et du « Sud » (dix PVD émergents : Afrique du sud, Arabie saoudite, Argentine, Brésil, Chine, Corée, Inde, Indonésie, Mexique et Turquie), ainsi que l'U.E., pour un sommet annuel. D'autres pays et des institutions (FMI, BCE…) sont admis comme observateurs.
- G77 : groupe politique de 77 PVD à l'origine (en 1964), devenus depuis 133, constitué principalement pour les débats aux Nations-Unies
- GATT : General Agreement on Tarifs and Trade, organisme précurseur de l'OMC. Les règles du commerce international posées par le traité GATT sont toujours en vigueur.
- gaz de schiste : gaz naturel (méthane) non-conventionnel issu de roches traitées par les techniques de forage horizontal et de fracturation hydraulique. On extrait aussi du pétrole de schiste
- géo-ingénierie : utilisation de procédés technologiques pour transformer l'ensemble de la planète dans un sens plus favorable aux objectifs écologiques
- GES : gaz à effet de serre présents dans l'atmosphère, où ils absorbent et réémettent le rayonnement infra-rouge calorifique ; les six principaux sont le gaz carbonique (CO2), le méthane (CH4), le protoxyde d'azote (N2O) et trois gaz fluorés (SF6, PFC, HFC)
- giga : préfixe signifiant milliard ; 1 gigatonne = 1 Md de T.
- GIEC : groupe intergouvernemental mondial d'experts sur le changement climatique (sigle anglais : IPCC), fondé en 1988 par l'OMM et le PNUE
- Gini (coefficient ou indice de) : ratio mesurant l'inégalité dans la distribution des revenus au sein d'une population. Il varie de 0 (égalité parfaite : tout le monde a le même revenu par tête) à 1 (inégalité complète : les plus riches ont tout)
- Global Stocktake : recensement des engagements nationaux (NDCs) de limitation des émissions de GES souscrits par les États dans le cadre de l'Accord de Paris
- glyphosate : molécule active, potentiellement nocive (cancers, atteintes à la fertilité chez l'animal), d'un herbicide couramment utilisé, le Roundup.
- GNI : gross national income, revenu national brut (RNB)
- GNP : gross national product, produit national brut (PNB)
- Green climate Fund : Fonds vert pour le climat, voir ce mot
- GW : Gigawatt, = un milliard de watts (unité de puissance électrique)
- GWh : Gigawatt-heure, = un milliard de watts-heure (unité de consommation, correspondant à la fourniture d'une puissance d'1GW pendant une heure ou d'1MW pendant mille heures par exemple)
- h. abréviation pour habitant ou pour heure, selon le contexte
- ha. : abréviation pour hectare
- halocarbones : corps chimiques unissant un ou des atomes de carbone à des atomes des chlore, de fluor, de brome ou d'iode ; les halocarbones lourds, produits par les activités humaines, sont de puissants GES, notamment les CFC et les HCFC (fréon), le perfluoro-méthane et le SF6

- HAP : hydrocarbures aromatiques polycycliques, famille de polluants organiques persistants, souvent cancérigènes, résultant de la combustion incomplète de matières chimiques ou organiques
- HCFC : hydrochlorofluorocarbones, polluants industriels (à distinguer des HFC qui les ont remplacés depuis leur interdiction) attaquant la couche d'ozone et contribuant à l'effet de serre
- -HCR : Haut-Commissariat (des Nations-Unies) pour les réfugiés
- HFC : hydrofluorocarbones, substituts des CFC et HCFC, non-destructeurs de la couche d'ozone, mais contribuant à l'effet de serre (il s'agit d'une des six principales catégories de GES identifiés par le GIEC).
- hedge fund, littéralement fonds de couverture, opérant de façon souvent spéculative sur les marchés de taux, de changes et de matières premières industrielles et agricoles
- HIPER : High power laser energy research, projet de recherché sur la fusion nucléaire concurrent d'ITER
- HQE : haute qualité énergétique : norme applicable dans le bâtiment
- hydrolienne : turbine sous-marine mue par les courants pour produire de l'électricité ; c'est une ENR
- IDA : International Development Association (sigle français : AID), volet concessionnel de la Banque Mondiale, aux côtés de la BIRD
- IDH : Indice de développement humain, indicateur économique et social synthétique établi par le PNUD. Composé pour 1/3 du RNB par habitant (en PPA), 1/3 du niveau d'éducation et 1/3 de l'espérance de vie
- IEA : International Energy Agency, Agence internationale de l'énergie, rattachée à l'OCDE (sigle français : AIE)
- IFREMER : Institut (français) de recherche pour l'exploitation de la mer
- IGN Institut géographique national (français)
- inlandsis : épaisse calotte glaciaire continentale (Groenland, Antarctique)
- INPI : Institut national (français) de la propriété industrielle, chargé de gérer le dépôt et la protection des brevets et des marques
- INERIS : Institut national (français) de l'environnement industriel et des risques
- innovation : mise en œuvre, souvent à partir de la R&D, de nouveaux procédés de fabrication ou produits, vendables sur le marché
- INRAE : Institut national (français) de la recherche agronomique et environnementale
- INRS : Institut national (français) de recherche et de sécurité
- INSEE : Institut national (français) de la statistique et des études économiques
- INSERM : Institut national (français) de la santé et de la recherche médicale
- intensité énergétique, ou intensité carbone : consommation d'énergie par unité de PIB ; parfois aussi, quantité de carbone ou de CO_2 produite par unité de PIB
- ion : atome ayant perdu un ou plusieurs électrons, et donc chargé électriquement
- IPBES : Intergovernmental Science-Policy Platform on Biodiversity and Ecosystem Services. Groupe d'experts internationaux politico-scientifique sur le modèle du GIEC ;

- IPCC : Intergovernment panel on climate change – groupe intergouvernemental mondial d'experts sur le changement climatique (sigle français : GIEC)
- IRA : Inflation Reduction Act, grand programme de 369 milliards $ de soutiens publics lancé par le Président américain Biden en 2022 pour aider les entreprises à investir notamment dans la transition énergétique
- IRD : Institut (français) de recherche pour le développement
- IRSN : Institut (français) de radioprotection et de sûreté nucléaire
- ISO : (du grec isos, égal) sigle officiel de l'Organisation internationale de normalisation, une ONG réunissant les instituts nationaux de normalisation
- isotope : variante d'un élément chimique possédant un même nombre de protons, mais un nombre de neutrons différent
- ISR : investissement socialement (et écologiquement) responsable
- ITER : International thermonuclear experimental reactor, projet international de recherche sur la fusion nucléaire - réacteur en construction à Cadarache, en France
- jeune pousse (start-up, en anglais) : entreprise nouvelle et innovante, pas forcément dans l'informatique
- JI : Joint implementation, nom anglais du MOC, système d'échange de quotas d'émission de GES dans la cadre du protocole de Kyoto
- Joule (j) : unité (très petite) de mesure de l'énergie dans le système métrique : un litre d'essence équivaut à 31,5 mégajoules, et un KWh à 3,6 Mj
- K : symbole du millier d'unités
- Kg : abréviation pour kilogramme
- Kilo : préfixe signifiant millier ; 1 kilotonne = 1 KT= mille tonnes.
- Km : abréviation pour kilomètre
- Kmh : kilomètre-heure, distance parcourue en une heure ; mesure de vitesse
- KW, ou Kw : Kilowatt, = mille watts. Unité de puissance électrique
- kWh : Kilowatt-heure, = mille watts-heure. Unité de consommation, correspondant à la fourniture d'une puissance d'un KW pendant une heure
- Kyoto : appellation résumée du Protocole signé en 1997 dans cette ville du Japon pour répartir les efforts de limitation des émissions de GES.
- LDC : Low (ou lower) income developing country (PFR en français, voir plus loin)
- LED : Light-emitting diode, diode électro-luminescente
- LOM: loi (française) d'orientation des mobilités, adoptée en 2019
- LULUCF: land use, land use change and forestry, utilisation et changement d'affectation des sols et activités forestières. Ce sigle (en français, UTCF) couvre diverses activités humaines susceptibles d'émettre des GES d'origine non-énergétique comme la mise en culture de prairies, la déforestation, l'assèchement de tourbières, etc.
- M : symbole du million d'unités
- Md : abréviation pour milliard d'unités
- MDP : mécanisme de développement propre permettant, au sein du Protocole de Kyoto, de racheter des crédits carbone en investissant dans des projets de réduction des émissions de GES dans les PVD ; sigle anglais : CDM

- mécanisme d'observance : dispositif destiné à sanctionner le non–respect des engagements de limitation des émissions de GES souscrits dans le cadre du protocole de Kyoto
- méthanisation : fermentation de déchets organiques (plantes) pour
produire du biogaz utilisable pour alimenter les transports collectifs.
- méga : préfixe signifiant million ; 1 mégatonne = 1MT.
- mégabassine : grande retenue d'eau destinée à l'irrigation, fortement contesté par des groupes écologistes
- métabolite : produit de dégradation de certains pesticides ou de PFAS
- mitigation (en anglais) : atténuation (traduction littérale) ou plus exactement mesures prises pour lutter contre le changement climatique
- micro : préfixe signifiant une division par un million : 1 micromètre = un millionième de mètre
- micron, ou μ : autre nom scientifique du millionnième de mètre
- milli : préfixe signifiant une division par mille : 1 millimètre = un millième de mètre
- MIT : Massachussets Institute of Technology, célèbre université américaine
- mm : abréviation pour millimètre
- μg : abréviation pour micro-gramme (millionnième de gramme)
- ng : abréviation pour nanogramme
- MOC : Mise en œuvre conjointe (JI, en anglais), mécanisme d'échange de certificats de réduction des émissions de GES entre pays signataires des engagements de Kyoto
- monoxyde de carbone (CO), ou oxyde de carbone en langage courant ; gaz asphyxiant contenu notamment dans les fumées d'échappement des véhicules
- mox : mélange d'uranium et de plutonium, obtenu par recyclage après traitement des combustibles usés et réutilisable comme combustible nucléaire
- mutagénèse : accélération de l'expression d'un gène déjà présent dans une plante ou un autre organisme, mais jusqu'alors resté « silencieux ».
- MRV : « mesurable, rapportable et vérifiable », acronyme utilisé dans les conférences sur le climat pour désigner un mécanisme de vérification de l'effectivité de la mise en œuvre des engagements de chacun
- MSC : Marine stewardship Council, ONG labellisant les méthodes de pêche durable
- MW : Mégawatt, = un million de watts (unité de puissance électrique)
- MWh : Mégawatt-heure, = un million de watts-heure (unité de consommation, correspondant à la fourniture d'une puissance d'1MW pendant une heure
- mycotoxine : moisissure (issue de champignons) toxique présente dans certaines denrées alimentaires
- Nagoya (conférence de) : ville du Japon ; la rencontre internationale d'octobre 2010 y a adopté d'importantes dispositions sur la protection de la biodiversité
- nano : préfixe signifiant une division par un milliard ; 1 nanomètre = un milliardième de mètre, ou millième de micron
- nm : abréviation pour nanomètre, = milliardième de mètre

- NAMAs : nationally appropriate mitigation actions, stratégies nationales d'atténuation volontairement adoptées - préconisation des PVD dans les négociations climatiques pour éviter des engagements contraignants
- NASA : National Agency for Aeronautics and Space, agence spatiale américaine
- NDCs : Nationally determined contributions (CDN en français), engagements, révisés tous les cinq ans, de limitation des leurs émissions de GES pris par les pays dans le cadre de l'Accord de Paris
- NGT : New genomic techniques, outils de mutagénèse (modification du génome d'une plante à travers des outils comme CRISPR-Cas) à distinguer – ou pas - de la transgénèse (introduction d'un gène étranger) propre aux OGM
- NIH : National Institutes of Health ; réseau d'organismes de recherche bio-médicale et clinique rattaché au Ministère de la santé américain
- N_2O: formule chimique du protoxyde d'azote (voir ce mot)
- NO_2: formule chimique du dioxyde d'azote (polluant et GES)
- NOAA : National Oceanic andAtmospheric Administration (américaine)
- NOx : oxydes d'azote en général (autres que le protoxyde)
- OAA : Organisation des Nations-Unies pour l'agriculture et l'alimentation (sigle anglais : FAO)
- OACI : Organisation de l'aviation civile internationale
- OCDE : Organisation pour la coopération et le développement économiques (sigle anglais : OECD), institution multilatérale sise à Paris. Elle compte 38 membres : les principaux pays industrialisés et des pays émergents comme la Corée du Sud, le Mexique, la Turquie
- ODD: les 17 Objectifs de développement durable des Nations-Unies à l'horizon 2030, succédant aux ODM – objectifs pour le millénaire, à l'horizon 2015. Outre la baisse de la pauvreté et de la mortalité infantile, l'éducation primaire pour tous, etc., il s'agit de garantir l'accès de tous à une eau potable salubre et à l'assainissement et de réduire « significativement » la perte de biodiversité
- OGM : Organisme génétiquement modifié, ou transgénique
- OIT : Organisation Internationale du Travail, agence des Nations-Unies sise à Genève
- OLED : Organic light-emitting diode, diode électro-luminescente organique (substrat en matière plastique)
- OMC : Organisation mondiale du commerce (sigle anglais : WTO), qui a été succédé au GATT le 1/1/1995 comme organisme de régulation du commerce international
- OME : Organisation mondiale de l'environnement, à créer
- OMI : Organisation maritime internationale, institution spécialisée des Nations -Unies
- OMM : Organisation mondiale de la météorologie (sigle anglais : WMO), agence des Nations-Unies
- OMS : Organisation mondiale de la santé (sigle anglais : WHO)
- ONEMA : Office national (français) de l'eau et des milieux aquatiques

- ONG : Organisation non-gouvernementale, à but non- lucratif ; sigle anglais : NGO. On appelle souvent les ONG « secteur associatif »
- ONU : Organisation des Nations-Unies, créée en 1945. Sigle anglais : UNO
- OPEP : Organisation des pays exportateurs de pétrole
- osmose inverse : procédé avancé de filtration, utilisable par exemple pour dessaler l'eau de mer de façon moins nuisible que par l'évaporation
- Oxfam : Oxford Committee for Famine Relief, nom d'une ONG
- ozone (O_3) : gaz polluant dangereux au niveau du sol, mais protecteur dans la stratosphère
- PAC : Politique agricole commune (de l'UE)
- PAM : Programme alimentaire mondial, dépendant de l'ONU et de l'OMS
- pandémie : épidémie se généralisant à l'échelle mondiale
- parabènes : esters utilisés comme conservateurs dans les cosmétiques, médicaments et aliments, mais probables perturbateurs endocriniens agissant sur la fertilité et les tumeurs liées aux œstrogènes (cancers du sein) – d'où leur interdiction en France (2011)
- parité marché : niveau de coût permettant à une ENR de devenir compétitive avec les autres sources d'énergie, donc de se vendre sans subvention
- PBDE : diphényléthers polybromés, produits ignifugeants qui ont remplacé les PCB depuis leur interdiction
- PBT : substances persistantes, bioaccumulables et toxiques
- PCB : polychloro-biphényles, produits toxiques de la famille du pyralène présents dans divers déchets industriels ; leur combustion produit des dioxines et des furanes, toxiques et très stables
- PCDD : polychlorodibenzo-p-dioxines, ou dioxines tout court, composés aromatiques polycycliques chlorés, dont certains sont très toxiques même à l'état de traces
- PCDF : polychloro-dibenzo–furanes, ou furanes tout court, polluants bio-accumulables proches des dioxines
- PDU : plan de développement urbain, obligatoire en France dans les villes de plus de cent mille habitants
- permafrost, ou pergélisol, couche de sol gelée en permanence dans les régions polaires
- permis d'émission : quota d'émissions de GES autorisé pour un acteur économique donné ; le dépassement du quota est sanctionné par une amende ; excédents et déficits peuvent être échangés sur un marché comme l'ETS.
- perturbateurs endocriniens (PE) : produits dont la présence dans l'environnement, même à faible dose, dérègle les glandes endocrines et donc le fonctionnement hormonal normal des espèces. Les principaux sont le BPA (bisphénolA), les phtalates, les parabènes et les alkylphénols.
- pesticide : nom (dérivé de l'anglais pest, parasite) donné aux produits biocides, généralement chimiques : insecticides, fongicides…
- peta : préfixe signifiant million de milliards (1015)
- PET : Polyéthylène téréphtalate, polymère servant notamment à fabriquer des bouteilles en plastique recyclable

- PFAS : substances per- et poly-fluoroalkylées, « polluants éternels » utilisés dans l'alimentaire, le textile, les cosmétiques ; leurs effets négatifs sur l'immunité et probablement cancérigènes ont conduit à plafonner strictement leur dosage dans l'eau
- PFC : perfluorocarbones, produits chimiques polluants non-destructeurs de la couche d'ozone, mais contribuant à l'effet de serre (il s'agit d'une des six principales catégories de GES identifiées par le GIEC).
- PFR : Pays à faible revenu (sigle anglais : LDC ou LIC) : Pays en développement dont le revenu annuel par habitant est le plus bas, selon les normes du CAD et de la Banque Mondiale ; ils comprennent la majorité des 45 PMA.
- pH : mesure du taux d'acidité d'un liquide ; plus le pH est bas, plus l'acidité est forte
- phtalates : composés chimiques biodégradables utilisés comme assouplissants dans les matières plastiques ; connus pour être des perturbateurs endocriniens (anti-testostérone) chez l'animal et très probablement chez l'homme
- phytosanitaires : appellation large de produits utilisés en agriculture comme engrais, herbicides ou pesticides
- phytoremédiation : assainissement des eaux ou des sols par utilisation de plantes et/ou de micro-organismes pour dégrader ou immobiliser les pollutions (herbicides, particules, arsenic, nitrates, métaux lourds…)
- phytostabilisation : fixation des polluants dans un sol pour limiter la dispersion des polluants par l'érosion ou le lessivage
- PIB : Produit intérieur brut, ou production intérieure brute : somme des valeurs ajoutées produites sur le territoire pendant une année ; PIB, PNB et RNB sont des agrégats, différents, mais proches, de la comptabilité nationale. Ils mesurent la richesse matérielle d'un pays.
- PIBE : plate-forme intergouvernementale de la biodiversité et des écosystèmes ; voir IPBES
- pico : préfixe signifiant une division par mille milliards : 1 picogramme = un millième de milliardième de gramme
- pile à combustible : système de production d'énergie par combustion d'hydrogène pur en présence d'un catalyseur, qui ne rejette que de l'eau (H2O)
- PLA : Acide polylactique, base des textiles et matières plastiques innovants fabriqués à partir de l'amidon des plantes
- PLoS : Public Library of the Academy of Sciences, revue savante américaine
- PMA : Pays les moins avancés ; catégorie de PVD créée en 1971 par l'ONU et la CNUCED. On en compte actuellement 45 (dont 33 en Afrique), selon trois groupes de critères fixés par le conseil Eco/soc de l'ONU : revenu par tête inférieur à 1088$ (en 2024) ; faibles indicateurs de développement humain (malnutrition, mortalité infantile, éducation) ; et vulnérabilité économique. Les PMA réalisent moins de 1 % de la production mondiale pour 12 % de la population totale
- PME : petites et moyennes entreprises

- PNAQ : Plan national d'allocation des quotas, élaboré par chaque pays membre de l'UE pour répartir entre ses entreprises les permis d'émission de GES au sein du marché d'échanges ETS.
- PNB: Produit national brut (GNP, en anglais) : agrégat, plus couramment utilisé par les auteurs anglo-saxons, pour refléter la richesse d'un pays. Il s'agit de sa production totale de biens et services, y compris les revenus de facteurs de production utilisés à l'étranger (qui ne sont en revanche pas inclus dans le PIB)
- PNLCC : Programme national (français) de lutte contre le changement climatique
- PNSE : Plan national santé-environnement (français).
- PNUD : Programme des Nations-Unies pour le développement (sigle anglais : UNDP)
- PNUE : Programme des Nations-Unies pour l'environnement (sigle anglais : UNEP)
- POP : polluants organiques persistants, réglementés par la convention de Stockholm
- PPA : Parité de pouvoir d'achat (ppp, purchasing power parity, en anglais) - calcul rectifié en fonction des pouvoirs d'achat réels des différentes monnaies, pour corriger les anomalies des taux de change nominaux
- ppm : partie par million (proportion d'un produit, en volume, au sein d'un mélange). Par exemple, 450 ppm de $C0^2$ dans l'atmosphère (concentration actuelle) = 450 molécules de gaz carbonique par million de molécules d'air
- PPRT : plan de prévention des risques technologiques et naturels (en France)
- PRI : Pays à revenu (RNB) intermédiaire ; ils se répartissent en deux catégories, selon la définition de la Banque Mondiale : la tranche inférieure (entre 1036 et 4085 dollars de 2013 par tête) ; et la tranche supérieure (entre 4086 et 12 615 $)
- principe de précaution : règle conduisant à adopter des mesures « effectives et proportionnées, en l'absence de certitudes scientifiques, pour prévenir une menace de dommages graves à l'environnement »
- progrès technique : amélioration de l'efficacité de la production et de l'organisation, sociale obtenue grâce à la R&D et à l'innovation
- Protocole de Kyoto : convention internationale (1997) précisant les engagements de limitation des émissions de GES souscrits par les pays-membres de l'« annexe B » (pays développés et en transition) dans le cadre de la CNUCC
- protoxyde d'azote (N2O) ou oxyde nitreux ou « gaz hilarant » (et anesthésiant) : polluant et GES puissant (296 fois plus que le CO2) émis par les activités agricoles et industrielles
- PTZ : prêts à taux zéro en faveur du logement (en France). Ils sont plus favorables pour les logements écologiques (« éco- PTZ »).
- puits de carbone : réservoir naturel (arbres, prairies, océans, tourbières…) ou artificiel absorbant le CO^2 atmosphérique
- PVD : Pays en voie de développement, également appelés PED (pays en développement) ou « pays du Sud », terme inexact, mais passé dans l'usage

- PWR : Pressurized water reactor, technologie nucléaire « de deuxième génération »
- pyralène : nom familier des polychlorobiphényles (PCB), catégorie de polluants industriels
- quota d'émissions : plafond assigné à chaque pays ou à chaque opérateur ; un quota représente une T. d'équivalent-CO_2, vendable sur les marchés (ETS ou similaires)
- R&D : recherche-développement : notion regroupant la recherche fondamentale et le processus de concrétisation de ses résultats
- RE : réglementation environnementale, applicable depuis 2020 aux bâtiments neufs à la place de la RT
- REACH : Registration, Evaluation and Authorization of Chemicals, acronyme du règlement européen sur le contrôle des produits chimiques en vigueur depuis 2007
- REDD et REDD+, Reduction of emissions from deforestation in developing countries, programmes de prise en compte des efforts de lutte contre la déforestation (incitations financières pour lutter contre la surexploitation)
- RGE : reconnu garant de l'environement, label officiel délivré en France aux artisans habilités à faire des rénovations complètes éligibles à la subvention Ma prime rénov'
- reprotoxiques : substances chimiques émulant des hormones et susceptibles de nuire à la fertilité ou plus généralement à l'équilibre des genres (masculin/féminin)
- responsabilités communes, mais différenciées : terme convenu pour distinguer, au sein des accords de Kyoto sur le climat, les engagements contraignants des pays avancés et ceux, non-contraignants, des PVD
- RFID : radio frequency identification, « puces » communicantes incorporées dans des surfaces ou des emballages, servant d'étiquettes électroniques
- RNB : revenu national brut (en anglais, GNI) somme des revenus perçus par les agents économiques résidant sur le territoire, en comptabilité nationale
- RNR : réacteur nucléaire civil à neutrons rapides (successeur futur des « surgénérateurs »)
- Roundup : famille d'herbicides (désherbants) produits par la firme Monsanto, dont les effets sur l'environnement sont dangereux
- RSE : responsabilité sociale des entreprises (couvrant l'ISR)
- RT : réglementation thermique – référence des normes françaises d'économie d'énergie dans le bâtiment, remplacée par la RE, mais encore d'usage courant
- RTE : Réseau de transport d'électricité (établissement public français)
- SAU : surface agricole utile (superficie réellement cultivable d'un pays)
- SEPA : State Environmental Protection Agency, organisme d'État chargé de l'écologie en Chine.
- SF6, hexafluorure de soufre : gaz à effet de serre, contribuant aussi aux pluies acides.
- SGPE, Secrétariat général à la planification écologique, organisme officiel français

- SMR : small modular reactor, type de réacteur nucléaire de plus petite dimension que les grandes centrales construites historiquement. Sa puissance peut aller en général de 100 à 300 mégawatts, contre 900 à 1600 MW pour les grandes centrales « classiques ». Moins coûteux, plus faciles à construire et à surveiller, les SMR sont bien adaptés aux petits pays avancés et aux pays en développement.
- SO_2 : formule chimique du dioxyde de soufre (polluant industriel)
- SO_4H_2 formule chimique de l'acide sulfurique, qui engendre les pluies acides
- SPG : Système de préférences (commerciales) généralisées au bénéfice des PVD appliqué au sein des accords OMC
- start-up (jeune pousse) : entreprise nouvelle et innovante, pas forcément dans l'informatique
- T. : abréviation pour tonne, ou pour téra selon le contexte
- Taxe Tobin (du nom d'un économiste américain) ou taxe sur les transactions financières : taxation à taux faible des mouvements de capitaux pour freiner leurs mouvements erratiques et dégager une ressource, qui pourrait être utilisée pour financer des actions environnementales
- taxe carbone : prélèvement financier proportionnel au contenu en carbone des GES résultant de la production d'énergie et éventuellement des activités de toute nature (industrie, services, agriculture, ménages…) ; appelée aussi éco-taxe, ou contribution énergie-climat.
- TEC : tonne d'équivalent-carbone ; mesure du carbone contenu, par exemple, dans des émissions de gaz carbonique (CO_2) ou de méthane (CH_4)
- TEP : tonne d'équivalent-pétrole
- Teq-CO_2 : tonne d'équivalent-gaz carbonique ; une TEC = 3,7 Teq-CO2
- téra : préfixe signifiant millier de milliards ; 1 tératonne= 1012 T.
- termes de l'échange : rapport entre les cours des produits importés et exportés par un pays ; ils peuvent changer rapidement, notamment pour les pays exportateurs de matières premières
- TFA : acide trifluoroacétique, perturbateur endocrinien (PFAS) issu de la dégradation du flufénacet, un herbicide
- TGAP : Taxe générale (française) sur les activités polluantes, créée en 1999
- thermohaline : la circulation thermohaline est le déplacement à grande échelle des eaux océanes (les « courants marins ») résultant d'écarts de densité et de salinité des eaux. Dans le cas de l'Europe de l'Ouest, les eaux chaudes venant du Golfe du Mexique (« Gulf Stream ») longent nos côtes jusqu'en Scandinavie avant de plonger
- THQE : très haute qualité énergétique (pas plus de 80 kWh/m²/an), norme publique applicable dans le bâtiment
- TIC : technologies de l'information et de la communication
- TICFE (ex-TIPP) : taxe intérieure (française) sur les carburants
- TNP : Traité de non-prolifération nucléaire, conclu en 1968
- Transgène : organisme dont le code génétique a été modifié. La transgénèse est le transfert artificiel d'un gène d'un organisme dans un autre, créant un OGM
- trillion : pour les anglo-saxons, millier de milliards (1012) ; préfixe : tera-

- TTF : taxe sur les transactions financières, introduite à dose homéopathique en 2013 en France et dans plusieurs pays d'Europe.
- TW : Térawatt = mille milliards de watts (unité de puissance électrique)
- TWh : Térawatt-heure = mille milliards de watts-heure (unité de consommation, correspondant à la fourniture d'une puissance d'un TW pendant une heure ou d'un gigawatt pendant mille heures par exemple)
- UA : Union africaine, qui a succédé en 2002 à l'OUA
- UE : Union européenne. 27 pays membres depuis le Brexit (départ du Royaume-Uni) finalisé en janvier 2021, 447 millions d'habitants, 16 téra -€ de PIB (en 2023)
- UICN, ou UMN : Union internationale pour la conservation de la nature, ou Union mondiale pour la nature, une ONG spécialiste de la biodiversité
- UNCTAD : United Nations Commission for Trade and development, Commission des Nations-Unies pour le commerce et le développement (sigle français : CNUCED)
- UNEP : United Nations Environment Program ; sigle français : PNUE
- UNESCO : United Nations Éducation, Science and Culture Organization, Organisation des Nations-Unies pour l'éducation, la science et la culture
- UNFCCC : United Nations Framework Convention on Climate Change (sigle français : CCNUCC)
- UNITAID : association internationale créée en 2006 en marge de l'ONU pour gérer la taxe de solidarité sur les voyages aériens.
- U.S. (utilisé comme adjectif ; par exemple, dollar U.S.) : américain
- URCE (CER, en anglais), certificat représentatif d'émissions de GES évitées et échangées au titre du MDP dans le cadre des accords de Kyoto
- URE (ERU, en anglais) : unité de réduction des émissions, servant de base aux transactions du MOC
- UTCF (LULUCF, en anglais): utilisation des terres, leur changement et la forêt, sigle regroupant différentes activités humaines se répercutant sur les émissions de GES
- UV : rayons ultra-violets venant du soleil ; de longueur d'onde plus courte et plus énergétiques que les rayons de la lumière visible, ils peuvent provoquer des cancers de la peau, mais sont en grande partie arrêtés par la couche d'ozone.
- valeur actuelle : valeur d'une somme à dépenser ou à recevoir dans le futur, ramenée à l'équivalence d'une somme en € d'aujourd'hui par application d'un taux d'intérêt (= taux d'actualisation)
- VHTR: Very high temperature reactor, type de réacteur nucléaire à très haute température (à gaz porteur hélium) en cours de développement
- World Environment Fund, Fonds mondial de l'environnement (sigle français : FEM)
- WHO : World Health Organisation (sigle français : OMS)
- WRI: World resources Institute, ONG spécialisée dans le suivi des ressources naturelles du globe
- WTO: World Trade Organisation (OMC, en français), créée en 1995 pour succéder au GATT comme organisme de régulation du commerce international

- WWF : Worldwide Fund for Nature (Fonds mondial pour la nature), ONG internationale
- ZAD : autrefois Zone d'aménagement (urbain) différé, transformé en « zone autonome à défendre » par des militants écologistes radicaux qui les occupent pour s'opposer à des projets jugés nuisibles à l'environnement : aéroports, « mégabassines », etc.
- ZAN, zéro artificialisation nette, objectif posé (pour 2050) par la loi française Climat et résilience de 2021 pour éviter la « bétonnisation » des paysages, qui détruit espaces naturels et biodiversité et aggrave le ruissellement.
- ZFE : zone à faibles émissions, partie d'une ville réservée aux véhicules non ou peu polluants ; les ZFE sont parfois accessibles seulement après paiement d'une taxe.

BIBLIOGRAPHIE

Note : Cette bibliographie est établie dans l'ordre chronologique inverse, les documents les plus récents étant cités en premier

Livres et rapports :

- *Les clés du champ. Comment domestiquer les plantes*, par F. Parcy ; HumenSciences, avril 2024
- *Pourquoi la voiture électrique est bonne pour le climat*, par C. Philibert ; Les petits matins, mars 2024
- *Rapport sur l'indice de gaspillage alimentaire* ; PNUE, mars 2024
- *La Révolution obligée,* par *D.*Djaïz et X.Desjardins, février 2024
- *La ruée minière au XXIè siècle*, par C. Izoard ; Seuil, janvier 2024
- *Rapport mondial des Nations Unies sur la mise en valeur des ressources en eau 2024,* UNESCO, 2024
- *Les conséquences de l'inaction climatique sur l'économie française ;* ADEME, décembre 2023
- *L'égalité climatique : une planète pour les 99 %* ; OXFAM, décembre 2023
- *Aperçu de la sécheresse dans le monde ;* Convention des Nations-Unies sur la lutte contre la désertification, décembre 2023
- *Progress on household drinking water, sanitation and hygiene, 2000-2022* ; rapport conjoint de l'OMS (WHO) et de l'UNICEF, 2023
- *Rapport sur l'évolution des finances publiques dans le monde ;* FMI, novembre 2023
- *State of Climate action* ; World Resources Institute et alii, novembre 2023
- *Report on nationally determined contributions* (dans le cadre de l'accord de Paris de 2015) *;* CNUCC (Convention-cadre des Nations-Unies sur les changements climatiques), novembre 2023
- *Le Sud : nouvelles frontières de l'adaptation* ; I4CE, octobre 2023
- *Affreuses, sales et méchantes, journal éco-philosophique 2019-2023*, par Dominique Bourg, P.U.F., octobre 2023
- *Rapport sur l'évasion fiscale mondiale* ; Observatoire européen de la fiscalité, octobre 2023
- *Le solaire à concentration*, par *G.* Flamant & alii ; ISTE éditions, 2023
- *L'imposition comparée des salaires et des dividendes,* par François Ecalle ; FIPECO, octobre 2023
- *Global stocktake (bilan mondial des engagements et réalisations pour le contrôle des émissions de GES ;* CNUCC, septembre 2023
- *Planification écologique, : un plan d'action pour accélérer la transition écologique ;* Secrétariat général à la planification écologique, juillet 2023 ; ecologie.gouv.fr/planification-écologique
- *Les besoins d'investissement pour un système énergétique conforme aux Accords de Paris* ; Agence internationale de l'énergie, juin 2023
- *Les incidences économiques de l'action pour le climat*, par Jean Pisani-Ferry et Selma Mahfouz ; France-Stratégie, mai 2023. Synthèse et onze rapports thématiques *: Bien-être ; Compétitivité ; Dommages et adaptation ; Enjeux*

distributifs ; Indicateurs et données ; Inflation ; Marché du capital ; Marché du travail ; Modélisation ; Productivité ; Sobriété.

- *Rapport National d'Inventaire pour la France au titre de la Convention cadre des Nations Unies sur les Changements Climatiques* ; Ministère de la transition énergétique, Caisse des Dépôts et CITEPA, mars 2023
- *Eoliennes, pourquoi tant de haine ?,* par C. Philibert ; Les petits matins, mars 2023
- *Rapport de synthèse du sixième rapport d'évaluation du GIEC. Résumé pour les décideurs* ; GIEC, mars 2023 ; ouvrage collectif appuyé sur de multiples rapports de base.
- *The world trading system needs a more assertive European Union,* par A. Wolff ; Peterson Institute, mars 2023
- *Financer notre stratégie énergie-climat* ; Conseil économique, social et environnemental, février 2023
- *Terre silencieuse. Empêcher l'extinction des insectes,* par D.Goulson ; éd. du Rouergue, février 2023
- *Vivre et lutter dans un monde toxique*, dirigé par R.Bécot et G. Le Naour ; Seuil, 2023
- *La nature de l'injustice. Racisme et inégalités environnementales*, dirigé par S. Khan et C. Hallmich ; Ecosociété, 2023
- *Le GIEC, urgence Climat*, par Sylvestre Huet ; Tallandier, janvier 2023
- *L'action climatique : un enjeu macroéconomique,* par J. Pisani-Ferry et S. Mahfouz ; France-Stratégie, novembre 2022
- *Climate change 2022 : Mitigation of Climate Change ;* rapport collectif du GIEC, 2022
- *Too little, too slow - adaptation gap,* rapport du PNUE (Programme des Nations Unies pour l'environnement), 2022 ; www.unep.org/resources
- *L'Obscurantisme vert,* par Y.Roucaute ; éd. Du Cerf, 2022
- *À Blue New Deal,* par C. Armstrong ; Yale University Press, février 2022
- *Greening Europe's post-Covid 19 Recovery*, rapport collectif dirigé par S. Tagliapietra, G.B. Wolff et G. Zachmann ; Bruegel Blueprint Series n° 32, février 2022
- *Le mythe du recyclage,* par M. Le Meur ; Premier Parallèle, 2021
- *Accroître les ambitions de l'Europe en matière de climat pour 2030 ;* Commission européenne, septembre 2020 (avec un document de travail plus détaillé en anglais) : EUR-Lex, 52020SCO176 et 177
- *Les grands défis économiques*, par Olivier Blanchard et Jean Tirole ; rapport d'une commission internationale publié par France-Stratégie, juin 2021 (pour le chapitre sur le climat notamment)
- *The new climate war,* par Michael Mann, 2021
- *Les coûts d'abattement du carbone dans les principaux secteurs émetteurs*, par Patrick Criqui ; plusieurs notes publiées par France-Stratégie, 2020 et 21
- *Les marchés du carbone dans le monde ;* International Carbon Action Partnership, rapport 2020
- *The Sixth Carbon Budget ;* Climate Change Committee, décembre 2020

- *L'énergie solaire. Des fondamentaux aux technologies d'aujourd'hui et de demain,* par R. Soler ; Lavoisier, 2019
- *La valeur de l'action pour le climat*, par Alain Quinet ; France-Stratégie, février 2019
- *Evaluation des fonds nécessaires pour financer les pertes et dommages*, par A. Markandya et M. Gonzalez-Eguino ; Fondation Heinrich Böll, 2018
- *Homo detritus. Critique de la société du déchet*, par B. Monsaingeon ; Seuil, 2017
- *Half-Earth*, par E.O.Wilson, apôtre de la biodiversité ; Liveright Publishing Co, 2016
- *Regards sur la Terre*, par L. Tubiana, P. Pachauri et A.Paugam ; Armand Colin, 2015
- *Conflits dans les mines urbaines de déchets,* par J.Cavé ; Presses Universitaires de Rennes, 2015
- *La pensée écologique, une anthologie*, par A. Fragnière et D. Bourg ; PUF, 2014
- *L'économie du bonheur,* par C. Senik, Seuil, 2014
- *Une meilleure croissance pour un meilleur climat,* par N. Stern et F. Calderon, 2014
- *Le capital vert, une nouvelle perspective de croissance*, par C. de Perthuis et P-A Jouvet ; Odile Jacob, sept. 2013
- *Climat, quinze vérités qui dérangent*, par I. Marko, 2013
- *Peut-on sauver les forêts tropicales ? Instruments de marché et REDD+ versus principe de réalité*, par Romain Pirard ; Presses Sc. Po, 2013
- *La biodiversité, c'est maintenant*, par Bernard Chevassus ; éd. de l'Aube, janvier 2013
- *Contre vents et marées-Politiques des énergies renouvelables en Europe,* par A. Evrard ; Presses Sc. Po, 2013
- *Le capital vert, une nouvelle perspective de croissance*, par C. de Perthuis et P-A Jouvet ; Odile Jacob, 2013
- *De l'eau pour tous !,* de G. Paye ; A.Colin, 2013
- *Atlas mondial de l'eau ;* éd. Autrement, 2013
- *Le futur. Six logiciels pour changer le monde,* par Al Gore ; éd. La Martinière, 2013
- *L'imposture climatique,* par C. Allègre, 2013
- *Climat, quinze vérités qui dérangent*, par I. Marko ; Texquis essais, 2013 ;
- *Requiem pour l'espèce humaine, faire face à la réalité du changement climatique*, par C. Hamultin ; Presses Sc.Po, 2013

- *La Chine, une bombe à retardement,* par J-L Buchalet & P. Sabatier ; Eyrolles, 2012
- *Merchants of doubt »,* par N.Oreskes et E. Conway, 2010 – en Français aux éd. Le Pommier, 2012
- *In search of the carbon price : the european CO2 Emissions Trading Scheme*, par R. Trotignon, oct. 2012

- *Changer le monde. Tout un programme !*, par J-M Jancovici ; Calmann-Lévy, 2011
- *Plaidoyer pour l'écofiscalité*, par G. Sainteny ; Buchet-Chastel, 2011
- *Pour un développement durable et une éradication de la pauvreté*, rapport du PNUE, février 2011, www.unep.org
- *From waste to resource, 2011 World waste survey*, par Philippe Chalmin, éd. Economica, 2012.
- *L'économie verte*, par Manuel Flam ; PUF, septembre 2010
- *Nouveau climat sur la Terre*, par H. Le Treut ; Flammarion, 2010
- *L'économie verte,* Cahiers français n° 355 ; Documentation française, avril 2010
- *Panorama mondial des déchets, Du rare à l'infini*, par Ph. Chalmin et C. Gaillochet ; Collection Cyclope, mai 2009
- *Politique climatique : une nouvelle architecture internationale ?,* rapport du Conseil d'analyse économique (CAE), par J. Tirole & alii, Documentation Française, 2009
- *Effondrement- comment les sociétés décident de leur disparition ou de leur survie,* par J. Diamond ; Gallimard, 2009
- *Produire le monde - pour une croissance écologique*, par H.Juvin ; Gallimard, coll. Le Débat, 2008
- *Comprendre le changement climatique,* par J-LFellous et alii ; Odile Jacob, 2007
- *Le changement climatique, risque sécuritaire*, rapport du PNUE, décembre 2007
- *Guerres et ressources en eau,* par D. D. Zhang ; Human Ecology, juillet 2007
- *L'écologie, la grande arnaque,* par C. Gérondeau, 2007
- *Tous les défauts de la Terre. Pour une prise de conscience de l'urgence écologique*, par B. Deflesselles ; Ramsay, 2007
- *La revanche de Gaïa*, par J.Lovelock ; Flammarion, 2007
- *Urgence planète Terre. L'esprit humain face à la crise écologique*, par Al Gore ; Alphée, 2007.
- *La planète va bien, c'est nous qui allons mal,* par *M.* Soriano ; EMS, 2007
- *The Economics of Climate Change*, par N. Stern ; Cambridge University Press, octobre 2006
- *Rapport d'expertise et de prospective sur les effets économiques et humains du réchauffement global et les mesures à prendre*, par N. Stern ; Stern Review, octobre 2006,
- *État d'urgence*, par M. Crichton ; Laffont, 2006
- *Ecologie de l'apocalypse. L'homme peut-il être sauvé ?,* par D.Viel ; Ellipses, 2006
- *Le Défi du Monde*, par C. Allègre et D.Jeambar ; Fayard, 2006
- *Le rêve européen*, par J. Rifkin ; Fayard, 2005
- *Le développement durable. Les termes du débat,* par *M-C* Smouts & alii ; Dalloz-Sirey, 2005

- *L'écologiste sceptique*, par B. Lomborg ; le Cherche-midi, 2004
- *L'hypothèse Gaïa,* par J. Lovelock, 2004
- *La grande désillusion,* par J. Stiglitz ; Plon, 2002, et Livre de poche, 2003
- *Sauver la Terre*, par Y. Cochet ; Fayard, 2003
- *La fin de l'homme*, par F. Fukuyama ; La table ronde, 2002
- *De l'inégalité parmi les sociétés. Essai sur l'homme et l'environnement dans l'histoire,* par J.Diamond ; Gallimard, NRF essais, 2000
- *Ecologie et politique ; Ecologie et liberté,* par André Gorz ; Galilée, 1975 et 1977

Bilans périodiques

- *Global Resources Outlook 2024*, rapport périodique du PNUE (UNEP), mars 2024
- *L'état des ressources en eau dans le monde,* rapport annuel de l'UNESCO, 2024
- *Panorama annuel des investissements pour le climat,* Institut de l'économie pour le climat (I4CE), décembre 2023
- *Global Carbon budget*, rapport annuel du Global Carbon Project, décembre 2023
- *World Energy Outlook »,* Agence Internationale de l'Energie (IEA), novembre 2023, www.iea.org
- *Emissions Gap Report ;* PNUE, novembre 2023
- *GEO4,* bilan environnemental d'ensemble du PNUE (UNEP) ; www.pnue.org**,** ou en anglais : www.unep.org/geo/GEO4.asp
- *Rapport annuel sur le déficit de l'adaptation au changement climatique ;* PNUE, novembre 2023
- *Les Comptes mondiaux du carbone en 2023 ;* Groupe Caisse des Dépôts, novembre 2023
- *Rapport annuel sur l'état de la France ;* CESE (Conseil économique, social et environnemental), octobre 2023
- *Panorama du climat*, rapport annuel de l'Institut de l 'économie pour le climat (I4CE), octobre 2023 ; I4CE.org/rapport-annuel
- *Chiffres clés du climat* ; publication annuelle sur développement-durable.gouv.fr, octobre 2023
- *Perspectives environnementales (horizons 2030 et 2050*), publication périodique de l'OCDE, www.oecd.org
- *The state of food security and nutrition in the world,* bilan annuel établi par la FAO, 2023
- *Annual report 2023- keeping the promise,* rapport annuel du PNUE (UNEP*)*
- *Breakthrough Agenda report,* AIE, 2023
- *Renewables in energy supply,* rapport périodique de l'AIE,
- *2022 climate risk stress test*, BCE (Banque Centrale Européenne), juin 2023
- *L'État de la planète,* magazine bimestriel publié par l'Institut Worldwatch sur le développement durable ; www.worldwatch.org

- *Rapport annuel* du Haut conseil pour le climat, juin 2023
- *Déchets,* rapport annuel de l'ADEME, avril 2023
- *Key GHG Data, documents sur la préparation et les résultats des COP annuelles, et multiples étude sectorielles* ; CCNUCC (Convention-cadre des Nations Unies sur les changements climatiques) ; unfcc.int/fr/documents et unfccc.int/essential background
- *Rapport annuel sur l'état du climat de la planète,* OMM (Organisation météorologique mondiale), avril 2023
- *Rapports annuels d'activité de l'ADEME,* www.ademe.fr
- *Corporate Climate Responsiblity Monitor 2023*, par le New Climate Institute et Carbon Market Watch, février 2023
- *Planète vivante* », rapport périodique (mis à jour tous les deux ans) du WWF (Fonds mondial pour la nature), 2022
- *World development indicators*, volume mis à jour annuellement par la Banque Mondiale ; site: www.worldbank.org
- *Rapport annuel de la Banque Mondiale,* world+bank+annual+report
- *Statistiques officielles françaises* : www.développement-durable.gouv.fr, et www.statistiques.developpement-durable.gouv.fr ;
- *Eurostat*, office statistique de l'Union européenne : europa.eu.int/comm/eurostat/, ou epp.eurostat.ec.europa.eu
- S*tatistiques en ligne*, OCDE, www.oecd.org/statsportal ;
- *Regards sur la Terre*, publication périodique par P.Jacquet, R.Pachauri et L.Tubiana ; Presses de Sciences Po, www.developpement.durable.sciences-po.fr
- *Climate Analysis Indicators Tool*, publication du World Resources Institute (WRI), cait.wri.org
- *Repères, chiffres-clés du climat, France & monde*: diffusion.soes@developpement-durable.gouv.fr
- *CDC Climat Recherche*, site : www.CDCClimat.com/recherche ; mail : recherche@cdcclimat.com

Articles récents et études:

- *Performance énergétique du logement et consommation d'énergie*, par J.Astier et alii ; Conseil d'Analyse économique, janvier 2024
- *La pollution de l'eau par les microparticules de plastique,* par Wei Min & alii, *;* revue Proceedings of the National Academy of Sciences (PNAS), janvier 2024
- *Financer la transition écologique (par une monnaie carbone*), par P. Calame & alii ; Le monde, 29 Octobre 2023
- *Deuxième période de reconstitution du Fonds vert pour le climat ;* Citepa, octobre 2023
- *Contrairement à ce que dit la parole publique, la transition sera inflationniste*, par C. Grolier ; Le Monde, 28 septembre 2023
- *L'État est vraiment au rendez-vous du financement public de la transition écologique*, par Pascal Canfin ; Le Monde, 28 septembre 2023

- *Les contradictions d'E.Macron risquent de nous conduire à l'échec,* par A. Bringault ; Le Monde, 28 septembre 2023
- *L'Europe doit poursuivre sa révolution industrielle verte*, par J. Pisani-Ferry, S. Tagliapietra et G. Zachmann ; Le Monde, 15 septembre 2023
- *Effets du réchauffement climatique sur la disparition des mangroves et des récifs coralliens ;* Nature, août 2023
- *The taxation of labour vs capital income,* par D. Hourani et alii, août 2023 ; Documents de travail de l'OCDE sur la fiscalité, n° 65, Éditions OCDE
- *Extreme heat in North America, Europe and China in July 2023 made much more likely by climate change,* World Weather Attribution, juillet 2023
- *La fonte des glaciers de l'Hindou Kouch et de l'Himalaya* ; Centre international de développement intégré de la montagne (Icimod), juin 2023
- *La prédation humaine et ses conséquences*, par C. Darimont, R. Cooke et alii ; Communications Biology, juin 2023
- *Financer la transition climatique: retour sur le rapport Pisani-Mahfouz*, par G. Cette et E. Cohen ; podcast Telos, 22 juin 2023
- *Les Conséquences humaines de la crise climatique ;* Nature sustainability, mai 2023 https://www.nature.com/natsustain/articles
- - *L'action de l'État en faveur de la décarbonation de l'industrie*, DGE (Direction générale des entreprises) ; les Thémas de la DGE, mars 2023
- *Fighting climate change ; international attitudes toward climate policies,* par A. Dechezleprêtre et alii, juillet 2022 ; National Bureau of Economic Research, working paper n° 30265
- *Enjeux économiques de la décarbonation en France : une évaluation des investissements nécessaires ;* Rexecode, n° 83, mai 2022
- *Global carbon budget,* revue Earth Science data, 11 novembre 2022
- *L'action climatique ; un enjeu macroéconomique,* par J. Pisani-Ferry et S.Mahfuz ; note d'analyse de France-Stratégie, novembre 2022
- *L'impact alimentaire et sanitaire du déclin des insectes pollinisateurs ;* Environmental Health Perspectives, novembre 2022
- *Pharmaceutical pollution of the world's rivers,* par J. Wilkinson & alii ; PNAS, février 2022 https://doi.org/10.1073/pnas.2113947119
- *Climate policy is macroeconomic policy, and the implications will be significant*, par J. Pisani-Ferry ; Policy brief du Peterson Institute for International Economics, n° 21, août 2021
- *Baisse de la capacité d'absorption du CO_2 par les forêts tropicales,* par W. Hubau & alii ; Nature, 2020
- *Taxe carbone globale, effet taille de marché et mobilité des firmes*, par N. Exbrayat & alii ; Revue Economique 2/2013, p. 265-278
- - *L'impact des travaux de rénovation énergétique des logements*, par M. Glachant, G. Blaise ; Revue de l'énergie, 2019
- *L'invention du gaspillage: métabolisme, déchets et histoire,* par F.Jarrige et T. Le Roux ; revue Ecologie et politique, n°60, 2020/1

TABLE DES MATIÈRES

Structures éditoriales du groupe L'Harmattan

L'Harmattan Italie
Via degli Artisti, 15
10124 Torino
harmattan.italia@gmail.com

L'Harmattan Hongrie
Kossuth l. u. 14-16.
1053 Budapest
harmattan@harmattan.hu

L'Harmattan Sénégal
10 VDN SICAP AMITIE 3
BP 45034 Dakar-Fann
direction@senharmattan.com

L'Harmattan Cameroun
Tsinga/Derrière polyclinique FECAFOOT
BP 11486 Yaoundé
Jacques.koukam@harmattan.fr

L'Harmattan Burkina Faso
Villa 281, secteur 23 623, rue 14.32
Ouagadougou
zagbie@outlook.fr

L'Harmattan Guinée
Almamya, rue KA 028 OKB Agency
BP 3470 Conakry
harmattanguinee@yahoo.fr

L'Harmattan RDC
185, avenue Nyangwe
Commune de Lingwala - Kinshasa
matangilamusadila@yahoo.fr

L'Harmattan Congo
219, avenue Nelson Mandela
BP 2874 Brazzaville
deunovmikhael@gmail.com

L'Harmattan Mali
Immeuble Mgr Jean Marie Cissé
Aci Hamadallaye
BP 145 Bamako
syllaka@yahoo.fr

L'Harmattan Togo
Djidjole - Maison Amela
face EPP BATOME
02 BP 20680 Lomé
didieramela11@gmail.com

L'Harmattan Côte d'Ivoire
Résidence Karl - Cité des Arts
Abidjan-Cocody
03 BP 1588 Abidjan
harmattan.ivoire@gmail.com

L'Harmattan Bénin
Rue 604, (Immeuble à l'entrée
de la rue UCAO- Cite de Saint-Jean)
Cotonou
stepcorpus@gmail.com

Nos librairies en France

Librairie internationale
16, rue des Écoles
75005 Paris
librairie.internationale@harmattan.fr
01 40 46 79 11
www.librairieharmattan.com

Librairie des savoirs
21, rue des Écoles
75005 Paris
librairie.sh@harmattan.fr
01 46 34 13 71
www.librairieharmattansh.com

www.ingramcontent.com/pod-product-compliance
Lightning Source LLC
LaVergne TN
LVHW080929071026
849535LV00013B/4148